U0062355

素 GRAVITARE

关 怀 现 实 ， 沟 通 学 术 与 大 众

基辅罗斯

东斯拉夫文明的起源

肖　瑜————著

SPM 南方传媒　广东人民出版社
·广州·

图书在版编目（CIP）数据

基辅罗斯：东斯拉夫文明的起源 / 肖瑜著. —广州：广东人民出版社，
2024.3（2024.9重印）
（万有引力书系）
ISBN 978-7-218-17036-7

Ⅰ.①基… Ⅱ.①肖… Ⅲ.①基辅罗斯（882—13世纪）—历史
Ⅳ.①K512.31

中国国家版本馆CIP数据核字（2023）第203483号

JIFU LUOSI：DONGSILAFU WENMING DE QIYUAN
基辅罗斯：东斯拉夫文明的起源
肖　瑜　著

出 版 人：肖风华

丛书主编：施　勇　钱　丰
责任编辑：梁欣彤　陈　晔
营销编辑：常同同　张　哲
责任技编：吴彦斌
特约编辑：江艺鹏
特约校对：刘小娟

出版发行：广东人民出版社
地　　址：广州市越秀区大沙头四马路10号（邮政编码：510199）
电　　话：（020）85716809（总编室）
传　　真：（020）83289585
网　　址：http://www.gdpph.com
印　　刷：广州市岭美文化科技有限公司
开　　本：889毫米×1194毫米　1/32
印　　张：15.25　彩　插：23　字　　数：330千
版　　次：2024年3月第1版
印　　次：2024年9月第2次印刷
定　　价：118.00元

序 一:
探索东斯拉夫和基辅罗斯的历史奥秘

斯拉夫人在历史上曾经与日耳曼人、凯尔特人被自恃"文明"的希腊人和罗马人视为三大"蛮族"。

在欧洲的众多种族和文化中,东斯拉夫人是具有独特历史、语言和传统的民族集团之一。他们的历史可以追溯到古代,最初生活在波罗的海沿岸、维斯瓦河畔、第聂伯河流域的这片广袤的中东欧土地上。这个地区在历史上曾经是各种政治、文化和宗教势力的争夺之地,而东斯拉夫人则在这片土地上顽强地生存和繁衍,形成了自己独特的民族特性。他们即是后来的东斯拉夫人,也是后来的俄罗斯族、乌克兰族和白俄罗斯族的祖先。

各国学界的研究已经有定论:斯拉夫人起源于中东欧的维斯瓦河畔。4—6世纪,斯拉夫人经历了向东的民族大迁徙,最后定居在东部第聂伯河流域、楚德湖和伊尔门湖地区、伏尔加河和奥卡河上游地区。他们被同时期的拜占庭史学家称为"安特人"(希腊语为Ántai,"异族"的意思)。19世纪俄国著名的历史学家索洛维约夫曾经说过:"斯拉夫人从来不知道是由他们的领袖中的哪一位把他们从亚洲带到东欧的,但是他们的祖先生活在多瑙河畔的传说却世代相传,传说告诉他们:由于外敌的袭扰,他们被迫从那里向北方,而后向北部和东部迁徙。"[1]

东斯拉夫人居住在德涅斯特河和第聂伯河两河的下游之间，直至黑海沿岸以及更东的地区，从事农业、畜牧业和渔猎经济。他们已经会加工和使用铁器。他们居住的房子外部用树枝或芦苇编成墙并涂有泥土，而且集中居住的村落四周设有防御用的壕沟、土墙。在信仰上，东斯拉夫人视万物均为神灵，认为自己生活周围的一切植物、动物以及一切自然现象都是神怪力量的体现。东斯拉夫人认为自然界的一切现象，如雷、电、火、风都是神灵操纵的结果。主神是太阳神，火是太阳之子，每年夏天白昼最长的日子，他们都要隆重祭祀太阳神，每年6月24日前要把一名美丽的少女投入水中去侍奉太阳神。因此，这个时期东斯拉夫人的信仰处于拜物教阶段。东斯拉夫人在6世纪时还没有国家，其社会制度大体处于由原始的氏族公社制社会向奴隶制社会过渡的时期。在东斯拉夫人的经济活动与日常生活中已经出现了奴隶，但这些奴隶都来源于战俘，即外族人，当时的社会道德标准禁止将本民族的成员变为奴隶。在政治和社会生活方面，仍带有较浓厚的军事民主制的色彩。社会基本组织是氏族联盟，重大事件由部落会议"卫彻"讨论决定。

成书于12世纪、被认为是俄国最早历史著作的《往年纪事》记载，东斯拉夫人共有30多个部落。在10世纪以前，东斯拉夫人各部族仍然处于流动和迁移的过程中，俄国历史学家瓦·奥·克柳切夫斯基认为，东斯拉夫人"在这个平原上并不是用繁殖的方法逐渐扩展的，不是分布开来，而是迁居各地，像飞鸟般从一端迁居到另一端，抛弃了住腻的地方，在新的地方居住下来。每迁居一次，他们就处在新的环境的影响之下，处在新地区的自然特点和新的对外关系的影响之下。每一次新的定居产生的这些地区特点和关系，

都带给人民生活独特的趋向，独特的气质和性格。"[2] 因此，在 8
世纪前，东斯拉夫人各部落还处于彼此分散的状态。东斯拉夫人部
落是后来的俄罗斯、乌克兰、白俄罗斯这三个民族的祖先，相近的
血缘、地缘关系和长期的共同生活为上述三个民族奠定了历史、语
言和文化亲近的基础。

俄国著名诗人丘特切夫在 1866 年的诗中写道："用理智不能理
解俄罗斯，用普通的尺子不能测量俄罗斯，俄罗斯有她特殊的东西，
在俄罗斯只有信念。"而 74 年后，英国著名政治家丘吉尔在 1939
年接受英国广播公司（BBC）采访时竟然也说过相似的话："我无
法给你预测俄国的行动。它是一个谜，它是一个被谜包裹着的谜中
之谜。但或许有一把解谜的钥匙，这把钥匙就是它的民族利益。"
但是，即使参透了"俄罗斯之谜"，也仅仅解开了东斯拉夫人（俄
罗斯人口 1.46 亿，乌克兰人口 3800 万，白俄罗斯人口 920 万）的
一个谜团，"乌克兰之谜"和"白俄罗斯之谜"仍然困惑着古今人
们。俄罗斯帝国解体之后，曾经担任短暂独立的乌克兰的中央拉达
首任主席、乌克兰立沃夫大学历史学教授米·谢·格鲁舍夫斯基认
为，不可能有"全俄历史"，也不可能有"全俄民族"。他强调乌
克兰和俄罗斯是平等的，不应该有大小尊卑之分。而在 1991 年苏
联解体后，白俄罗斯为了强调自己辉煌和独立的民族和国家历史，特
意将其国名拼写方式由苏联时代的 Белоруссия 改为 Беларусь，目的在
于强调其无可替代甚至独一无二的"纯洁罗斯"（Белая Русь）之源。

关于斯拉夫人和东斯拉夫人的历史记载，曾经在罗马史学家塔
西陀的《日耳曼尼亚志》和罗斯编年史中散见。捷克和斯洛伐克学
者兼诗人、曾经担任巴黎大学图书馆馆长的沙法瑞克是欧洲学者中

最早系统研究斯拉夫问题者。他在 1837 年出版了六卷本的《古代斯拉夫人》的第一卷。1847 年，他的六卷本《古代斯拉夫人》的俄译本由莫斯科的大学印刷厂印刷并出版。1857 年，他因此获得了俄国地理学会的二级安娜勋章。

捷克裔美国历史学家德沃尔尼克曾在布拉格查理大学、法兰西学院和美国哈佛大学任教，他著有《斯拉夫人：他们的早期历史和文明》。时为哥伦比亚大学斯拉夫语副教授的曼宁在 1957 年出版的《美国的斯拉夫研究历史》中认为，直至 20 世纪 50 年代末，美国的斯拉夫语言、文化和历史的研究尚处空白和起步阶段。

1931 年，苏联科学院在列宁格勒建立了斯拉夫学研究所，从事综合性的斯拉夫历史、文化、文学、语言和国外斯拉夫民族研究，首任所长是尼·谢·杰尔查文院士，该研究所出版定期学术期刊《苏联斯拉夫学》。1957 年，莫斯科大学出版社出版了由莫斯科大学教授谢·亚·尼基金主编，巴·门·鲁科里和弗·多·科罗留柯参加编写的《南斯拉夫人和西斯拉夫人史》，该书是大学历史专业教科书，被苏联学界称为"首部用马克思唯物主义观点完成的斯拉夫人起源史著作"。

《苏联大百科全书》中对"斯拉夫学"的权威解释是："斯拉夫学又名 славистика，是研究斯拉夫问题的科学，涉及跨学科的方法；研究斯拉夫过去和现在的历史、文学、语言、民族志、经济、艺术；斯拉夫人的物质文化和非物质文化。斯拉夫学涉及每个斯拉夫国家的历史、文化和语言的有关问题。"[3]

相对而言，中国学界涉及东斯拉夫历史研究的学者甚少，成果甚寡，相关问题仅仅在各类俄国史、中欧史、东欧史以及世界史中简单叙述，缺少深入的研究。于沛、戴桂菊和李锐合著的《斯拉夫文明》为唯一学术著作。

在东欧剧变、苏联解体和冷战结束这个三重奏的嘈杂之音渐息之后，重新认识自然地理和政治地理（地缘政治）因素交织着的东欧—东南欧—巴尔干地区和原俄罗斯帝国—原苏联—俄罗斯地区的民族、语言和文化的起源与变迁，已经成为各国学界的显学，斯拉夫学已经成为综合性学科。中国学界同样认识到了斯拉夫学的重要意义，由北京外国语大学、外语教学与研究出版社和德古意特出版社联合出版《中国斯拉夫研究》于2021年问世。该刊是中国第一本国际化的斯拉夫研究的英俄双语学术期刊，研究对象包括东斯拉夫（白俄罗斯、俄罗斯和乌克兰）、西斯拉夫（波兰、捷克和斯洛伐克）和南斯拉夫（波黑、保加利亚、北马其顿、黑山、克罗地亚、塞尔维亚和斯洛文尼亚）13个国家，涵盖语言、文化和国别区域研究等领域。在该刊的创刊号上即发表了中国著名斯拉夫学家刘文飞的《国际斯拉夫研究：概念、历史与演变》。

肖瑜先生所著洋洋30余万字、凡八章并配有精美历史图片的《基辅罗斯：东斯拉夫文明的起源》，旨在探索东斯拉夫历史的奥秘，通过深入了解这个地区的民族、文化和政治演变，来揭示东斯拉夫人独特的历史命运，探究东斯拉夫人的第一个统一的国家——基辅罗斯的兴亡历史。

在古代，东斯拉夫人最初居住在乌克兰和俄罗斯南部的一些地区。他们以农业为主要生活方式，逐渐发展出独特的文化和语言。随着时间的推移，他们逐渐形成了许多小公国，每个国家都有自己的领袖和贵族。这些领袖和贵族通过互相联姻和结盟来维持和平，同时也经常发生战争和领土争端。

在中世纪，东斯拉夫人的土地逐渐被各种外来的政治和文化势力所控制。这些势力包括瓦良格人、蒙古人、波兰人、立陶宛人和奥斯曼土耳其人等。在这个时期，东斯拉夫人逐渐接受了基督教信仰，并开始形成自己的文化和语言体系。他们建立了许多城市和王国，其中最著名的是基辅罗斯。基辅罗斯是一个由多个小国家组成的联邦，它的繁荣和强大主要依靠贸易和征服。

尽管该书以13世纪初基辅罗斯行将瓦解、蒙古－鞑靼人即将入侵为时间下限，在内容上并未涉及13世纪以后的俄国—乌克兰—白俄罗斯历史，但是三民族及三国家的近代、现代乃至当代的许多历史问题都可以从源头——东斯拉夫人历史和基辅罗斯时期找到答案。

在近代，东斯拉夫人的土地被划分成了不同的政权和国家。这些政治实体对东斯拉夫人的历史和文化产生了深远的影响。在这个时期，东斯拉夫人经历了许多革命和战争，包括18世纪和19世纪的俄国革命以及20世纪的两次世界大战。这些事件不仅改变了东斯拉夫人的政治和社会制度，也深刻地影响了他们的文化和价值观。

在现代，东斯拉夫人的土地再次发生了变化。原来的苏联加盟共和国都变成了独立的国家，俄罗斯、乌克兰和白俄罗斯三个民族间、三个国家间的关系经历了错综复杂的摩擦和变迁。在这个时期，东斯拉夫人经历了许多经济和社会变革，包括市场化和民主化改革。这些变革对东斯拉夫人的历史和文化产生了新的影响。在这个历程中，东斯拉夫人不断地调整自己的文化和价值观，以适应不同的历史背景和社会环境。

通过深入了解东斯拉夫历史的奥秘，我们可以更好地理解这个地区的政治、文化和经济现状。我们也可以发现，东斯拉夫人的历史和命运与整个欧洲的历史和命运紧密相连。因此，我相信，该书不仅是对东斯拉夫人历史的探索，也将促进广大读者有一个对欧洲历史和文化的深入了解。

　　钱穆当年在香港新亚书院设坛讲学时，曾以金言妙语点题史学："我们当知，并非先有了各个时代，才有这各个时代的历史。乃是先有了这一段历史，才照此历史来划分为各时代。时代只是历史的影子，乃由历史中照映出时代。"[4] 钱穆的同时代人殷海光在幽居台湾的苦闷光景下翻译了普林斯顿大学苏联问题专家热希达的《怎样研究苏俄》，他开宗名义宣称："从历史方面研究苏俄，我们可知苏俄的民族性格。从苏俄的民族性格，我们可知苏俄行动的那些特有的型模。那些特有的型模，在俄国过去亦尝一出现。"[5] 两位大家所谈的"时代只是历史的影子，乃由历史中照映出时代"和"从历史方面研究苏俄，我们可知苏俄的民族性格"，可谓异曲同工点化了俄国史和苏联史研究的史学价值和社会意义。而东斯拉夫历史和基辅罗斯时期，是俄罗斯—乌克兰—白俄罗斯历史之源，是世界历史的重要内容。因此上溯 13 世纪之前的那段极其遥远和纷繁杂乱的东斯拉夫历史，在国际学术平台上发出中国声音，是中国史学工作者的重要使命。《基辅罗斯：东斯拉夫文明的起源》的出版，可谓恰逢其时和雪中送炭，我和广大读者对此书深切期待。

　　是为草序。

（北京师范大学二级教授 / 中国苏联东欧史学会副会长）

2023 年 9 月 6 日于珠海金凤路 18 号粤华苑

序 二

让历史知识进一步走向大众，这是中山大学历史学系肖瑜老师矢志不移的目标，也是他撰写《基辅罗斯：东斯拉夫文明的起源》（以下简称《基辅罗斯》）的缘由。

《基辅罗斯》从斯拉夫人的起源讲起，梳理了罗斯诸民族的史前时代，介绍了东欧平原上的早期人类遗址，将东南欧的历史上溯到了旧石器时代。在讲到东欧平原上的古印欧人时，肖瑜老师认为，古印欧人是大约6000年以前分布在欧亚两大洲广大地区的原始民族的统称，是今天欧亚两大洲许多民族的共同祖先。古印欧人的后代后来越过大西洋、印度洋和太平洋，进入北美洲、南美洲、澳大利亚、新西兰以及许多其他岛屿。公元前3000—前2000年，伴随着古印欧人的大迁徙，在维斯瓦河和第聂伯河之间的广袤土地上，斯拉夫人、日耳曼人和波罗的海人的共同祖先开始逐渐从古印欧人中分离出来。他们在语言上已经与定居在印度、中亚或高加索的古印欧人有了明显区别。公元前7—前5世纪，斯拉夫人已经掌握了从沼泽和湖矿中冶炼铁的方法，其中的东斯拉夫人与波斯北部的游牧部落（包括先后进入南俄草原的金麦里人、斯基泰人和萨尔马特人）也有着密切的联系。这些详尽的宏大叙事为基辅罗斯国家建立进行了背景铺垫。

《基辅罗斯》不仅客观介绍了古罗斯国家建立问题上的"斯拉

夫起源说"和"诺曼起源说",而且详尽描述了基辅罗斯国家形成的历史细节,分析斯拉夫人的传统文化与拜占庭影响之间的关系,认为这两种因素都是罗斯大公国形成发展过程中的两大支柱。

《基辅罗斯》较为深入地探究了基辅罗斯接受拜占庭文化的影响问题,对弗拉基米尔皈依基督教的前因后果分析得较为全面,认为罗斯周边的强敌全都是一神教国家,继续维持多神教信仰则意味着与整个欧洲社会隔绝。而基督教这种一神教完全符合以君主为首的中央集权国家的需要。基督教加强了家庭和社会之间的关系,引入了新的道德标准,要求对普通人尤其妇女和儿童采取人道的态度。基督教的引入也有助于基辅罗斯社会文化的发展。基督教已经有了大量的神学文献和丰富完善的哲学体系。罗斯社会越来越明显的阶级分化也需要新的意识形态来做出解释。多神教强调在自然力量面前人人平等,但却无法解释和证明人类不平等的根源和发展,也无法回答人的生与死这类终极命题。而基督教引导人寻求精神上的自由和道德上的完美,远离世俗。因为生命的意义不是由权势、领土、宫殿决定的,而是由灵魂和道德水平所决定。皈依基督教意味着罗斯融入了基督教世界。高度发达的拜占庭文化开始进入罗斯领地。基辅的文学、艺术、法律、礼仪和习俗从此都打上了拜占庭的烙印。基督教的存在绝不仅仅局限于教会内部,它开始渗透到基辅社会和文化的方方面面。在政治方面,基督教促进了国家的团结,也强调了基辅罗斯与拜占庭以及整个基督教世界的关系,因而赋予了基辅大公及其公国一个更为坚固的意识形态基础。

《基辅罗斯》用浓墨重彩描绘了基辅罗斯大公国与东南方大草原上的游牧民族,如哈扎尔人、佩彻涅格人和波罗伏齐人交往的历史画面。这样的写法很有见地，因为与游牧民族交往"对俄罗斯的民族风骨和文化特质的形成起了重要作用"[1]。基辅罗斯的地理形态具有开放性。在东方，平缓的大平原和辽阔的亚洲原野毫无阻碍地连结在一起。罗斯，甚至东斯拉夫民族的社会发展进程，与东方、南方大草原上的邻居，尤其是与突厥语系的游牧民族存在着密不可分的历史、地理联系。俄罗斯的主流历史学家（如格·弗·维尔拉兹斯基的《俄罗斯历史》）都承认俄罗斯与东方、南方游牧民族之间长期存在的相互影响、相互适应和相互同化现象。中国学者彭树智先生也注意到了俄罗斯与游牧世界的地缘性交往问题，他说："地缘性交往对文明发展的影响，与时共进。俄罗斯地处东西方结合部，跨居欧亚大陆。这种帝国疆域，使俄国与近代东西方文明相互交错，表现于政治交往的扩张性质。这种结合部的地缘文明，也孕育着 20 世纪苏联演变的缘由。"[2] 当代俄罗斯联邦境内的民族矛盾以及俄乌冲突都昭示着研究俄罗斯与游牧世界地缘性交往问题的重要性。

读完《基辅罗斯》，就能进一步感受到东斯拉夫文明史是具有鲜明特点的地区国别史，它能为世界历史的多样性提供了一个十分典型的范例。《基辅罗斯》为东欧史知识走向中国大众打开了方便之门，理应得到社会的高度重视。

《基辅罗斯》在普及东欧史知识与提高东欧史研究水平相结合方面下足了功夫；不仅提出了诸多令人耳目一新的独到见解，而且图文并茂、雅俗共赏、深入浅出。阅读之后，能让人进一步体会到中国的俄国史研究应当走出大学校园专业者的狭小圈子，需要在社会大众的广阔天地当中，进行一些普及俄国历史知识的工作。因为现在社交媒体平台上传递的所谓俄国历史知识有的错讹百出，有的真真假假、鱼龙混杂。因此，普及大众所需要的俄国历史知识，应是专业研究工作者义不容辞的责任和担当。彭树智先生曾说："只有把历史知识普及到大众中去，才能在更大的范围内，发挥史学的开阔视野、启迪智慧、提高素质、教化育人的诸多功能。"[3]在这种意义上说，肖瑜老师雅俗共赏的这项写作工作十分值得肯定。

客观、真实是历史学的灵魂，书写俄国历史最重要的就是尊重历史的真实性，不论是专业深奥的学术著作，还是面向普罗大众的普及读物都不能逾越这条红线。《基辅罗斯》在充分尊重历史事实的基础上，讲究可读性与趣味性，独具匠心地把这两者有机地结合起来，在尊重历史真实性的基础上，用生动活泼、简明易懂的语言来叙述东欧历史上的重大事件和人物，略有文采地呈现出各种惊心动魄的历史画面。《基辅罗斯》史实叙述准确，融知识性、趣味性、可读性于一炉，克服了历史专业书籍枯燥无味、难以吸引读者的弊端，不愧为一部令人爱不释手的上乘佳作。

张秉欣

（华南师范大学历史文化学院教授）

2023 年 8 月

目 录

前　言

　　斯拉夫人是古印欧人的一支，在漫长的历史进程中逐渐分化为东斯拉夫人、西斯拉夫人和南斯拉夫人。东斯拉夫人主要指今天的俄罗斯人、乌克兰人和白俄罗斯人；西斯拉夫人主要指今天的波兰人、捷克人和斯洛伐克人等；南斯拉夫人主要指今天的塞尔维亚人、黑山人、克罗地亚人、斯洛文尼亚人、马其顿人、波斯尼亚人和保加利亚人等。

　　罗斯大公国是9—13世纪以基辅为中心，以东斯拉夫人为主体的一个古老国家，其统治区域大致相当于今天的乌克兰和白俄罗斯以及俄罗斯的欧洲部分地区。罗斯被认为是三个现代东斯拉夫国家——俄罗斯、乌克兰和白俄罗斯共同的文明起源，其历史地位非常重要。"罗斯"这个名称与一个被称为罗斯的部落或者族群密切相关。而且也正是从"罗斯"这个词衍生出后来的"俄罗斯"一词。与"罗斯"相关的所有问题都成了历史编纂学中的重大争议问题。

　　很多人不大明白"罗斯"（Русь）和"俄罗斯"（Россия）这两个单词的区别。其实无论是"俄罗斯"还是"罗斯"，都是由Русь或Рось转化而来的。"罗斯"最早的词源为Русь，而"俄罗斯"（Россия）这个词的词根Рось则是之后出现的一种转译形式。[1]

　　罗斯是族群和文化范畴上的概念。俄罗斯人在说起俄语（русский язык）和俄罗斯文化（русская культура）时用的实际是罗斯的概念，罗斯在现当代也特指俄罗斯族、乌克兰族和白俄罗斯族这三个东斯拉夫人主体民族。而俄罗斯则是一个政治概念，俄罗斯人特指现在拥有俄罗斯联邦护照的俄罗斯联邦公民，既包括俄、乌、白三族，也包括像车臣、鞑靼、雅库茨克、布里亚特等其他非斯拉夫民族。做一个不太恰当的类比，罗斯和俄罗斯这两个概念的区别和联系有点类似于汉和中华这两个概念。

古代东斯拉夫编年体史书《往年纪事》记载，862年，第聂伯河北部地区的东斯拉夫部落使者邀请来自北欧的瓦良格人首领留里克、希涅乌斯和特鲁沃尔三兄弟来到东斯拉夫居住地。其中长兄留里克坐镇诺夫哥罗德。此后这个国家的历任统治者都以留里科维奇作为自己的姓氏。俄罗斯历史上的第一个王朝就是以留里克的名字命名的。

882年，留里克的继任者，也是他的亲族大将奥列格南征基辅，杀死了当地的统治者阿斯科尔德和迪尔。奥列格当众宣布："让基辅成为罗斯众城之母吧。"历史学家把奥列格建立的这个国家称为基辅罗斯，但事实上，古代文献中并非一开始就有"基辅罗斯"这个词。"基辅罗斯"一词是19世纪上半叶的学者们创造出来的，[2]最早指的是狭义地理意义上的"以基辅为中心的罗斯大公国"。到19世纪下半叶，"基辅罗斯"开始被认为是俄罗斯历史的一个发展阶段。苏联时代，格列科夫院士的两本专著《基辅罗斯》和《基辅罗斯文化》广为流传，并被苏联官方认可。为了澄清该术语的含义，格列科夫指出，他的著作所讨论的"基辅罗斯"并不是狭义的地理概念，而是广义上可以与西欧的法兰克帝国比肩的罗斯大公国。它幅员辽阔，但最终分裂为若干独立的国家单位。本书中所用的"基辅罗斯"与格列科夫院士提出的概念大体相同，即蒙古大军西征前，那个以基辅为中心的罗斯大公国（862—1237）。988年，罗斯大公弗拉基米尔一世从拜占庭引入了基督教，自此，罗斯的文学、艺术、法律、礼仪和习俗都深深地打上了拜占庭的烙印。

接下来的100多年里，罗斯在与相邻的拜占庭帝国、哈扎尔汗国和保加利亚王国的斗争中逐渐强大起来，征服了周边各个斯拉夫人和非斯拉夫人的部落。随后在12世纪上半叶走上分裂，形成了十几个小公国，其政治、经济、文化中心逐渐由基辅转向东北部的弗拉基米尔。这些公国的统治者基本来自留里克家族分化出来的各个支系。正如843年法兰克帝国的解体奠定了今天法国、德国和意大利等国的主要历史版图，罗斯大公国的解体也奠定了今天东欧俄罗斯、乌克兰和白俄罗斯的主要历史版图。因此，理清罗斯大公国的历史发展脉络对于我们了解今天中东欧各国的历史演变、特征以及发展趋势有非常重要的现实意义。

随着1237年蒙古大军的西征，梁赞、弗拉基米尔和基辅等古老的城市纷纷沦陷。1349年，波兰占领了加利奇和沃伦。1363年，立陶宛占领基辅及其他原罗斯大公国的核心地区。1569年7月1日，波兰王国和立陶宛大公国合并，成立了波兰－立陶宛联合王国，西南罗斯则在其统治下形成了日后的乌克兰和白俄罗斯。罗斯东北部的莫斯科公国则在与金帐汗国的合作与斗争中开始兴起。

蒙古大军入侵时，莫斯科还仅仅是一座规模不大的城镇。1281年，诺夫哥罗德大公亚历山大·涅夫斯基派他的幼子达尼尔去重建被蒙古人毁掉的莫斯科城，达尼尔实际上就成了莫斯科王公。往上追溯，达尼尔是罗斯中晚期最杰出的大公弗拉基米尔·弗谢沃洛多维奇·莫诺马赫的第六世孙，在俄罗斯历史学家的表述中，莫斯科公国的前几位王公都是智慧的象征，他们小心谨慎地与蒙古金帐汗国保持着友好合作的关系，并经常被金帐汗国册封为全罗斯大公。随后经过200多年的斗争，莫斯科大公国终于摆脱了蒙古人的统治。伊凡三世在1478年征服诺夫哥罗德，1485年消灭特维尔公国，基本统一了罗斯西北地区和东北地区。1547年，伊凡四世自称沙皇，其国名也从莫斯科大公国改为俄罗斯沙皇国，又称沙皇俄国。1598年，留里克王朝的最后一任沙皇费多尔一世去世。在经过长达15年的动荡时期后，罗曼诺夫家族的米哈伊尔·费多罗维奇继任沙皇，开启了俄罗斯历史上长达300多年的罗曼诺夫王朝。

呈现在读者面前的这本《基辅罗斯：东斯拉夫文明的起源》是笔者写作计划中的"东斯拉夫文明丛书"的第一部，起止时间是从远古时代一直到1237年蒙古大军西征之前。接下来笔者还将继续完成"莫斯科大公国"和"罗曼诺夫王朝"时期的内容，具体书名以出版时为准。

笔者在俄罗斯莫斯科国立罗蒙诺索夫大学历史学系访学期间搜集到大量相关史料和论著，为写好这一丛书奠定了基础。就已经完成的这本书而言，其史料来源绝大部分基于俄文历史文献和论著，同时笔者在写作过程中会随时向俄罗斯相关学者请教，做到言必有出处，尽量追求历史细节的准确。在内容选择方面，主要以时间为线索，力求以点带面，向读者重点介绍国际学术界对于这一领域所关注的热点问题。

笔者希望"东斯拉夫文明丛书"既有学术著作的严谨性，又兼具科普读物的趣味性；它不仅可供史学爱好者、普通高校本科生和研究生阅读和使用，也能给专业史学工作者带来一定的启发和思考。

第 一 章

斯拉夫人的起源

第一节　斯拉夫诸民族的史前时代

东欧平原上的早期人类遗址

"历史"这个词从广义上来说具有双重含义，一个是指事物发展的过程，另一个是指人们对这个过程的认知。从广义上说，自然界中任何事物的发展变化过程，都是自己的历史。而历史学家所研究的是人类社会生活的条件、进程和成就，也就是人类社会生活的发展和结果。对人类生活各种现象的记载，则保存在各种历史作品和文献中。[1]但在人类发展的早期，没有历史意义上的人类社会、民族和国家，也没有文字记录，我们把这个时代称为史前时代。

考古学家们已经证实，大约在距今 4.5 万年，智人就已经出现在东欧平原上。他们学会了用燧石制造薄刀和矛头，燧石长矛和斧头已成为他们的主要武器。他们利用猛犸象和长毛犀牛的骨头来制作矛头、鱼叉和用于投掷的匕首。他们发明了针，开始用动物的毛皮缝制衣服。居住环境也有所改善。他们建造了半地穴式房屋，用猛犸象的骨头来搭建屋顶，并在屋顶上铺上草皮。房子的中间往往有一个用石头做的壁炉，用来取暖和做饭。人类通过合作的方式猎取大型野兽，采集浆果、蘑菇、食用根茎，用长矛和鱼叉捕鱼。渐渐地，人们开始了一种半定居式的生活方式。

女性主要负责看护壁炉、保护火种和从事采集活动，以便稳定地为家人提供食物；狩猎和捕鱼主要是男性的工作，但这需要运气。所以在当时的人类部落中，女性的地位很重要。考古学家们一般把这一时期称为母系氏族公社时期。

在当今东欧和中亚的很多地区，例如顿河①、沃罗涅日②附近、奥卡河③、穆罗姆④附近、捷斯纳河⑤、乌拉尔河⑥、卡马河⑦、叶尼塞河⑧、外贝加尔的安加拉河⑨都发现了旧石器时代的遗址。最早

---

①　位于俄罗斯欧洲部分，发源于俄罗斯中部的新莫斯科斯克，在顿河流域有两座人口超过 200 万的大城市：罗斯托夫和沃罗涅日。

②　俄罗斯沃罗涅日州的首府，位于顿河和沃罗涅日河的交汇处。

③　伏尔加河最长的一条支流，流经奥廖尔、图拉、卡卢加、莫斯科、梁赞、弗拉基米尔、下诺夫哥罗德地区。奥卡河的名称来自哥特语，意思是眼睛。

④　俄罗斯弗拉基米尔州的一座城市，位于奥卡河左岸，与下诺夫哥罗德接壤。

⑤　流经俄罗斯和乌克兰境内，为第聂伯河左支流，也是其最长的一条支流。捷斯纳河起源于斯摩棱斯克高地，流经俄罗斯的斯摩棱斯克州和布良斯克州，乌克兰的切尔尼戈夫州、苏梅州和基辅州等地区，在基辅城北郊流入第聂伯河。

⑥　欧亚大陆的天然水域边界。流经俄罗斯车里雅宾斯克州的上乌拉尔斯克市、马格尼托哥尔斯克市和哈萨克斯坦的部分地区。

⑦　伏尔加河左侧最大支流，卡马河上最大的城市是彼尔姆市，另外还有索利卡姆斯克市、别列兹尼基市、萨拉普尔、卡马河畔切尔尼、下卡姆斯克等城市。

⑧　俄罗斯亚洲部分的一条大河，流经图瓦共和国、哈卡西共和国和克拉斯诺亚尔斯克边疆区的一条河流，注入北冰洋。

⑨　位于东西伯利亚，为叶尼塞河最大的右支流，也是唯一一条从贝加尔湖流出的支流，流经伊尔库茨克州和克拉斯诺亚尔斯克边疆区。安加拉河畔的城市有伊尔库茨克、安加尔斯克、西伯利亚乌索利耶、谢韦尔斯克、布拉茨克、乌斯季－伊利姆斯克、科丁斯克等。俄罗斯人称安加拉河为"贝加尔老爷爷的独生女"。

发现的旧石器时代遗址位于北纬 62° 附近的勒拿河 ① 畔。[2]

这一时期，人类社会第一次出现了生机勃勃的雕塑、绘画、装饰品等艺术作品。在距今 1.5 万—1.3 万年，人类开始用石头制作母系氏族社会首领的雕像，也制作他们捕获的各种动物的雕像，例如猛犸象、鹿和犀牛等。这一时期还出现了石制和骨制的装饰品，如手镯、珠子和吊坠，无论是男性还是女性都可以佩戴。人类墓葬中已经出现了陪葬品，这说明人类对埋葬同伴有了不同以往的新观念。[3]

距今 1.5 万—1.4 万年，冰川开始融化，在气候变化的影响下，欧亚大陆的地理地貌也发生了极大改变。茂密的森林开始出现，绵延 1 万多千米的针叶林从波罗的海沿岸一直延伸到今雅库茨克。冰河时代常见的大型动物如猛犸象、长毛犀牛逐渐消失，越来越多的小型动物开始出现。人类在冰川消退之后开始大胆地向北迁移。学者们把人类社会的这一时期称为中石器时代。

在中石器时代，人类已经发明了弓箭。他们用动物的筋来制作弓弦，用燧石和磨尖了的骨头做成箭头来远程攻击飞禽走兽，狩猎变得更轻松，几个人甚至一个人就可以完成狩猎行动。在这个时代，第一艘简陋的木筏下水，人们沿着河流和湖泊逐渐征服了内陆水域，但仍然不敢深入海洋探索。他们不断向东欧平原北部地区推进，并在这里定居下来。捕鱼、采集和驯化野生动物（主要是猪和

---

① 位于俄罗斯东西伯利亚地区，流经伊尔库茨克、雅库茨克，其部分支流流经外贝加尔、克拉斯诺亚尔斯克、哈巴罗夫斯克边疆区，以及布里亚特共和国和阿穆尔州等地区。勒拿河全流域均在俄罗斯境内，为俄罗斯第一大河。

狗），是人类的主要经济活动。畜牧业也开始出现了，这在今后很长一段时间都是当地人所从事的主要经济活动。[4]

距今约 1 万年，北非、亚洲的广大地区以及东欧平原上的人类社会生活发生了革命性的变化，学者们把这种变化称为"新石器时代的革命"。

这一时期，人类对石器的加工又迈出了新的一步，加工技术已经日臻完善。人们利用石凿在石头上钻孔，并制作出带木柄的锋利斧头、刮刀、箭头和长矛等；又利用这些新工具砍伐树木，建造木屋，制作木筏和小艇。他们还发明了渔网，让捕鱼变得更容易；发明了陶器，能更好地烹饪和储藏食物；用羊毛和植物纤维来织布，穿上了比动物毛皮更舒服的衣服，发展出最早的纺织业；发明了轮子，这促使交通工具、建筑技术和日常生活都发生了巨大的变化；最初的商品交换也出现了。

牧人、猎人、渔夫和战士在家庭、氏族和部落中越来越占据主导地位。在欧亚大陆的广大地区，家族仍然是人类社会组织的基础，但许多大的家族开始联合起来组成部落。在部落里，大家共同劳动，共同占有土地和财产，共同分配食物。学者们把这样的社会制度称为"原始共产主义"。

从白海和波罗的海沿岸，到亚速海和北高加索的大片地区都发现了新石器时代的人类遗址。这其中包括卡累利阿河[①]、佩乔拉

---

① 流经俄罗斯西北部卡累利阿自治共和国。

河^①沿岸，卡尔戈波里^②，拉多加湖^③、奥涅加湖^④和伊尔门湖^⑤沿岸，东欧平原的整个森林带，伏尔加河^⑥和奥卡河沿岸（靠近梁赞^⑦、穆罗姆、巴拉赫纳^⑧），更远的西伯利亚的广袤地区，以及安加拉河、勒拿河沿岸等。此外，在距离莫斯科东北约40千米的利亚洛沃村^⑨也发现了这样的遗址。这些遗址有一个共同的特点，那就是都靠近河流或森林，河里丰富的鱼类和森林中的野兽为人们提供了富足的食物。在这样水草丰美的地方，畜牧业也得到了长足的发展。[5]

新石器时代，在广袤的欧亚大陆上，人类社会发展水平严重不平衡。在地理气候条件优越的地方，人们能够更有效地利用大自然的恩赐。相反，在自然条件恶劣的地方，人类社会发展水平就会相对滞后。当第一批灌溉系统已经在埃及和美索不达米亚平原出现时，当第一批金字塔高耸入云时，当最早的楔形文字写在泥板上

---

① 流经俄罗斯科米自治共和国和涅涅茨自治区。

② 位于今俄罗斯阿尔汉格尔斯克州奥涅加河左岸。

③ 位于俄罗斯西北部卡累利阿自治共和国和列宁格勒州，古称涅瓦湖。

④ 位于俄罗斯西北部，其80%的水域分布在卡累利阿自治共和国，20%位于列宁格勒州和沃洛格达州。

⑤ 位于俄罗斯诺夫哥罗德州西部，流入波罗的海。

⑥ 流经俄罗斯西南部，为欧洲最长的河流，起源于莫斯科西北部的一个小山岗，注入里海。伏尔加河沿岸有4个超过100万人口的大都市，分别是：下诺夫哥罗德、喀山、萨马拉和伏尔加格勒。

⑦ 俄罗斯梁赞州的首府梁赞市。

⑧ 位于俄罗斯下诺夫哥罗德州巴拉赫那市。

⑨ 位于俄罗斯莫斯科州索尔涅奇诺沃戈尔斯克地区。1922年考古学家在此发现了距今4000—3000年的古人类遗址。

时，当威武的战车载着手持战斧和青铜剑的战士上阵拼杀时，在北欧和东欧平原的森林里，猎人和渔民在他们的小村落里过着节奏缓慢、悠闲自在的生活。他们无论是在工具、武器、器皿，还是在住宅、宗教仪式以及装饰品方面，都全方位落后了。

东欧平原上的古印欧人

古印欧人是距今约 6000 年分布在欧亚大陆广大地区的原始族群的统称，是如今欧亚大陆许多族群的共同祖先。古印欧人的后代后来越过大西洋、印度洋和太平洋，进入北美洲、南美洲及大洋洲。

那么，古印欧人究竟起源于哪里？为什么包括斯拉夫人在内的大多数欧洲族群的远古祖先都被称为古印欧人？

大多数学者认为，古印欧人起源于东南欧和中欧的大片地区，特别是巴尔干半岛和喀尔巴阡山脉，也有可能在俄罗斯和乌克兰的南部。距今约 5000 年时，随着农业和畜牧业的发展，古印欧部落的人口急剧增长，人们也已经驯化了马。随后他们掌握了冶金技术，开始冶炼青铜，制造青铜生产工具和武器。这使得他们可以骑着马、手持青铜武器更大胆地开拓新的领土，探索未知世界。

古印欧人在欧亚大陆的迁徙始于欧洲东南部。一部分人向西移动，占据了远至大西洋的欧洲大部分地区；一部分人向北部迁徙，占据了欧洲北部，包括斯堪的纳维亚半岛；一部分人向东进入了乌拉尔山脉；还有一部分人向南进入了欧洲南部的森林和草原地带。同时，在小亚细亚、北高加索、伊朗高原和印度河流域等地也都留下了古印欧人的足迹。

在迁移过程中，古印欧人的一些共同特点开始逐渐消失。一些大的族群逐渐形成，这其中包括斯拉夫族群、日耳曼族群和波罗的海族群。事实上，现代日耳曼民族、斯拉夫诸民族和波罗的海诸民族的祖先曾经是一个族群，他们说着同一种语言。即便是现在，这些民族的语言中仍保留着许多共同的词汇和概念。许多流传至今的文化艺术也保留着某些共性。

古印欧人在宗教信仰方面也有很多共同点。比如，东斯拉夫多神教的雷神庇隆和立陶宛的雷神佩尔库纳斯，古印度的雨水之神帕尔扎尼亚和凯尔特人的神灵佩尔库尼阿在发音上异常相似。庇隆也让人联想到古希腊的主神宙斯，东斯拉夫多神教中主管婚姻和家庭的女神拉达则让人联想到古希腊的女神拉塔。欧亚大陆上许多族群的神灵都有着相同的古老源头。[6]

考古学家们在从喀尔巴阡山脉到第聂伯河流域的大片区域发现了许多古印欧人的农场和牧场；再往东，在乌拉尔山脉以南的草原地区，也发现了古印欧人的牧场。其中比较有代表性的一个遗址位于第聂伯河流域特利波利村一带，距今约6200年。考古学家们将诞生于此的文化称为"特利波利文化"。

特利波利人居住在大木屋里，木屋的墙壁涂有保暖用的黏土，地面上也铺着干黏土。大木屋面积有100—150平方米，能住许多人。住在这里的人往往是以家庭为单位的大家族，每一个小家庭都住在一个用栅栏围起来的独立小隔间里，每一个小隔间都有一个用黏土烧制的壁炉，用来取暖和做饭。在木屋的中间有一个祭祀用的小台子，特利波利人在这里举行宗教仪式，祭祀神灵。当地人崇拜生育女神，由黏土和石头制成的生育女神雕像在这些定居点中非常常见。

特利波利人的定居点通常由数十座房屋呈环形排列组成，中间是牲畜圈。定居点通常都修建在敌人或猛兽难以接近的河流弯道处，用城墙和栅栏与外界隔离开来。考古学家没有在特利波利人的房屋中发现战斧、匕首等攻击性武器。

在特利波利人的定居点发现的渔具（骨制的和铜制的鱼钩、渔网）表明这些古代居民擅长捕鱼。考古学家还发现了一些野生动物，如驼鹿、鹿、野猪等的骨头，这说明特利波利人主要从事狩猎活动。他们种植小麦、大麦、小米、豌豆，用锄头锄地，用含硅的木柄镰刀收割庄稼，用石磨磨碎谷物，然后将其储存在陶制容器中，并存放于内壁涂有黏土的储藏室里。特利波利人饲养家畜——牛、猪、山羊、绵羊等，在当地的遗址中发现了大量这类动物的骨头。

随着时间的推移，在特利波利人的生活中，男性的作用越来越大。考古学家经常在男性的墓葬中发现农具，在女性的墓葬中发现纺车，这意味着当时女性主要从事纺织和家务劳动，而公社赖以生存的更重要的经济活动——农业和畜牧业则落到了男性的肩膀上。东欧社会正逐步进入父系氏族公社阶段。

但古印欧人进入其他地区绝不是和平式和牧歌式的，而是伴随着血与火的征服。为了获得肥沃的土地、广阔的渔场和良好的狩猎场所，他们与当地族群不断发生激烈冲突。考古学家在许多古印欧人的遗址上都发现了弓箭射穿的头盖骨和战斧砍断的人骨，这些地方显然发生过激烈的战斗。[7]

古印欧人在迁徙过程中占据了今俄罗斯乌拉尔山脉东部和西部的大片地区，不断与当地部落融合，并逐渐分化出许多族群。每一个古代族群都为当地的经济发展做出了贡献。例如，北高加索人先于其他人掌握了金属冶炼技术（高加索地区盛产金属），制造了金属生产工具和武器，也驯化了马、牛和猪，还发明了马车；乌拉尔人首先发明了船、滑雪板和雪橇；在森林地带定居的古印欧人与当地其他居民一起，在林中垦荒，从事农业和畜牧业，还进行狩猎和捕鱼活动。

总体而言，生活在今俄罗斯、乌克兰和白俄罗斯领土上的古代诸族群，其发展程度落后于地中海沿岸、美索不达米亚、尼罗河流域和东亚等地区的民族，自然地理环境在当时仍是制约族群发展的主要因素。

斯拉夫人的起源

距今 5000—4000 年，伴随着古印欧人的大迁徙，在维斯瓦河①和第聂伯河之间的广袤土地上，斯拉夫人、日耳曼人和波罗的海人的共同祖先开始逐渐从古印欧人中分离出来。他们在语言上已经与定居在南亚、中亚或高加索的古印欧人有了明显区别。大约在距今4000 年，日耳曼人首先从这一族群中分离出来，开始向西移动，而波罗的海人和斯拉夫人则组成了新的波罗的海 – 斯拉夫族群，这一族群占据了东欧的大片地区。古印欧人的其他分支则在欧洲南部定居，他们后来成了希腊人和意大利人的祖先。

据考证，维斯瓦河流域是斯拉夫人祖先的聚居地。他们从这里

① 波兰最长和最重要的河流，由南向北流经波兰全国，注入波罗的海格但斯克湾。

向西进入奥得河流域。再往西，他们与已经盘踞当地的日耳曼部落相遇，但日耳曼人阻止他们进入自己的领地，于是这些人留在奥得河流域日后形成了西斯拉夫诸民族（波兰人、捷克人、斯洛伐克人等）。另一部分斯拉夫人的祖先向东迁移，抵达第聂伯河，然后他们向奥卡河和伏尔加河的交汇处移动，在这里和芬兰－乌戈尔人相遇和融合，后来形成了东斯拉夫诸民族（俄罗斯人、乌克兰人和白俄罗斯人）。他们还向南进发，前往喀尔巴阡山脉、多瑙河和巴尔干半岛，日后形成了南斯拉夫诸民族（斯洛文尼亚人、克罗地亚人、塞尔维亚人、黑山人、波斯尼亚人、马其顿人和保加利亚人）。与此同时，斯拉夫人的祖先还抵达了普里皮亚季河[①]流域。

公元前 7—前 5 世纪，斯拉夫人已经掌握了从沼铁矿和湖矿中冶炼铁的方法。他们用铁制造新的生产工具和武器，这使得他们的生活方式有了极大的改变，不仅可以帮助他们更好地抵御恶劣的自然环境，让当地的农业和畜牧业有了长足的进步，还有助于他们抵御外敌和向外扩张。此时的东斯拉夫人和波罗的海人还属于同一个族群，几百年后他们才彻底分为两个族群。除此之外，东斯拉夫人与波斯北部的游牧部落也有着密切的联系，其中包括先后进入南俄草原的金麦里人、斯基泰人和萨尔马特人。[8]

---

① 第聂伯河最大右支流，流经白俄罗斯布列斯特州、戈梅利州，以及乌克兰沃伦州、罗夫诺州和基辅州。著名的切尔诺贝利核电站就位于普里皮亚季河流域。

第二节　东斯拉夫人的邻居和敌人

日复一日，年复一年，游牧部落突破乌拉尔山脉南部和里海之间宽阔自由的通道，从亚洲内陆进入东欧平原，而东斯拉夫人的祖先则是阻止他们前进的第一道屏障。从那时起，与游牧族群的斗争已经成为东斯拉夫人祖先生活的一部分。这种无休止的战争夺去了无数人的生命，人们无法专心于生产劳动，被迫在最艰难的日子里逃往北方森林地带，他们的定居点也被游牧族群摧毁。这一切都阻碍了东欧文明的总体发展进程，但东斯拉夫人的祖先也阻碍了游牧族群前进的脚步，成为阻止他们进入西欧地区的屏障。

金麦里人、斯基泰人、希腊殖民地和萨尔马特人

当东斯拉夫人的祖先与日耳曼人、波罗的海人还同属于一个族群时，他们已经开始与来自亚洲的强大而残酷的入侵者金麦里人展开了激烈的对抗。金麦里人的语言属于印欧语系的色雷斯语的分支。他们从公元前1000—前700年统治着南俄草原，其版图曾一度深入至高加索。[9]"金麦里"这个名字的意思是"强人"和"英雄"。

在黑海北部草原地带定居的东斯拉夫人的祖先首先遭遇了金麦里人的袭击，他们在金麦里人进军的交通要道上修筑了可以阻碍骑兵前进的简易工事，用鹿砦和沟渠来阻断森林中的道路，建造了坚固的堡垒。但农耕族群的军事力量远远比不上游牧族群的牧人和骑兵。在金麦里人的袭击下，斯拉夫人的祖先被迫离开了肥沃的土地，逃入了北方的森林。

自远古时代以来，东斯拉夫人就一直流传着与草原游牧族群斗争的神话。很久以前，有一条多头恶龙强迫当地村民定期用活人为它献祭，否则它就要吃掉所有人。有两位铁匠决定挺身而出，收服恶龙，他们把一位准备被献祭的村民藏到了自己的铁匠铺，并关上了厚厚的铁门，只在铁门上留了一个小孔。多头恶龙找到铁匠铺后，打不开铁门，于是试图把头从小孔里钻进去，这时候，铁匠们就用烧红的钳子烫它的头。恶龙忍受不了，不住地求饶，最后，铁匠们把多头恶龙套在铁犁上，让它为人们犁地。在第聂伯河流域，有许多保存至今的带有龙纹图案的土城，这在那个时代显然是古老的防御工事。[10]

公元前6—前4世纪，新的入侵者斯基泰人来到了南俄草原。斯基泰人打败了金麦里人，并摧毁了他们的部落，成为东斯拉夫人和波罗的海人当下最危险的敌人。黑海北岸的居民和以前一样，被迫逃入森林以躲避斯基泰骑兵的追击。斯基泰人来自中亚，说某种波斯方言，这种方言也属于印欧语系。他们是典型的游牧族群，迁徙时乘坐牛车，根据马匹的数量来计算财富，也吃马肉。斯基泰人的军队以轻骑兵为主，使用马鞍，用弓箭和短剑进行战斗。[11]

根据希罗多德的记载，从事农业的斯基泰部落应该位于第聂伯河下游，往上一直到因古列茨河①。第聂伯河下游草原并没有发现斯基泰农夫的部落遗址，也许他们已经与当地的其他部落融合。斯基泰人的社会中已经出现了阶级分化，希罗多德也谈到了斯基泰人

———————————

① 第聂伯河右支流，流经乌克兰基洛沃格勒、第聂伯罗彼得洛夫斯克、尼古拉耶夫和赫尔松等地区。

中的奴隶劳动，但他说奴隶只用于家务劳动，显然这里已经出现了奴隶制社会的雏形。[12]

当斯基泰人与他们的游牧骑兵占领黑海北岸时，希腊殖民地已经出现在克里木半岛南部海岸的南布格河[①]河口，靠近刻赤海峡。在南布格河河口，有一些来自巴尔干半岛和小亚细亚的希腊城邦的水手和商人建立的殖民地，它们既是军事要塞，也是与周围地区进行交易的贸易站，各种手工艺品从希腊城邦运到这里。

满载着面包、鱼、蜂蜡、皮革和羊毛制品的船只从黑海沿岸出发前往各地。从远古时代起，面包、蜂蜡、蜂蜜、毛皮都是斯拉夫人提供给周边地区的主要商品。雅典人日常所需的粮食有一半来自殖民地。后来，希腊人也从这些殖民地购买奴隶，这些奴隶是斯基泰人在与北方斯拉夫邻居交战时所俘获的战俘。然而，斯拉夫奴隶在古希腊并不受欢迎，因为他们性格执拗且崇尚自由，喜欢喝烈酒，而且经常喝醉，因此无法正常工作。[②]

人类社会的发展日新月异，但是生活在第聂伯河地区的斯拉夫人似乎处于与世隔绝的状态，因为斯基泰人牢牢控制着通往南方的所有交通要道，这些交通要道是当时国际贸易的重要中转站。随着时间的推移，斯基泰人在黑海北部地区建立了一个强大的国家，这个国家几乎统一了所有斯基泰部落。斯基泰王国的首都位于第聂伯河

---

① 位于乌克兰西南部，流经赫梅利尼茨基、文尼察、基洛沃格勒、敖德萨和尼古拉耶夫等地区。

② "斯拉夫"一词在斯拉夫语族中意为"光荣"，而在希腊语族和拉丁语族中的意思往往是"奴隶"。其原因是古代斯拉夫人经常被当作奴隶卖到希腊和西欧诸国。

下游地区，在那里至今仍有保存完好的斯基泰国王的陵墓。一部分留在该地区的斯拉夫人成了这个王国的臣民，斯基泰人也从他们的斯拉夫邻居那里学来了许多农耕经验，逐渐从游牧生活转向农耕生活。希腊人称这些人为"斯基泰农夫"。后来，斯基泰王国消失在历史长河之中，希腊人仍把居住在斯基泰人故地的斯拉夫人称为斯基泰人。

在斯基泰人出现在第聂伯河流域时，斯拉夫人的部落也已经形成了，他们和波罗的海人在语言方面已经有了明显区别。在第聂伯河中游，斯拉夫人最古老的城市——基辅已经初见规模，尽管第聂伯河流域与西欧地区相比自然条件恶劣，又有游牧族群的不断袭击，但斯拉夫文明还是缓慢而倔强地向前发展。

在现代考古发掘中，人们发现了一些坚固的城堡遗址，当时的人就是以家庭为单位居住在这样的城堡中。这些城堡往往建造在高处，那里有很好的视野。城内有多达数千间木屋，这些木屋之间没有隔板，紧挨着木屋往往有类似棚子的小型建筑物。在木屋的中央有一个石制或土制的壁炉。此外，那种带壁炉的半地穴式房屋在城堡中也并不少见，这样的房子往往更能抵御严寒。

从公元前2世纪开始，斯拉夫人居住的地区又遭遇了来自东方的游牧部落萨尔马特人的入侵，他们从顿河流域开始向这里推进。萨尔马特人是又一波来自中亚并说波斯语的游牧族群。他们的社会组织文化与斯基泰人的很相似，但是也有一些明显的差别。尽管这两个游牧族群在打仗时都以骑兵为主，但斯基泰人主要使用轻骑兵，萨尔马特人的骑兵则装备了马镫、盔甲、长矛和长剑。萨尔马特人很快摧毁了斯基泰人的国家，夺取了斯基泰人的土地并深入北部森林草原地带。

萨尔马特人取代斯基泰人控制了穿越南俄草原的贸易交通线，还将自己的野蛮和落后带到当地。他们并不想向"北方农夫"（斯基泰和斯拉夫农夫）、希腊水手、工匠和商人们学习高超技艺，反而试图同化这些人。

与此同时，在高加索山脉栖息着一个强大的、历史悠久的部落联盟——阿兰人。他们被认为是萨尔马特人的分支。他们是勇敢的骑兵和不知疲倦的战士，其主要生产活动为畜牧业。[13]

远古时期在今俄罗斯、白俄罗斯和乌克兰领土上的其他族群

在公元前2000—前1000年，波罗的海族群开始从斯拉夫族群中分离出来，他们是未来立陶宛和拉脱维亚等民族的祖先。波罗的海族群的聚居地在斯拉夫人领地以北，随后他们从波罗的海沿岸拓展到奥卡河和伏尔加河的交汇处。

芬兰－乌戈尔人早就占据了欧洲东北部直至乌拉尔山脉和外乌拉尔地区的广大领土。他们是如今摩尔多瓦人、梅里亚人、切列米斯人、科米人、泽梁人、别尔米亚人的祖先。芬兰－乌戈尔人的栖息地与波罗的海人和斯拉夫人也有交集。欧洲东北部的这些族群在生产活动、生活方式、传统习惯、服装饰品方面都有很多共同点。他们主要从事狩猎和捕鱼等活动，与东欧南部诸族群相比，他们的社会发展进程非常缓慢。在东欧南部地区，一些非斯拉夫人的族群也开始形成，他们是阿迪格人（切尔克斯人）、奥塞梯人（阿兰人）和其他山地民族的祖先。

在黑海北部刻赤海峡附近的塔曼半岛上，一些希腊人所建立的殖民地后来也逐渐发展成为重要的商业中心和繁荣的社区。希腊人从事各种贸易，其中尤其重要的是把南俄草原的谷物销往古希腊。刻赤海峡附近的几个殖民地逐渐联合起来成立了历史上著名的博斯普鲁斯王国。这是一个多族群国家：希腊人、斯基泰人和当地的阿迪格人杂居在一起，这些族群曾经都属于古印欧人。

后来，犹太社区也出现在博斯普鲁斯王国的城市中。犹太人作为商人、工匠和高利贷者在南俄地区非常活跃，在博斯普鲁斯王国和希腊的其他城市中都能找到犹太人的祈祷室和会堂。他们可谓当地居民中最出色的一批人，不仅懂得希腊语，还了解当地的许多风俗习惯。此后，犹太人还将出现在其他新兴的斯拉夫城市中，他们一直是东斯拉夫土地上一股不可忽视的力量。考古学家们在刻赤海峡附近发掘出许多古代博斯普鲁斯王国的城市、乡村庄园和工匠作坊。

博斯普鲁斯王国存在了数百年，公元前4—前3世纪上半叶国势强盛，与古希腊诸城邦都建立了贸易关系，其文化也深受古希腊影响。到公元前3世纪中叶，其国力渐趋衰微。公元前110年以后，博斯普鲁斯王国逐渐依附于本都王国。公元前108年，博斯普鲁斯王国爆发了一场大规模的起义，起义的领导者萨夫马克在当地斯基泰居民的支持下杀死了国王佩利萨德五世，夺取了政权，克里木半岛西部居民支持起义，而东部地区则继续效忠于本都王国。后来本都王国出兵镇压了起义，本都国王米特里达梯斯六世下令将萨夫马克押送至本都王国，此后博斯普鲁斯王国彻底臣服于本都王国，随后本都王国被罗马人征服，博斯普鲁斯王国又臣服于罗马帝国。在罗马帝国衰落及最终崩溃后，博斯普鲁斯王国时而依附拜占庭帝国，时而依附日耳曼蛮族，最终于 370 年为匈人所灭。[14]

第三节 东欧的族群大迁徙

哥特人和匈人

375—568 年，是欧洲历史上被称为"族群大迁徙"的时代。在此期间，以日耳曼人为主的诸多蛮族部落入侵罗马帝国，并将其摧毁。在罗马帝国的废墟上，先后建立起了数十个日耳曼人的"蛮族国家"，为欧洲未来政治版图的形成奠定了基础。事实上，受日耳曼蛮族大迁徙的影响，从大西洋到乌拉尔山脉和西伯利亚南部的东欧各族群，包括斯拉夫人、芬兰－乌戈尔人、波罗的海人、阿兰人等也参与了此次大迁徙。

在日耳曼人消灭罗马帝国并建立日耳曼民族国家的过程中，哥特人无疑起到了重要作用。公元前 1 世纪，哥特人都还生活在斯堪的纳维亚半岛东南部地区，即今瑞典哥德堡①一带。此后，出于气候原因，他们南下迁徙到了波罗的海北岸。2—3 世纪，哥特人从波罗的海沿岸出发，经过波罗的海人和东斯拉夫人的领地，来到今乌克兰的草原地区，在那里生活了两个世纪，逐渐成为当时东欧最强大的族群。之后，他们入侵了巴尔干半岛，袭击了罗马人的领地

---

① 意为"哥特人之城"。

和希腊殖民地，并攻击了当地的萨尔马特人。哥特人与阿兰人结盟，哥特步兵和阿兰骑兵联合起来攻入克里木半岛。3世纪末，哥特人以德涅斯特河①为界，分裂成为东西两个王国，历史上称之为东哥特王国和西哥特王国。

4世纪初，东哥特王国中出现了一位杰出的国王赫尔曼纳里赫。他可谓早期哥特史上最强大的君主，经过长年征伐，他以武力统一了东哥特各部，并征服了周边广大族群。当时西哥特人可能在表面上也接受赫尔曼纳里赫的统治。相传赫尔曼纳里赫统治的区域由黑海一直延伸至波罗的海，他也被尊称为"哥特人的亚历山大大帝"。他的名字在拜占庭的史书中经常被提及。

虽然族群大迁徙的主体是日耳曼人，但它却是由入侵欧洲的东方游牧族群匈人引发的。西方古代典籍记载，匈人来自亚欧交界处的沼泽和草原地区，擅长骑射。他们西迁的主要原因可能是当时中亚地区的气候突然变冷，或者柔然（也作"蠕蠕"或"茹茹"）汗国的扩张。

1756年，法国汉学家德金根据《后汉书·南匈奴列传》和《魏书·西域传》的记载，认为入侵欧洲的匈人很可能就是在东汉时期自蒙古高原西迁的北匈奴。但在第二次世界大战之后，"匈人就是北匈奴"的说法受到了世界各地学者的强烈质疑，其中的代表人物包括德国学者弗朗兹·阿特海姆、英国学者汤普森和美国学者孟赫奋等人。他们质疑的主要依据是近年来的考古学和语言学研究成果，并综合了罗马、嚈哒、波斯和亚美尼亚诸国史料，这显然比仅

---

① 发源于乌克兰喀尔巴阡山脉，流经乌克兰和摩尔多瓦两国。

靠中国原始史料中的简单记载所做出的推论更加可靠。[15]

匈人会炼铁，锻造剑、弓箭、匕首，以从事畜牧业为主。他们几乎生活在马背上。所有的匈人都是出色的骑手，无论是男人、女人还是儿童。他们的主要武装力量是配备了弓箭的轻骑兵。根据罗马历史学家的说法，匈人的外貌很可怕，他们身材矮小，头发浓密，后脑勺粗大，罗圈腿，戴着皮帽子，穿着由山羊皮制成的粗糙鞋子，他们的野蛮行为在欧洲的许多史料中都有记载。

370—375 年，匈人首先击败了阿兰人的部落，一部分阿兰人被驱逐到了高加索，其余人则被迫加入了匈人军队。身披重铠、手持长矛的阿兰重骑兵成为匈人军队的重要组成部分。在匈人的逼迫下，芬兰－乌戈尔部落和阿尔泰人也被迫开始迁徙。

随后，匈人进入黑海草原并击败了东哥特人。他们用血和剑征服了南部斯拉夫人的定居点。南斯拉夫人被迫放弃了肥沃的南部黑土地，再次逃入森林以寻求庇护。哥特人向西退却，最终，其中一部分人在今西班牙土地上定居，而被匈人军队裹胁的一部分南斯拉夫人也随之抵达西方。

接着匈人又向黑海北岸的西哥特人发动进攻，迫使约 1.5 万名西哥特人在罗马皇帝的允许下，于 376 年渡过多瑙河，向巴尔干半岛迁移，定居于罗马境内，作为同盟者为罗马帝国守卫边境。410 年，西哥特人在领袖阿拉里克率领下，攻克了罗马城，大肆劫掠以后离去。此后西哥特人进入伊比利亚半岛建立了西哥特王国，先后定都图卢兹、托莱多。东哥特人则向西迁徙到潘诺尼亚等地。

进入欧洲的匈人以多瑙河为中心建立了自己的帝国。事实上，这支横扫了欧洲的匈人大军的构成其实并不单一，他们当中混杂了大量的芬兰－乌戈尔人、阿兰人和其他族群。匈人国家在他们的领袖阿提拉的领导下达到了鼎盛。阿提拉是一位天才的指挥官和经验丰富的外交家，但又是一位残暴无情的统治者。他征服整个西欧的企图止步于451年，在沙隆战役中，罗马军队联合了欧洲许多族群的军队彻底击败了阿提拉的大军。阿提拉率领他的残兵败将退往多瑙河，他本人于453年突然去世。阿提拉大帝去世后，匈人国家迅速解体，但这场由匈人引发的族群大迁徙则持续了好几个世纪。[16]

阿瓦尔人和哈扎尔[①]人

6世纪中叶，新一批游牧族群开始从亚洲向东欧进军，他们被称为"阿瓦尔人"。阿瓦尔人建立的阿瓦尔汗国在其鼎盛时期占领了近现代匈牙利、奥地利、瑞士、斯洛伐克、神圣罗马帝国（部分）、波兰、乌克兰、克罗地亚、塞尔维亚、罗马尼亚、保加利亚和北马其顿的领土。通常认为阿瓦尔汗国的历史开始于562年，其开国君主为巴扬一世可汗。他们于568年与伦巴底人结盟，在多瑙河中部站稳了脚跟，并征服了当地的斯拉夫人和日耳曼人。阿瓦尔军队组织严密，装备精良，他们使用铁制马镫、坚固的盔甲和优良的弓箭。汗国的首都位于多瑙河流域的平原上。阿瓦尔汗国自建立之初就不断与拜占庭帝国进行战争，甚至一度对君士坦丁堡构成了极大的威胁，他们还对查理曼大帝统治下的法兰克帝国发动过几次大规模的战争。东斯拉夫人的编年体史书《往年纪事》曾记载，阿瓦尔人曾

---

① 另一常见译法为"可萨"，本书则根据俄文将其音译为"哈扎尔"。

残忍虐待斯拉夫人，侮辱斯拉夫妇女，把她们当牲畜一样看待，甚至用她们替代牛马来驾车。[17]

6—8世纪，斯拉夫人不断反抗阿瓦尔人的统治。7世纪末，法兰克人的军队在一次战役中彻底击溃了阿瓦尔人，阿瓦尔汗国开始迅速衰落。而另一支来自东方的游牧族群哈扎尔人彻底击败了阿瓦尔人。他们穿过伏尔加河下游地区到达黑海北部地区，占领了高加索山麓。哈扎尔统治者称自己为"可汗"或者"大汗"（即可汗中的可汗）。

7世纪前半期东罗马帝国史学家席摩喀他记载，哈扎尔人来自哇和库尼两地。他们从突厥人那里逃出，在抵达欧洲时与追随阿瓦尔可汗者联合了起来。[18]中国史料第一次提及哈扎尔汗国的是唐代人杜环写的《经行记》。杜环曾作为战俘在阿拉伯地区生活了十多年，回国后把自己在异域的所见所闻写成《经行记》一书，这本书成为当时的唐朝人了解阿拉伯地区社会风貌的重要原始资料。他是在提到拂菻国和苦国的地理方位时提到哈扎尔汗国的。拂菻国就是拜占庭帝国，苦国指的是叙利亚一带。根据杜环的记载，哈扎尔汗国应该是在高加索地区和黑海草原一带。[19]

哈扎尔汗国在鼎盛时期控制着大片地区，它的政治、经济中心在伏尔加河三角洲和北高加索草原。当时，哈扎尔汗国延伸到紧靠伏尔加河北岸的布尔塔斯人的聚居地以及伏尔加河保加尔人的伏尔加–卡马河地区。在东面，哈扎尔人的领地一直延伸到与花剌子模王国毗邻的草原。在西面，哈扎尔人牢牢控制了顿涅茨河①地区。

---

① 乌克兰东部地区最大的河流，属于顿河的支流。

9 世纪中叶，也可能更早，哈扎尔人的势力范围已经延伸到了包括基辅在内的东斯拉夫人的领地。在南面，哈扎尔人和阿拉伯帝国、拜占庭帝国相对峙。

虽然哈扎尔人也属于来自亚洲的游牧族群，但他们的历史作用与匈人和阿瓦尔人完全不同。他们与阿拉伯人进行了长期的战争，从而阻止了伊斯兰教传入欧洲腹地。哈扎尔人因其商业繁荣、对外交往频繁、法律的宽容开明而闻名于世，他们也特别重视城市的建设，其首都萨曼达尔①、伊蒂尔②和大城市萨尔克尔③在当时非常繁荣。

732 年，哈扎尔可汗把女儿嫁给了拜占庭的皇太子，也就是后来的拜占庭皇帝君士坦丁五世。哈扎尔可汗的外孙利奥也做了拜占庭皇帝。这表明 8 世纪中叶哈扎尔汗国在当时的国际事务中所表现出的重要作用。[20] 哈扎尔汗国的国库收入主要来自商业税收，因为该国在丝绸之路上占据重要位置。随着哈扎尔人在东欧平原上的势力扩展，他们又从东斯拉夫人的部落收取了大量的贡品。

哈扎尔人与其他突厥人一样，原来信仰萨满教，后来，大约在 8 世纪末或 9 世纪初，哈扎尔可汗皈依了犹太教，民众也开始信奉

---

① 8 世纪上半叶哈扎尔汗国的首都，位于俄罗斯达吉斯坦自治共和国境内，关于萨曼达尔遗址的具体位置学术界众说纷纭，一种说法认为位于里海附近，另一种说法认为位于基兹利亚尔市附近的捷列克河下游。

② 8 世纪中叶至 10 世纪中叶哈扎尔汗国的首都，据史料记载位于伏尔加河三角洲，但对于伊蒂尔城的考古搜索至今尚未取得任何结果。

③ 位于中世纪顿河左岸的一座哈扎尔城堡，哈扎尔语"白色城堡"之意，又名白维扎。

犹太教。但哈扎尔人对其境内的其他宗教非常宽容，多神教教徒、穆斯林、基督徒以及犹太人生活在一起，他们都享有依照自己习俗生活的自由和权利。哈扎尔人的彪悍骑兵曾使拜占庭人、阿拉伯人和斯拉夫人感到恐慌。而哈扎尔汗国的繁荣，使它与阿拉伯帝国、拜占庭帝国以及其他文明的密切联系和广泛的商业往来给人留下了深刻的印象。

9世纪末，罗斯崛起后，开始对哈扎尔汗国发动了一系列进攻。10世纪下半叶，拜占庭帝国的对外政策也随着哈扎尔汗国与罗斯力量的此消彼长而发生了变化。1016年，拜占庭与基辅罗斯结盟，向位于塔曼半岛的哈扎尔汗国残余势力发动了最后的进攻，最终占领了这一地区。至此，哈扎尔汗国彻底灭亡。亡国后，一部分哈扎尔人信了伊斯兰教，成为中亚－伏尔加河的突厥语穆斯林；另一部分哈扎尔人没有改变信仰，在俄罗斯历次驱逐犹太人的浪潮中不断向中欧迁移，最终成为阿什肯纳兹犹太人；还有一部分人融入了克里木鞑靼人与卡尔梅克人中。[21]

保加尔人

当哈扎尔人在伏尔加河下游、顿河地区、北高加索地区扩张时，保加尔人也来到了欧洲大陆。他们也是突厥人的一支。6—7世纪初，保加尔人在他们杰出的领袖库布拉特汗的领导下，在黑海曾经的希腊殖民地区建立了大保加利亚王国。这个国家无法抵御哈扎尔汗国的进攻，最后分崩离析。库布拉特死后，部分保加尔人向北迁移至伏尔加河中部，以保加尔城①为中心建立了一个新的国家——伏尔加河保加利亚王国。很大一部分保加尔人留在原地，接受了哈扎尔人的统治并转向农耕生活。7世纪末，部分保加尔人在阿斯帕鲁汗率领下，定居在巴尔干半岛。随后，保加尔人开始融入人口众多的斯拉夫农业环境，使用斯拉夫语言。在巴尔干半岛的保加尔人已经被彻底斯拉夫化了。

那么，是什么驱使突厥人从亚洲腹地和南西伯利亚来到欧洲的？随着生产力的提高、畜牧业的不断发展，突厥部落的人口也在不断增长。实力增强的突厥部落也希望获得气候宜人、肥美富饶的土地。然而这些土地早已被占领。在东亚，中国人用一道万里长城把游牧族群阻隔在帝国境外，中华文明当时正处于鼎盛时期，隋唐统治者拥有强大的军队和出色的官僚体系，这些都是游牧族群无法抗衡的。而在西伯利亚南部边缘地带，则有难以通行的阿尔泰山脉和萨彦山脉，游牧族群很难通过这里抵达南亚次大陆和温暖的印度洋沿岸。因此，只有一条路，那就是向西，穿过乌拉尔山脉和里海之间的通道进入欧洲。那里气候温和，牧场肥沃，也没有像中国和古印度这样的强国，于是这些游牧族群开始策马扬鞭去追求新的幸福生活。[22]

斯拉夫人的大迁徙

萨尔马特人在黑海草原统治的那几个世纪中，斯拉夫人的祖先

①　位于今俄罗斯鞑靼斯坦共和国西部斯帕斯克地区保加尔市。

要么逃入森林，要么被迫臣服于萨尔马特人，并向他们纳贡。

1世纪初，萨尔马特人的统治开始逐渐削弱，一部分萨尔马特人与南部草原的阿迪格人、阿兰人融合，还有一部分去了西方，另外一些毗邻森林草原地区的萨尔马特人，也逐步被斯拉夫化。斯拉夫人的祖先逐渐摆脱了萨尔马特人的统治，开始了新的生活。

然而好景不长，匈人骑兵像旋风一样席卷东部斯拉夫人和南部斯拉夫人的土地，还把一部分斯拉夫人带到了欧洲西部，斯拉夫人的祖先被迫再次逃离。5—6世纪，斯拉夫人开始在匈人骑兵没有践踏过的地区定居，他们的分布区域发生了巨大变化，在外喀尔巴阡山脉、中欧和北欧都可以找到他们的足迹。

匈人政权垮台后，在普里皮亚季河、捷斯纳河和奥卡河上游的灌木丛和森林地带，斯拉夫人的人口迅速增长，他们渐渐向东欧其他地区迁徙。在东北部森林避难的斯拉夫人开始回到他们祖先生活和居住过的第聂伯河流域中部和布格河一带。此外，斯拉夫人逐渐迁徙到多瑙河沿岸，从5世纪开始，在相当长一段时期内，多瑙河流域的主要居民都是斯拉夫人。日耳曼人大迁徙之后，斯拉夫人占据了被日耳曼人遗弃的土地，并向西推进到易北河，又从第聂伯河流域中部地区向东蔓延。

匈人虽然给斯拉夫人带来了极大的痛苦，但是也为他们赶走了这片土地上的其他定居者。斯拉夫人的祖先正是沿着匈人骑兵的足迹抵达欧洲其他地区的。

与此同时，斯拉夫部落的社会构成正在发生重大变化——部落首领和长老们的作用越来越大，围绕在他们周围的军事扈从阶层日渐形成,社会中也出现了贫富分化的现象。斯拉夫人与巴尔干半岛和希腊城市之间的贸易逐步恢复。

5世纪以后,在第聂伯河和德涅斯特盆地,出现了一个强大的东斯拉夫部落联盟,他们被称为"安特人",这在波斯语中的意思是"居住在郊区的人"。这些安特人与生活在中亚的波斯部落密切相关。根据希腊学者的记载,5—6世纪,在欧洲东南部,除了安特人的部落联盟之外,还有另一个东斯拉夫人的部落联盟——"斯克拉文人"。两个部落联盟之间有时通婚和结盟,有时又处于战争状态。斯克拉文人部落联盟位于巴尔干半岛北部,而安特人部落联盟位于多瑙河下游至亚速海的大片地区。[23]

在日耳曼蛮族部落给予西罗马帝国持续打击的同时,斯拉夫部落也给拜占庭帝国带来了很大的麻烦。从5世纪开始,安特人向多瑙河地区、巴尔干半岛和拜占庭帝国发动猛烈攻击。欧洲族群大迁徙仍在继续。在这场大迁徙中,安特人与巴尔干地区的斯克拉文人开始相互对抗,拜占庭人甚至经常挑动他们之间的矛盾。

斯拉夫人在迁徙过程中不但建立了强大的部落联盟,还组建了军事扈从和水军。斯拉夫人可以乘船在河流和海域发动远征。他们经常穿越多瑙河,占领拜占庭帝国的城市,掳掠居民并索要赎金。斯拉夫人的军队甚至到达地中海沿岸,就像西方的日耳曼蛮族部落不断袭扰西罗马帝国一样,他们也开始蚕食拜占庭帝国在巴尔干半岛的领土。

慑于安特人的军事压力,拜占庭皇帝在多瑙河沿岸建造了许多堡垒和要塞,同时尝试用丰富的礼物,如黄金、稀有的织物、珍贵的餐具等来贿赂这些入侵者。拜占庭帝国甚至割让了一些边境领土。但历史上的拜占庭人和安特人之间并非一直处于战争状态，拜占庭皇帝也经常雇用安特人作为雇佣军替他的帝国效力。

拜占庭历史学家对斯拉夫人的评价是："他们热爱自由，不能忍受奴役；他们特别勇敢坚强，善于克服一切困难；他们衣不蔽体，却又耐寒耐热；他们能克服种种困难，而且对外国人很热情"；"安特人是优秀的战士，他们在战斗技能的每一个细节上精益求精。在他们眼里，战死沙场是战士最高的荣誉。斯拉夫人普遍英俊高大，他们的头发是浅棕色的"；"在被敌人追击时，他们会长时间地躲在水下，并借助长长的芦苇管呼吸"；"斯拉夫人爱好自由，他们不想被任何人统治，而且他们彼此之间也相互仇视、攻伐不断"。[24]

从波罗的海到喀尔巴阡山脉的广阔中东欧土地上，更多的斯拉夫部落蜂拥而至，这其中有波利安人、德列夫利安人、谢维利安人、拉迪米奇人、维亚蒂奇人和克罗地亚人等，各部落相处还算和睦。杜列勃人和沃利尼亚人生活在布格河流域，乌里奇人和提维尔人生活在德涅斯特河和多瑙河的交汇处，在外喀尔巴阡山脉和多瑙河流域居住的斯拉夫人与定居在第聂伯河、捷斯纳河和南布格河沿岸的东斯拉夫人之间有着密切的联系。

一部分斯拉夫人从波罗的海出发向西，进入了日耳曼人的领地；另一部分人则一路向东抵达伊尔门湖岸边，这里是从波罗的海沿岸通向欧洲东部和南部的古老贸易路线的交汇处。受游牧族群入侵的影响，来自西部和南部的斯拉夫部落也在此相遇。于是在伊尔门湖附近逐渐形成了一个实力强大的斯拉夫部落联盟，历史学家把他们称为"诺夫哥罗德斯洛文人"①。事实上，5—6世纪，斯拉夫人在整个东欧地区都留下了自己的足迹。

基辅城的建立

东斯拉夫人的编年体史书《往年纪事》记载，当使徒安德烈在锡诺普②传教时，他曾乘船沿着第聂伯河逆流而上，来到一处山峦前停泊上岸。第二天早晨起来，他对自己的学生说："你们看见那些山峦了吗？那里闪耀出神赐的灵光，将会出现一座大城市，神还会在那里兴建许多教堂。"他上了山，为群山祈福，竖起十字架，并向上帝祈祷。

果然，后来基辅城就出现在那里。在当地有一个名叫波利安的东斯拉夫部落，相传领导这个部落的是三兄弟，分别是基伊、谢克和霍里夫，他们还有一个妹妹叫雷别季。他们以长兄基伊的名义在霍里维察山上修建了一座城市，并命名为基辅。城市的周围都是森林和针叶林，他们以打猎为生。波利安的意思就是"林中旷地"。

《往年纪事》记载基伊曾在沙皇格勒③觐见拜占庭皇帝，并受到隆重的招待。但拜占庭史料中并没有相关记载，我们也无从考证

---

① 中国历史学家一般将斯洛文人（словен）直接翻译为斯拉夫人，但这个词和斯拉夫人（славянин）的拼写还是有差异的。斯拉夫人往往泛指生活在中东欧，语言属于印欧语系斯拉夫语族的各个民族，而这里提到的部落显然是斯拉夫人中的一支，笔者根据其发音将其译为"斯洛文人"。

② 港口城市，位于今土耳其黑海地区，是锡诺普省的首府。

③ 《往年纪事》中把拜占庭帝国的都城君士坦丁堡称为"沙皇格勒"，即"沙皇居住的城市"。

他觐见的是哪一位拜占庭皇帝。基伊在返回途中经过多瑙河畔。他特别喜欢这里的风景，于是就在这里建了一座小城，想和自己的族人搬到这里居住。如今，在乌克兰利沃夫地区有一个名叫基维茨的小镇，相传就是基伊在多瑙河畔曾经居住过的地方，"基维茨"在俄语和乌克兰语里的意思是"小基辅"。当时居住在此地的保加尔人并不欢迎基伊和他的族人，还与之发生了争斗。基伊被迫返回基辅，后来在基辅去世。他的兄弟姐妹也都终老于此。[25]

后来，考古学家在基辅附近的山上发现了5—6世纪的城市遗迹。基辅附近还有谢卡维察山 [①]、霍里维察山和雷别季河 [②]，显然是以基伊的弟弟和妹妹的名字命名的。

第四节　8—10世纪的东斯拉夫部落

东斯拉夫人的部落联盟

根据《往年纪事》，8世纪前后，东斯拉夫人至少发展出了15个大型部落联盟。在相当长一段时间内，基辅城都是波利安人的政治中心。在基辅北边的拉多加湖和诺夫哥罗德附近居住着诺夫哥罗德斯洛文人；基辅西北部是德列夫利安人 [③] 的领地，他们主要居住

---

① 基辅波多尔区的一座名山，谢卡维察山对基辅和整个古罗斯都有深远的历史和文化意义。

② 第聂伯河右支流，流经乌克兰基辅州。

③ 德列夫利安的意思是"森林中的居民"。

在伊斯科罗斯滕①；德里亚戈维奇②人居住在今白俄罗斯领土上的森林地带；在基辅东北部，奥卡河、克利亚兹玛河③和伏尔加河之间的灌木丛中，居住着维亚迪奇人，后来在这里出现了罗斯托夫和苏兹达里两座古城；在维亚迪奇人和波利安人之间，也就是伏尔加河上游、第聂伯河和西德维纳河④上游地区居住着克里维奇人，后来他们也进入了斯洛文人和维亚迪奇人的领地，斯摩棱斯克是他们的主要城市；在西德维纳河流域居住着波洛茨克人，波洛茨克城⑤后来发展为西德维纳河流域的一个主要城市；波利安人领地以东的部落被称为谢维利安人⑥，他们主要定居在捷斯纳河、谢伊姆河⑦和苏拉河⑧沿岸，切尔尼戈夫是他们的主要城市；拉迪米奇人居住在索日河⑨和谢伊姆河沿岸；在波利安以西的布格河盆地，居住着沃利尼亚人和布格人；在德涅斯特河和多瑙河之间与今保加利亚交

① 今乌克兰日托米尔州科罗斯滕市。

② 德里亚戈维奇在白俄罗斯语中是沼泽的意思。

③ 奥卡河最大的一条左支流，流经俄罗斯莫斯科州、弗拉基米尔州和下诺夫哥罗德州，中世纪时为罗斯的主要水路运输动脉之一。

④ 位于东欧北部，流经俄罗斯、白俄罗斯和拉脱维亚境内。

⑤ 波洛茨克这个名字起源于西德维纳河流域的波洛茨克河，如今波洛茨克市是白俄罗斯北部维捷布斯克州波洛茨克地区的中心城市。

⑥ 谢维利安在俄语里的意思是北方人。

⑦ 捷斯纳河左支流，流经俄罗斯的别尔格罗德州、库尔斯克州，以及乌克兰的苏梅州和切尔尼戈夫州。

⑧ 位于俄罗斯和乌克兰境内，为第聂伯河左支流，源自俄罗斯中部高地，流经乌克兰波尔塔瓦州和苏梅州。

⑨ 第聂伯河左支流，发源于俄罗斯斯摩棱斯克州，流经白俄罗斯莫吉廖夫州和戈梅利州，其部分河道也经过乌克兰领土。

界的地方居住着乌里奇人和提维尔人。《往年纪事》还提到了居住在多瑙河流域和喀尔巴阡山地区的克罗地亚人和杜列勃人。[26]

东欧平原一直是多族群杂居的地区，各个族群的聚居地由河流、湖泊和林间小路相连接。因此，在诺夫哥罗德斯洛文人的领地内，靠近维亚迪奇人和克里维奇人的地带，也居住着大量的芬兰－乌戈尔部落，他们由梅里亚人、维斯人、克列拉人、楚德人、穆罗姆人和摩尔多瓦人组成。梅里亚人主要居住在罗斯托夫；而白湖城①则是维斯人的主要定居点；位于伏尔加河和奥卡河的交汇处的穆罗姆城是穆罗姆人的主要聚居地，摩尔多瓦人和梅里亚人也居住在这里。学者们往往认为莫斯科这个名字也可以追溯到芬兰－乌戈尔语。[27]

东斯拉夫人的部落之间经常发生冲突，但也经常结盟共同对抗外部敌人。他们会强迫弱小的部落向其进贡，然而面对强大的外部敌人时，他们也会臣服纳贡。波利安人、谢维利安人、拉迪米奇人、维亚迪奇人长期以来一直向哈扎尔人进贡松鼠和貂皮；诺夫哥罗德斯洛文人、克里维奇人、楚德人和梅里亚人则向来自北欧的瓦良格人进贡。8世纪末至9世纪初，斯拉夫人中最大的部落，即波利安人的部落终于摆脱了哈扎尔人的统治，他们要求之前向哈扎尔人进贡的其他东斯拉夫部落转而向自己纳贡。根据《往年纪事》，所有的斯拉夫部落都有从祖先那里传下来的习俗，也都有自己的传说，并且形成了不同的性格。

波利安人性情温顺平和，在亲人面前非常腼腆，波利安部落的

---

① 位于今俄罗斯沃洛格达州别洛泽尔克市，在诺夫哥罗德以东约400千米处。

女性在婆婆和小叔子面前更是显得羞怯。他们有这样的婚嫁习俗：新郎不去迎亲，而是等待新娘在婚礼的前一天自己上门来，第二天早上新郎才会给新娘家送去聘礼。

德列夫利安人的生活习惯犹如禽兽一般，居住环境则如牲畜的巢穴。他们相互仇杀，在饮食方面毫无禁忌，在长辈和儿媳面前都满口污言秽语。德列夫利安人没有结婚仪式，他们在村落间聚会，男性通过嬉戏、舞蹈和唱情歌等方式和女性调情，在征得女方同意后，即可将其带回家去。德列夫利安人的男子可以拥有 2—3 名妻子。[28]

东斯拉夫人的经济和社会关系

东斯拉夫人的部落在发展水平上有很大差异，发展水平取决于自然条件、人口规模和当地的资源。

在诺夫哥罗德斯洛文人居住的地区，有丰富的河流、湖泊和良好的水运系统，这里一面朝着波罗的海，一面朝着第聂伯河和伏尔加河。航海和商贸活动蓬勃发展，各种商品和手工业品应有尽有。诺夫哥罗德－伊尔门地区森林资源丰富，毛皮贸易繁荣；长期以来，渔业一直都是这里的重要经济支柱。在德列夫利安人、维亚蒂奇人、德里亚戈维奇人的居住区，生活节奏缓慢，人们艰难地与大自然做斗争，努力开发出一片片农田和草场。

波利安人所控制的第聂伯河流域中部地区（基辅附近）位于南北商路的交通要道，这里是东斯拉夫人控制区域中最发达的地区。在广阔的黑土地上，在宜人的气候条件下，这里聚集了大量的人口。古老的农耕传统与牛马饲养、园艺栽培相结合，并得到传承和发展；当地的炼铁和制陶技术也得到了改进，新的手工业品层出不穷。第聂伯河流域中部地区的自然条件较好、交通便利，与当时的西方文明中心拜占庭帝国相对较近，总体而言，这里在各方面都比其他斯拉夫地区发展得更快。

在更久远的时代，第聂伯河流域中部地区的农民的主要垦荒方式是毁林造田。到了7—8世纪，双圃制和三圃制的耕作方式得到推广，取代了毁林开荒的粗放型传统经营模式。土壤施肥技术传播开来，土地的收成提高了。8—10世纪，人们的农业技术有显著提高，农业工具也得到改善，铧式犁、铁砧成为广泛使用的农业工具。石磨取代了原始的碾盘，铁镰也被广泛用于谷物收割。人们再也不用原始落后的石制工具和青铜工具了。当地的农业发展到了很高的水平，农民都非常了解各种农作物的耕种时间。

第聂伯河流域中部的斯拉夫人不仅从事农业，还从事畜牧业。他们的村庄附近有大片茂密的草地，牛羊在那里自由自在地吃草。当地居民饲养猪和鸡，用犍牛和马来拉车，养马已成为当地最重要的经济活动之一。这里的河流、湖泊众多，鱼类资源丰富，捕鱼业是斯拉夫人的重要副业，得益于当地温和的气候，捕鱼活动往往可以持续半年。

东斯拉夫人的耕地往往散布在森林中，越往北森林就越茂密，气候也越来越寒冷，与草原毗邻的区域就越来越少。斯拉夫人不仅是勤劳倔强的农夫，更是经验丰富的猎人，驼鹿、梅花鹿、天鹅、鹅和野鸭都是他们的狩猎对象。打猎不仅是为了获得食物，还为了获得毛皮。在北部森林地带，到处都是熊、狼、狐狸、水貂、河狸、紫貂和松鼠。他们把贵重的毛皮出售给包括拜占庭在内的其他国家。金属货币出现之前，毛皮还是一种等价物，在斯拉夫、波罗的海和芬兰－乌戈尔部落中，都有用毛皮来交税的记载。古罗斯有一种名叫库纳的货币单位，其本义是"貂皮"。

从春天开始一直到深秋，东斯拉夫人与他们的邻居波罗的海人和芬兰－乌戈尔人一样，都从事养蜂活动，他们用蜂蜜制成美味的饮料，也用蜂蜜制造食品和调味品。

随着经济条件的改善，东斯拉夫人的氏族公社经济开始瓦解，可容纳100多人的大型祖屋逐渐被一个个小型家庭住宅取代。部落中的公共耕地也越来越多地被分成以家庭为单位的独立地块。此前，由于生产力低下，氏族公社成员必须依靠集体的力量用最原始的生产工具在田间劳作，在森林中伐木和狩猎。现在，伴随着铁犁、铁斧、铁锹、锄头、弓箭、标枪和双刃剑等先进武器和生产工具的出现，个人和个体家庭在大自然中的生存能力越来越强。于是，氏族部落逐步瓦解，原先的部落成员成了相互间的邻居，每个家庭都有权支配他们的私有财产，私有制就这样产生了。条件好的个体家庭可以开垦大片土地，在捕鱼活动中获得更多的产品。原先的部落首领、长老以及他们身边的亲信拥有得天独厚的条件，他们利用权力之便让自己的财富成倍增加，部落里的贫富差距越来越大，这在第聂伯河流域中部地区尤为明显。[29]

东斯拉夫人的军事民主制度

8—9世纪上半叶，在东斯拉夫部落中，一种新的社会结构开始形成，历史学家称之为"军事民主制度"。在这样的社会结构中，由于物质条件和法律地位不同，每个成员在社会中所扮演的政治角色也截然不同。

原先通过选举产生的部落首领通过发动对其他部落的战争，获得了越来越多的财富，部落首领逐渐变成了王公，在军事长官的支持下把部落的管理权牢牢掌控在自己手中。

此外，一批职业军人也从部落民兵当中分离出来，形成了所谓的"王公的亲卫队"①。他们只效忠于部落王公，不再从事农业、畜牧业和工商业活动，在部落中发挥着越来越重要的作用。他们冒着受伤的危险，甚至以生命为代价换来的战利品，其价值远远超过农民、畜牧业者和猎人的劳动成果价值，这些人也成为部落中特权阶层的一部分。随着时间的推移，亲卫队逐渐形成了部落中的贵族阶层，由于他们拥有强大的军事实力和尚武精神，所以在东斯拉夫国家形成的过程中，发挥了重要的作用。[30]

尚武精神充斥在这个转型社会的每一个角落，野蛮和暴力使得一部分人开始屈从于另一部分人，但旧秩序的传统仍然存在——市民大会②保留了下来。

多年来，市民大会一直是部落的最高权力机构，而把持市民大

---

① 亲卫队的俄文为 дружна，意思为"友谊"，强调的是这一群体和罗斯大公或王公的亲密关系。绝大多数中国学者将其翻译为亲兵队。但笔者认为这一批人本身属于贵族阶层，"亲兵"的译法似乎无法体现其贵族身份和地位，故译为"亲卫队"。

② 市民大会的俄文为 Вече，也可以音译为"卫彻大会"。其是指中世纪古罗斯部落或者某些城市由全体自由人参加的部落大会或者市民会议，参与者共同决定本部落或者城市的各项公共事务。市民大会在某种程度上可以有效地限制王公和贵族的专权。

会的人往往是在自由人中有权有势、聪明睿智、能够在社会政治生活中发挥重要作用的男性成员。他们通常是各大家族的族长。在繁重的体力劳动为主要生产方式的社会，成年男子的社会地位更高，妇女儿童和其他家庭成员则必须服从他们。那个时代，一些富裕家庭中已经开始出现仆役，他们与残疾人、穷人、孤儿和乞丐构成了社会的中下层。社会地位更低的是奴隶，他们通常为战俘，被迫作为社会最底层从事强制性劳动。但一些拜占庭历史学家也曾指出，东斯拉夫人会不定期地释放一些奴隶，这些被释放的奴隶也会成为部落的正式成员。[31]

有资格参加市民大会的主要是"自由人"。起初自由人是包括农夫 ① 的，农夫有权利和义务参军、参加市民大会，但后来他们却被逐步排除在外。妇女、儿童、仆役等人和最底层的奴隶也都不在自由人之列。

虽然王公和军事首领仍然通过市民大会选举产生，但他们对世袭权力的渴望已经非常明显，选举变成了一场由王公、军事首领、贵族代表们精心组织并亲自上演的闹剧。他们拥有丰富的统治经验，而且整个部落的控制权和军事力量都掌握在他们手中。这一时期的"军事民主制"充分反映了东斯拉夫人阶级差异之大、部落生活体系之错综复杂。[32]

---

① 俄语为 смерд，中文音译为"斯梅尔德"，是"农夫"或者"庄稼汉"的意思。

东斯拉夫人的手工业、贸易和商路

除了农业和畜牧业之外，东斯拉夫人聚居区中的手工业也得到了长足的进步。早期的城市也发展起来了，贸易联系逐步频繁，这也为社会财富的额外积累创造了条件，大部分财富落入了少数人手中，社会贫富差距进一步扩大。

8—9世纪时，第聂伯河流域中部地区成为手工业中心。这里的工艺水平已经达到了非常高超的程度。在其中一个村庄附近，考古学家发现了25个熔铁炉，也发现了被熔化过的铁块和20多种已经制作好的生产工具。[33]

随着手工业品需求的大量增加，手工业者逐步从农业劳动中脱离出来，工匠已经可以通过手工业劳动养活自己和家人。他们开始在方便出售或交换产品的地方定居，这些地方往往是贸易路线上的定居点、部落首领和长老们的居住地或有许多人来朝拜的宗教圣地，东斯拉夫人的城市最早就出现在这些地区。城市不仅是部落联盟的中心，也是手工业和商业中心，同时还是宗教场所和防御敌人的要塞。只有兼具政治、经济、军事和宗教中心特点的城市才有进一步发展的潜力，才能成为真正的大都市。

考古学家在东斯拉夫人的土地上发现了来自拜占庭帝国、阿拉伯帝国、罗马帝国和黑海国家的货币。尽管当时东斯拉夫人的部落联盟还不能被称为国家，但他们与周边邻国已经开始有了频繁的商业贸易往来。8—9世纪，著名的"从瓦良格到希腊之路"[①] 诞生了，

---

① 俄文为 Путь из варяг в греки，字面意思翻译为从"瓦良格人到希腊人之路"，但历史学家们更多将其翻译为"从瓦良格到希腊之路"。

它不仅促进了东斯拉夫人与外界的贸易往来，也将东斯拉夫各部落联系在一起。在这条商路上，出现了许多大型城市中心，这其中包括基辅、斯摩棱斯克、柳别奇①、诺夫哥罗德，这些城市都是东斯拉夫人的历史名城。

拜占庭的学者们是这么描述这条商路的：乘船从拜占庭走水路沿着黑海和第聂伯河出发，经第聂伯河到达洛瓦季河②，从那里进入连接拉多加湖和芬兰湾的沃尔霍夫河③，再进入涅瓦河，然后从波罗的海（又被称作"瓦良格海"）前往罗马城。这就是历史上著名的"从瓦良格到希腊之路"，即从君士坦丁堡到波罗的海南部的商路。34 除此之外，东斯拉夫人还有其他的贸易路线。

首先，在东部，以伏尔加河和顿河为中心，东斯拉夫人的商队从第聂伯河流域中部出发，通过陆路到达顿河；或者沿着第聂伯河，经黑海和亚速海出发抵达克里木半岛。接下来，从顿河出发，经伏尔加河 - 顿河运河抵达伏尔加河，沿伏尔加河顺流而下，穿过哈扎尔汗国首都伊蒂尔，经花剌子模的布哈拉，抵达里海东岸，再经杰尔宾特④，抵达呼罗珊⑤。

其次，在伏尔加河 - 顿河商路以北还有一条商路，从伏尔加河

---

①　位于今乌克兰切尔尼戈夫州，处于第聂伯河畔，距离首都基辅约250千米。

②　位于欧洲东部、今白俄罗斯和俄罗斯境内，发源自白俄罗斯西北部，向北流经俄罗斯的普斯科夫州和诺夫哥罗德州，最终注入伊尔门湖。

③　流经俄罗斯诺夫哥罗德州和列宁格勒州。

④　为今俄罗斯达吉斯坦共和国的第二大城市，也是俄罗斯最南端的城市，"杰尔宾特"在俄语里的意思是"铁门"。

⑤　今伊朗东部呼罗珊地区。

保加尔人的领地出发穿越沃罗涅日森林抵达基辅，然后沿着伏尔加河一路向北抵达波罗的海地区。

再次，从奥卡河和伏尔加河交汇处向南，沿着后来著名的穆拉夫斯基之路①一路前行，抵达顿河和亚速海地区。不仅来自北方维亚季奇森林的商人们在这条商路上活动，那些来自东方国家的商旅也沿着这条商路向北进发。

此外，东斯拉夫人还可以沿着西部和西南部的商路直接抵达欧洲的中心地区：其中一条是从基辅沿着第聂伯河向南，然后再沿着黑海抵达多瑙河河口，再沿着多瑙河向北，这样甚至可以到达多瑙河上游地区；还有一条商路是向西到达波兰的克拉科夫，然后从那里再前往神圣罗马帝国地区。

这些商路四通八达，成网状覆盖了东斯拉夫人的整片领地。它们将东斯拉夫人的领地与西欧、巴尔干半岛、黑海北部地区、伏尔加河流域、高加索地区、里海地区、西亚和中亚牢牢地联系在一起。[35]

东斯拉夫人的历史在欧洲历史上具有独特的地位，但是，东斯拉夫族群和欧洲其他族群也有着相似的特征。总的来说，东斯拉夫人的社会发展水平落后于法兰克、英格兰、拜占庭帝国和阿拉伯帝国。这些国家所拥有的先进的政治体制、悠久的历史文化、成熟的语言文字是东斯拉夫人在当时难以企及的。东斯拉夫人的社会发展水平大致与捷克人、波兰人、斯堪的纳维亚人相仿，但明显领先于

---

① 指的是 16 世纪至 17 世纪上半叶克里木鞑靼人和诺盖伊人进攻俄罗斯的必经之路，这条路也是俄罗斯与鞑靼人进行贸易往来的重要商路。

那些仍然处于游牧状态的匈牙利人、突厥人、芬兰－乌戈尔人和立陶宛人。

东斯拉夫人的多神教信仰和传统习俗

东斯拉夫人的宗教复杂多样，风俗习惯也各有不同。东斯拉夫人的宗教起源可以追溯到古印欧人的信仰，甚至可以追溯到旧石器时代。在远古时代，人类对于能够支配其命运的超自然力量、自然与人之间的关系、人与人之间的关系开始有了思考。在接受基督教或伊斯兰教之前，这些族群所信仰的宗教被统称为"多神教"或"异教"。

斯拉夫人崇拜自然物，认为万物皆有灵。在斯拉夫人的精神世界中存在着各种各样的神，有男神和女神，有主神和其他神，有强壮的、全知全能的神，也有弱小的神和顽皮的神，有善良的神也有邪恶的神。

东斯拉夫诸神的首领是伟大的斯瓦罗格，即宇宙之神，类似于古希腊的宙斯。他的儿子太阳神达日博格是光明和温暖的承载者，深受斯拉夫人的推崇。东斯拉夫人还崇拜罗德和罗日尼察，他们是生育之神。维莱斯被东斯拉夫人尊为家畜的守护神，这是一位长着牛角的神。在东斯拉夫神话中，风神的名字叫斯特里博格。这些崇拜与人们的农业追求有关，因此这些神特别受欢迎。

随着东斯拉夫人与一些波斯和芬兰－乌戈尔部落相互融合，这些部落的神灵也开始进入斯拉夫人的万神殿。在8—9世纪，东斯拉夫人所崇拜的太阳神的名字变成了霍尔斯，这显然来自古代波斯神话。东斯拉夫多神教中掌管土壤和植物根茎的神希玛尔克，是一只公狗的形象，在波斯神话中，他是冥界的主宰。斯拉夫多神教信仰中最重要的女神是摩科什，她相当于希腊神话中的神后赫拉和罗马神话中的神后朱诺。

东斯拉夫人的王公贵族主要崇拜雷电之神庇隆。随着时间的推移，王公、军事将领、亲卫队在东斯拉夫人的社会生活中发挥的作用越来越大，雷神庇隆开始越来越多地受人们崇拜，后来庇隆与斯瓦罗格神、罗德神逐渐合并为一个神，这个神成了斯拉夫人的新主神，其名字仍然叫庇隆。日出日落，风起风息，春天和夏天的土地最为肥沃，秋冬季节地力减弱，但雷在东斯拉夫人眼中永远是强有力的。雷不受其他任何自然力的影响，也不是其他物质的派生物，因此雷神庇隆在东斯拉夫人的心目中是至高无上的。

在东斯拉夫多神教中不仅有神，还有其他超自然因素的精灵存在，其中许多与冥界有关，既有恶灵、吸血鬼，也有保护人类的仙女别列吉尼娅。东斯拉夫人希望依靠这些美丽的仙女来摆脱恶灵和吸血鬼的残害。他们相信森林里住着木妖，水边住着美人鱼，这些都是逝者的灵魂，在春日里出来享受大自然的美好。

"美人鱼"这个名字来源于"淡褐色的头发"这个词，在古斯拉夫语言中的意思是"明亮""干净"。它们的栖息地在河流、湖泊和水库附近，这些地方往往被认为有通往冥界的道路，美人鱼从冥界沿着这条水路上岸并生活在人世间。

除了崇拜自然物之外，东斯拉夫人还崇拜祖先。在古代东斯拉夫文献中，这种崇拜集中在对氏族祖先及其妻妾灵位的祭祀上，在东斯拉夫人看来，祖先是氏族的守护者，这也暗示着过去东斯拉夫

公元前 5 世纪带有浮雕人像的斯基泰圆形容器

现藏于俄罗斯艾尔米达日博物馆。艾尔米达日博物馆供图。

博斯普鲁斯地区出土的带有白色石膏的壶（2—4 世纪）

现藏于俄罗斯艾尔米达日博物馆。艾尔米达日博物馆供图。

维·米·瓦斯涅佐夫《斯基泰人和斯拉夫人的战斗》

现藏于俄罗斯特列恰科夫美术馆。

尼·彼·洛姆捷夫《使徒安德烈在基辅山竖起十字架》

现藏于俄罗斯特列恰科夫美术馆。

基辅的基伊、谢克、霍里夫、雷别季纪念碑

俄罗斯国立人文大学历史学系副博士生德·伊·郭辞供图。

谢·瓦·伊万诺夫《东斯拉夫人的居住环境》

来源于《俄罗斯历史图片》第1期插图。(Иванов С. В., Жилье восточных славян [иллюстрация] //Картины по русской истории / ред. С.А. Князьков. Москва : Гроссман и Кнебель, 1912, Иллюстрация № 1.)

人主要实行的是一夫多妻制。被神化的祖先被尊称为"老祖宗"（чур），在教会斯拉夫语里也被写作"щур"，俄语"老祖宗"（пращур）这个词的词根就是"щур"。至今俄罗斯人在遇到突如其来的危险时仍然会发出惊呼："老祖宗救我！（Чур меня！）"

祖先在保护氏族免受邪灵侵害的同时，还保护他们的财产。在传说中，"чур"这个词的含义相当于古罗马的界神，意思是氏族的田地和疆土的保护者。俄语中用"чересчур"（意为"过界"）这个词来表示对田界、疆界和法度的破坏，也就是说，"чур"这个词有"法度"和"界限"的意思。[36]

许多古代斯拉夫部落都有这样的丧葬习俗：先要举行祭奠亡魂的丧宴，然后搭建一个大木架，把死者的遗体放在上面焚烧，最后把骨灰放入一个小木匣中，安置在道路旁的木桩上。[37] 这些立于道旁的、放置骨灰盒的木桩，就是边界的标志，它守护着氏族土地或祖先庄园的边界。东斯拉夫人对交叉路口是很迷信的。

东斯拉夫人的一生都与超自然的世界联系在一起，那是一个奇妙而富有诗意的世界，也是每个东斯拉夫家庭日常生活的一部分。尽管东斯拉夫人后来接受了基督教，但多神教在民间依然有很大的影响力，这具体体现在保留至今的一些重要民间节日上。

古代东斯拉夫人的节日往往和天文历法相关。这里给大家介绍5个古斯拉夫人的重要节日。

1. 谢肉节。这是古斯拉夫人的重要节日，一般是在2月底到3月初，也就是春分前后，2023年的谢肉节在2月20—26日。谢肉节往往会持续一周。那是冬去春来的日子。斯拉夫人崇拜太阳，庆祝万物复苏。春天来临了，人们烧掉了象征冬天、寒冷、死亡的稻草人。根据习俗，在这个节日里要吃薄饼，圆圆的薄饼让人联想到太阳；还有乘坐雪橇郊游等各种庆祝活动。在基督教取代多神教之后，谢肉节被保留了下来，并被赋予了新的意义，成为基督教的节日。

2. 日瓦节。古斯拉夫人在这一天纪念日瓦女神。2023 年的日瓦节是 5 月 1 日。在古斯拉夫人看来，5 月初是春夏之交（春分过后，白天比黑夜长的时候），这是大地复苏、万物生长、春暖花开的日子。日瓦女神在古斯拉夫神话中的地位相当于希腊神话中的玛雅女神，掌管春天和生命，为人们带来新的收获。在日瓦节这一天，人们习惯在林间空地或者河两岸燃起篝火，然后奋力跳过篝火，一头扎进河里游泳，以示自己的身体和心灵都得到了净化。日瓦节也是举行婚礼的良辰吉日。[38]

3. 库帕拉节。这是一个全民族性的节日，一般是在 6 月 19—25 日。2023 年的库帕拉节在 6 月 22 日。库帕拉节标志着夏天到来了，庄稼成熟了。人们向神灵求雨。根据古斯拉夫人的传说，库帕拉节前夜，美人鱼会从水中来到岸上，这一周又被称为"美人鱼周"。女孩们围成圆圈唱歌跳舞，向河里扔花环。美丽的少女们被绿色的花环缠绕着，人们向她们泼水，好像在祈求上天快点下雨。到了晚上，人们燃起熊熊篝火。年轻人纷纷围着篝火跳舞，他们相信圣火能帮助人净化灵魂。在"库帕拉之夜"，古斯拉夫人有抢婚的习俗，就是新郎策划将新娘从新娘家的壁炉旁带走。在基督教取代多神教之后，库帕拉节被赋予了新的宗教含义，人们把这个节日改名为伊凡日，又叫伊凡库帕拉节，以基督教的"施洗者"约翰命名。斯拉夫语中的"伊凡"即为拉丁语中的"约翰"。基督教会的伊凡库帕拉节不再和历法相关，而是改在了每年 7 月 7 日，即"施洗者"约翰的生日，但民间的库帕拉节庆祝活动仍然是在每年夏至前后。[39]

4. 拉多戈希节。这个节日在每年秋分前后。2023 年的拉多戈希节是 10 月 7 日。夏天结束了，秋天来临了，果实成熟了，森林里的各种动物都长大了。这是一个收获的季节，不再像夏天那么炎热，这一天过后，白天越来越短，夜晚越来越长。这一天人们制作了各种馅饼和糕点，通过唱歌、跳舞和做游戏的方式来庆祝这个丰收的节日。[40]

5. 科里亚达节。这个节日是古斯拉夫人最重要的节日，在每年的 12 月 19—25 日。2023 年的科里亚达节是 12 月 25 日。对于古斯拉夫人来说，这一天过后，白天越来越长，黑夜越来越短，这预示着旧的一年已经过去，新的一年已经开始。这是充满希望的日子。科里亚达节之前，人们要扔掉一切旧的东西，打扫房间，斋戒沐浴。科里亚达节的庆祝活动一般要持续两周左右。人们在欢庆科里亚达节时，先把房间里的所有灯火都熄灭，然后再重新点燃蜡烛和壁炉，庆祝像太阳一样火热的新生活开始了。在科里亚达节期间，人们还开展一些占卜和祭祀活动。[41]

第 二 章

罗斯公国的建立和早期的
诸位王公

第一节　古罗斯国家的建立

第一个出现在东斯拉夫土地上的国家叫作"罗斯"，它的首都在基辅。那么"罗斯"这个词从何而来？这是我们在这一章节要重点讨论的问题。

8世纪末至9世纪初，随着经济和社会的发展，东斯拉夫部落联盟开始逐渐形成更为强大的部落集团。贸易关系的进一步发展又把东斯拉夫人的领地联系在一起。大多数东斯拉夫人已经有了同样的宗教信仰，向同样的多神教神灵祈祷，并组织联合性军事行动共同抵御外敌或向外扩张。

那时东斯拉夫人的政治中心有两个：一个是以诺夫哥罗德为中心的第聂伯河流域西北部地区，这里的人聚居在伊尔门湖周围、第聂伯河上游、沃尔霍夫河畔；另一个是以基辅为中心的第聂伯河流域中部地区。这两个地区都是"从瓦良格到希腊之路"的重要中转站，也是经济最发达和社会发展程度最高的两个地区。

诺曼起源说和斯拉夫起源说

《往年纪事》记载，859年，来自海外的瓦良格人进入东斯拉夫人居住的区域，开始向一些东斯拉夫部落征收贡赋。后来这些东斯拉夫部落联合起来把瓦良格人赶走了。外敌被驱逐后，东斯拉夫人的部落开始相互攻伐，内讧不止。他们商议："我们为自己寻找一位王公吧。"于是，东斯拉夫部落派了代表去找被他们赶走的瓦良格人，对瓦良格人说："我们那里土地辽阔，物产丰盈，就是没有秩序，请到我们那里去管理我们吧。"

862年，瓦良格人从自己的氏族中推举出了三兄弟。三兄弟率领族人到了东斯拉夫人的领地，长兄留里克坐镇诺夫哥罗德，二弟西涅乌斯坐镇白湖城，三弟特鲁沃尔坐镇伊兹鲍尔斯克①。由于这些瓦良格人又被称为罗斯人，因此他们建立的国家被称为"罗斯国家"。两年后，西涅乌斯和特鲁沃尔相继去世，留里克接管了他们的领地，把自己的属下派去管理各个城市。当时斯洛文人居住在诺夫哥罗德，克里维奇人居住在波洛茨克，梅利亚人居住在罗斯托夫，维斯人居住在白湖城，穆罗姆人居住在穆罗姆。在留里克王公统治下的瓦良格人（罗斯人）对于这些东斯拉夫人而言是外来者。

留里克王公有两名手下，一名叫阿斯科尔德，另一名叫迪尔。王公派他们二人率领自己的部众远征拜占庭帝国。此二人沿着第聂伯河南下，途经基辅，便问当地人："这是谁的城市？"当地人回答："这是基伊、谢克和霍里夫三兄弟建造的城市，他们早已经死去，我们是他们的后人，现在向哈扎尔可汗纳贡。"阿斯科尔德和迪尔决定留在当地，并做了波利安人的王公。[1]

《往年纪事》记载，866年，阿斯科尔德和迪尔发兵大举进攻

---

① 位于今俄罗斯普斯科夫州佩切尔斯克地区，为俄罗斯最古老的城市之一。

费·安·布鲁尼《瓦良格王公们的使命》

来源于《俄罗斯历史大事记》插图。（*Бруни Ф. А.*, Призвание варяжских князей, Очерки событий из российской истории, сочинённые и гравированные, Санкт-петербург: Общество общерения художника, 1839.）

拜占庭帝国，当时拜占庭皇帝米哈伊尔三世正在黑河^①附近和阿拉伯人作战。他得知罗斯军队大举入侵的消息后，迅速带兵返回国内，但为时已晚——罗斯军队已经攻入舒特湾，杀死了大批拜占庭人，200 艘罗斯战船把沙皇格勒（即君士坦丁堡）包围得水泄不通。米哈伊尔三世勉强进入城内，和大牧首一起到圣母大教堂，彻夜祈祷，又把圣母的圣袍浸入海水，浸湿衣裾。也许上帝真的显灵了，原本寂静无声的大海，突然掀起风暴，巨大的浪涛摧毁了罗斯人的战船，只有少数人幸免于难。² 但拜占庭的史料记载，罗斯的 200 艘战船是在 860 年 9 月 18 日抵达君士坦丁堡的，罗斯军队惨败，损失了许多船只。³

《往年纪事》和拜占庭史料中对于这一重大历史事件发生时间的记载显然是矛盾的。如果拜占庭史料的记载是准确的，那么，发动这次入侵的就不大可能是留里克的手下阿斯科尔德和迪尔，因为留里克此时尚未抵达诺夫哥罗德地区。当然，也有另一种可能，那就是《往年纪事》的记载并不准确，留里克在 862 年之前已经到了诺夫哥罗德。如果拜占庭遭遇入侵的时间早于留里克建立古罗斯国家的时间，那么"罗斯"这个名称早在留里克建国之前就已经存在了，与来自海外的瓦良格人似乎并无直接关联。

18 世纪，俄罗斯彼得堡科学院的德籍历史学家巴耶尔、缪勒和施廖采尔等人，根据《往年纪事》中关于东斯拉夫人邀请来自北欧的瓦良格人首领到当地建立古罗斯国家的记载，经过认真研究、分析和论证，提出了完整的"诺曼起源说"理论，其基本观点是：

---

① 指流入爱琴海的马夫罗伯特河。

862 年，东斯拉夫人到海外邀请北欧诺曼人的一支瓦良格人（瓦良格人又被称为罗斯人）来统治自己，建立秩序。自此，东斯拉夫人结束了蒙昧、野蛮的状态，追随罗斯王公建立国家。在几百年的时间里，许多著名学者对"诺曼起源说"进行了发展、修正和改进。但也有些学者从一开始便反对这一理论，并提出了各种各样的可能性。

与"诺曼起源说"相对立的观点是"斯拉夫起源说"，它的创始人是俄罗斯著名的百科全书式科学家米·瓦·罗蒙诺索夫。他认为《往年纪事》中的记述是虚构的。但是后来的历史学家大都支持"诺曼起源说"。20 世纪初，俄国著名史学家阿·阿·沙赫玛托夫认为，《往年纪事》中关于邀请瓦良格人称王，诺曼人建立古罗斯国，以及瓦良格人即罗斯人等一系列记载，是当时的编年体史家为了维护当时的政治统一而臆造出来的文学故事，可听而不可信。阿·阿·沙赫玛托夫又退回到了罗蒙诺索夫的时代。苏联史学界坚决反对"诺曼起源说"，并斥其为资产阶级的反动史学理论。[4]

关于"诺曼起源说"和"斯拉夫起源说"，至今国际学术界仍无定论，争论仍将继续持续下去。但不可否认的是，东斯拉夫人的土地上出现的第一个国家被称为罗斯，也正是"罗斯"这个词衍生出了后来的"俄罗斯"一词，与"罗斯"这个概念相关的任何问题都成了俄罗斯历史研究中的重大争议性问题。

"诺曼起源说"的支持者们认可《往年纪事》中的记载，认为罗斯人就是来自斯堪的纳维亚半岛的诺曼人中的一支瓦良格人。但事实上，"罗斯"这个称谓早在 5 世纪的时候就已经出现在了哥特人的典籍中。5—7 世纪，希腊人把生活在第聂伯河和德涅斯特河之间的部落称为安特人、斯基泰人、萨尔马特人，哥特历史学家则把这些人统称为"罗萨蛮"，意思是"淡褐色头发的人"，阿拉伯人则称他们为罗斯人，从发音上看，这提到的显然是一类人。

多年过去，"罗斯"这个名字越来越多地成为生活在波罗的海和黑海之间广阔土地上所有部落的统称。当"罗斯"这个名字传到北方的波罗的海沿岸时，《往年纪事》的作者就把罗斯和传说中的瓦良格人联系在了一起。瓦良格人对于当地人来说是外来者和拓荒者，这里的原住民是诺夫哥罗德斯洛文人、克里维奇人、芬兰－乌戈尔人等。瓦良格人来到斯拉夫人聚居地后，逐渐与当地的诺夫哥罗德斯洛文人及其他族群一起被称为罗斯人。后来，居住在南部草原上的族群也开始被称为罗斯人。于是，"罗斯"这个名称出现在南部的东斯拉夫栖息地，逐渐取代了当地的部落名称。[5]

波利安人建立的国家

生活在第聂伯河流域中部地区的波利安人比其他部落联盟更早地显示出建国的迹象。历史上关于波利安人的史料非常少，我们只能从拜占庭历史学家的记载中看到只言片语。

波利安人控制着基辅和第聂伯河流域中部。基辅逐渐从农业中心发展成商业和手工业中心，而且其所在地区有茂密的森林可以阻挡来自草原的游牧族群，易守难攻。波利安人的亲卫队也发挥了重大作用，因此波利安人比其他斯拉夫部落更早地形成了国家的雏形。

8、9世纪之交，来自第聂伯河流域中部的罗斯军队（波利安人）

袭击了拜占庭统治下的克里木半岛。罗斯人的造船技术很高，他们的船上既有桨，也有风帆。罗斯人可以驾船沿着内河进入黑海、亚速海、里海，去往更远的地方。

波利安人从海上抵达克里木半岛南部，迅速攻占了苏罗日[①]并洗劫了这座城市。不过罗斯军队在这里感染了瘟疫，于是停止了暴力抢劫，被迫撤军。罗斯王公在当地基督徒的请求下释放了战俘。此时"神迹"出现了——原本感染瘟疫的王公迅速康复了！于是，他立刻受洗成为基督徒。这应该是历史上东斯拉夫人第一次接受基督教，波利安人就像法兰克人、英吉利人和其他欧洲族群那样，朝着建立国家的方向迈出了第一步。

9世纪初，波利安人已经摆脱了哈扎尔汗国的统治，不再向他们进贡，但其他东斯拉夫部落还向哈扎尔汗国进贡。几年后，好战的波利安人再次开始向黑海海岸发起进攻。这次袭击的目标是富裕的拜占庭港口阿马斯特里达[②]，这座城市在当时被誉为"小亚细亚的巴格达"。波利安人的军队占领了这座城市，与当地居民媾和后撤军。随后波利安军队乘船前往小亚细亚，穿过博斯普鲁斯海峡，抵达君士坦丁堡城下，但这一次他们并未下决心进攻君士坦丁堡。

这两次战役都表明，一个新的强国在第聂伯河流域中部地区诞生。这个由波利安人建立的罗斯国家对拜占庭帝国发起进攻是为了夺取新的商路，维护其军事战略利益和商业利益。波利安人的战略目的有三。

---

① 位于今乌克兰克里木自治共和国东南部苏达克市。

② 位于今土耳其阿玛斯拉市。

　　其一，夺取整个第聂伯河流域的土地，然后沿着黑海向克里木半岛的拜占庭殖民地移动。黑海在 9 世纪时被称为罗斯海。这也证明当留里克王公率领他的瓦良格亲卫队进入诺夫哥罗德之前，"罗斯"这一名称早就在第聂伯河流域长期存在了。这一时期，越来越多的基辅波利安人的武装亲卫队穿过黑海北部地区进入亚速海地区，他们绕过哈扎尔汗国的前哨，进入伏尔加河下游，然后抵达北高加索和外高加索。在这一地区，对于波利安人而言，强大的哈扎尔汗国仍然是他们最主要的敌人。

　　其二，夺取黑海西海岸的土地，向多瑙河河口运动，从那里进攻君士坦丁堡。拜占庭史料中提及的 860 年那次 200 艘罗斯战船围攻君士坦丁堡的历史事件，应该是波利安人所为，而并非《往年纪事》所记载的留里克的部下阿斯科尔德和迪尔。这个波利安人建立的罗斯国家多次与黑海草原上的佩切涅格人^①和多瑙河流域的保加尔人作战。

　　其三，试图夺取第聂伯上游的波洛茨克地区。波洛茨克是沿西德维纳河通往波罗的海的交通要道，地理位置非常重要。因此，波利安人的亲卫队也经常出现在此地并和当地部落不断发生冲突。

　　这一时期基辅的波利安人统治者采用了阿瓦尔汗国和哈扎尔汗国统治者的尊号，他们称自己为"可汗"。⁶

　　在 9 世纪 60 年代的东斯拉夫的土地上，形成了两个国家，它们都拥有广阔的领土。在第聂伯河流域西北部地区，以诺夫哥罗德

────────────

　　①　突厥语系的游牧族群，又被称为钦察人，在欧洲和拜占庭史料中他们也被称为库曼人。9—11 世纪他们从东亚地区陆续向黑海北岸草原迁徙，历史上和罗斯发生多次战争。

为中心是瓦良格人建立的国家；在第聂伯河流域中部地区，以基辅为中心是波利安人建立的国家。基辅和诺夫哥罗德都是"从瓦良格到希腊之路"上的重要城市。

诺夫哥罗德和基辅之间的斗争持续不断，而波洛茨克地区是两国争夺的焦点。《往年纪事》所记载的留里克王公的手下阿斯科尔德和迪尔在奉命远征拜占庭之时趁机占领了基辅，成为实际上的基辅王公。留里克死后，阿斯科尔德和迪尔统治下的基辅和诺夫哥罗德之间正在酝酿一场历史性的对抗。[7]

第二节　留里克王朝的第二位王公：
"预言者"奥列格

奥列格占领基辅

879 年，留里克去世。临终时，他把公国委托给自己的族人奥列格，又把儿子伊戈尔托付给他。当时伊戈尔的年龄还很小。

882 年，奥列格率领一支由瓦良格人、楚德人、诺夫哥罗德斯洛文人、梅里亚人、维斯人和克里维奇人组成的庞大军队出发远征。他们首先来到了斯摩棱斯克，占领该城后，奥列格派自己的属下驻守此处，然后从斯摩棱斯克顺流而下，占领了柳别奇城，同样派人在这里驻守。随后奥列格的大军抵达基辅山脚下，到了阿斯科尔德和迪尔的地盘。

奥列格把大队人马留在后方，自己带着伊戈尔王子乘船驶抵乌果尔山①山麓。他事先在船舱里埋伏了武士，然后派使者去见阿斯科尔德和迪尔。使者谎称自己是来自诺夫哥罗德的瓦良格商人，要到希腊去做生意，途经基辅，希望阿斯科尔德和迪尔能见一见他们的首领。

阿斯科尔德和迪尔同意了。当他们见到奥列格时，埋伏的士兵从船舱里冲了出来，包围了这两人。奥列格对他们说："你们不是王公，你们甚至连王族都不是，而我才属于王族。"这时候，有人把伊戈尔王子抱了出来，奥列格指着伊戈尔说："这是留里克的儿子。"

随即，他下令处死了阿斯科尔德和迪尔。阿斯科尔德被葬于乌果尔山头，后来有一位名叫奥利玛的基辅贵族在这里修建了自己的大宅，又在阿斯科尔德的陵墓上修建了著名的圣尼古拉教堂。迪尔的陵墓相传位于后来所建的洞窟修道院以北，圣伊琳娜教堂的后面。

奥列格公开宣布："让基辅成为'罗斯众城之母'吧。"自此，他成为基辅王公。[8]

两个罗斯国家并立的局面以第聂伯河流域西北部的诺夫哥罗德吞并了第聂伯河流域中部的基辅而告终。事实上，在经济、政治和文化上，第聂伯河流域中部地区远远超过其他东斯拉夫地区。奥列格是依靠智谋占领基辅的。但不管怎样，以基辅为中心的统一的罗斯国家在882年成立了。19世纪以后的历史学家把这个国家称为"基辅罗斯"。

奥列格在位33年，他和留里克的儿子伊戈尔关系很微妙。对

---

① 位于基辅城附近，今第聂伯河西岸洞窟修道院以北。

费·安·布鲁尼《阿斯科尔德和迪尔之死》

来源于《俄罗斯历史大事记》插图。（*Бруни Ф. А.*, Смерть Аскольда и Дира, Очерки событий из российской истории.）

此，历史学家们的观点并不统一：一些人认为奥列格只是在伊戈尔幼年时期暂时摄政，后来篡夺了伊戈尔的权力；还有些人认为，基辅罗斯和东欧其他国家一样，没有稳固的世袭权力体系，权力最大的领导人往往成为王公，所以留里克死后奥列格自然而然地就继承了他的王位。[9]

奥列格在基辅定居之后，开始扩建城市，诺夫哥罗德斯洛文人和瓦良格人派使者来觐见他。奥列格给斯洛文人、克里维奇人和梅里亚人确定了他们应交贡品的数量，还规定了诺夫哥罗德需要每年向瓦良格人缴纳 300 格里夫纳[①]的贡赋[②]，以维持社会安定。这笔贡赋诺夫哥罗德人缴纳了 100 多年。随后奥列格又发兵攻打德列夫利安人、谢维利安人和拉迪米奇人，征服他们，向他们征收贡物，命令他们不要再向哈扎尔汗国纳贡。从此，这些东斯拉夫部落摆脱了对哈扎尔汗国的依赖，开始成为罗斯的一部分，只有维亚迪奇人还继续依附于哈扎尔汗国。

在 9、10 世纪之交，一支匈牙利人的部落沿着黑海向西移动，抵达了罗斯的领地。奥列格与他们交战失利后被围困在基辅城，匈牙利人对这座城市进行了围攻，但始终未能攻克。随后奥列格和匈牙利人缔结了和约。匈牙利和罗斯的同盟关系大约维持了两个世

---

① 格里夫纳是古罗斯作为货币使用的银锭，1 格里夫纳相当于 96 佐洛特尼克（золотник）；1 佐洛特尼克等于 4.26 克，因此 1 格里夫纳约等于 408.96 克白银。12 世纪之后，1 格里夫纳相当于 48 佐洛特尼克，大约相当于 204.48 克白银。参见王钺：《往年纪事译注》，第 66 页。

② 诺夫哥罗德是古代罗斯重要的工商业城市，是王公税收的重要来源地。这笔税收是用来作为瓦良格雇佣军的军费开支的。参见 Повесть временных лет, С.70。

纪，与匈牙利人的结盟极大地提升了罗斯在中东欧地区的影响力。[10]

通过统一东斯拉夫的土地，保护他们免受其他国家的攻击，奥列格获得了前所未有的权威和声望。他实际上已经成为王公中的王公，也就是大公①，东斯拉夫人的大部分部落都向奥列格缴纳贡物。就这样，罗斯作为一个统一的东斯拉夫国家诞生了。它在领土面积上并不逊色于查理曼帝国和拜占庭帝国。然而奥列格大公所统治的许多地区都人烟稀少，并不宜居住，不同地区的社会发展水平差异也很大，罗斯大公国在政治上并不稳定。

奥列格大公远征君士坦丁堡

对于罗斯这样一个年轻国家而言，奥列格首先做到的是团结所有东斯拉夫部落；其次是确保罗斯商人到东方和巴尔干半岛的贸易路线的安全；最后是夺取具有军事战略意义的重要领土第聂伯河河口、多瑙河河口、刻赤海峡等。

伊戈尔王子长大成人后跟随奥列格一起征收贡赋，但奥列格依然是基辅大公。随后，伊戈尔王子在普斯科夫城②迎娶了一位叫奥莉加的美丽女子。

907 年，奥列格把伊戈尔留在基辅，自己率领大军远征拜占庭。

---

① "大公"这个称号是 12 世纪之后才出现的，在东斯拉夫人的古代典籍中，对奥列格的称谓仍然是王公，但基辅在古代斯拉夫诸城市中居于主导地位，奥列格这个时候已经成为诸位王公的领袖。所以中国史学界习惯上将奥列格称为"大公"。

② 位于楚德湖南岸、圣彼得堡西南约 250 千米处，现为普斯科夫州首府。903 年第一次见诸史料。

随同他一起出征的有大批瓦良格人、斯洛文人、楚德人、克里维奇人、梅里亚人、德列夫利安人、拉迪米奇人、波利安人、谢维利安人、维亚迪奇人、克罗地亚人、杜列比人以及担任翻译的提维尔人①。希腊人把所有这些人统称为"大斯基泰人"。奥列格率领这些人，或乘船，或骑马，浩浩荡荡地抵达君士坦丁堡城下，罗斯大军一共有 2000 艘战船。拜占庭人用锁江链封锁了舒特湾，关闭了城门。罗斯军队离船上岸，在城郊大肆杀戮。他们毁坏宫殿，焚烧教堂。被罗斯人抓到的俘虏或被砍杀，或被虐待，或被当作箭靶射杀，又或被扔进大海。罗斯人对待仇敌通常就是这么做的。他们在希腊人的土地上犯下了累累罪行。

奥列格命令士兵把车轮装在战船底部，扬起风帆，罗斯人的船队从锁江链上一跃而过，直逼君士坦丁堡城下。希腊人大惊失色，急忙派使节向奥列格求和："请不要摧毁我们的城池，我们一定按您的要求纳贡。"于是，奥列格下令停止进攻。希腊人给他送来了美酒和美食。奥列格问使者："这酒里不会有毒吧？"希腊使者大惊失色，说："您怎么知道的？您一定是上帝派来惩罚我们的。"奥列格可能是随口一问，希腊使者作为虔诚的基督徒则不能撒谎，于是希腊人对基辅大公的刺杀行动就此告吹。

根据《往年纪事》记载，奥列格要求希腊人缴纳贡赋，此次罗斯人出征一共带来了 2000 艘战船，每船 40 人，希腊人要向每个罗斯人支付 12 格里夫纳。这个贡赋数额显然是很夸张的，按当时的

①　一支居住在德涅斯特河、普鲁特河和多瑙河流域的东斯拉夫部落，他们接近希腊人，通晓他们的语言。因此，奥列格远征拜占庭时，利用他们作为翻译人员。

费·安·布鲁尼《奥列格沿着第聂伯河向沙皇格勒进军》

来源于《俄罗斯历史大事记》插图。（*Бруни Ф. А.*, Поход Олега в Царьград по реке Днепру, Очерки событий из российской истории.）

费·安·布鲁尼《奥列格把盾牌钉在沙皇格勒的城门上》

来源于《俄罗斯历史大事记》插图。（*Бруни Ф. А.*, Олег прибивает щит свой к вратам Царьграда, Очерки событий из российской истории.）

币值计算，约等于白银 392.6 吨。

希腊人答应了这些条件，奥列格下令罗斯军队稍稍后撤，派谈判代表进入君士坦丁堡和拜占庭皇帝谈判。随同奥列格出征的各个东斯拉夫部落都得到了好处，他们对奥列格更加拥戴。

罗斯谈判代表提出：今后，罗斯使节在君士坦丁堡任职期间，拜占庭需要向其提供必要的生活费用；拜占庭需要向来拜占庭经商的罗斯商人提供 6 个月的口粮，其中包括面包、酒、肉、鱼和水果；拜占庭还要为罗斯使节和商人提供澡堂服务，次数不限；当罗斯人回国时，拜占庭要向他们提供食物、锚、缆绳、风帆，以及其他必需品。

拜占庭方面接受了上述条件，同时提出：罗斯人只能在拜占庭帝国官员的陪同下从同一座城门入城，50 人为一批，不准携带武器。他们可以根据自己的需要从事贸易活动，无须向拜占庭政府缴税。此外，只有罗斯商人才能按月领取口粮，其他没有商人身份的罗斯人则不能得到口粮。来到君士坦丁堡的罗斯人须住在圣母教堂附近，登记造册之后方可按月领取口粮。发放口粮时，依次排序，先发给基辅人，其次是切尔尼戈夫人，最后是佩列亚斯拉夫利人和来自其他地方的人。他们希望罗斯大公能颁布命令，约束在拜占庭的罗斯人遵纪守法，不得滋扰拜占庭的城市和村庄。

就这样，拜占庭皇帝保证向罗斯缴纳贡赋。双方按照各自的习俗起誓：拜占庭皇帝亲吻十字架，奥列格及其侍从则以自己的武器、雷神庇隆和畜牧神维莱斯的名义宣誓，双方签订了和约。

奥列格要求拜占庭人为罗斯人[①]用名贵的锦缎缝制风帆，为诺

———————

① 《往年纪事》在这里提到的罗斯人应该特指瓦良格人。

夫哥罗德斯洛文人^① 用绸缎缝制风帆。拜占庭人同意了。奥列格把自己的盾牌高挂在君士坦丁堡的城门上以示胜利，然后罗斯军队开始撤军。奥列格的船队得意洋洋地扬起了锦帆和绸帆，但是风把诺夫哥罗德斯洛文人的绸帆全都撕破了。诺夫哥罗德斯洛文人说："我们用不了好绸帆，还是使用自己的普通风帆吧。"奥列格回到基辅，带回了大批黄金、绸缎、水果、酒和其他各种贵重物品。[11]

911 年罗斯和拜占庭和约

911 年，奥列格派使者前往君士坦丁堡，经过漫长的谈判，罗斯和拜占庭达成了东欧历史上第一份详细的书面条约。该条约具体内容大致如下：

第一条：

我们……受罗斯大公奥列格及其属下所有高贵的王公和波雅尔大贵族^②的派遣，遵照我们大公的意愿，承蒙他属下的所有罗斯人的重托，来到贵国，觐见受上帝庇护的伟大的专制君主希腊皇帝利奥（六世）、亚历山大（二世）和君士坦丁（七世）……以便巩固和确认基督徒和罗斯人之间多年存在的友谊。

---

① 随同奥列格远征的有许多部落，为什么只有诺夫哥罗德斯洛文人得到了特殊待遇？《往年纪事》并未特别说明。笔者认为，也许是因为奥列格本人是从诺夫哥罗德起兵占领基辅的，所以他和当地的斯洛文人关系更近。

② 波雅尔在俄语里的意思是"世袭大贵族"，他们是从王公的亲卫队发展而来的，与大公和王公们的关系密切。

我们大公殿下最大的愿望是遵循神的意志，巩固和确认基督徒和罗斯人之间的友谊，我们不仅在口头上，而且也要在文本上郑重地记录下自己的誓言。让我们以自己的武器来宣誓，确立这种友谊，并按彼此的信仰和法规加以广泛的确认。

第二条：

我们本着神的意志和彼此之间的友谊缔结条约，具体内容如下：我们要和你们希腊人和解，和你们真心实意地和睦相处。我们之间在任何情况下都不应虚与委蛇和相互背叛。双方签署的条约一经宣誓生效后，我们将竭尽全力维护彼此之间永恒不变的友谊。

第三条：

关于犯罪行为，双方协商如下处理：如果事实清楚，证据确凿，将给予定案，如果案情有争议，则要求原告或被告按照自己的信仰起誓，如果起誓后，最终证明其撒谎，则应对其进行惩罚。

第四条：

如果罗斯人杀死了基督徒（拜占庭人），或是基督徒杀死了罗斯人，应在行凶现场处决凶手。若行凶者逃亡，应依法将其财产的一部分赔偿给受害者的近亲，而凶手的妻子也可以保有一份财产；若行凶者在逃亡前没有财产，则在未将其抓获之前暂不进行审判，抓获后则予以处死。

第五条：

若有人用剑砍人，或用其他凶器伤人，根据罗斯法律，行凶者应赔偿（受害者）白银 5 升 ①。若凶手交不起这个费用，则令凶手尽其所有交出所有私人财产，甚至包括他身上所穿衣物。另外，在没有其他人向凶手提供帮助的前提下，凶手要根据自己的信仰发誓，他再无任何财产。此后，他所欠的部分则免予赔偿。

第六条：

若罗斯人盗窃基督徒财物，又或者基督徒盗窃罗斯人财物，犯人被当场发现，且因拒捕而被打死，则无论是基督徒还是罗斯人都不应因此获罪。受害人有权取回自己的被盗物品；若犯人束手就擒，则必须以偷窃物三倍的价格偿还给受害人。

第七条：

若罗斯人或基督徒以暴力手段抢劫别人财物，则施暴者应给予受害人三倍赔偿。

第八条：

若希腊船只遭遇风暴漂泊到罗斯人的地界，罗斯人应帮助船主装上货物，罗斯人有义务引导该船避开所有危险区域，将其送回拜占庭境内；如果希腊或者罗斯的船只因暴雨或者逆风而暂时无法返回，希腊人或者罗斯人应允许船主在当地出售货物，并在事后有义务将遇难船只送回他们自己的家乡；罗斯人赴希腊经商或出使希腊时，希腊人应对罗斯船上所载货物给予

---

① 拜占庭计量单位，1 升等于 72 佐洛特尼克，参见 Повесть временный лет，C.453。《往年纪事》中并未明言这 5 升白银是交给官府还是直接赔偿给受害人，但笔者根据上下文推断，应该是赔付给受害人。

放行；如果随行的罗斯人被杀或者船上的货物被抢，那么犯人应按之前条款予以惩罚。

第九条：

如果双方扣留有对方的俘虏，且俘虏确实能证明自己是罗斯人或者希腊人的身份，则应将其送回自己的国家；如果俘虏已被出售，则可以将俘虏赎回，买主可要求退款或得到相当于奴仆身价的款项；对于希腊人在战场上所俘获的罗斯战俘，罗斯人将根据上述条款所规定的奴仆身价赎回。

第十条：

如果拜占庭皇帝要在罗斯人中招募军队，且这些罗斯人也有意愿效忠拜占庭皇帝，则双方的愿望应予以满足。

第十一条：

关于罗斯人从第三国俘获的希腊战俘，或者第三国卖到罗斯的希腊人，拜占庭方面均可以每人 20 佐洛特尼克的价格为其赎身，让他们重返故国。

第十二条：

如果罗斯人的奴仆被人拐走、逃亡或者被强制性出售，主人对此进行控告的话，该奴仆应在法庭如实陈述，当情况被证实后，该奴仆应归主人所有；当商人们丢失了自己的奴仆后，可向法庭报案，法庭可接受他们的诉状，丢失的奴仆被找到后，可归原主人所有。如果有人阻止法庭的调查工作，法庭将认定其无理取闹而判其败诉。

第十三条：

在希腊国土上为拜占庭皇帝供职的罗斯人如果在去世前未

立遗嘱，且他们在希腊又没有亲属，则其财产将会被送回罗斯，由其在罗斯的直系亲属中最年幼者继承。如果死者留有遗嘱，那么就按遗嘱中指定的那个人领取并继承他的遗产。关于在希腊国土上经商的罗斯人……①

第十四条：

关于侨居希腊的罗斯人在本国的债务遗留和继承问题。如果罗斯人欠债不还且拒不回国，则债权人应向拜占庭法庭提起诉讼，将债务人逮捕后，引渡回罗斯。

第十五条：

关于在罗斯的希腊人在本国的债务遗留和继承问题。可参照第十四条处理。

为确认和保证基督徒和罗斯人之间的和平，在你们神圣的、不可分割的圣父、圣子、圣灵三位一体的唯一真神上帝的圣洁的十字架面前，我们缔结和平条约。它由伊万诺夫②记录在两张羊皮纸手抄本上，由贵国皇帝亲自签名之后再交给我们的使节。

我们将按照自己的信仰和风俗，向受命于创造万物的上帝的贵国皇帝宣誓，我们和我们国家的任何人绝不破坏和平条约任何一项签订的条款和我们两国的友谊。此文本呈交给贵国皇帝批准，以便本条约成为存在于我们之间的和平的信物和信守承诺的基础。[12]

---

① 《往年纪事》所记载的911年罗斯和拜占庭条约省略了这一款，其内容应与907年罗斯和拜占庭谈判时所达成的意见一致。

② 伊万诺夫应为书记员或译员。

在协议中，罗斯和拜占庭双方就他们关心的所有经济、政治、法律问题达成了一致，确定了他们的臣民在国外犯罪时的责任。其中一条还涉及罗斯和拜占庭之间的军事联盟。从那时起，在拜占庭军队中经常能看到罗斯武士的身影。

拜占庭皇帝利奥六世向罗斯使者赏赐了丰厚的礼物，其中包括黄金、丝绸和贵重织品；指派大臣领着罗斯使者参观了君士坦丁堡富丽堂皇的教堂和金碧辉煌的宫殿以及在宫殿里收藏的诸多珍宝，包括黄金、绫罗绸缎、宝石，还有基督蒙难时的遗物——冠冕、把耶稣钉在十字架上的钉子、染血的衣袍以及古代圣人的干尸等。拜占庭人向罗斯使者展示了基督教的教义，传播了自己的信仰。就这样，罗斯使者满载盛誉，回到了自己的国家。使者回国后向奥列格汇报了他们和拜占庭皇帝的所有谈话，以及签订和约的全过程。[13]

奥列格大公之死

起初，奥列格曾经问过一些术士和巫师："我未来的最终结局会怎样？"

一位巫师告诉他："大公，您所骑的那匹马妨主，您将因它而死。"

奥列格很喜欢这匹马，但巫师的话深深地刺激了他，于是他说："我再也不骑它了，也不想再看到它。"但毕竟这匹马跟随他多年，他也不忍心杀掉它，于是就派专人好生照料，只是不再让它出现在自己的视线中。

就这样，过了好几年，直到奥列格去远征希腊之前，他都再没见过那匹马。当他返回基辅，又过了 4 年，到了 912 年，这时他想起了那个巫师的预言。于是，他召见了专门负责照顾那匹马的马厩长，问他："我吩咐你好好饲养的那匹马现在怎么样了？"

马厩长回答："它已经死了。"

奥列格冷笑着嘲弄那个巫师："你们这些神棍的话不可信，全都是谎言！马死了，我不还活得好好的吗？"他吩咐立刻备马："我要亲自去看看那匹马的骸骨。"

他来到葬马的地方，看到那匹马只剩下散落在地上的马骨，头盖骨也已经腐朽得光秃秃的了。奥列格从马上跳下来，用脚踩着马的头盖骨，笑笑说："难道这个秃脑壳还能害了我不成？"突然，一条蛇从头盖骨里窜了出来，在他的脚上狠狠地咬了一口。奥列格因此病倒，随后就死去了。

奥列格大公统治罗斯长达 33 年之久，深受民众爱戴。他死后，大家都失声痛哭，抬着他的遗体，把他安葬在基辅附近的谢卡维察山上。[14]

同时代的人称奥列格为"预言者"，《往年纪事》上并未记载为什么他会有这么一个雅号，只是说那些人都是多神教教徒，愚昧无知。[15] 笔者认为，也许是奥列格曾无意间点破了希腊人要用毒酒谋害他，又或者是因为"他被自己的爱马所害"的预言得到了应验。

费·安·布鲁尼《奥列格之死》

来源于《俄罗斯历史大事记》插图。（*Бруни Ф. А.*, Кончина Олега, Очерки событий из российской истории.）

第三节　伊戈尔大公统治时期

伊戈尔大公远征拜占庭

913 年，在奥列格去世后不久，伊戈尔·留里科维奇继承了基辅大公的王位，他是留里克的儿子。历史上对于奥列格的子孙后代没有任何记录。伊戈尔的继位过程显得异常顺利。但此时的罗斯大公国内部并不稳定，奥列格一死，德列夫利安人就与罗斯断绝了关系。914 年，伊戈尔发兵攻打德列夫利安人，获胜后，向其征收比奥列格统治时代更沉重的贡赋。

915 年，佩切涅格人初次来到罗斯的土地，他们与伊戈尔缔结和约之后转往多瑙河地区。伊戈尔是第一个与草原游牧族群建立外交关系的罗斯大公。

941 年，伊戈尔发兵攻打拜占庭。保加尔人给拜占庭皇帝送信，说罗斯大军出动了 1 万艘战船，浩浩荡荡，直逼君士坦丁堡。罗斯人水陆并进，在维菲尼亚^① 地区和拜占庭军队发生了战斗。罗斯军队征服了庞特海^② 沿岸直到伊拉克利亚^③、帕夫拉戈尼亚^④ 一带土地，还占领了整个尼科米底亚^⑤ 地区，烧毁了舒特湾。罗斯人将许

---

① 一般根据希腊语将其译为比提尼亚。这里曾经是一个文明古国，后被罗马征服成为罗马帝国的一个行省。罗马帝国崩溃后，其旧址成为拜占庭帝国的属地，该地区位于小亚细亚西北部，介于博斯普鲁斯海峡和圣格里乌斯河之间。

② 庞特海一般被认为是历史上黑海的另一个称谓。

③ 一个小镇，位于希腊西迪罗卡斯特隆市西南和谢列市西北。

④ 小亚细亚北部的一个历史文化名城，位于比提尼亚和黑海之间。

⑤ 小亚细亚地区的古城，位于今希腊比提尼亚州。

多教堂、修道院和村落付之一炬，并在舒特湾两岸抢走了大量财物。他们把抓到的俘虏或钉死在十字架上，或当作箭靶射杀，或反绑双臂，或把铁钉敲入俘虏的头顶。后来拜占庭的援军赶到，其中包括潘菲尔率领的4万名皇家禁卫军、大贵族佛玛率领的马其顿人、费多尔总督率领的色雷斯人，以及其他达官显贵，他们把罗斯军队团团包围。经过一番恶战，拜占庭人勉强占了上风。

　　傍晚，罗斯军队撤回驻地。伊戈尔把自己的亲卫队集结起来，准备借夜色掩护，登船逃遁。拜占庭大贵族费奥凡立刻率领船队进行阻截。在这次战斗中，希腊人使出了秘密武器——"希腊火"，即用发射筒向罗斯人的战船上喷火。霎时间，罗斯人的船队陷入一片火海，他们纷纷跳入海中，争先恐后地逃命。罗斯军队大败而回。事后他们回忆起那可怕的场景时说："希腊人好像取来了天上的闪电，他们用它轰击我们，烧死我们，因此我们无法取胜。"[16]伊戈尔回到基辅后，开始重整旗鼓。他派人渡海去找瓦良格人，邀请他们一起出征希腊。

　　944年，伊戈尔从瓦良格人[①]、罗斯人[②]、波利安人、斯洛文人、克里维奇人和提维尔人中征来许多士兵，还雇用了佩切涅格人。为了让这些草原上的游牧族群骑兵死心塌地为自己效力，伊戈尔还扣押了部分佩切涅格人作为人质。就这样，伊戈尔集结大军，兵分两路，水陆并进，再次入侵拜占庭，决心为自己报仇雪恨。

---

① 这里的瓦良格人应特指跟随伊戈尔大公出征的瓦良格雇佣军。

② 这里的罗斯人特指伊戈尔统治之下的罗斯居民。

尼·康·列里赫《海外来客》

现藏于俄罗斯特列恰科夫美术馆。

维·米·瓦斯涅佐夫《瓦良格人的使命》

现藏于俄罗斯特列恰科夫美术馆。

瓦·伊·苏里科夫《伊戈尔王公和奥莉加的初次约会》
现藏于俄罗斯联邦特列恰科夫美术馆。

维·米·瓦斯涅佐夫《再见了，老伙计，我忠实的伙伴》

来源于《预言者奥列格之歌》插图。（*Васнецов В. М.*,"Прощай мой товарищ, мой верный слуга" [иллюстрация] // Пушкин А. С. Песнь о вещем Олеге. Санкт-Петербург: Комиссии для чествования памяти А. С. Пушкина, 1899, С. 3.）

克·瓦·列别捷夫《巡行索贡》

来源于《图画中的俄罗斯历史》插图。（*Лебедев К.*, "Полюдье" [иллюстрация] // Русская история в картинах. Москва: Издание товарищества И.Д. Сытина, 1916.）

费·安·布鲁尼《希腊火在伊戈尔围攻君士坦丁堡时所发挥的作用》

来源于《俄罗斯历史大事记》插图。（*Бруни Ф. А.*, Действие греческого огня при осаждении Константинополя Игорем, Очерки событий из российской истории.）

科尔松①人得到消息后，立刻给拜占庭皇帝罗曼努斯一世送信："罗斯人来了！他们的战船数不胜数，覆盖了整个海面。"保加尔人也派人来送信："罗斯人打来了，他们还雇用了佩切涅格人！"罗曼努斯一世得知这一消息后，立刻派了几位重臣向伊戈尔求和："请您停止进军，我们向贵国缴纳贡赋，数量同奥列格时代一样，我们还可以增加贡赋的数额。"拜占庭皇帝还向佩切涅格人送去许多贵重的丝织物和黄金。

此时伊戈尔已经到达多瑙河畔。他把自己的亲卫召集起来，同他们商议，并把拜占庭皇帝的话转达给他们。伊戈尔的亲卫们说："果真像（拜占庭）皇帝所承诺的那样，我们无须战斗就可以得到黄金、白银和珍贵的丝织物的话，我们还有什么不满意的呢？谁也不能未卜先知，打下去胜负难料。要知道我们不是在陆地，而是在海上作战，那里充满了危险。"伊戈尔听从了大家的意见，命令佩切涅格人去征服保加尔人的土地，自己则携带从希腊人那里获得的黄金和丝绸返回基辅。[17]

945 年罗斯与拜占庭的和约

945 年，拜占庭皇帝罗曼努斯一世、君士坦丁七世和斯捷凡②

---

① 公元前 6 世纪希腊殖民者在克里木半岛西南海岸建立的定居点，亦被称为赫尔松涅斯。988 年，罗斯的弗拉基米尔大公曾在这里受洗。许多人误认为赫尔松涅斯和赫尔松是同一座城市，事实上它们是完全不同的地方。赫尔松位于第聂伯河右岸，始建于 1737 年俄土战争期间，目前是乌克兰赫尔松州的首府。

② 斯捷凡为罗曼努斯一世之子，被罗曼努斯一世立为皇帝，在位时间为925—945 年，与其父和君士坦丁七世共同执政。

派遣使者觐见基辅大公伊戈尔。伊戈尔与希腊使节谈了关于缔结和约的事。同时，伊戈尔派自己的大臣到拜占庭去见罗曼努斯一世，后者召集了所有贵族和大臣，并请求罗斯使者把双方谈判的内容记在羊皮纸上。

第一条：

我们是来自罗斯的使节和商人……奉命恢复希腊和罗斯之间的昔日和约，目的是消除双方多年来的仇恨和敌视，确立希腊人和罗斯人之间的友谊。我们的大公伊戈尔和其他诸位王公、波雅尔大贵族以及全体罗斯人民派遣我们来会见伟大的希腊皇帝罗曼努斯（一世）、君士坦丁（七世）和斯捷凡。（我们）同皇帝陛下们和全体贵族以及希腊人民永结友好同盟，只要太阳还在发光，和平必将永存。如果罗斯人中有谁做出破坏两国友好关系的事，如果他们是受了洗的基督徒，那么必将受到万物之主上帝的惩罚，死后打入地狱，万劫不复；如果他们不是基督徒，那么他们也将不会得到雷神庇隆和其他神明的护佑，他们的盾牌不再能够保护他们，他们必将死于自己的利刃、弓箭或其他兵器之下，他们的后代也将永生永世沦为奴隶。

第二条：

第一款：罗斯大公派去觐见伟大的希腊皇帝的使节和商人所乘坐的船只数量，应根据以往条约①的要求提供。此前，来

---

① 这里指的应该是 911 年奥列格大公和拜占庭签署的条约。

希腊的罗斯使节携带金质印章以证明其身份，而商人们用来证明身份的则是他们所携带的银质印章，现如今罗斯使节和商人都应随身携带贵国大公所签发的公文，公文中应注明所派船只数量，以便希腊皇帝能够知晓罗斯人的和平意图。如果罗斯人没有随身携带公文，一经查实，希腊人将对其实施拘押，随后通知罗斯大公。如果他们拒捕反抗，希腊人有权将其杀死，罗斯大公不得予以追究。如果他们逃回罗斯，希腊人将会致函罗斯大公，由其自行处置。

第二款：如果罗斯人没有携带货物而来，那么他们不得领取月粮[1]。罗斯大公应约束罗斯使节和商人，使其不得在希腊城市和乡村胡作非为。罗斯使节和商人应集中居住在圣母大教堂附近，拜占庭帝国将派人登记他们的姓名，以便领取月粮。[2] 月粮发放顺序为：基辅人优先，其次是切尔尼戈夫人和佩列亚斯拉夫利人，然后才轮到来自其他城市的人。

罗斯人必须在拜占庭皇帝官员的陪同下从同一座城门进城，不得携带武器，每50人为一批。他们应在完成必要的商业贸易活动之后离去。拜占庭帝国的官员将负责保护他们的安全。如果罗斯人和希腊人之间发生了争执，也由拜占庭帝国的官吏予以调解。罗斯人进城后，不得违反拜占庭帝国的法律，也无权购买价值超过50佐洛特尼克的丝织品。购买丝织品的

---

[1] 罗斯人没有携带货物就证明他们不是商人。

[2] 根据907年条约的规定，罗斯使节在拜占庭期间，每个月都可以领到月粮，而商人则只能领到6个月的月粮。

罗斯人需将东西交给希腊官员检查，由官员盖章后再交还给他们。罗斯人离开的时候，应按照此前规定的那样，从拜占庭得到他们所需要的物品，包括旅途中的食物和船上所必备的东西，以便他们能安全返回自己的家乡。当他们决定要走，并得到这些物品后，就再也没有权利在圣母教堂附近过冬。

第三条：

和罗斯主人一起住在圣母教堂附近的奴仆如若逃跑，一旦被捕获，需将其归还给主人；若未能找到，该主人要按自己的信仰发誓此事属实（罗斯人中的基督徒向上帝发誓，非基督徒则按自己的信仰发誓），发完誓后，他可以从拜占庭官方得到一定的补偿——每个奴仆的价格是两匹丝绸。

第四条：

如果希腊人的奴仆未携带任何物品逃到了罗斯人那里，罗斯人应将其归还；如果该奴仆逃亡时带有原主人的物品，罗斯人需要将奴仆和物品一并归还，如果原主人确定物品完好无损的话，罗斯人可以获得 2 个佐洛特尼克的酬劳。

第五条：

如果罗斯人图谋伤害希腊人，那么他应受到严厉的惩罚；如果罗斯人已经对希腊人造成了伤害，那么行凶者应向受害者加倍赔偿；如果希腊人对罗斯人做了同样的恶行，那么他也应受到同样的惩罚。

第六条：

如果罗斯人窃取了希腊人的财物，或者希腊人窃取了罗斯人的财物，偷盗者应立刻向受害者归还所窃之物，或者赔付与所窃之物价值相符的钱款；如果所窃之物已经被卖掉，就应该按其价值的双倍偿还，同时还要依据希腊或者罗斯的法律予以惩罚。

第七条：

对罗斯人俘获的希腊人，拜占庭方面应将其全部赎回。每个青年男子或美貌女子的赎金为 10 佐洛特尼克，中年人的赎金是 8 佐洛特尼克，老人和小孩为 5 佐洛特尼克。

罗斯人可以按照每人 10 佐洛特尼克的价钱赎回被希腊人俘房并充当奴隶的罗斯人；如果罗斯奴隶是被希腊人花钱购买的，那么买主应对十字架发誓此事属实，这样希腊政府就可以按原价从买主手中收购这些奴隶，再由罗斯人赎回。

第八条：

罗斯大公承诺不再进攻科尔松地区的任何城市，也不再要求科尔松人向罗斯臣服。今后如果罗斯大公在作战时请求拜占庭军队支援，拜占庭应按其要求给予援助。

第九条：

如果罗斯人发现因遭遇风暴而搁浅的希腊船只，那么应对遇难船只加以保护，使其不再遭受额外的损失。如果有人从船上偷盗财物，或使船员沦为奴隶，又或是杀害船员，那就要按罗斯和希腊的法律对其治罪。

第十条：

如果罗斯人遇到在第聂伯河河口捕鱼的科尔松人，则不得做任何为难他们的事。罗斯人无权在第聂伯河河口、白岸①和

---

① 大致在第聂伯河和南布格河入海口的三角洲及其附近地区。

圣叶尔费里岛①附近过冬；秋天来临之时，他们就应该回到自己的家乡。

第十一条：

如果黑保加尔人②进攻科尔松，那么我们要求罗斯大公不要放过他们，因为他们也会给罗斯造成损失。

第十二条：

如果拜占庭帝国管辖范围之内的希腊人犯了罪，应根据拜占庭帝国的法律处罚，罗斯人无权惩处他们。

第十三条：

如果希腊人杀死罗斯人，或者罗斯人杀死希腊人，那么被害者的血亲有权抓捕并处死凶手。如果凶手逃跑并藏匿起来，那么被害者的亲属有权获得凶手的全部财产；如果凶手没有财产，那么被害者的血亲可以继续追捕凶手，直到找到为止，找到凶手后可以将其处死。

第十四条：

若罗斯人或希腊人用剑、长矛或其他任何武器伤害了对方。根据罗斯法律，行凶者应赔偿（受害者）白银5升。③若

---

①　位于第聂伯河和南布格河河口，今名别列尼察岛。10世纪时，这里是科尔松的重要渔业基地，又是商业贸易中心的中转站，战略地位也很重要。参见王钺：《往年纪事译注》，第105页。

②　游牧部落，属于保加尔人的一支，当时分布在库班地区，第聂伯河和顿河的交汇处。

③　1基辅格里夫纳相当于0.5升，5升等于10格里夫纳。《往年纪事》中并未明言这5升白银是交给官府还是直接赔偿给受害人，但笔者根据上下文推断，应该是赔付给受害人。

凶手交不起这个费用，则令凶手尽其所有交出所有私人财产，甚至包括他身上所穿衣物。若仍有不足的话，凶手要根据自己的信仰发誓说，他再无任何财产，只有这样才能饶恕他们。

第十五条：

如果拜占庭皇帝希望罗斯人出兵助战，他将给罗斯大公写信。罗斯大公应按拜占庭皇帝的要求派出军队，并昭告天下，展示罗斯和拜占庭之间的友谊。

第十六条：

条约书写在两张羊皮纸上，一份由拜占庭皇帝保管，上面绘有十字架以及拜占庭皇帝的签名；另一份由罗斯使节和商人签名。拜占庭帝国的特使将陪同罗斯使节和商人一同回国，将条约文本转交给罗斯大公伊戈尔以及他的臣下。罗斯大公接受条约文本后，要真诚发誓恪守双方达成的承诺。[18]

回国前，罗斯使者和受洗过的罗斯人将聚集在圣伊利亚大教堂[①]，面对神圣的十字架和这份羊皮纸条约文本宣誓："罗斯人中谁要是破坏了条约，无论他是王公还是其他什么人，无论是受洗者还是未受洗者，都将无法得到来自其所信奉的神明的护佑，他们将会被自己的武器杀死，而且将在阴间为奴。"

未受洗的罗斯人放下自己的盾牌，出鞘的利剑、护腕，以及其他武器统一宣誓："这份羊皮纸条约中所记载的一切条款将由伊戈

[①] 拜占庭的圣伊利亚大教堂位于舒特湾（金角湾），是受洗过的罗斯人的庇护教堂。参见王钺：《往年纪事译注》，第108页。

尔大公、全体罗斯波雅尔大贵族和所有罗斯臣民共同恪守，永不违背。如果王公和其他罗斯人中有人违背了此条约，那么无论他是不是基督徒，都将会遭到报应，死于自己的刀剑之下，并且要受到上帝和雷神庇隆的诅咒。"

罗斯使节和希腊特使一起回到基辅来见伊戈尔，向他转达了罗曼努斯一世皇帝的话。希腊特使说："热爱和平的希腊皇帝派我们前来，他希望与罗斯大公交好，缔结和约。鄙国皇帝已经按贵国使节的要求宣了誓，皇帝派我们前来是为了见证您和您的臣僚宣誓。"

第二天清晨，伊戈尔邀请希腊特使一起登上了立有庇隆雕像的小山岗，伊戈尔和他的臣僚在庇隆像前放置了武器、盾牌和黄金，恭恭敬敬地宣了誓；在罗斯国内已受洗的罗斯人则在罗斯境内的圣伊利亚大教堂① 宣誓。伊戈尔批准了同希腊人的和约，送给希腊特使许多毛皮、奴隶和蜂蜡。希腊特使回到希腊之后，把他在基辅的所见所闻都向拜占庭皇帝做了汇报。[19]

"巡行索贡"和伊戈尔大公之死

在伊戈尔大公时期，罗斯的疆域进一步扩大。他征服了第聂伯河下游、南布格河和黑海一带的乌里奇部落。乌里奇人也是东斯拉夫人的一支。奥列格时代，罗斯曾试图征服乌里奇人，但未获成功。现在乌里奇人像其他王公一样已向基辅大公进贡。

_____

① 位于鲁契耶河畔，是基辅的中心教堂。当时有许多瓦良格基督徒在这里做礼拜。

那么，基辅大公是如何征税呢？一般情况是这样：深秋时期，大公带着他的亲卫队在自己的领地里四处巡游征收贡品。这种方式被称为"巡行索贡"，往往用于一些社会发展水平比较低的国家，比如瑞典。"巡行索贡"这个词的本义是"在人之间行走"。这项活动一般会在深秋开始，持续整个冬天，并在早春结束。

基辅大公率领亲卫队首先抵达德列夫利安人的领地和他们的首府伊斯科罗斯滕；随后，向北前往第聂伯河上游的柳别奇城，从那里进入拉迪米奇人居住的德雷戈维奇城；然后抵达同处第聂伯河上游的斯摩棱斯克，这是克里维奇人的领地；最后，沿着冬天的捷斯纳河到达谢维利安人的领地，从那里通过切尔尼戈夫返回基辅。整个路线绕了一个大圈，其长度为1200—1500千米。大公和亲卫队需要沿途停留，因此行动非常缓慢。

贡品一般为毛皮、蜂蜜、蜂蜡、亚麻。从奥列格时代开始，貂皮、白鼬皮和松鼠皮就一直是附属部落的主要贡品，每家每户都要缴纳。除此之外，基辅大公和亲卫队也会拿走当地民众的食物甚至衣物。总之，他们会拿走一切可以拿走的东西。贡品的数额并不固定，通常是由基辅大公和他的亲卫队根据需要临时决定。大公和亲卫队驻跸当地的花销也由当地居民承担，而这些往往不计入贡品内。在基辅大公"巡行索贡"期间，经常发生针对当地居民的暴力事件，居民也经常反抗大公和他的亲卫队。[20]

945年，伊戈尔带着他的亲卫队到德列夫利安人那里征收贡物，并在之前贡物的基础上增加了新的数额。他的亲卫们对德列夫利安人横征暴敛，当地居民怨声载道。在归途中，伊戈尔对征收的贡品仍不满意，于是对自己的亲卫们说："你们先把贡品运回去，我还要再回去收一点。"

当德列夫利安人得知伊戈尔大公带着部分人马去而复返之后，纷纷向自己的王公马尔请战："豺狼如果有了光顾羊群的习惯，要是不杀死他，羊群早晚要被吃光；如果我们不弄死这只恶狼，他早晚会弄死我们。"

马尔王公比较犹豫，于是派人去阻止伊戈尔："您不是已经把所有东西都拿走了吗？怎么又回来了？"

伊戈尔大公丝毫没有意识到危险，准备再次进城收取贡物。愤怒的德列夫利安人冲出了伊斯科罗斯滕城。很快，他们就消灭了大公的亲卫，并活捉了伊戈尔大公。德列夫利安人把伊戈尔大公的双腿分别绑在两棵树压弯的树枝上，随后把树枝放开，就这样，大公被撕成了两半。《往年纪事》中对此做了详细的描述，历史学家把他的死因归结于贪得无厌。[21]

第四节　奥莉加大公夫人摄政时期

奥莉加大公夫人的四次复仇

伊戈尔大公前去"巡行索贡"之时，他的妻子奥莉加和儿子斯维亚托斯拉夫留在了基辅。当伊戈尔的死讯传来，这个年轻的国家顿时处于风雨飘摇之中。但是基辅的老百姓拥戴奥莉加，无条件地支持她，而且承认她儿子的王位继承权。

奥莉加的出生年月不详，她出生在普斯科夫城附近的一个瓦良格人的平民家庭。一次，伊戈尔王子在经过普斯科夫城时，为奥莉加的美貌所倾倒。当时罗斯建国不久，在为继承人选择配偶方面还没有严格的等级制度，很快，奥莉加就成为伊戈尔的妻子。在多神教的大环境下，一夫多妻制是很普遍的现象，富人和王室成员更是如此。但伊戈尔大公只有奥莉加这一位妻子。所以一些历史学家认为，大公本人早已秘密受洗，成为基督徒，他的家庭生活因此受到了基督教行为准则的约束。[22]

奥莉加是远近闻名的大美人。德列夫利安人杀死了伊戈尔大公后，又打起了奥莉加的主意。有人对德列夫利安王公马尔说："我们杀死了基辅大公，这是一个好机会，您可以把奥莉加大公夫人娶过来给您做老婆，至于她的儿子斯维亚托斯拉夫，我们可以随意处置。"马尔同意了，于是派出了20名亲信乘船去见奥莉加。

他们到达基辅后，把船停泊在波利切夫山坡①的入口处，第聂伯河正从这座山脚下流过。

有人向奥莉加报告了德列夫利安人使者来到基辅的消息。奥莉加说："贵客到了，有请。"

德列夫利安人的使者来了之后，奥莉加问他们此行的目的，使者们说："我们杀死了你的丈夫，那是因为你丈夫像豺狼一样劫掠我们。我们的王公非常优秀，他把我们的城市治理得井井有条，请你嫁给我们的王公吧，请你记住我们王公的名字，他叫马尔。"

奥莉加告诉使者："你们的来意我已经知晓，我的丈夫不能死

---

① 位于基辅中心区（在山顶）与山下平地的波多尔区之间，起点在第聂伯河河口。

而复生，我想明天在我的臣民面前答应你们的要求。请你们现在先回到你们的船上，好好睡一觉，明天早晨我派人去接你们。到时候你们可以向来人提出这样的要求：既不骑马，也不步行，让他们用船把你们抬进基辅城。来人一定会满足你们的要求的。"于是德列夫利安人就先回到了自己的船上。

奥莉加命手下在城外一幢塔楼下的院子里挖了一个又大又深的坑。第二天早晨，她坐在塔楼上，派人去请那些德列夫利安人的使者。不一会儿，20名使者坐在船里被人抬了过来。那些使者歪着身子，单手叉腰，胸前挂着很大的金属装饰物，神气活现地半坐着。当他们被抬到院子里时，奥莉加命令将他们连人带船一起扔进坑里。

奥莉加走到坑边，问这些使者："你们对这种死法满意吗？"

使者回答："我们比你丈夫死得还要惨。"于是奥莉加下令将他们全部活埋。这就是大公夫人奥莉加的第一次复仇。

随后奥莉加派使者去见德列夫利安人的马尔王公，使者对马尔王公说："如果您真心实意地向我们大公夫人求婚，那么就应该派你们地位最高的官员来迎亲，以便我们大公夫人能风风光光地嫁过来，否则基辅军民是不会轻易答应的。"听了这番话后，马尔王公立刻选派出他们最优秀的官员去基辅迎亲。

当德列夫利安人的第二批使者抵达基辅后，奥莉加对他们说："我已经为你们烧热了澡堂的水，你们洗完澡后再来见我。"德列夫利安人的使者刚进入澡堂开始洗澡，奥莉加就下令把澡堂的门锁死，在门口放火将他们全部烧死在里面。大公夫人的第二次复仇达成。

德列夫利安人的王公马尔要求娶伊戈尔的妻子奥莉加，这实际上是古老的氏族社会风俗的反映。在原始社会里，杀死其他氏族首

费·安·布鲁尼《奥莉加大公夫人对德列夫利安使者的复仇》

来源于《俄罗斯历史大事记》插图。（*Бруни Ф. А.*, Мщение Ольги против послов древлянских Очерки событий из российской истории. ）

领之后，往往会占有死者的妻子。马尔的求婚反映了德列夫利安人和罗斯在社会发展程度方面的差异。至于用船埋葬死者，或者把死者放在船里烧掉，这是古代罗斯人的一种殡葬习俗。此外，已有不少考古材料可以证明，焚烧澡堂也是古代东斯拉夫人的一种殡葬仪式，他们会将死者沐浴洁净后，连同浴具一同烧掉。[23]

奥莉加又派使者到德列夫利安人那里说："我们大公夫人已经动身了，请你们在杀死我们大公的那个地方多准备些蜜酒，她要在坟前哭祭，并为亡夫举办丧宴。"德列夫利安人立刻派人运去了大量蜜酒。

奥莉加轻车简从地来到亡夫遇难之地哭祭，并吩咐手下人为伊戈尔大公垒起一座宏伟的陵墓，在陵墓前为其举办了丧宴。[①]

德列夫利安人坐下来喝酒，奥莉加吩咐她的初级亲卫[②]在他们身边服侍。德列夫利安人问奥莉加："我们之前派去求亲的使者在哪里？"

奥莉加回答："他们在我后面，和我丈夫的亲卫队一起前来。"

当德列夫利安人喝得酩酊大醉时，奥莉加的第三次复仇就此展开。她悄悄地离开，随即命令自己的卫队动手砍杀德列夫利安人。这一次共有 5000 多名德列夫利安人被杀。

奥莉加对德列夫利安人的三次复仇，体现了古代罗斯人的三种

---

① 这是古代罗斯人追悼死者的最后一场仪式，俄文是 тризна，仪式上有酒宴、军事游戏和竞技等。

② 罗斯王公们的亲卫队往往分为高级亲卫和初级亲卫两支，初级亲卫队由亲卫队中的年轻人组成，他们往往是王公的仆人，为王公服务，按照主人的指示从事征收赋税等各项工作。

殡葬仪式。前两次是两种处理死者的方式，第三次是举办丧宴、军事游戏和竞技等。

随后，第四次复仇逐渐拉开帷幕。

奥莉加回到基辅之后，立即招募军队去征讨德列夫利安人。946年，她带着儿子斯维亚托斯拉夫率领大批精兵强将向德列夫利安人的领地进发。德列夫利安人也奋起抵抗。

按照斯拉夫族群的古老习俗，战争开始前、两军对峙时，应该由统帅向敌人投掷第一根长矛或射出第一支箭。斯维亚托斯拉夫作为伊戈尔的继承人，理应由他来完成这个仪式。斯维亚托斯拉夫在马背上举起长矛，奋力朝德列夫利安人投了过去，但由于他尚未成年，力气还小，长矛只扔出了不到一米，就从他坐骑的耳边掉落到了马腿附近的地上。这时候基辅将军斯维涅里德①和斯维亚托斯拉夫的家庭教师兼管家②阿斯穆德高声呼喊："大公已经动手了，大家一起冲啊！"很快他们就击溃了敌人。

德列夫利安人撤进伊斯科罗斯滕城，紧闭城门，坚守不出，顽强抵抗，因为他们很清楚，杀死了基辅大公，就不会有什么好结果。奥莉加和儿子率领大军在城郊扎营，持续围攻城池。

---

① 斯维涅里德是斯维亚托斯拉夫手下最重要的军政长官，辅佐了伊戈尔和斯维亚托斯拉夫两代基辅大公。有历史学家甚至认为斯维涅里德和斯维亚托斯拉夫共同执掌罗斯。

② 俄文为 кормилец，在王公贵族家庭专门负责管教和照顾小主人的男性家仆，虽然个人身份隶属于奴仆，但由于和主人保持着一种特殊的关系，因此实际地位很高，在大公或王公等高级贵族家庭中往往担任亲卫队首领等职务，许多中文译者将其译为"保育员"。

　　整个夏天过去了，罗斯军队也未能攻破这座城池。于是奥莉加想了一个主意。她派人向城里喊话说："你们还要顽抗到什么时候？现在你们的其他领地都已经臣服于我，并且向我缴纳贡物。他们已经开始耕种自己的土地，过上了安定的生活；而你们却还在拒绝向我纳贡，你们这是要等着饿死吗？"

　　德列夫利安人回答："我们倒是愿意向您纳贡，但您不是要为自己的丈夫报仇吗？"

　　奥莉加说："你们的使者到基辅的时候，我已经报了两次仇了，当我在为亡夫举行葬礼时，又报了第三次仇。我已经不想再报仇了。我现在只想让你们给我纳贡，而我要的东西并不多。咱们缔结和约后，我就可以罢兵归国了。"

　　德列夫利安人问："您想要什么呢？我们可以给您缴纳蜂蜜和毛皮。"

　　奥莉加说："你们现在既没有蜂蜜，也没有毛皮了，围城这么久，你们已经快山穷水尽了。这样吧，我也不为难你们，你们只要每家每户给我缴纳 3 只鸽子和 3 只麻雀就够了，和我的亡夫相比，我的要求并不高。"

　　德列夫利安人非常高兴，从每户收取了 3 只鸽子和 3 只麻雀，派使者送出城去，恭恭敬敬地交给了奥莉加。奥莉加说："现在你们已经归顺了我和我的孩子，回城去吧，我明天就下令撤军。"

　　德列夫利安使者把这个好消息带回了城里，所有人都长出了一口气。奥莉加把鸽子和麻雀分发给士兵们，命令他们给每只鸽子和麻雀身上都拴上引火物。当夜幕降临之时，奥莉加下令点着拴在鸽子和麻雀身上的引火物并将它们放回城去。鸽子和麻雀纷纷飞回自己的鸟巢，这样一来，鸽子窝、储物室、板棚和干草堆都起了火，家家户户都着火了，人们纷纷向城外逃去，奥莉加命令士兵把他们全部抓了起来。19 世纪初，德国著名历史学家奥古斯特·路德维希·施勒策尔提到一位好奇的学者做了一个实验，看看能否还原《往年纪事》中记载的奥莉加用火烧鸽子和麻雀的方式来毁掉一座城市，但实验以失败告终。这些不幸的鸟儿被点燃后就掉落在原地，死掉了。[24] 这也说明《往年纪事》中所记载的奥莉加大公夫人的故事很可能只是个传说，但她的故事已经流传千年，深受东斯拉夫人民的喜爱。

就这样，基辅军队占领了伊斯科罗斯滕。城里的长老们都做了俘虏。一部分人被奥莉加处死，一部分人被她交给自己的手下充当奴隶，而其余人则被留在当地，他们每年要向基辅缴纳大批贡物。

奥莉加给德列夫利安人施以沉重的赋税负担，其中三分之二的贡物被运回基辅，三分之一被运往维什戈罗德[①]，因为该地是奥莉加本人的领地。奥莉加和斯维亚托斯拉夫带着他们的亲卫队在德列夫利安各个地区巡视，建立了征收贡物的规章制度，随后她带着儿子返回基辅。

947 年，奥莉加出巡诺夫哥罗德，驻跸在穆斯塔河[②]和卢加河[③]附近，规定了附近地区上缴贡物的额度。一切都整顿就绪后，奥莉加返回基辅，和儿子共享天伦之乐。[25]

---

① 位于第聂伯河右岸、今乌克兰基辅州维什戈罗德市。

② 位于俄罗斯欧洲部分西北部，流经特维尔州和诺夫哥罗德州。

③ 位于俄罗斯欧洲部分西北部，流经列宁格勒州和诺夫哥罗德州。

奥莉加大公夫人受洗

955 年，奥莉加大公夫人出访拜占庭，抵达君士坦丁堡。这时候拜占庭的皇帝是利奥六世的儿子君士坦丁七世。他看到奥莉加容貌秀丽，才华出众，于是对她说："你完全有资格和我一起共同治理这个国家。"显然，拜占庭皇帝是在委婉地向奥莉加求婚。

奥莉加当然明白这话的内在含义，于是回答皇帝说："我是多神教教徒，您是基督徒，基督徒是不能娶多神教教徒为妻的，如果您想让我接受洗礼的话，就必须亲自为我受洗。"于是皇帝和君士坦丁堡大牧首一起为奥莉加主持了受洗仪式，奥莉加正式成为一名基督徒，获得了叶莲娜的教名——这是古罗马君士坦丁大帝的母亲叶莲娜的名字，具有非凡的历史意义。

受洗后，君士坦丁七世正式向奥莉加求婚："我想娶你为妻。"

奥莉加镇定地回答："您为我受洗，那您就是我的教父，作为父亲怎么能娶自己的女儿呢？"

拜占庭皇帝很失望，无可奈何地对她说："奥莉加，你骗了我。"随后，他赠给奥莉加许多礼物，包括黄金、白银、贵重的丝织品和各种器皿。奥莉加也承诺在回国后向拜占庭皇帝回赠奴仆、蜂蜜和蜂蜡，并在必要时向拜占庭提供军事援助。[26]

到 9 世纪中叶，几乎所有的西欧大国，以及巴尔干半岛和高加索地区的一些族群都接受了基督教。这些国家的君主也因为接受了基督教，其声望得到了显著提高。

事实上，对于多神教世界而言，接受基督教的这个过程并不容易，甚至是非常痛苦的。这就是为什么在大多数国家，接受基督教要分几个阶段进行，形式各异。在法兰克王国，克洛维国王在5、6世纪之交与其随从一起接受了基督教。洗礼的目的很明确：他希望在与欧洲多神教国家作战时，得到罗马教会的帮助。法兰克的大部分臣民在很长一段时间内仍然是多神教教徒，直到后来逐渐被基督教化。7世纪时的英国国王曾经受洗，但在多神教教徒的反对下不得不放弃基督教，后来再次受洗。9世纪，在拜占庭帝国的影响下，保加利亚国王鲍里斯和他的臣民一起皈依了基督教。

奥莉加明白，接受基督教对于进一步增强罗斯的影响力非常重要，也理解这个过程不能一蹴而就。尽管在大城市里，许多商人、市民和部分波雅尔大贵族接受了基督教，他们与多神教教徒享有平等的权利，但多神教的影响力仍然是压倒性的，罗斯有着强大的多神教传统，大部分人仍然是虔诚的多神教信徒。因此，作为王室成员，奥莉加大公夫人决定自己首先接受洗礼，为这个国家的基督教化奠定基础。

奥莉加在丈夫死后，曾发动了对德列夫利安人的四次复仇，并焚毁了德列夫利安人的城市。在这种情况下，她需要求助于一个新的宗教，以寻求精神寄托和心理安慰。如果说多神教帮助人们在大自然中寻找人生问题的答案，那么基督教则引导人们追求个人内心和灵魂深处的宁静。

奥莉加大公夫人也曾劝说自己的儿子斯维亚托斯拉夫接受洗礼加入基督教。她对儿子说："我的孩子，我认识了上帝，热爱上帝，如果你也认识上帝，热爱上帝，那该有多好！"

但作为一名崇拜雷神庇隆的狂热的多神教教徒，斯维亚托斯拉夫听不进去这些。他反驳说："如果我接受了异族的信仰，那么我的亲卫们一定会嘲笑我。"

母亲继续苦口婆心地劝他："如果你接受洗礼，你的亲卫们也会照做。"

斯维亚托斯拉夫仍然不听母亲的劝告，拒绝接受洗礼。但是有人肯接受基督教的洗礼，他也不加阻止，只是嘲笑这种行为。因为对于多神教教徒而言，信仰基督教是愚蠢至极的行为。[27]

几年后，奥莉加大公夫人派遣使团觐见神圣罗马帝国皇帝奥托一世。使团的目的是与神圣罗马帝国建立外交关系和加强宗教联系。奥托一世派遣基督教传教士前往基辅传教，然而，基辅的多神教教徒却把传教士赶出城外，几乎杀死了他们。[28]

第五节 罗斯的"亚历山大大帝"：斯维亚托斯拉夫一世

斯维亚托斯拉夫一世的东征西讨

962 年，伊戈尔大公和夫人奥莉加的儿子斯维亚托斯拉夫·伊戈列维奇长大成人并开始亲政，历史上称其为斯维亚托斯拉夫一世。这一年，他完成了奥列格和伊戈尔时代都未能完成的功绩，征服了位于奥卡河和伏尔加河之间的维亚迪奇部落。这是罗斯立国之后唯一仍向哈扎尔汗国纳贡的东斯拉夫部落。

964 年，斯维亚托斯拉夫一世开始招募军队，准备东征。此次战役的主要目标是罗斯的老对手哈扎尔汗国。

斯维亚托斯拉夫一世是非常有才能的军事统帅，他在战斗中英勇无畏，对军旅生活的艰辛也毫不在意。《往年纪事》是这样描述他的："他身先士卒，身经百战。在征战中，他既不带辎重车，也不带行军锅，把马肉和牛肉细切后，放在火上烤着吃；在野外宿营时，他从不睡帐篷，而是铺上毡垫，枕鞍而卧，他的士兵们也尽皆如此。"[29]

斯维亚托斯拉夫一世率军穿过维亚迪奇人居住的奥卡－伏尔加森林，向哈扎尔汗国的盟友伏尔加河保加尔人发起攻击。保加尔人的军队被迅速击溃，他们的首都和其他城市都被占领，居民被迫逃离自己的家园。随后，斯维亚托斯拉夫一世击败了对罗斯人不友好的布尔塔斯人[①]，占领并烧毁了他们的城市，驱散了他们的居民。

此前罗斯军队进攻哈扎尔汗国的路线往往是沿着亚速海和顿河，而此次斯维亚托斯拉夫一世的军事行动则截然不同。他沿着伏尔加河顺流而下，直接逼近了哈扎尔汗国的西部边界。整个军事行动显然是经过周密安排的，罗斯军队的进攻如此迅捷有力，完全出乎哈扎尔人的意料。哈扎尔可汗亲自率军迎战，但被罗斯军队击败，哈扎尔汗国的两个首都萨曼达尔和伊蒂尔城均被罗斯军队攻占。

罗斯军队用火与剑横扫了哈扎尔汗国。斯维亚托斯拉夫一世占领了哈扎尔汗国在北高加索的全部领土，然后转战顿河流域，击败

---

① 为5—11世纪游牧于伏尔加河中游右岸的一个说厥语的游牧族群，臣服于哈扎尔汗国，据推测，这个民族和伏尔加河保加尔人有亲缘关系。

了哈扎尔人的盟友亚斯人① 和卡索格人② 。在顿河畔，斯维亚托斯拉夫一世的军队又攻占了哈扎尔人的萨尔克尔要塞，这座要塞是哈扎尔可汗花重金聘请拜占庭工匠建造的，专门用来抵御罗斯人的进攻。后来考古学家们发掘了萨尔克尔要塞的遗址，在这里发现了被焚毁后的断壁残垣。显而易见，中世纪时期，哈扎尔汗国的这座著名的军事要塞被罗斯军队彻底摧毁了。

在罗斯军队连续不断的进攻下，哈扎尔汗国的国力被严重削弱，已经彻底失去了大国地位。斯维亚托斯拉夫一世东征的目的达到了。随后他返回基辅，开始觊觎拜占庭帝国统辖下的克里木半岛。这片富庶的土地对罗斯人来说是巨大的诱惑，因此罗斯和拜占庭的关系再一次变得紧张起来。

斯维亚托斯拉夫一世用了3年时间从哈扎尔人手中夺走了由奥卡森林到北高加索的大片领土。拜占庭帝国对此保持沉默。罗斯与拜占庭依然保持着军事同盟关系。但当罗斯军队开始向克里木半岛施加军事压力时，拜占庭皇帝对这个新崛起的北方大国深感忧虑。他派遣使节紧急前往基辅，以解决两国之间的纠纷。由于此时斯维亚托斯拉夫一世的主要进攻目标是多瑙河流域由保加尔人所建立的保加利亚王国，为了确保拜占庭帝国在即将到来的多瑙河战役中保持中立，斯维亚托斯拉夫一世承诺从克里木撤军。

967 年夏，斯维亚托斯拉夫一世率军南下进入多瑙河流域，他

---

① 属于萨尔马特人的后裔，1 世纪以后居住在亚速海和北高加索地区，其中一部分随同匈人进入欧洲，亚斯人为今奥塞梯人的祖先。

② 为今俄罗斯境内契尔克斯人的祖先。

们得到了当地匈牙利人的支持。尽管保加尔人也得到了亚斯人、卡索格人和哈扎尔人的援助，但他们仍然不是斯维亚托斯拉夫一世的对手。罗斯军队迅速突破了保加尔人的边境防线，并在平原地带再次击败了他们的军队，迅速攻占了保加尔人在多瑙河流域的 80 座城市。此后，斯维亚托斯拉夫一世大公长期住在多瑙河右岸的佩列亚斯拉维茨①，开始向希腊人征收贡物。佩列亚斯拉维茨俨然已经成了罗斯的统治中心。[30]

基辅保卫战

正当斯维亚托斯拉夫一世大公征战多瑙河流域之时，佩切涅格人向基辅城发动了进攻。斯维亚托斯拉夫一世当时正留在佩列亚斯拉维茨城。他的母亲奥莉加和他的三个儿子亚罗波尔克、奥列格和弗拉基米尔在基辅城内坚守。

佩切涅格人的兵马众多，他们把基辅城团团围困。城里的人既无法出城，也无法向外传递消息，人们又饥又渴，疲惫不堪。来援救基辅的罗斯军队集结在第聂伯河对岸，他们的船只能停靠在岸边，无法进入基辅城。

城里的居民逐渐开始悲观失望。他们问："有没有人设法到对岸去告诉援军，如果明天早上他们还不能靠近都城，我们就只能向敌人投降了。"

这时候，一名少年武士站出来说："让我试试。"

----

① 位于多瑙河下游地区的城市，其具体位置还未最终确定。

这位少年会讲佩切涅格人的语言。他拿了一副马辔头出了城混入佩切涅格人中，逢人就问："我的马丢了，你们看见我的马没有？"佩切涅格人都把他当成了自己人，就这样，他一路穿过佩切涅格人的军营，来到第聂伯河边，脱掉衣服，纵身跳入河中，向对岸游去。

佩切涅格人看到这种场景，急忙向河里射箭，但为时已晚。对岸的罗斯军队立刻派船只把他救上了岸，带他来见援军的首领。

少年武士对援军说："假如你们明天早上还不能靠近基辅城，那么城里人就要投降了。"

一位名叫普列季奇的将领说："我们明天驾船过去把老夫人和三位王子救出来，要是我们连这一点都做不到，大公绝不会饶了我们。"

第二天拂晓，罗斯援军登船，吹起了响亮的号角，这时候城里的人们也开始鼓噪。佩切涅格人以为斯维亚托斯拉夫一世大公亲自带兵来救援了，纷纷后撤。这时候，奥莉加大公夫人带着三个孙子和一些贵族出城登船。

佩切涅格可汗看到援军人数不多，于是又率军返回。他在阵前问："来者何人？"

普列季奇回答："我们是（第聂伯河）对岸的援军。"

佩切涅格可汗问："你是大公？"

普列季奇回答："我是大公的部下，这是他的先头部队，大公本人率领大部队随后就到。"普列季奇这是虚张声势，想吓唬一下佩切涅格人。

佩切涅格可汗信以为真，对普列季奇说："我们别打了，交个朋友吧。"

普列季奇同意了。于是他们握手言和，互赠礼物。佩切涅格可汗赠给普列季奇一匹战马、一把军刀和几支箭，普列季奇回赠给他一副锁子甲、一面盾牌和一把宝剑。佩切涅格人虽从基辅城撤军，但他们仍屯兵于雷别季河，继续威胁着基辅城的安全。

奥莉加派使者去见斯维亚托斯拉夫一世。使者对他说："大公，您总是在费尽心机谋取别国的土地，却对自己的故土不闻不问。我们，包括您的母亲和孩子险些被佩切涅格人俘虏，您要是不来保护我们，那么我们一定会被敌人掳走的。难道您就不可怜自己的国家、不怜惜您那年迈的母亲和年幼的孩子们吗？"

斯维亚托斯拉夫一世听完这番话，立刻带领自己的亲卫队返回基辅。他探望了母亲和孩子们，并向他们道歉，随后集结大军把佩切涅格人赶走，彻底解除了他们对基辅城的威胁。[31]

奥莉加大公夫人与世长辞

969 年，斯维亚托斯拉夫一世对自己的母亲和大臣们说："我不喜欢基辅，更愿意住在多瑙河畔的佩列亚斯拉维茨。那里才是我的国家的中心。我的财富全都汇集在那里，有来自希腊的黄金、彩缎、葡萄酒和各种水果，来自捷克、匈牙利的白银和马匹，来自罗斯的毛皮、蜂蜜、蜂蜡和奴隶。"

奥莉加很失望，她对儿子说："你没看到我已经病成什么样子了，你还想丢下我去哪里呢？"奥莉加大公夫人这时候已经病入膏肓，时日无多了。她接着说："等把我埋葬之后，你爱去哪就去哪吧！"

3天后，奥莉加大公夫人与世长辞，她的儿孙和全体臣民都号啕大哭。人们把她的灵柩安葬在一处平地，因为奥莉加临终前曾嘱咐，不要按多神教的习俗，而要按基督教的仪式安葬她。①

《往年纪事》对奥莉加大公夫人做出了极高的评价："她是信奉基督之邦的先驱者，就如同太阳升起前的朝霞，白昼来临前的曙光，黑夜里的月亮一样，在那群如泥土般污秽的多神教教徒中迸发出珍珠般的光芒。为邪恶所玷污的人们，不经过圣洁的洗礼，便无法洗涤罪恶。而奥莉加在神圣的圣水盆中接受了洗礼，她就从自己身上抛弃了人类始祖亚当的罪衣，穿上了新亚当，也就是基督的圣装。我们为她欢呼：'因为她，罗斯认识了上帝，人们开始顺从上帝的意志。'"32

1547年，奥莉加大公夫人被东正教会封为圣徒。根据儒略历，每年的7月11日是东正教会纪念圣徒奥莉加的日子；天主教和其他西方教会纪念她的日子则是7月24日。她是寡妇和新受洗者的守护圣徒。

---

① 奥莉加大公夫人被埋葬在弗鲁切城，由于是按照基督教的仪式送葬，所以没有像多神教教徒那样垒起高大的陵墓。参见王钺：《往年纪事译注》，第133页。罗斯接受基督教后，奥莉加大公夫人的遗体被正式安葬在基辅第一座基督教教堂——什一教堂内。这座教堂在蒙古入侵时被摧毁，随后被修复，但苏联统治时期它被最终拆毁，奥尔加大公夫人的棺椁也不知所终。

斯维亚托斯拉夫一世之死

在奥列格的时代，罗斯只在第聂伯河上游的斯摩棱斯克和柳别奇地区任命了总督，而其他臣服于罗斯的地区都有自己的王公，他们在自己的领地内都有相当大的自主权。奥莉加时代，她委派官吏去各地征税，但不干涉各个公国的内部事务。现在，斯维亚托斯拉夫一世要重返多瑙河，就必须采取措施稳定国内政局。

他委派长子亚罗波尔克驻守基辅，让次子奥列格去镇守最不稳定的德列夫利安地区。这时，诺夫哥罗德人派使者来请求斯维亚托斯拉夫一世为他们派遣一位王公，并声称："如果您不给我们派遣王公，那么我们就要为自己寻找一位王公了。"

斯维亚托斯拉夫一世召集大臣们商议此事，多布雷尼说："可以派三王子弗拉基米尔去诺夫哥罗德。"弗拉基米尔是奥莉加的女管家马鲁莎所生，马鲁莎是多布雷尼的妹妹，也就是说，多布雷尼是斯维亚托斯拉夫一世的大舅哥，也是弗拉基米尔王子的舅舅。大公很重视多布雷尼的意见，于是派他和弗拉基米尔一起前往诺夫哥罗德镇守。

当斯维亚托斯拉夫一世大公返回基辅时，保加尔人趁机夺回了佩列亚斯拉维茨城。斯维亚托斯拉夫一世领兵回击，双方在佩列亚斯拉维茨城下展开激战，罗斯军队在大公的激励下击败了保加尔人，赢回了这座重要城市。

在重新夺回佩列亚斯拉维茨城之后，斯维亚托斯拉夫一世派遣使者去向拜占庭皇帝约翰一世·齐米斯西斯下了战书："我们要出兵征讨你们，夺取你们的国都，就像夺取这座城市一样。"

　　拜占庭皇帝说："鄙国无力和贵国对抗，我们愿意向贵国缴纳贡物，请告知贵国军队的人数，以便我们计算需要缴纳贡物的数额。"

　　当时罗斯军队仅有一万人，但使者听从斯维亚托斯拉夫一世的吩咐告诉拜占庭人："我们有两万大军。"

　　得知罗斯军队人数不多之后，拜占庭人就反悔了，他们集结了十万大军[①]要攻打罗斯军队。斯维亚托斯拉夫一世也率领军队向拜占庭挺进。

　　当两军交接时，面对人数众多的拜占庭军队，罗斯士兵都感到十分畏惧。斯维亚托斯拉夫一世做了战前动员："我们现在已经藏无可藏，退无可退，无论大家是否愿意，都必须拼杀一场。临阵脱逃，必将蒙受耻辱，我们宁可战死沙场，也绝不能让国家蒙羞。让我们勇敢地战斗吧！我一定会冲在你们前面，如果我战死，那么你们就各安天命吧！"战士们回答："您如若战死，我们绝不独活。"

　　罗斯军队士气大振，与拜占庭军队展开了一场激烈的战斗，最终击溃了拜占庭军队。斯维亚托斯拉夫一世下令乘胜追击，直奔君士坦丁堡。

　　约翰一世·齐米斯西斯把大臣们召入宫中商议对策，说："我们该如何是好？现在已经很难再抵御罗斯军队了。"大臣们建议："我们可以给罗斯大公送礼，不妨试探一下，看他喜欢黄金还是精

---

　　① 根据拜占庭史料的记载，此战拜占庭军队出动了步兵 1.5 万人，骑兵 1.3 万人，尽管与《往年纪事》中的记载出入很大，但这在当时仍然是一支庞大的军队，几乎是罗斯军队的两倍。参见王钺：《往年纪事译注》，第 137 页。

美的丝织物。"于是拜占庭皇帝派遣了一位聪明的谋臣给斯维亚托斯拉夫一世带去许多黄金和丝织物，并叮嘱他："你要注意察言观色，了解罗斯大公的真正想法。"

拜占庭使者来见斯维亚托斯拉夫一世，献上带来的黄金和贵重的丝织物。斯维亚托斯拉夫一世连看都不看一眼就对自己的手下淡淡地说："收下吧。"

听到使者回禀的情况后，皇帝再次召集大臣们商议。有人建议："也许他喜欢兵器，我们可以给他送去，再试探他一次。"于是拜占庭皇帝派使者给罗斯大公送去了一把宝剑和一件其他兵器[①]。斯维亚托斯拉夫一世拿起兵器，不住地欣赏、把玩，喜爱之情溢于言表，连连向拜占庭皇帝道谢。

使者回国后再次禀明所有情况，大臣们纷纷议论道："罗斯大公是一名真正的战士，他喜欢兵器，对黄金和绸缎不屑一顾。这样的人很难战胜，我们还是向他纳贡吧。"

约翰一世·齐米斯西斯尽管心有不甘，但也觉得大臣们说得在理，为了暂时安稳住罗斯大公，他再次派人对罗斯大公说："只要贵军不进攻我们的首都，你们要多少贡物都可以。"这时候罗斯军队已经距离君士坦丁堡不远了。希腊人给罗斯人送来了大量的贡品，罗斯大公甚至还为阵亡将士索取了贡物。他是这么给希腊人解释的："死者的家属有权领取属于死者的那一份财物。"

斯维亚托斯拉夫一世此次出征满载财物，胜利而归。他回到佩

---

① 这也许这是一件罗斯人叫不上名字的兵器。参见 Повесть временных лет, C.105。

列亚斯拉维茨城，清点自己的亲卫队时，发现许多人已经战死疆场，再也无法回归故乡。他自言自语说："以后要是再中了什么诡计，我和我的亲卫们都会死在战场上的。我得回罗斯去补充兵力。"[33]

正当斯维亚托斯拉夫一世整兵之际，拜占庭皇帝约翰一世·齐米斯西斯也在厉兵秣马，积蓄力量。他从帝国各地抽调了最精锐的部队，准备和罗斯人决一死战。

971年春天，在整个基督教世界庆祝复活节的日子里，约翰一世·齐米斯西斯率军越过巴尔干山脉，对罗斯军队发动突袭。斯维亚托斯拉夫一世仓促迎战，几仗下来，拜占庭军队已经获得了明显的优势，他们把罗斯大公及其亲卫队包围在多瑙河畔的多罗斯托尔要塞[①]。

971年7月，斯维亚托斯拉夫一世亲率大军向拜占庭军队发动猛攻，试图突出重围，曾一度突破了拜占庭人的防线。约翰一世·齐米斯西斯身着金盔金甲，亲自率军投入战斗，稳定了战局。最后罗斯军队大败，被迫放弃了多罗斯托尔要塞，斯维亚托斯拉夫一世大公也在战斗中受伤，不得不向拜占庭皇帝求和。[34]

斯维亚托斯拉夫一世派使者去多罗斯托尔觐见拜占庭皇帝。使者说："我们大公希望与您建立持久的和平友好关系。"拜占庭皇帝非常高兴，给斯维亚托斯拉夫一世送去了更丰厚的礼物。

斯维亚托斯拉夫一世接受了礼物后，与自己的亲卫队商议："假如我们不同拜占庭皇帝缔结和约，他们一旦发现我们的军队人少，就会立刻出兵把我们包围。罗斯离我们那么远，佩切涅格人又正在和我们交战，到那时有谁能来解救我们呢？所以我们现在应该和拜

---

① 位于今保加利亚的西利斯特拉市。

占庭皇帝签约。他不是已经答应向我们进贡了吗？我们还有什么不满意的？如果将来他们反悔了，不向我们进贡，那么我就从罗斯调集更多的军队来教训他。"亲卫们都同意了。

斯维亚托斯拉夫一世再次派出使者到多罗斯托尔觐见拜占庭皇帝，使者说："今后，在任何时候，我们大公都愿意和皇帝陛下建立全方位的友好关系。"

约翰一世·齐米斯西斯大喜，要求使者全面转述罗斯大公的话，并吩咐文书用羊皮纸记下来。使者是这么说的：

> 罗斯大公斯维亚托斯拉夫一世和斯维涅里德与拜占庭皇帝约翰·齐米斯西斯缔结本条约……
>
> 第一条：
>
> 我，斯维亚托斯拉夫，罗斯大公，立下誓言如下：我同所有罗斯贵族、臣民，与蒙上帝启示的伟大的希腊皇帝瓦西里（二世）、君士坦丁（八世）①，以及贵国的所有臣民缔结和约。
>
> 第二条：
>
> 我将保证永远不再出兵侵犯贵国，也不再怂恿其他国家侵犯贵国；罗斯将不再谋求拜占庭帝国的任何领土，也不再进攻科尔松和保加利亚的所有城市。
>
> 第三条：
>
> 如果其他国家与贵国为敌，也就意味着与罗斯为敌，罗斯

---

① 瓦西里二世在 963—1025 年在位，957 年生于君士坦丁堡，其父为罗曼努斯二世（959—963 年在位），他和弟弟君士坦丁八世同时被父亲授予了皇帝称号。此次和罗斯签约之时，拜占庭帝国的实际权力掌握在约翰·齐米斯西斯手中。

《奥莉加大公夫人的第二次复仇》

来源于《拉季维尔编年史》插图。

瓦·伊·苏里科夫《奥莉加大公夫人见到伊戈尔大公遗体》

现藏于俄罗斯国家博物馆。

《奥莉加大公夫人的第三次复仇》

来源于《拉季维尔编年史》插图。

《奥莉加大公夫人的第四次复仇》

来源于《拉季维尔编年史》插图。

伊·阿·阿基莫夫《奥莉加大公夫人在君士坦丁堡受洗》
现藏于俄罗斯国家博物馆。

安·伊·伊万诺夫《968 年佩切涅格人围困基辅时出城求援的基辅少年》现藏于俄罗斯国家博物馆。

伊·阿·阿基莫夫《斯维亚托斯拉夫大公从多瑙河返回基辅时亲吻自己的母亲和儿子们》

现藏于俄罗斯特列恰科夫美术馆。

米·瓦·涅斯捷洛夫《等同于使徒的圣奥莉加大公夫人》
现藏于俄罗斯特列恰科夫美术馆。

安·帕·洛先科《弗拉基米尔和罗格涅达》

现藏于俄罗斯国家博物馆。

帕·谢·索罗金《瓦良格人费多尔和他的儿子约翰》
现藏于俄罗斯特列恰科夫美术馆。

伊·叶·埃金克《弗拉基米尔选择宗教》
现藏于俄罗斯国立宗教历史博物馆。

维·米·瓦斯涅佐夫《弗拉基米尔大公受洗》

现藏于俄罗斯特列恰科夫美术馆。

维·米·瓦斯涅佐夫《罗斯受洗》

现藏于俄罗斯特列恰科夫美术馆。

将出兵与之开战。

第四条：

我已经向贵国皇帝立誓，所有罗斯贵族、臣民和我都将恪守条约，如有违反，我们将受到雷神庇隆和畜牧神维莱斯的诅咒。[35]

根据该和约，罗斯军队必须离开多瑙河流域，并且保证永远不再攻击这里。

斯维亚托斯拉夫一世率军返回基辅。在第聂伯河下游，距离河口约 300 千米有一处非常狭窄的险滩，水流湍急，那里是斯维亚托斯拉夫一世回国的必经之路。

斯维涅里德将军提醒他说："大公，我们应该骑马绕过这处险滩，因为附近有佩切涅格人活动。"斯维亚托斯拉夫一世不以为然，仍然决定乘船逆流而上。

这时保加尔人已经派人给佩切涅格人报信："斯维亚托斯拉夫一世正在返回基辅的途中，要经过你们那里，他的部队人数不多，而且携带了从希腊人那里获得的无数财富和俘虏。"①

佩切涅格人得到消息后，迅速派军队在险滩挡住了罗斯军队的去路。斯维亚托斯拉夫一世到达险滩时，发现已经无法通过，于是下令在白岸附近过冬。罗斯军队很快就断了粮，军中出现了饥荒，只得杀马充饥，而买一个马头的价格高达半个格里夫纳。就这样，

---

① 《往年纪事》中向佩切涅格人报信的是来自佩列亚斯拉维茨的保加尔人，参见 Повесть временных лет, C.106—107。但近些年一些历史学家认为是拜占庭人要求佩切涅格人伏击罗斯大公，参见 Литвина А. Ф., Успенский Ф. Б. Выбор имени у русских князей в X-XVI вв. Династическая история сквозь призму антропонимики. М.: Индрик, 2006, C.41。

斯维亚托斯拉夫一世和他的军队在白岸挨过了整个冬天。

972 年开春，斯维亚托斯拉夫一世率领他的残兵败将再次向险滩进发。佩切涅格人的库里亚可汗趁机向罗斯军队发动进攻，杀死了斯维亚托斯拉夫一世，割下他的首级，并把他的头盖骨制成了一只杯子。[36]

关于斯维亚托斯拉夫一世的历史评价

斯维亚托斯拉夫一世亲政这 10 年（962—972）是罗斯开疆拓土的 10 年。斯维亚托斯拉夫一世在鼎盛时期统治着从巴尔干半岛到伏尔加河中部，从波罗的海到里海和高加索地区的广大地区。但当他试图占领多瑙河沿岸地区时却惨遭失败，他本人也因此丢了性命，他所征服的大部分地区也都丢失了。斯维亚托斯拉夫一世与拜占庭帝国的和约也并未超越奥列格和伊戈尔时代，不仅如此，他还被迫承诺在必要时对拜占庭提供军事援助。斯维亚托斯拉夫一世时代的连年征战几乎耗尽了罗斯的国力，同时破坏了奥莉加大公夫人时代罗斯与周边国家的睦邻友好关系。

史学界对斯维亚托斯拉夫一世有多种看法：18 世纪俄国著名历史学家卡拉姆津称他为"罗斯的亚历山大大帝"；[37] 阿·阿·沙赫玛托夫认为，斯维亚托斯拉夫一世远征的动因不是国家利益而是掠夺者的本能；[38] 乌克兰历史学家米·谢·格鲁舍夫斯基认为，斯维亚托斯拉夫一世大公是坐在基辅王位上的纯正的哥萨克人。[39] 斯维亚托斯拉夫一世的故事被多次改编成文学艺术作品，深受俄罗斯、乌克兰和白俄罗斯等国民众的喜爱。

第 三 章

罗斯接受基督教

第一节　罗斯历史上第一次兄弟相残

亚罗波尔克一世杀奥列格

972 年，基辅大公斯维亚托斯拉夫一世在回国途中遇袭，被佩切涅格人所杀。罗斯将军斯维涅里德逃回基辅，向留守基辅的大王子亚罗波尔克·斯维亚托斯拉维奇报信。973 年，年轻的亚罗波尔克在他父亲的老部下的支持下，于基辅继承王位，史称"亚罗波尔克一世"。

史料中并未记载亚罗波尔克·斯维亚托斯拉维奇出生的确切日期，也未提及他的生母的名字。《往年纪事》中第一次提及他和他的两个弟弟是在 968 年佩切涅格人围攻基辅之际。斯维亚托斯拉夫一世长期在外征战，他和儿子们的见面机会非常少，三位王子和自己的祖母奥莉加大公夫人长期待在一起，他们的信仰深受祖母的影响。奥莉加大公夫人向王子们介绍了基督教的基本知识，这对王子们的人生产生了重大影响。

亚罗波尔克的妻子曾是一名希腊修女，斯维亚托斯拉夫一世在与拜占庭的战争中将其俘虏，并带回基辅做了自己的妃子。亚罗波尔克深深地爱上了她，并在父亲死后娶她为妻。但她和奥莉加大公夫人一样，对亚罗波尔克的个人信仰产生了深远的影响。亚罗波尔克要么已经秘密受洗成为基督徒，要么对基督教有着无比强烈的好感，这引起了信仰多神教的基辅人尤其是军事集团的强烈不满。[1]

亚罗波尔克一世继承王位之初，地位并不稳固。他的二弟奥列格管辖的德列夫利安地区和三弟弗拉基米尔统领下的诺夫哥罗德地区，都渴望从罗斯大公国中独立出来。

975 年的一天，基辅军政长官斯维涅里德的儿子柳特外出打猎。当他在森林中追逐野兽时，遇到了德列夫利安王公奥列格。由于斯维涅里德当年曾参与过奥莉加大公夫人对德列夫利安人的四次复仇，所以德列夫利安人恨透了他。他们怂恿奥列格王公下令杀死了柳特。基辅和德列夫利安旧恨未解，又添新仇。

977 年，亚罗波尔克一世在欲报杀子之仇的斯维涅里德怂恿下，出兵攻打德列夫利安，讨伐他的二弟奥列格。双方经过一番厮杀，奥列格战败，被迫退往弗鲁奇城①。军队进城要走护城河上的吊桥，慌乱之际，人马在吊桥上发生了踩踏。奥列格连人带马被从桥上挤下了护城河，还有很多人也掉了下去。

亚罗波尔克一世的大军随后赶来，夺取了弗鲁奇城。他派人四处寻找自己的二弟。人们找来找去，都没有找到。一个当地人说："我昨天看见他被挤下吊桥了。"于是亚罗波尔克一世派人从护城河里清理尸体，从清晨一直忙到中午，终于找到了奥列格。人们把他抬出来，放在毯子上。亚罗波尔克一世抱着二弟的尸体放声大哭。他恨恨地对斯维涅里德说："你自己看看吧，这就是你想要的结果。"

---

① 位于乌克兰日托米尔州的奥弗里奇市。

奥列格被安葬在了弗鲁奇城郊的田野上。

当三王子弗拉基米尔听说亚罗波尔克一世杀死了自己的二哥奥列格之后，惊恐万分，逃往海外。亚罗波尔克一世就派自己的亲信接管了弗拉基米尔的领地诺夫哥罗德。如此一来，他在形式上统一了罗斯，但这个国家内部依然暗流涌动，危机四伏。

弗拉基米尔杀亚罗波尔克一世

980年，弗拉基米尔率领他在海外招募的瓦良格武士杀回诺夫哥罗德，赶走了亚罗波尔克一世派往诺夫哥罗德的总督，并让他给自己的大哥带话："我，弗拉基米尔要讨伐他，让他做好准备与我决一死战。"就这样，弗拉基米尔重新成为诺夫哥罗德的王公。

为了获得更多的支持，弗拉基米尔派他的舅舅多布雷尼去觐见波洛茨克公国王公罗格沃洛德，请求娶他的女儿罗格涅达为妻。

罗格沃洛德询问女儿："你是否愿意嫁给弗拉基米尔？"

罗格涅达回答："我可不愿意给奴婢的儿子脱鞋①，我的意中人是亚罗波尔克。"前文提到，弗拉基米尔的母亲是奥莉加大公夫人的女管家马鲁莎，女管家虽然在罗斯宫廷中有一定的地位，但仍属于奴仆阶层。不过马鲁莎不仅仅是弗拉基米尔的母亲，还是诺夫哥罗德军政长官多布雷尼的妹妹。

罗格涅达这句话引起了弗拉基米尔和多布雷尼的雷霆之怒，他们立刻联合了瓦良格人、诺夫哥罗德斯洛文人、楚德人和克里维奇

---

① 古罗斯习俗，在婚礼上新娘要为新郎脱鞋以表示对丈夫顺从。

苔·格·舍甫琴科《德列夫利安王公奥列格之死》
现藏于乌克兰塔拉斯·舍甫琴科国家博物馆。

人进攻波洛茨克。罗格沃洛德此时正准备替自己的女儿向基辅大公亚罗波尔克一世提亲，看到弗拉基米尔大兵压境，仓促抵抗，然而寡不敌众，战败后逃回城内。弗拉基米尔举兵攻城并夺取了城市，俘虏了罗格沃洛德王公以及他的妻子和女儿。

多布雷尼辱骂罗格涅达，称其为"奴隶的女儿"。他还让弗拉基米尔当着罗格涅达父母的面强奸了她，然后当着罗格涅达的面杀死了她的父母，并强迫她嫁给了弗拉基米尔。[2]

在征服了波洛茨克之后，弗拉基米尔率领大军杀奔基辅讨伐他的大哥，亚罗波尔克一世无力迎战，只好关闭城门，坚守城池。

弗拉基米尔一边在城外挖掘壕沟，准备长期围困基辅，一边派人混进城中求见基辅将军布鲁德。派去的人对布鲁德说："我们王公想和您交个朋友，您只要能帮助他杀掉他的哥哥，他会像尊敬父亲一样尊敬您，您将会得到至高无上的荣誉。想必您很清楚，并不是我们王公不顾及兄弟之情，是亚罗波尔克一世先动手杀害兄弟的。"

布鲁德答应见机行事，除掉亚罗波尔克一世。此后布鲁德经常背着亚罗波尔克一世派人私下和弗拉基米尔联络，想趁弗拉基米尔发动进攻之际杀死亚罗波尔克一世。但亚罗波尔克一世非常小心谨慎，布鲁德一直找不到机会下手。于是他就施展诡计，对亚罗波尔克一世说："城里有奸细，他们要把你抓起来献给弗拉基米尔，您还是赶紧逃走吧。"亚罗波尔克一世惊慌之际，听信了他的谣言，立刻从基辅逃往罗斯河[①]口的罗德尼[②]。

弗拉基米尔占领基辅后，又出兵把罗德尼团团包围。很快，罗

---

① 位于乌克兰境内河流，第聂伯河右岸支流。

② 古罗斯城市，位于第聂伯河和罗斯河的交汇处。

德尼出现了大饥荒。后世的俄罗斯人、乌克兰人和白俄罗斯人经常用成语"罗德尼的灾难"来形容饥荒，就是典出于此。此时布鲁德又对亚罗波尔克一世说："你弟弟有那么多军队，我们是打不过他的，不如向他求和。"亚罗波尔克一世同意了。

于是，布鲁德派人出城去见弗拉基米尔，对他说："我们很快就会把亚罗波尔克一世带来任由您发落。"

弗拉基米尔把他的亲卫队埋伏在当年他父亲斯维亚托斯拉夫一世居住过的宫殿里，静候哥哥的到来。

布鲁德对亚罗波尔克一世说："您现在只有一条出路，就是到您弟弟那里，任由他处置，也许他会顾念兄弟之情宽恕您。"

亚罗波尔克一世起身要走，另一位将军瓦利亚日科劝阻他说："大公，您不能去，他们会杀了您的，您可以去投奔佩切涅格人，然后带兵回来复仇。"亚罗波尔克一世没听他的话，执意要去见自己的三弟。史书上没有记载亚罗波尔克一世为什么不愿意求助于佩切涅格人，笔者认为也许他忘不了自己的父亲斯维亚托斯拉夫一世大公当年正是死于佩切涅格人之手。

亚罗波尔克一世来见弗拉基米尔，当他走进王宫大院时，两名埋伏好的瓦良格武士立刻用剑刺入了亚罗波尔克一世的腹部，把他挑了起来。布鲁德随即把大门关上，不让亚罗波尔克一世的卫士进来救驾。就这样，亚罗波尔克一世被残忍地杀害了。

瓦利亚日科眼睁睁地看着亚罗波尔克一世被杀，他逃出王宫投奔了佩切涅格人。在以后的日子里，瓦利亚日科经常带着佩切涅格人袭击罗斯。后来，在弗拉基米尔发誓保证其生命安全之后，瓦利亚日科才回到基辅。[3]

弗拉基米尔就此成为基辅大公。历史上称其为弗拉基米尔一世，或者"红太阳"弗拉基米尔。

第二节　弗拉基米尔一世统治下的罗斯

弗拉基米尔继承基辅王位

980 年，斯维亚托斯拉夫一世的第三个儿子弗拉基米尔·斯维亚托斯拉维奇弑兄夺位，成为基辅大公，史称弗拉基米尔一世。

起初，为了战胜自己的哥哥，弗拉基米尔招募了大量的瓦良格雇佣军，并许以重金。弗拉基米尔成为基辅大公后，那些瓦良格武士要求弗拉基米尔一世向每一个基辅市民征收 2 格里夫纳用以支付他们的酬金。弗拉基米尔一世告诉他们："征税需要时间，请你们等待一个月。"

一个月过去，弗拉基米尔一世的地位更加稳固，他已经不打算兑现承诺。瓦良格人抱怨说："您骗了我们，请放我们走吧，我们要去拜占庭。"弗拉基米尔一世同意了。他从这些瓦良格人中留了一些他认为聪明的、质朴的和勇敢的人，派往外地驻守，而打发其他人去了拜占庭。

事后，他派使者去觐见拜占庭皇帝并告知："一群瓦良格人将要来您这里，您千万不要把他们留在都城，否则他们会闹事的，要把他们遣散到各地。"

弗拉基米尔一世之所以能战胜自己的大哥亚罗波尔克一世，从某种意义上说还得益于基辅的多神教政治势力对他的支持，因为亚罗波尔克一世对基督教的强烈好感，以及对外来基督徒的各种优惠条件引起了多神教信徒的强烈不满。

当弗拉基米尔一世成为大公之后，他立刻在基辅王宫后面的小山岗上供奉了那个银脑袋、金胡须和木制法身的雷神庇隆雕像，同时供奉的还有霍尔斯、达日博格、斯特里博格、西玛尔克和摩柯什等多神教神祇。为巩固统治，他任命自己的舅舅多布雷尼为诺夫哥罗德总督。多布雷尼前往诺夫哥罗德赴任时，在沃尔霍夫河畔也供奉了庇隆的雕像。

弗拉基米尔是一个非常好色的人，即位后不久便霸占了自己的嫂子，也就是亚罗波尔克一世的妻子——那位可怜的希腊修女。此时她已怀了亚罗波尔克一世的孩子，孩子生下后被弗拉基米尔一世收为养子，取名为斯维亚托波尔克。

他还有诸多妻妾：被他强娶的波洛茨克公主罗格涅达为他生了四个儿子和两个女儿；两位捷克妻子，其中一位为他生了维舍斯拉夫，另一位为他生了斯维亚托斯拉夫和穆斯季斯拉夫[1]；他在维什

---

①　根据《往年纪事》记载，弗拉基米尔有两个儿子名叫穆斯季斯拉夫。对此，《科学院抄本》把后一个穆斯季斯拉夫省略了，显然是为了表示只有一个穆斯季斯拉夫；《索菲亚第一编年史》将后一个穆斯季斯拉夫替换为斯塔尼斯拉夫（Станислав）。可是，这个斯塔尼斯拉夫的生殁年代和生平事迹都不见于记载。参见 Повесть временных лет, C.111—112；王钺：《往年纪事译注》，第151—152页。

戈罗德①和别尔哥罗德②各有 300 名姬妾，在别列斯托沃③的行宫里也有 200 名姬妾。尽管如此，依然满足不了他的淫欲，他还经常强占有夫之妇、奸淫少女。《往年纪事》把这一时期的弗拉基米尔一世描述为一个荒淫无耻、道德败坏的人。4

981 年，弗拉基米尔一世出兵讨伐波兰人并占领了佩列梅什利④、切尔文诸城⑤。同年，弗拉基米尔一世战胜了维亚迪奇人，命令他们向自己纳税，纳税数额和斯维亚托斯拉夫时代一样。

983 年，弗拉基米尔一世出兵征讨雅特维亚格人⑥，战胜并夺取了他们的土地。他回到基辅后，率领部下去祭祀多神教的诸神。

---

① 位于第聂伯河右岸，距离基辅 18 千米。

② 此处的别尔哥罗德和今天俄罗斯境内的别尔哥罗德州别尔哥罗德市并非同一个地方，其旧址位于乌克兰基辅市以西 23 千米处，基辅－斯维亚托申斯克地区别尔哥罗德卡村。

③ 基辅的一处著名历史文化古迹，这里有弗拉基米尔的行宫。

④ 位于今波兰东南部的普热梅希尔市，是普热梅希尔省的首府，始建于 8 世纪，9 世纪初开始成为波兰、罗斯和匈牙利争夺的对象。普热梅希尔为波兰语的音译。这座城市的俄语和乌克兰语发音为佩列梅什利。

⑤ 在罗斯编年史中，切尔文诸城特指西布格河和桑河上游的 20 多座城市，切尔文城是其中最大的一座城市，所以这些城市统称为切尔文诸城。切尔文诸城包括切尔文、沃伦、霍尔姆、贝尔茨、苏泰伊斯克、科莫夫、雅罗斯拉夫、乌戈罗韦斯克、谢卡列夫、斯托尔皮耶、弗谢沃罗日、维列辛、瓦西里科夫、沃洛达乌、梅里尼克、布雷涅斯克、佩列梅什利、里亚舍夫、格鲁别舍夫、柳巴切夫、萨诺克、佩雷沃尔斯克、哥罗德洛、科罗斯诺等。10 —11 世纪，该地区为罗斯和波兰王国争夺的焦点地区，双方都认为自己拥有该地区的主权。

⑥ 波罗的海的古老部族，种族上接近普鲁士人，他们的语言属于印欧语系波罗的海语族的西波罗的海语支。12 世纪之后，雅特维亚格人逐渐融入立陶宛、波兰和白俄罗斯等民族。

长老们和波雅尔大贵族们对他说："我们可以选出一些童男、童女，然后让他们抽签，谁抽中了，我们就把他杀掉祭神。"

后来死亡之签不幸被一名瓦良格人的儿子抽中。这位瓦良格人和他的家人都来自拜占庭，他们曾经住在君士坦丁堡圣母大教堂附近，信奉基督教。现在基辅的多神教教徒们要带走这个孩子去祭神，他父亲坚决拒绝了，说："你们所崇拜的，不过是人雕刻的一块木头，过不了多久就会腐朽。它们既不会喝水吃饭，也不会说话。神只有一个，那就是希腊人信仰的上帝，他创造了天、地、日、月、星辰和人，并教会了人们如何在大地上生活。可是你们那些'神'都干了些什么？它们本身都是人造物。我不能把自己的儿子交给魔鬼。"

多神教教徒们叫来了更多的同伙，他们捣毁了这位瓦良格人在基辅的庭院，再次强迫这位瓦良格父亲交出儿子。这位瓦良格人回答："如果他们真的是神，就让他们派一位神使把我儿子带走好了，他们为什么还要你们来置办祭品呢？"这些多神教教徒大喊大叫着，摧毁了这位瓦良格人的房子，把这对父子全都杀害了。[5]

这对瓦良格父子被认为是罗斯最早的基督教殉道者，《往年纪事》中并未提及他们的名字，但罗斯基督教会一般把他们称为费多尔和约翰。《往年纪事》中记载的这件悲剧反映了当时罗斯多神教教徒和基督徒之间存在尖锐且不可调和的矛盾。如果不加以解决，这将会严重影响这个国家的政治稳定。

984 年，弗拉基米尔一世派手下一名叫沃尔奇·赫沃斯特的将领带兵讨伐拉迪米奇人。拉迪米奇人事实上在奥列格和斯维亚托斯拉夫时代就已经臣服于罗斯，此次征讨可能起因于罗斯人在征税时与当地人发生了冲突。沃尔奇·赫沃斯特在皮夏那河 ① 附近和拉迪米奇人相遇并战胜了他们。罗斯人因此而嘲笑拉迪米奇人说："皮夏那人见到狼尾巴就逃走了。（Пищаньцы волчия хвоста бегают.）"因为沃尔奇·赫沃斯特在俄语里是"狼尾巴"的意思。后来，这也成为俄罗斯、乌克兰和白俄罗斯文化中的一个著名典故。从此，拉迪米奇人继续向罗斯纳贡。

985 年，弗拉基米尔一世和舅舅多布雷尼率领船队去征讨保加尔人 ②，随同罗斯军队出征的还有一支游牧族群 ③ 的骑兵。罗斯军队及其盟友水陆并进，打败了保加尔人。多布雷尼查看了俘虏后对弗拉基米尔一世说："这些俘虏穿的都是皮靴，他们是不会臣服于我们的，我们还是走吧，去征服那些穿树皮鞋的人。"当时，穿皮靴的大都是牧人，穿树皮鞋的是农夫，向牧人征税是很困难的，因为他们逐水草而居，居无定所；向农夫征税则相对容易。于是，弗拉基米尔一世和保加尔人缔结了和约，双方宣誓："除非莘草下沉，石头浮起，我们永结盟好，绝不背约。"[6]

弗拉基米尔一世执政最初这几年，诺夫哥罗德和基辅重新实现了统一，德列夫利安人继续臣服于基辅。弗拉基米尔一世用了 3 年时间重新征服了拉迪米奇人和维亚迪奇人，罗斯控制了整个第聂伯

---

① 索日河的支流。

② 《往年纪事》中并未提及弗拉基米尔此次征讨的对象是伏尔加河保加尔人还是多瑙河保加尔人，但根据上下文判断，这里应该指伏尔加河保加尔人。

③ 《往年纪事》记载，随罗斯军队出征的是托尔克人，但托尔克人11 世纪中期以后才出现在南俄草原。所以根据历史学家考证，这支随罗斯军队远征的骑兵是佩切涅格人。参见王钺：《往年纪事译注》，第 156 页。

河的航线。

此时，一个强大的国家——波兰，已经在罗斯的西部形成。其创始人是皮亚斯特王朝的梅斯科一世，他率领自己的亲卫队，皈依了罗马教会，从那时起，波兰教会开始倒向罗马教皇。波兰在西部的主要对手是日耳曼诸侯国，在东部则是强大的罗斯大公国。波兰和罗斯在佩列梅什利和切尔文诸城长期以来存在领土争议。

弗拉基米尔一世选择宗教

罗斯是一个多神教国家。弗拉基米尔一世原本也是一名坚定的多神教教徒。他是在多神教教徒的支持下才打败并杀死了自己的兄长亚罗波尔克一世。他也曾想在多神教的基础上建立全国统一性的宗教，但要把各个部落所信仰的神强行整合在一起是一件非常困难的事。客观上，罗斯需要一种新的宗教来凝聚人心。

《往年纪事》详细记述了弗拉基米尔一世是如何选择宗教的。986 年，信奉伊斯兰教的伏尔加河保加尔人来向弗拉基米尔一世推荐他们的宗教，但弗拉基米尔一世无法忍受保加尔人的教规，于是就把保加尔人打发走了。

罗马教皇的使者也来了，他们对弗拉基米尔一世说："你们的信仰和我们不同，我们的信仰是光明的；我们崇拜上帝，是他创造了天、地、星星、月亮以及一切生命，而你们所崇拜的诸神只不过是一堆木头。"

弗拉基米尔一世问："你们的宗教可有什么禁忌？"

罗马使者回答："我们要进行必要的斋戒，正如我们的导师保罗所教导的那样，我们或吃或喝，无论做什么，都是为了荣耀上帝。"

弗拉基米尔一世对教皇的使者说："你们走吧，我们的先辈没有接受过这样的宗教。"

信仰犹太教的哈扎尔人派了使者来见弗拉基米尔一世，他们说："基督徒所信仰的就是被我们钉死在十字架上的那个人，而我们信仰的是亚伯拉罕的神、以撒的神和雅各的神。"

弗拉基米尔一世问："你们的教规是什么？"

哈扎尔人回答："我们施行割礼，忌食猪肉和兔肉，守安息日。"

弗拉基米尔一世又问："你们的国土在哪里？"

哈扎尔人回答："在耶路撒冷，由于我们的祖先犯了罪，上帝怪罪我们，让我们在世界各地流散，而把我们的国土赐予了基督徒。"

弗拉基米尔一世说："你们都被自己的神抛弃了，还有什么资格向别人传教呢？如果你们的神喜欢你们的教规，你们就不会被驱散到异国他乡了。难道你们也想让我们落得和你们一样的下场吗？"

随后希腊人派了一位哲学家来见弗拉基米尔一世。这位哲学家首先表示他不认同伊斯兰教和犹太教，然后给弗拉基米尔一世详细地介绍了《旧约》和《新约》的大致内容。当时东西方基督教会还尚未分裂，希腊教会和罗马教会也只是在宗教仪式上略有出入。但希腊哲学家显然比罗马教会的使者更懂得谈话的技巧，他的话深深地吸引了弗拉基米尔一世。

在谈话的最后，希腊哲学家说："上帝定下了末日审判的日子，届时，他将从天界降临人间，对生者和逝者进行审判，信守教规的义人将进入美不胜收的天堂尽享永生和无穷的欢乐，不信上帝的罪孽之人将身受火刑之苦，永无休止地遭受虫子叮咬和无穷的灾难。"说完这番话，他给弗拉基米尔一世展示了一幅画，上面画的是末日审判的场景。在画上，右边是快乐地通往天国的虔诚信徒，左边是走向苦难的罪孽之人。

弗拉基米尔一世喟然长叹："右边的人是幸运儿，左边的是不幸者。"

这时候希腊哲学家不失时机地说："假如你愿意和右边的信守教规的义人在一起，那你就要接受洗礼。"

弗拉基米尔一世把希腊哲学家的话牢牢地记在心里，但他说："让我再考虑一下。"于是，他赐给哲学家一份厚礼，风光体面地送走了他。[7]

基督教在东斯拉夫土地的传播最早可以追溯到1世纪，当时第一批基督教使徒带着他们的教义在小亚细亚、巴尔干半岛、黑海北部地区和克里木半岛传教。从那时起，克里木和塔曼半岛就保存着秘密的地下教堂。9世纪时，前后有三批罗斯人接受洗礼，但是多神教在东斯拉夫人的土地上仍然占据绝对优势地位。然而，基督教也正在缓慢地发展自己的信徒。在拜占庭的影响下，刻赤海峡的塔曼半岛开始出现基督教堂。科尔松（赫尔松涅斯）成为整个黑海北部地区的基督教中心。长期以来，科尔松就是一个独立的都主教辖区，这里的教会组织往往是由都主教①领导的。希腊教士基里尔和

---

①　这是希腊教会特有的教职，受罗马帝国行政制度影响，各行省的行政中心都会的教区主教往往都会成为当地教会的领袖，因此他们被称为都主教。都主教在东正教的教阶中仅次于牧首，类似于罗马教会的红衣主教。

梅福季①的传教和教育活动也对这里产生了重大的影响。即使在多神教时代，他们在罗斯也备受推崇。

在伊戈尔时代，基辅已经有很多基督徒，他们在圣伊利亚教堂做礼拜。奥莉加大公夫人受洗后，罗斯的基督教化进程开始加快。基辅王室与希腊教会和罗马教会都保持了良好的关系，他们不想受任何一方的制约。

尽管多神教具有压倒性的优势，但罗斯以高度的宗教宽容而著称。来自拜占庭的穆斯林和犹太人，以及来自神圣罗马帝国、波兰、捷克的基督徒都可以在罗斯的土地上自由地传播他们的宗教信仰。

弗拉基米尔一世执政初期，正是依靠多神教教徒打败了倾向于基督教的哥哥亚罗波尔克一世。他将以雷神庇隆为首的主要的多神教神像安置在基辅的一座小山上，试图依靠多神教在国内寻求精神上的统一，但事实证明这条路走不通。

其一，罗斯周边的强敌全都是一神教国家，继续维持多神教信仰则意味着与整个欧洲社会隔绝。

其二，基督教这种一神教完全符合以君主为首的中央集权国家的需要。

其三，基督教加强了家庭和社会之间的关系，引入了新的道德观念。它要求对普通人，尤其是妇女和儿童采取人道的态度。

其四，基督教的引入也有助于罗斯社会文化的发展。因为基督教已经有了大量的神学文献和丰富完善的哲学体系。

其五，罗斯社会越来越明显的阶级分化也需要新的意识形态来

---

① 基里尔和梅福季是俄语字母（基里尔字母）的创始人。

做出解释。多神教强调在自然力量面前人人平等，但却无法解释和证明人类不平等的根源和发展，也无法回答人的生与死这类终极命题。而基督教引导人寻求精神上的自由和道德上的完美，引导人远离世俗。因为生命的意义不是由权势、领土、宫殿决定的，而是由灵魂和道德水平决定。

或许弗拉基米尔一世不止一次地思考过他这一生的是非功过，他曾谋杀兄长、撒谎成性，而且纵欲无度，随着年龄的增长，他内心深处越发恐慌，担心会遭受报应。而基督教可以宽恕人的罪过，净化灵魂，为人提供重生和永生的机会，这一点对弗拉基米尔一世非常有吸引力。

987年，弗拉基米尔一世召集全体波雅尔大贵族和长老商议改宗一事。波雅尔大贵族和长老们建议派使者出去广泛考察一下各种宗教的优劣。于是，弗拉基米尔一世派遣了十几名精明强干的使者到周边各国去考察。

使者们首先到了保加利亚，随后又去了神圣罗马帝国考察罗马教会的宗教仪式，然后从那里转道去了君士坦丁堡觐见拜占庭皇帝。拜占庭的两位皇帝巴西尔二世和君士坦丁八世隆重接见了罗斯使者。

第二天，拜占庭皇帝派人去见大牧首和总主教，对他们说："罗斯人来考察我们的宗教了，你们要穿上法衣，把全体教士动员起来，安排好教堂的仪式，让他们好好领略一下主的荣光。"大牧首立刻下令组织唱诗班和合唱队，点燃香炉，组织了一场盛大的宗教仪式。随后两位皇帝陪同罗斯使者参观了富丽堂皇的教堂，并把他们安排在最好的座位上，听合唱队唱圣歌，看大牧首亲自主持仪式和其他宗教活动。

此次君士坦丁堡之行给罗斯使者留下了极为深刻的印象，他们回国后对弗拉基米尔一世和波雅尔大贵族们讲："我们先去了保加利亚，观看了穆斯林如何在清真寺里祈祷。他们做礼拜时不系腰带，坐在那里急切不安地左顾右盼，就像丢了魂儿似的。我们在那里感受不到欢乐，只能感受到悲怆，甚至还能闻到一股难闻的味道，他们的信仰很糟糕。我们还去了神圣罗马帝国，参观了他们的教堂，考察了各种礼拜仪式，没有看到有任何打动人心的东西。随后我们到了希腊，希腊人把我们领到了他们敬神的地方，那一刻我们不知道自己是在天上还是在人间，因为我们在人世间从未见过那样的奇观，真不知道该如何形容那一切，在那里，人和神浑然融为一体，他们的宗教仪式无与伦比，比任何国家都要好，我们永远也忘不了那种美妙景色，品尝过甜品的人再也不想去食用苦的东西，所以我们无法再接受多神教的生活了。"

波雅尔大贵族们对弗拉基米尔一世大公说："如果希腊人的宗教不好的话，那么您那位智慧超群、聪明绝顶的祖母奥莉加大公夫人就不会接受它了。"弗拉基米尔一世问："那么我们将在哪里受洗呢？"贵族们回答："只要您喜欢，在哪里都可以。"[8]

第三节　罗斯受洗

弗拉基米尔一世同意受洗

正当弗拉基米尔一世大公准备接受希腊教会的基督教时，拜占庭帝国发生了内乱。巴西尔二世皇帝请求弗拉基米尔一世出兵相助。弗拉基米尔一世趁机要求娶巴西尔二世的妹妹安娜公主为妻。当时欧亚大陆的许多国家的君主都希望与拜占庭皇室联姻，因为这可以大大提高他们国家的国际地位。

由于军情紧急，巴西尔二世答应了弗拉基米尔一世的请求，但有一个前提条件，就是弗拉基米尔一世受洗成为基督徒。弗拉基米尔一世也同意了。

弗拉基米尔一世在登上基辅王位之前，兼并了波洛茨克公国，当着波洛茨克王公罗格沃洛德夫妇的面强暴了他们的女儿罗格涅达，随后又几乎将整个波洛茨克王族灭门。罗格涅达成了弗拉基米尔一世的第二位妻子，但她念念不忘为父母和族人报仇。

987年的一天，弗拉基米尔一世在罗格涅达处就寝，这位苦命的波洛茨克公主就想趁他熟睡时将其刺死。就在这时，弗拉基米尔一世突然惊醒，躲过了致命一击。愤怒的弗拉基米尔一世拿起一把剑，命令罗格涅达穿好衣服，准备亲手将她处死。

此时，他们的儿子伊兹雅斯拉夫听到母亲的哭声跑进了房间。弗拉基米尔一世不忍心当着孩子的面杀死他的母亲，便召集波雅尔大贵族们商议如何处置此事。贵族们劝弗拉基米尔一世："看在小王子的份上请您不要杀她，她想要恢复她父亲的公国，不如您就如她所愿吧。"

于是，弗拉基米尔一世让罗格涅达带着伊兹雅斯拉夫前往波洛茨克，并在当地修建了一座城市，以儿子的名字命名，这座城就是伊兹雅斯拉夫尔城[1]。伊兹雅斯拉夫是已故波洛茨克王公罗格沃洛

①　位于今白俄罗斯明斯克州扎斯拉夫尔城。

德的外孙，受其母亲罗格涅达的影响，他与父亲弗拉基米尔一世的关系非常糟糕。他认为这块领地是从外祖父罗格沃洛德那里继承来的，并非来自父亲的恩赐。时至今日，伊兹雅斯拉夫往往被认为是白俄罗斯的奠基者。[9]

987年，罗斯军队进入希腊领土，迅速帮助拜占庭帝国平息了叛乱。但这时拜占庭皇帝似乎不准备履行将公主嫁给弗拉基米尔一世的承诺。

于是，弗拉基米尔一世再次集结大军，包围了拜占庭帝国在克里木半岛的中心城市科尔松。弗拉基米尔一世派人对城里喊话："你们要是不投降，我就在此驻扎3年。"城里人对他的威胁不予理睬。弗拉基米尔一世命令军队沿着城墙堆起土山，想顺着土山攻进城里。城里的人则在城墙底下挖洞，把罗斯人的积土盗走，运回城内，倒在市中心。罗斯士兵不断地堆土，但始终无法攻克城池。

这时有一个名叫阿纳斯塔斯的希腊教士从城里射出一支箭，箭杆上附着一封密信。信上说："如果您能切断城里的水源，那么此城必破。在您后方东侧有一条汲水的管道，那里连接着城里的水井。"

弗拉基米尔一世仰天长叹："如果此事属实，我一定接受洗礼。"他立刻命人挖出了那条管道，切断了城里的水源。城里人没了水源，只能投降。

弗拉基米尔一世占领了科尔松之后，派人去见拜占庭皇帝巴西尔二世和君士坦丁八世，对他们说："我已经夺取了你们那座光荣的城市，如果你们不把公主嫁给我，我接下来就要攻占你们的国都。"

两位皇帝感到非常忧虑，他们派使臣去见弗拉基米尔一世："基督徒是不能嫁给多神教教徒的，如果大公肯接受洗礼，那么就可以迎娶安娜公主，因为我们信仰一致，将来都可以得到天国的护佑。如果大公不肯受洗，那么我们绝不会把公主嫁给你。"

弗拉基米尔一世听完使臣的话后说："请转告贵国皇帝，我接受洗礼，因为我早就考察过你们的宗教，我喜欢你们的信仰和宗教仪式，我的使者早已向我汇报过你们的情况。"

两位拜占庭皇帝收到禀报之后很高兴，他们准备在征得安娜公主的同意后，派大臣和神父送公主前往。

安娜公主很难过，说："这算什么，我就好像是一个俘虏一样，还不如现在死了算了。"

她的两位兄长巴西尔二世和君士坦丁八世劝她："这可能是上帝的意志，你到了罗斯人那里，可以使我国领土免受刀兵之灾。罗斯人给我们带来了多少灾祸啊！你如果不去，他们很快就会从科尔松打到这里。"

安娜公主勉强答应了。她上了船，哭着告别了自己的亲人，从海路出发了。

公主一行来到科尔松时，当地人出城迎接，把她恭恭敬敬地接入城中，请入宫殿下榻。弗拉基米尔一世此时正身患严重的眼疾，什么也看不见，他痛苦万分又束手无策。

公主派人去对他说："如果你想摆脱这种疾病，那就尽快受洗，如果你不受洗，病痛就永远不会解除。"

弗拉基米尔一世说："果真如此，那么耶稣可真伟大。"于是，他立刻要求受洗。

科尔松的主教和公主的神父们主持了受洗仪式，当主教为他摩顶时，弗拉基米尔一世的双目立刻复明如初，仿佛神迹降临。弗拉基米尔一世感叹："现在我才真正了解了上帝。"他的许多亲卫队员见此情景，也纷纷接受了洗礼。[10]

《往年纪事》中的这段记载充满了神秘的色彩。笔者认为，为弗拉基米尔一世施洗的科尔松主教应该是一位医术高超的医生，他在圣水中加入了某种药物，这才治好了大公的眼疾。

弗拉基米尔一世是在科尔松城中心的圣瓦西里教堂接受洗礼的，那里也是科尔松的商业中心，许多当地人在那里做买卖。受洗后，他立刻与安娜公主举行了婚礼。

婚礼结束之后，弗拉基米尔一世带上王后安娜、阿纳斯塔斯[①]和科尔松的一些神父返回基辅，同时，他们带走了圣徒克莱门特和菲夫的干尸，当地教堂的一些器物和圣像，还有两尊铜像和四匹铜马。

弗拉基米尔一世回到基辅后，立刻下令捣毁所有多神教的神像。那些神像有些被砸毁，有些被烧掉。大公特意吩咐把雷神庇隆的神像拴在马尾上，从山上沿着波利切夫山坡一直拖到一条小河[②]边，然后让12名壮汉用铁棒把神像敲碎。弗拉基米尔一世这样做的目的是彻底摧毁雷神庇隆在罗斯人心中的形象。当庇隆神像在地上拖动时，许多多神教教徒都为之痛哭流涕。他又下令把已经被捣毁的庇隆神像抛入第聂伯河，然后让一些人注意观察河水中神像的

---

①　即那位为罗斯军队做内应，帮助弗拉基米尔大公攻克科尔松的希腊教士。

②　这条小河是第聂伯河的支流。

动向。他说："如果雷神像漂浮到岸边，就把它再推进河里。如果雷神像漂出国境，那么就随它去吧。"雷神像漂出了国境，被带到了一处浅滩上，后来这个地方就被命名为"雷神浅滩"。

弗拉基米尔一世派人把他的命令传达到了基辅城的各个地方："明天，所有人，无论是穷人还是富人，无论是奴隶还是乞丐，都必须到河边去受洗，谁要是不去，那就是与我为敌。"民众接到命令，都高高兴兴地去了，他们说："这一定是好事，如若不是，那么我们的大公和波雅尔大贵族老爷们就不会这么做。"

第二天，弗拉基米尔一世领着王后安娜和来自科尔松的神父们到了第聂伯河河边，无数的人已经聚在那里。人们纷纷跳入河中，成年人站在距离岸边稍远的地方，河水没过他们的脖子；年幼者站在距离岸边较近的地方，河水没过了他们胸部。还有一些人抱着婴儿也参加了受洗仪式。神父们站在河边主持了这一盛大的庆典，随后罗斯各地也皈依基督教。这个过程历时数年，历史上把这一重大历史事件称为"罗斯受洗"。[11]

圣像和圣经从拜占庭传到基辅，许多基督教的学术经典被有组织地翻译成古俄文。基督教教堂在罗斯各地如雨后春笋般冒了出来。989 年，弗拉基米尔一世在上文所说的那对瓦良格父子殉难的地方开始建一座大教堂。996 年，该教堂竣工，它完全由石头建成，由拜占庭工匠和圣像画家负责建造和装饰。

弗拉基米尔一世向这座大教堂捐赠了他从科尔松带回来的教堂用具和圣像。当年为弗拉基米尔一世做内应的希腊教士阿纳斯塔斯和其他一些来自科尔松的神职人员在那里工作。阿纳斯塔斯实际上已成为基辅教会的最高神职人员，但他的地位始终未得到希腊教会的承认。也许拜占庭人忘不了，正是由于阿纳斯塔斯的出卖，科尔松这座大城才会落入罗斯人的手中。但弗拉基米尔一世对此并不以为意，他始终强调罗斯教会组织的独立性，认为罗斯的神职人员无须由希腊教会任免。弗拉基米尔一世在这座教堂向上帝祈祷："我把我个人的财产和所拥有的所有城市的财富的十分之一献给这座神圣的教堂。"由于弗拉基米尔动用了年税收的十分之一来修建这座教堂，教堂因此名为什一教堂。从此，罗斯教会有了"什一奉献"的传统。弗拉基米尔一世在什一教堂写下如下誓言："破坏此规矩者（什一奉献）必遭天谴。"祈祷当天他在教堂设宴款待了波雅尔大贵族和城市长老，又给穷人们施舍了许多财物。[12]

在基辅圣索菲亚大教堂建成之前，什一教堂是基辅最重要的建筑和宗教中心。它历经千年，曾多次更名，多次被毁，又多次被重建。19世纪中叶，彼得堡的建筑师B. 斯塔索夫在什一教堂原址建成了一座"新拜占庭风格"的基督教教堂，该教堂在1936年被苏联政府拆毁。

当时的希腊教会允许新皈依的族群用自己的母语传教，因此，相对于只允许人们用拉丁文做礼拜的罗马教会，希腊教会更容易传播。它更贴近人们的生活，成为人们精神文化生活的一部分。

希腊教会还有一点与罗马教会不同。在拜占庭帝国，大牧首从属于皇帝，皇帝才是至高无上的。这也是弗拉基米尔一世接受希腊教会的基督教的一个重要原因。从此，王权高于教权这一原则也成为罗斯基督教的一个主要特点。

罗斯受洗的历史意义

罗斯受洗之初，基督教在罗斯大地上就像是漂浮在多神教海洋中的一叶孤舟。后来，在政府的大力支持下，基督教才开始在城市和乡村中扎根。基督教和多神教的斗争经历了几个世纪，多神教始终没有彻底退出历史舞台，至今仍然有一定的影响力。

罗斯是一个将基督教教义、规则和古老的多神教思想完美结合的国家，这就形成了双重信仰。基督徒既在教堂里做礼拜，又在家里向供奉的多神教神像祈祷；既庆祝基督教节日，也过古老的多神教节日。渐渐地，科里亚达节的传统并入了基督教的圣诞节和主显节；谢肉节也逐渐变成了基督教的节日，并在基督教的大斋节之前庆祝。基督教会所册封的圣徒取代了过去多神教的神并成为各行各业的代表，先知圣伊利亚取代了雷神庇隆的位置，圣弗拉西也似乎和多神教畜牧业的守护神融为一体。人们的日常生活并未发生太大的变化。在普通人的观念里，多神教中的灶神、精灵、美人鱼和吸血鬼依然存在。

多神教的传统和生活习惯已经在罗斯人的日常生活中根深蒂固，双重信仰已成为罗斯各族群的显著特征。当我们谈到基督教传入的历史意义时，主要是指教会对罗斯的经济、政治、思想文化和人们的日常生活等全方位的影响，这些影响随着时间的推移都开始发挥作用。

后来，教会获得了大量的土地，开始经营自己的产业。首先是修道院和基督教兄弟会，这些组织的成员往往不结婚，抛弃尘世的一切，承诺把自己完全奉献给上帝。修道院的院长从大公那里获得了专属的土地，他们在这些土地上雇用贫苦农民为自己劳动，还发展养殖业和培植蔬菜，为自己提供了所需的一切。随着时间的推移，这些修道院成为商贸中心，教士们也开始放高利贷。

修道院中有许多修士按照基督教的思想和道德过着崇高的生活，成为苦修士。他们在宗教和精神上的影响力可以大规模地辐射到周边地区。几个世纪以来，随着基督教会在经济上的不断增强，他们培养出的受过良好教育的高级人才，开始对国家的政治生活施加越来越大的影响。一些主要的教会领袖参与了国家的权力斗争，他们经常支持一位王公而反对另一位王公。但在更多的时候，罗斯教会都表态支持国家统一，反对战争和内乱。有许多著名的宗教领袖都站在宗教和道德的制高点上自命为和平使者，他们领导国内的爱国运动，谴责大公的贪婪、自私和政治上的狭隘懦弱，这样的例子数不胜数。

教会和修道院开设了许多学校，这些教会学校培养出了罗斯最早的一批文学家和画家。教士们编撰了各种编年史、宗教学著作、箴言集等，甚至还包括一些非宗教学的作品。

大公和王公们委托教会处理所有宗教事务，以及涉及个人家庭事务的法律诉讼。教会主张在社会和家庭中维护基督教原则，教育孩子尊重父母，教导人们积德行善、宽以待人、尊重妇女，维护受压迫的底层民众的利益。教会反对多神教那些诸如抢婚、一夫多妻、近亲结婚、包办婚姻等陈规陋习。从这个层面上说，教会和神职人员在协调家庭、社会和国家关系等方面发挥了重要作用。

教会曾把科里亚达节和谢肉节等多神教的节日当成魔鬼的节日，凡是与多神教习俗和仪式相关的文化，基督教会都曾试图给予打压和禁止，甚至民间艺人演奏民间乐器也都会遭受惩罚。但罗斯的多神教传统是如此强大，以至于许多多神教的节日和习俗最后都融入了罗斯的基督教中。

罗斯的基督教源于拜占庭，所以罗斯与拜占庭、保加利亚和塞尔维亚等国在经济、文化和宗教上更为接近。1054 年，随着希腊教会和罗马教会正式分裂，罗斯和西欧国家在宗教文化上的隔阂也越来越深。

弗拉基米尔一世的军事成就

根据史料记载，弗拉基米尔一世一共有 12 个儿子，分别是维舍斯拉夫、伊兹雅斯拉夫、雅罗斯拉夫、斯维亚托波尔克、弗谢沃洛德、斯维亚托斯拉夫、穆斯季斯拉夫、斯塔尼斯拉夫、鲍里斯、格列布、波兹维兹德和苏季斯拉夫。其中，鲍里斯和格列布的母亲是拜占庭的安娜公主，他们是在基督教婚姻关系中出生的孩子，是弗拉基米尔的嫡子，地位尊崇。

弗拉基米尔一世把他的儿子们分别派到各地出任总督：维舍斯拉夫镇守诺夫哥罗德、伊兹雅斯拉夫镇守波洛茨克、雅罗斯拉夫镇守罗斯托夫、斯维亚托波尔克镇守图罗夫[①]。当他的长子维舍斯拉夫去世后，弗拉基米尔一世又把雅罗斯拉夫调往诺夫哥罗德，并委派自己的嫡长子鲍里斯镇守罗斯托夫。嫡次子格列布镇守穆罗姆、斯维亚托斯拉夫镇守德列夫利安地区、弗谢沃洛德镇守（西）弗拉

---

① 位于今白俄罗斯戈梅利州图罗夫市。

基米尔城①、穆斯季斯拉夫镇守特穆塔拉坎②。

弗拉基米尔一世说："基辅附近的城市太少了。"于是，他命人沿着捷斯纳河、奥斯特尔河③、特鲁别日河④、苏拉河和斯图格纳河⑤修建了一批新的城市，从诺夫哥罗德斯洛文人、克里维奇人、楚德人、维亚迪奇人中选出一些人去那里定居。这些城市是罗斯坚固的要塞，弗拉基米尔一世建立这些城市的主要目的是保护罗斯南部边界免受佩切涅格人的袭击。13

南部边境一带的森林较少，距离草原很近，从基辅到这里骑马只需要一天的时间。弗拉基米尔一世在这里修筑了 4 排堡垒⑥，彼此相距 15—20 千米。这些堡垒大多位于第聂伯河浅滩附近，佩切涅格的骑兵要想进攻基辅，必须在维季切夫镇⑦附近渡河，然后穿过斯图格纳河谷经浅滩才能抵达目的地。而在这里，弗拉基米尔一世建筑的堡垒高高耸立，令人望而生畏。

弗拉基米尔一世还在高山上建造了一些烽火台和瞭望塔。从那

---

① 今乌克兰沃伦州弗拉基米尔市，为了和今俄罗斯东北部弗拉基米尔州弗拉基米尔市相区别，笔者将乌克兰的弗拉基米尔城称为（西）弗拉基米尔。

② 位于今俄罗斯克拉斯诺达尔边疆区塔曼半岛附近。

③ 发源于俄罗斯斯摩棱斯克州，其下游是白俄罗斯莫吉廖夫州。奥斯特尔河是索日河的左支流。

④ 俄罗斯境内，为奥卡河右支流，在特鲁别日河和雷别季河的交汇处是著名的梁赞克里姆林宫。

⑤ 乌克兰境内，属于第聂伯河右支流，在斯图格纳河流域的城市有瓦西里科夫、奥布霍夫、乌克拉因卡。斯图格纳河一直是罗斯人抵抗草原游牧族群的重要屏障。

⑥ 拱卫要塞的小型城堡。

⑦ 位于今乌克兰基辅州奥布霍夫斯基地区维塔乔夫村附近。

里可以看到好几千米远的地方。如果佩切涅格人的骑兵发起进攻，那么守卫烽火台的哨兵会点起狼烟或者烽火，示警信号会迅速从一座烽火台传到另一座烽火台，基辅城很快就能得到消息。

别尔哥罗德是这些要塞城市中极其重要的一座。991 年，弗拉基米尔一世将其建在这条防线的纵深处。在佩切涅格人入侵期间，这座城市是罗斯大军的集结地。弗拉基米尔一世很喜欢这座城市，他从其他城市招募了一些居民，让他们搬迁到这里。在中世纪罗斯文学中，大量边塞题材的诗歌描写了在这些与草原接壤的边塞城市中，罗斯勇士们是如何与草原上的游牧族群战斗的。[14]

992 年，弗拉基米尔一世出兵攻打克罗地亚人。当他率兵返回时，和佩切涅格人的骑兵在特鲁别日河附近遭遇。两军隔河对峙，佩切涅格可汗在河边召唤弗拉基米尔一世出营相见，他说："让我们派出最勇敢的勇士决斗吧。如果你的勇士把我的勇士摔倒在地，那么我们就休战 3 年；假如我的勇士赢了，那么今后 3 年你们都不得安宁。"

弗拉基米尔一世同意了，他回营后，派传令官到自己的各个军营去询问："有没有人敢去和佩切涅格人的勇士决斗？"结果无人应答。

第二天，佩切涅格人的勇士已经来到阵前挑战，但罗斯军中始终无人迎战。弗拉基米尔一世非常忧虑，于是继续派人寻找。这时候有位老兵来见弗拉基米尔一世，对他说："大公，我带来了 4 个儿子追随您作战，把小儿子一个人留在了家里。我这个小儿子从小就爱和人打架，没人能打得过他。有一次，他正在鞣制皮革，我骂了他几句，他一气之下用手把皮子都撕碎了。"

弗拉基米尔一世听完之后，非常高兴，立刻派人把这位老兵的小儿子召来并向他说明了情况。这个小伙子说："大公啊，我也不知道能不能打得过敌人，但我可以试一试，您能不能给我找一头凶猛的大公牛？"

于是，人们绑来了一头又大又凶的公牛。小伙子让人设法把牛激怒，人们就用烧红的烙铁去烙公牛，然后把牛放开。当牛从小伙子的身边跑过时，小伙子伸手就抓住了公牛肋侧的牛皮，然后连皮带肉一起撕了下来。

弗拉基米尔一世满意极了，他对小伙子说："你有资格和对手较量。"

第二天，佩切涅格人又来讨敌骂阵："你们罗斯人难道没有勇士了吗？我们已经等得不耐烦了。"弗拉基米尔一世命令全体士兵披挂整齐，全副武装出阵迎战。佩切涅格人的勇士身材非常魁梧，而罗斯勇士则是一个中等身材的人。佩切涅格人的士兵都哈哈大笑，他们认为这是一场没有悬念的决斗。

决斗正式开始，两人扭打起来。很快，罗斯勇士用双手死死卡住佩切涅格勇士的脖子，把他活活掐死后丢在地上。伴随着罗斯士兵狂热的叫喊声，佩切涅格人溃逃了，罗斯军队掩杀过去，大获全胜。

弗拉基米尔一世非常高兴，在特鲁别日河渡口附近建立了一座城市，取名为佩列亚斯拉夫利①。由于这位年轻人为罗斯赢得了荣誉，弗拉基米尔一世赐予他和他的父亲"大英雄"的称号。[15]

随后，佩切涅格人卷土重来，大举进攻弗拉基米尔一世所在的

---

① 位于今乌克兰基辅州鲍里斯波尔地区佩列亚斯拉夫市。

瓦西廖夫城①。当时弗拉基米尔一世身边的亲卫并不多，但他仍然选择出城迎敌。

双方交战，罗斯军队寡不敌众，被敌人击溃。弗拉基米尔一世躲到一座桥下，这时佩切涅格人的骑兵从桥上经过。弗拉基米尔一世暗自祈祷，如果能逃过此劫，他一定在此地修建一座主显圣容大教堂，因为这一天正好是基督教的主显圣容节。

脱险后，弗拉基米尔一世立刻兑现承诺，在这里修建了一座大教堂，并举办了盛大的庆典活动。为筹备这次庆典，大公命人煮了300普罗瓦尔②蜂蜜来款待波雅尔大贵族、各地的行政长官、各个城市的长老和各行各业的人，还分发了300格里夫纳给贫苦老百姓。弗拉基米尔一世与众人在此地欢庆了8天，在圣母安息节那天返回基辅。

997年，佩切涅格人再次大举进攻罗斯，弗拉基米尔一世亲自前往诺夫哥罗德搬救兵。佩切涅格人趁机把别尔哥罗德城围得水泄不通。城里粮食严重短缺，弗拉基米尔一世根本来不及救援。

别尔哥罗德市民召开了市民大会，在会上有人说："我们都快饿死了，大公却迟迟不来救援，难道就这么等死吗？不如我们投降吧。"

但有一位长老坚决反对，他派人找到其他一些长老，对市民们说："你们按照我的法子去做，再坚持3天，实在不行，我们再投降也不迟。"

他吩咐人们去搜集一些燕麦、小麦或者麸子。长老吩咐妇女们

---

① 古罗斯城市，其遗址位于德涅斯特河右岸，今乌克兰切尔诺夫策州扎斯塔夫诺夫斯基地区瓦西廖沃村。

② 古罗斯容量单位，具体容积现已不详。

把这些粮食磨成面粉再和成面糊糊，把这些面糊糊放在一只大木桶里；然后又派人找了一些蜂蜜，把蜂蜜调成又香又甜的蜜水放在另一只大木桶中；最后命人挖了两口井，把装满面糊糊和蜜水的大木桶分别放在两口井里。

第二天，长老派一些人出城去见佩切涅格人，对他们讲："我们可以给你们当人质，请你们派 10 个人进城，城里的一些情况需要让你们知道。"佩切涅格人以为城里人要投降了，于是扣留了人质，派遣了一些精明强干的人进城去了解情况。

他们来到城里，城里人对他们说："你们为什么要和我们为敌呢？现在就算是拖上 10 年，你们又能拿我们怎么样呢？我们的地底下储藏着充足的食物，不信你们就亲眼看看吧。"

人们把佩切涅格人的使者领到放着面糊糊的井边，从里面取出了面糊糊，倒入坛罐中，开始煮面糊糊。煮好后，他们又带着佩切涅格人到了另一口井边，从里面取出蜂蜜水，自己先尝了几口再拿给佩切涅格人喝。

佩切涅格人的使者非常惊讶，说："我们应该让我们的可汗亲口尝尝这些，否则他是不会相信我们的。"使者回去后详细向他们的可汗禀报了城里的情况，并让可汗品尝了带回的食物。佩切涅格人的诸位可汗都大为惊讶，他们认为已经不可能攻克这座城市了，于是释放了人质，连夜撤军。[16]

弗拉基米尔一世的个性

弗拉基米尔一世以极其复杂和矛盾的性格出现在我们面前。他是斯维亚托斯拉夫一世最小的儿子，由奥莉加大公夫人的女管家马鲁莎所生。幼年时，弗拉基米尔就被父亲送到诺夫哥罗德。

年轻时的弗拉基米尔一世表现更多的是冷酷无情和荒淫无度的一面，然而当受洗成为基督徒之后，他就像是换了一个人，整个精神气质都发生了变化。他在许多重大的内政、外交问题上都越来越显示出自己是一位成熟的政治家和真正的改革者，不仅组织军队保卫罗斯土地免受佩切涅格人的袭击，为罗斯开疆拓土，还把基督教推广到罗斯各地，同时推动文化和教育的发展。

弗拉基米尔一世特别喜欢别人给他诵读福音书。基督的教诲给了他极大的启发。他邀请所有乞丐和穷人来到大公府邸，下令为他们准备各种生活必需品和饮食用品，费用全由国库支出。弗拉基米尔一世还下令准备车辆，在车上装满面包、肉类，以及各种果品、大桶的蜂蜜和格瓦斯，分别运往全城各地，分发给那些无法前来赴宴的老幼病残者。

对于自己的亲信，弗拉基米尔一世更是关怀备至。他每个星期日都要设宴款待波雅尔大贵族、士绅名流，以及亲随护卫、百夫长、什夫长等。宴会上的菜肴非常丰盛，有牛肉和各种野味。有一次这些人喝醉之后就开始向弗拉基米尔一世抱怨："我们这些人真不走运，大公让我们用木勺吃饭，而不是用银勺。"弗拉基米尔一世听说后，就立刻命人为大家打造银勺。他对大家说："我的祖父、父亲和我的金银都是大家帮着挣的，我有你们在，何愁得不到金银？"[17]

他也非常信任波雅尔大贵族和亲卫队，经常和他们一起讨论国家大事。在弗拉基米尔一世当政这段时间，罗斯大公国与周边的波兰、匈牙利和捷克等国都保持着良好的关系。

在民间传说和史诗中，弗拉基米尔一世大公往往被形容为"红太阳""英勇无敌的统帅""慷慨大方的大公"。多年后，弗拉基米尔一世被东正教会封圣，其地位等同于耶稣的十二使徒。

弗拉基米尔一世时代的终结

1000 年，弗拉基米尔一世的生母马鲁莎去世。同年，罗格涅达去世。

根据基督教的教义，基督徒只能一夫一妻，所以弗拉基米尔一世在迎娶了拜占庭的安娜公主后，休了自己原有的所有妻妾，包括前波洛茨克公主罗格涅达。这位可怜的公主在忧郁和愤懑中度过了自己凄苦的一生。1011 年，弗拉基米尔一世的王后安娜也去世了。

1014 年，弗拉基米尔一世的第三子、诺夫哥罗德的行政长官雅罗斯拉夫公然拒绝向自己的父亲纳贡。雅罗斯拉夫的母亲是罗格涅达，他非常痛恨父亲抛弃了自己的母亲，导致她郁郁而终。按弗拉基米尔一世的规定，诺夫哥罗德每年应向基辅缴纳 2000 格里夫纳，除此之外，还要给驻守在诺夫哥罗德的亲卫队发放 1000 格里夫纳。此前所有诺夫哥罗德的行政长官都是这么做的，雅罗斯拉夫这次却公然挑战父亲的权威。弗拉基米尔一世很生气，准备亲自去讨伐这个不肖子，但在出征之前他却突然病倒了。1015 年 7 月 15 日，弗拉基米尔一世因病去世。[18] 弗拉基米尔一世和他的王后安娜被安葬在基辅什一教堂，他们的大理石棺在 1240 年被西征的蒙古大军彻底破坏。

对于罗斯而言，弗拉基米尔一世就像罗马的君士坦丁大帝一样，不仅自己接受了洗礼，还为他的臣民举行了洗礼仪式。从此，罗斯融入了基督教世界。基督教的存在绝不仅仅局限于教会内部，它开始渗透到基辅社会和文化的方方面面。在政治方面，基督教促进了国家的团结，也强调了罗斯与拜占庭乃至整个基督教世界的关系，因而赋予了基辅大公及其公国一个更为坚固的意识形态基础。[19]在文化方面，高度发达的拜占庭文化也开始进入罗斯领地。基辅的文学、艺术、法律、礼仪和习俗从此都打上了拜占庭的烙印。

11 世纪初的罗斯

弗拉基米尔一世的去世标志着古罗斯历史上一个时代的终结。正如历史上任何一个经历转折的时代一样，留里克王朝和罗斯都面临着最艰难的考验。

11 世纪初的罗斯已成为东欧最强大的国家之一。这时候，几乎所有的东斯拉夫部落联盟，无论是居住在东欧平原北部、西北部和东北部的芬兰－乌戈尔人、波罗的海部落，还是南部和东南部的突厥部落，都成了罗斯的一部分。其他非斯拉夫族群或者向罗斯纳贡，或者与罗斯结盟，又或者已经融入罗斯。在经济利益和共同抵御游牧族群的政治利益的驱动下，斯拉夫人和非斯拉夫人的各个部落联盟在这几十年里俨然已经形成了一个统一的多族群国家。

但这种统一依然是相对脆弱的。由于语言和文化上的差异，一些非斯拉夫族群尚未完全成为罗斯国家的有机组成部分，分离倾向也很严重，这种政治上的动荡在罗斯早期的历史上并不鲜见。在

10 世纪，被罗斯征服的地区爆发了一场接一场的起义，德列夫利安人、维亚迪奇人、拉迪米奇人不止一次拿起武器反抗，罗斯大公国不得不动用武力进行镇压。

北方的诺夫哥罗德也是让罗斯头痛的地区。诺夫哥罗德在罗斯国家形成过程中发挥了重要的作用。虽然在基辅成为"罗斯众城之母"后，诺夫哥罗德不再是罗斯最重要的城市，但它依然是第二政治中心，在罗斯的北部和西北部拥有强大的政治影响力。弗拉基米尔一世就是在诺夫哥罗德发展壮大了自己的势力之后攻占基辅，成为基辅大公的。在国家统一过程中，诺夫哥罗德一直就有政治分离主义的传统，在此后的罗斯历史中，诺夫哥罗德依然发挥着重要的影响力。

11 世纪初，罗斯大公国的边界大体如下。

在北边，诺夫哥罗德地区邻近芬兰湾和涅瓦湖（拉多加湖）沿岸的卡累利阿人领地。

在西北部，诺夫哥罗德和波洛茨克地区与波罗的海部落在涅曼河 ① 和西德维纳河中游地区接壤。

罗斯和波兰有两条边界：一条边界稳定在西布格河中游一带，即德罗吉钦 ②—别列斯季耶 ③—切尔文—佩列梅什利一线（这时罗斯已经占领了切尔文诸城）；另一边沿着马佐维亚 ④、小波

---

① 流经白俄罗斯、立陶宛和俄罗斯加里宁格勒地区的一条河流，俄罗斯和立陶宛两国以涅曼河的下游为界。

② 位于今白俄罗斯布列斯特州德罗吉钦市。

③ 位于今白俄罗斯布列斯特市。

④ 历史上波兰中部和东北部的一个地区，大致位于罗兹市和比亚韦斯托克市之间。

兰①、卢布林②和桑多梅日城③延伸到南布格河、德涅斯特河和普鲁特河中游。

在南部，为了防止游牧族群佩切涅格人的入侵，弗拉基米尔一世建立了一系列边境城市和要塞，构成了坚固的防御系统。

在东部和东南部，罗斯领土到达顿河上游、谢伊姆河和苏拉河上游，然后从顿河上游到达梁赞森林。

在东北部，罗斯的领地进入奥卡河、克利亚兹玛河和伏尔加河的交汇处，那里是维亚迪奇人居住的地方，与伏尔加河保加尔人的领地接壤。

尽管来自南方的游牧族群经常性地入侵罗斯的领地，但罗斯人仍然设法夺取了塔曼半岛和第聂伯河河口奥列什耶地区④的土地。到11世纪初，罗斯已经成为东欧地区的一大强国。

罗斯人一直渴望夺取第聂伯河河口和黑海整个西南海岸的战略要地，彻底掌握"从瓦良格到希腊之路"，这是从多瑙河通往欧洲

----

① 历史上的小波兰地区由波兰王国的三个省克拉科夫、桑多梅日和卢布林组成，以其强大和富有的贵族著称。现代小波兰地区的领土只覆盖了历史上小波兰地区的西南部的很小一部分领土。几个世纪以来，小波兰地区发展了自己的文化，拥有多样的建筑、民间服饰、舞蹈、美食，以及独特的小波兰方言，其首府和最大的城市为克拉科夫。

② 波兰东部城市，卢布林省的首府。

③ 波兰的一座古城，位于华沙东南，维斯瓦河和桑河的交汇处，是波兰天主教的中心，也是波兰最古老和历史最悠久的城市。

④ 第聂伯河下游一座堡垒、一个港口及附近的土地，西至南布格河下游，南至卡尔兹尼茨基湾沿岸，占地50—60平方千米。这座堡垒在蒙古入侵之时被蒙古军队摧毁，此后再也没有恢复。

中心的贸易路线的关键所在。罗斯的历代统治者奥列格、伊戈尔、奥莉加大公夫人、斯维亚托斯拉夫一世、弗拉基米尔一世都对此做了不懈的努力。然而，一旦罗斯人占领了第聂伯河的河口，他们的势力范围势必就会拓展到多瑙河流域，这就严重威胁到拜占庭帝国和多瑙河沿岸国家的利益。如此一来，罗斯大公国在外交上和军事上就会陷入重重困境，步履维艰。

罗斯也未能控制从波罗的海经诺夫哥罗德到伏尔加河和里海的贸易路线，这条商路始终被控制在伏尔加河保加尔人和游牧族群手中。斯维亚托斯拉夫一世时代，罗斯通过战争沉重打击了哈扎尔人和伏尔加河保加尔人的势力，但强大的游牧族群始终持续对罗斯人施加压力，并未让他们在东线获得立足点。

弗拉基米尔一世统治时期，罗斯军事外交的重心转向了西方，它的主要竞争对手是波兰，其战略目的是夺取西布格河、普鲁特河、德涅斯特河和布格河的交汇处，控制通往波兰、捷克和神圣罗马帝国的商路。罗斯人在这一战略方向上获得了一系列胜利，但在西北部，罗斯仍面临着波罗的海国家和芬兰－乌戈尔部落联盟的强有力的反抗，斗争仍在继续。

在这个不断壮大的国家框架内，随着部落关系的瓦解，阶级社会的萌芽也出现了。罗斯的最高统治者是基辅大公，他的地位要高于其他王公。此前的部落长老现在成为波雅尔大贵族，大公和王公们的亲卫队成员往往也是波雅尔大贵族中的一员。亲卫队是罗斯社会中非常重要的一个阶层，有些类似于西欧的骑士阶层，他们既要维护国内的秩序，又要抵御外敌，是大公和王公们最信赖的武装力量。罗斯社会阶级分化的进程已经不可逆转。原先部落的公有土地开始变为私产，私有财产和自留地的出现导致进一步的阶级分化，这是形成世袭领地的先决条件。

首先出现的是大公的世袭领地，此外，一些部落首领和长老也开始吞并土地，并把在这片土地上耕作的庄稼汉（斯梅尔德）变成自己的依附农民。10世纪时，罗斯的贵族阶层都在拼命地侵占老百姓的土地。罗斯受洗之后，基督教会也加入了对土地的争夺，当时的教会只拥有征收什一税的权利，但基督教教士们并不满足于此，他们渴望像大公、地方王公和贵族那样拥有土地。

但在10世纪末至11世纪初，大公、地方王公、波雅尔大贵族和亲卫队所吞并的土地仍然很有限。在罗斯社会中，自由农民仍是向国家纳税的主体。罗斯在奥莉加大公夫人时代就已经废除了"巡行索贡"这种野蛮落后的掠夺式征税方式，对其管辖下的领地采取了相对文明的征税方式。

11世纪初，东斯拉夫世界在宗教层面和精神层面有了很大改变。基督教和多神教之间近一个世纪的斗争，以基督教的全面胜利告终，其标志性的事件就是"罗斯受洗"，但是这并不意味着多神教已经彻底退出历史舞台。尽管罗斯的各个城市和村庄都建立了教堂，基督教神职人员的数量也在成倍增加，但社会上大多数人仍然继续向古老的多神教神灵祈祷。距离大城市越远的地方，多神教的影响力就越大。

罗斯的基督教是由政府主导自上而下推行的，但人们最初只接受了基督教的外在仪式。基督教在哲学层面和人文层面对罗斯人的影响是一个潜移默化的过程，还需要很长的时间。而古老的东斯拉夫多神教，有着悠久的历史、完备的理论体系和精巧的神话构想，既符合斯拉夫人的自然环境，又深受斯拉夫人的喜爱，所以基督教很难彻底取代多神教，反而形成前文所述的"双重信仰"现象。这不仅体现在罗斯人的精神层面和日常生活层面上，还体现在罗斯社会上层的政治斗争当中。这与急剧变化的社会进程也密切相关。

10—11 世纪的罗斯已经是一个幅员辽阔的大国，但社会经济、政治、文化领域的发展很不平衡。与第聂伯河流域中部地区和诺夫哥罗德地区相比，位于奥卡河—伏尔加河—克利亚兹玛河交汇处的罗斯东北部地区，以及以白湖城为中心的北部和东部地区的社会发展则明显落后。这些地区是一大片森林，在草原游牧族群的不断侵扰下，边境地区的民众不断地迁徙到这些地区，以寻求森林的保护。来自社会发展水平较高地区的移民虽然给这一地区带来了基督教，以及更加文明的生活方式和习惯，但无法改变当地的落后状况。罗斯各个地区社会发展水平的差异对这个国家以后的前途和命运产生了深远的影响。

10 世纪末至 11 世纪初，罗斯开始成为一个有影响力的大国，它的国际地位开始被周边国家所承认，但这也仅限于拜占庭帝国、波兰、匈牙利、斯堪的纳维亚半岛国家、哈扎尔汗国、伏尔加河保加利亚等与之接壤的国家。至于中东国家、法国、神圣罗马帝国和亚平宁半岛诸国，与罗斯联系甚少。[20]

第 四 章

"智者"雅罗斯拉夫时代

第一节　罗斯历史上第二次兄弟相残

斯维亚托波尔克动了该隐①之念

1014 年，基辅大公弗拉基米尔一世在准备发兵攻打诺夫哥罗德，讨伐他的第三子雅罗斯拉夫之际，突然病倒在基辅郊外别列斯托沃村的行宫中。这时，弗拉基米尔一世最喜欢的儿子鲍里斯就守在他身边。弗拉基米尔一世最小的两个儿子鲍里斯和格列布都是拜占庭的安娜公主所生，这是在基督教婚姻中出生的儿子。因此，鲍里斯算是他的嫡长子。在众人眼里，他是王位的合法继承人。

正当弗拉基米尔一世卧床不起之时，边境传来急报：佩切涅格人大举入侵。弗拉基米尔一世只得派鲍里斯王子带着自己的亲卫队前去迎敌。此时，一场政治危机也已经开始酝酿。

当时弗拉基米尔一世的长子维舍斯拉夫和次子伊兹雅斯拉夫均已去世，第三子雅罗斯拉夫正担任诺夫哥罗德的行政长官。雅罗斯拉夫拥有强大的政治和军事势力，不甘心放弃王位。此外，弗拉基米尔一世的第四子斯维亚托波尔克也是一个野心勃勃的人物。

---

① 该隐是圣经记载的人物，亚当和夏娃的两个儿子之一。该隐憎恨弟弟亚伯并将其杀害。

种种迹象表明，弗拉基米尔一世要将王位传给嫡长子鲍里斯，因为大公在受洗成为基督徒之后，休了此前的所有妻妾，鲍里斯的母亲安娜公主是弗拉基米尔一世唯一的合法妻子。雅罗斯拉夫和斯维亚托波尔克对此都耿耿于怀。

雅罗斯拉夫大约出生于 978 年，他的生母是波洛茨克公主罗格涅达。他同情母亲和外祖父一家的遭遇，对父亲在受洗后抛弃母亲的做法极为不满。在弗拉基米尔一世的长子和次子去世后，雅罗斯拉夫是诸位王子中最年长的。他认为自己有资格成为下一任基辅大公。

此外，雅罗斯拉夫所驻守的诺夫哥罗德是一个拥有分治传统的城市，是罗斯的第二个政治中心。历史上，奥列格和弗拉基米尔一世都是在诺夫哥罗德发展壮大，然后进军基辅登上大公宝座的。雅罗斯拉夫王子对父亲的叛逆和诺夫哥罗德当地贵族的分治主义立场不谋而合。于是，他拒绝向基辅缴纳 2000 格里夫纳的贡赋，同时拒绝给驻守在诺夫哥罗德的基辅大公亲卫队支付 1000 格里夫纳。他因此得到了诺夫哥罗德人和当地瓦良格人的支持，进而有了对抗基辅的资本。

如果雅罗斯拉夫的两位兄长还活着，那么他没有任何机会登上基辅王位，现在机会出现了，他打算放手一搏。他的父亲弗拉基米尔一世就是他最好的榜样。曾经的弗拉基米尔一世也是斯维亚托斯拉夫大公的第三子，也是最年轻和最没有政治前途的儿子，然而他成功了。历史会重演吗？

雅罗斯拉夫遗传了父亲的钢铁般的性格，他为自己的母亲打抱不平，因为弗拉基米尔一世灭掉了罗格涅达的波洛茨克家族，后来还抛弃了她。雅罗斯拉夫的亲哥哥伊兹雅斯拉夫生前是波洛茨克的行政长官，他的子孙们也一直记着和基辅的深仇大恨。与诺夫哥罗德一样，波洛茨克和基辅之间的关系也是若即若离。

正当雅罗斯拉夫厉兵秣马之际，弗拉基米尔一世的第四子斯维亚托波尔克也对基辅王位虎视眈眈。斯维亚托波尔克大约生于979年，他的生母是弗拉基米尔一世的哥哥亚罗波尔克一世的王妃，一位命运多舛的希腊美人。在崇尚一夫多妻的多神教时代，她是亚罗波尔克一世唯一的妻子。这足以证明亚罗波尔克一世很爱她，她也对自己的丈夫产生了很大的思想影响。亚罗波尔克一世对基督教的友善很大程度上可能来自他的妻子。[1] 后来，弗拉基米尔一世弑兄夺位，这位希腊美人就落入了好色的弗拉基米尔一世手中。

斯维亚托波尔克实际上是亚罗波尔克一世的遗腹子，在罗斯受洗之后，弗拉基米尔一世也抛弃了他的母亲。斯维亚托波尔克和雅罗斯拉夫都有充分的理由痛恨弗拉基米尔一世。现在，他带着怨气把所有精力投入争夺王位的斗争中。

斯维亚托波尔克的妻子是波兰国王鲍列斯拉夫一世的女儿。波兰是天主教国家。斯维亚托波尔克和妻子曾经策划了一场旨在使罗斯脱离希腊教会，效忠罗马教皇的政变，但被弗拉基米尔一世发现，未获成功。当弗拉基米尔一世病重之际，斯维亚托波尔克夫妇正被软禁在基辅。

1015 年 7 月 15 日，弗拉基米尔一世病逝于基辅郊外的别列斯托沃村。大公身边的人秘不发丧，派使者快马赶赴前线，通知鲍里斯王子速回基辅登基。此时鲍里斯王子正带着亲卫队在草原寻找佩切涅格人决战，而三王子雅罗斯拉夫远在北方的诺夫哥罗德。诸王子中反而是斯维亚托波尔克先得到了大公驾崩的消息。他想方设法从监狱里出来，迅速控制了基辅，并下令将弗拉基米尔一世的遗体运回基辅。

大公的灵柩是按照古老的习俗用雪橇运至基辅的，就停放在弗拉基米尔一世当年亲自督建的圣母大教堂里。众人得知大公去世的消息，纷纷前往教堂吊唁，无论是贵族还是平民都痛哭流涕。人们把他的遗体放入大理石棺材，流着眼泪将其安葬。

斯维亚托波尔克坐镇基辅，宣布自己继任基辅大公之位，历史上称其为斯维亚托波尔克一世。他召集市民，给他们发放财物，这实际上是在贿赂大家。但大多数人并不拥护他，大家认为只有鲍里斯王子才有资格承袭基辅王位。雅罗斯拉夫的亲妹妹普列德斯拉娃①公主派使者火速前往诺夫哥罗德，向雅罗斯拉夫通报了父亲去世和斯维亚托波尔克在基辅夺取政权的消息。

此时身在草原的鲍里斯王子未找到佩切涅格人的主力，于是带兵返回基辅。他在路上突然遇到了来自基辅的急使，得知了父亲驾崩和斯维亚托波尔克即位的消息，忍不住失声痛哭。鲍里斯和父亲感情极深，难以接受这样的结果。

回师途中，在经过阿尔塔河②时，大军停了下来。追随鲍里斯王子出征的弗拉基米尔一世的亲卫们对他说："您现在有兵有将，为什么不赶回基辅夺回属于自己的王位呢？"

---

① 弗拉基米尔与波洛茨克公主罗格涅达所生。弗拉基米尔大公去世后，普列德斯拉娃公主在王位争夺战中坚决支持雅罗斯拉夫。

② 位于乌克兰境内，为特鲁别日河右侧支流，河出口处在乌克兰基辅州佩列亚斯拉夫市附近。

鲍里斯流着泪说："我不能对哥哥动手，既然父王已经驾崩，我哥哥已经即位，那么他就是一国之主。"他手下的军队听到王子说出这样的话后一哄而散，他们都不想跟着鲍里斯王子回基辅送死。只有为数不多的亲卫少年还留在原地保护他。

此前，弗拉基米尔一世曾派鲍里斯担任罗斯托夫的行政长官，这次佩切涅格人进犯，弗拉基米尔一世把全部亲卫都交给了鲍里斯统帅，由此可见，鲍里斯王子也并非无能之辈。他拒绝率领军队回基辅争夺王位，要么是出于基督教的道德动机，因为大位已定，他不愿意看到骨肉相残的一幕再次发生；要么是担心无法占领基辅，因为斯维亚托波尔克已经在基辅严阵以待。但任何有政治头脑的人都能预料到，从他放弃争夺王位的那一刻起，他身边所有的人，包括他本人都在劫难逃。

尽管鲍里斯王子放弃争夺王位，但斯维亚托波尔克一世却并不打算放过鲍里斯，此时的他已经动了该隐之念。为了稳住弟弟，他派人去对鲍里斯说："兄弟之间应该相亲相爱，我要分封给你更大的领地。"

而当天晚上，斯维亚托波尔克一世来到了维什戈罗德，秘密召来了一名叫普季沙的刺客和当地的一些贵族，对他们说："你们真的忠于我吗？"

普季沙和这些维什戈罗德的贵族们说："我们愿意为您去死。"

斯维亚托波尔克一世说："那好，我让你们去杀了我的弟弟鲍里斯，此事不得泄露半点风声。"

刺客们趁着夜色来到阿尔塔河畔，靠近了鲍里斯的帐篷。此时鲍里斯正在做晨祷。他已经觉察到了有刺客前来行刺，但仍坚持将祷告做完，最后他说："仁慈的主啊，你为了拯救我们来到人间，并甘愿让自己的双手被钉在十字架上，为了拯救我们这些罪人而蒙受痛苦，也请赐予我痛苦吧，我的痛苦并非来自敌人，而是来自我的兄长。仁慈的主啊，请不要降罪于我的兄长，这是我个人的罪孽。"

鲍里斯向上帝祈祷完毕，就躺到了床上。刺客们像野兽一样冲进帐篷，几杆长矛刺穿了鲍里斯的身体。帐篷里还有鲍里斯的一位少年卫士，他想用身体掩护鲍里斯，但未能成功，最后也被长矛刺中。这名少年卫士是匈牙利人，名叫格奥尔基，他和王子的关系非常好，王子曾把一条很大的黄金项圈送给了他，他就一直带着这个金项圈护卫在王子身边，最终为保护王子而遇害。

刺客们大开杀戒，杀死了鲍里斯的许多护卫。他们想从格奥尔基的脖子上摘下那条黄金项圈，但一时难以成功，于是就残忍地砍下了格奥尔基的头颅，这才取走了黄金项圈。

刺客们把鲍里斯的身体用幕帐裹起来放在大车上运回去复命，此时的鲍里斯尚未断气，于是斯维亚托波尔克一世残忍地命人杀害了他。同情鲍里斯王子的人秘密地把他的遗体运到维什戈罗德的圣瓦西里教堂①。

在除掉了鲍里斯王子之后，尚在穆罗姆担任行政长官的格列布王子就成了斯维亚托波尔克一世的眼中钉、肉中刺。格列布和鲍里斯都是安娜公主所生，在身份上同属于弗拉基米尔一世的嫡子，鲍里斯死了之后，格列布就是王位唯一的合法继承人。

---

① 维什戈罗德城的一座木制教堂，1017 年毁于大火。

斯维亚托波尔克派人去见格列布，哄骗他说："父亲病得很厉害，他要你前去探望。"格列布没多想，立刻上马，带着为数不多的护卫出发了。

格列布对父亲最为孝顺。当他来到伏尔加河边时，他的马不慎踩入坑中，格列布从马上摔了下来，脚受了伤，但他还是继续出发。随后他来到斯摩棱斯克，稍事休息后准备在斯米亚迪尼河①附近上船前往基辅。

这时雅罗斯拉夫已经从普列德斯拉娃那里得知父亲驾崩的消息。他立刻派人在半路上截住了格列布，对他说："你不要去基辅了，父王已经驾崩，你哥哥鲍里斯已经被斯维亚托波尔克杀害。"

格列布放声大哭，他既思念父亲，也为自己哥哥的死而伤心。格列布垂泪祷告："主啊，我宁愿和哥哥一同去死，也不愿独自苟活，哥哥啊，假如我还能见到你那天使般的面庞，我愿意与你一同去死，而现在你为什么要把我独自留下？我亲爱的哥哥，今后我再也无法聆听你对我那耐心的教诲，如果上帝能听到你的话，请你代我祈祷，让我和你承受同样的痛苦，与其活在这个伪善的世界，还不如与你共赴天国。"

正当格列布祷告之际，斯维亚托波尔克一世派出的刺客突然出现，他们控制了格列布的坐船，闯入船舱内，亮出利刃，格列布的护卫们都惊慌失措。在刺客首领格里亚谢尔的威逼下，格列布的厨师托尔钦拔刀斩杀了格列布。格列布的遗体被扔在岸边的两根大木桩之间。后来，人们把他的遗体装殓起来运到维什戈罗德的圣瓦西

---

① 位于斯摩棱斯克西部。

里教堂，和他的哥哥鲍里斯并排安放在一起。1991 年，俄罗斯在当年格列布王子遇刺之处为他立起了一座纪念碑。

鲍里斯和格列布之死震惊了整个罗斯社会。鲍里斯和格列布最终成为非暴力、正义和善良的象征，也成了基督教的殉道者。两位王子在 11 世纪被基督教会封圣，他们是基督教的第一批圣人，比奥莉加大公夫人和弗拉基米尔一世封圣的时间还要早。

德列夫利安王公斯维亚托斯拉夫·弗拉基米罗维奇① 听说鲍里斯和格列布相继遇害的消息，惊慌失措，率领全家打算逃到匈牙利。很快，斯维亚托波尔克一世派出的刺客在奥皮尔河② 岸边靠近今斯科列市③ 的地方追上了他们。斯维亚托斯拉夫的 7 个儿子相继战死。后人为了纪念他们，把他们战死的地方命名为谢米季诺夫④，意思是"七位战死的勇士"。

斯维亚托波尔克一世给刺客们的命令是将斯维亚托斯拉夫家族斩尽杀绝，于是，刺客们大开杀戒，最后斯维亚托斯拉夫和他的族人力战身死，整个山谷中尸横遍野。相传，他的女儿帕拉什卡（另一版本说是他的妻子）逃到一座山顶，被刺客追上，不堪受辱，跳崖自杀。那座山峰后来就以帕拉什卡⑤ 的名字命名。

---

① 他也是弗拉基米尔大公之子。

② 位于乌克兰东部利沃夫州，属于斯特雷河的右支流。

③ 位于今乌克兰利沃夫州斯克雷地区斯科雷市。

④ 位于今斯克雷市的一个村落。

⑤ 斯克雷·别斯基特山最高峰，海拔 1268.5 米，位于乌克兰利沃夫州斯克雷地区，位于斯克雷市西部，又名贺列别特山。山上布满了针叶林，主要是冷杉和云杉，还有山毛榉和桦树，有许多珍稀植物被列入乌克兰的红皮书。

此后，斯维亚托波尔克一世在基辅正式开始了自己的统治。正是由于他坏事做尽，恶贯满盈，罗斯史书把他称为"恶棍"斯维亚托波尔克。现在，诺夫哥罗德的雅罗斯拉夫成了他最大的威胁。于是，他开始在基辅整军备战，罗斯历史上的第二次内战一触即发。[2]

雅罗斯拉夫和斯维亚托波尔克一世之间的战争

正当"恶棍"斯维亚托波尔克在谋夺基辅王位、屠戮兄弟时，弗拉基米尔一世第三子雅罗斯拉夫所镇守的诺夫哥罗德陷入了一场内乱。

如前所述，弗拉基米尔一世在世时曾想出兵征讨诺夫哥罗德，雅罗斯拉夫为了对抗父亲，雇用了许多瓦良格武士，并对他们委以重任。这些瓦良格武士不纳税，而且纪律涣散，经常对诺夫哥罗德当地人施以暴力，淫辱他们的妻女。诺夫哥罗德人忍无可忍，奋起反抗。在一个漆黑的夜晚，诺夫哥罗德人围攻了瓦良格武士聚集的波罗莫尼宅邸①，杀死了这里所有的瓦良格人。雅罗斯拉夫闻讯后勃然大怒，来到拉克莫村的行宫②，下令把那些杀死瓦良格人的凶手带到这里全部处决。

当天夜里，他收到了妹妹普列德斯拉娃的来信："父王已经去

---

① 应该是一座废弃的海外商人会馆，北欧的瑞典商人很早就进入了诺夫哥罗德地区，他们在这里建立了自治的商会组织。参见王钺：《往年纪事译注》，第249页。

② 是雅罗斯拉夫在距离伊尔门湖不远处（伊尔门湖西北部）的一座郊外行宫。参见（俄）拉夫连季编：《往年纪事》，朱寰、胡敦伟译，北京，商务印书馆，2011年，第417页。

世，斯维亚托波尔克已经在基辅即位。他派人杀死了鲍里斯，又要去刺杀格列布，兄长千万要小心。"看完信，雅罗斯拉夫立刻派使者去提醒格列布。

第二天，他下令召开市民大会。在会上他流着眼泪对大家说："我昨天杀了你们很多人，我很后悔。我的父王驾崩了，斯维亚托波尔克在基辅即位，他残忍地杀害了我的兄弟。我现在特别需要你们的支持。"

诺夫哥罗德人纷纷表态："王公，尽管你杀了我们很多人，但我们依然决定为你而战。"

1016 年，雅罗斯拉夫集结了 1000 名瓦良格武士和 4 万名[①] 其他战士出兵讨伐斯维亚托波尔克一世。斯维亚托波尔克一世得到消息后，便集结了大量军队来到第聂伯河对岸的柳别奇城和雅罗斯拉夫隔河对峙。

两军彼此相持了 3 个月，谁也没有率先发起进攻。这一天，斯维亚托波尔克一世手下的一位将军骑着马沿着河岸来回驰骋，不断向诺夫哥罗德人发起挑衅。他说："你们这群木匠，跟着那个死瘸子到我们这里做什么？难不成是来给我们砍木头盖宫殿的？"诺夫哥罗德人大多是手工业者，其中有许多人是木匠，而雅罗斯拉夫腿部就有先天性残疾，所以这位基辅将军才这么嘲弄他们。

诺夫哥罗德士兵听了之后，非常气愤，纷纷找雅罗斯拉夫请战。他们说："我们明天就渡河去攻打他们，如果其他人不愿意去，我

---

① 后世有历史学家根据《诺夫哥罗德编年史》记载，认为此处应该是 4000 人。参见 Повесть временных лет, С.464。

们就自己去。"

斯维亚托波尔克一世的大营扎在两个湖之间，他和自己的亲卫队在大营里整夜饮酒作乐。这时候湖面已经结了冰，雅罗斯拉夫在夜间集结了部队，做好了战斗准备。黎明时分，雅罗斯拉夫的军队渡过了第聂伯河，向敌人冲杀过去。两军展开了激战。

由于湖面的阻隔，基辅军队中的佩切涅格骑兵的机动性受到很大限制，他们无法展开兵力对斯维亚托波尔克一世进行有效的支援。雅罗斯拉夫的军队攻势凶猛，斯维亚托波尔克一世和他的士兵节节后退，被迫退到了冰面上。薄薄的冰面根本承受不住他们的重量，开始碎裂，许多士兵掉进了湖里。斯维亚托波尔克一世见势不妙，仓皇逃往波兰。雅罗斯拉夫大获全胜。[3]

1017 年，雅罗斯拉夫进驻基辅。同年，基辅城发生大火，有 700 座建筑和教堂化为灰烬。[4] 但雅罗斯拉夫和"恶棍"斯维亚托波尔克一世的争斗远未结束，兄弟相残给罗斯带来的悲剧不止如此。

1018 年，斯维亚托波尔克一世获得了他的岳父波兰国王鲍列斯拉夫一世的支持。他和波兰国王率领波兰军队大举进攻基辅。雅罗斯拉夫则动员了基辅人、瓦良格人和诺夫哥罗德斯洛文人和他一起出征。两军分别在布格河两岸扎营。

雅罗斯拉夫手下有一名叫布达的将军，这位将军曾给雅罗斯拉夫做过王室管家，深受雅罗斯拉夫的信任。他在阵前辱骂波兰国王鲍列斯拉夫一世说："走着瞧吧，早晚我要用削尖的木棍在你那圆滚滚的肚皮上戳个大窟窿。"

鲍列斯拉夫一世是一个身材高大、肥胖笨拙的人，也正是因为这一点，他遭到了布达的耻笑。但人不可貌相，鲍列斯拉夫一世是一个富有韬略的人物，他对自己手下的士兵说："如果敌人嘲弄我而你们依然无动于衷的话，那我宁愿一个人去死。"说完他纵马跃入河中，向罗斯军队冲去，他的士兵也紧跟其后。此时雅罗斯拉夫的军队尚未完成集结部署，遭此突然袭击，猝不及防，他的军队迅速崩溃。雅罗斯拉夫仅带着 4 名亲随回到诺夫哥罗德，斯维亚托波尔克一世和鲍列斯拉夫一世一同进入基辅。

雅罗斯拉夫逃回诺夫哥罗德之后，还想逃往海外，生怕斯维亚托波尔克一世和波兰军队尾随而至。但诺夫哥罗德的地方军政长官康斯坦丁·多布雷尼奇下令凿毁了雅罗斯拉夫的坐船，并对他说："让我们在这里和敌人决一死战吧。"

康斯坦丁·多布雷尼奇的父亲多布雷尼是弗拉基米尔一世的亲舅舅，因此，他应该算是雅罗斯拉夫的表叔。多布雷尼家族在诺夫哥罗德盘根错节，根深蒂固，他们曾帮助弗拉基米尔一世战胜亚罗波尔克一世，现在又成了雅罗斯拉夫最强有力的支持者。

康斯坦丁·多布雷尼奇的话让雅罗斯拉夫重拾信心，于是他下令开始筹款：每个平民缴纳 4 库纳，每个村社社长缴纳 10 格里夫纳，而每个贵族需要缴纳 18 格里夫纳。[①] 他们又花重金请了许多瓦良格武士来助阵。就这样，雅罗斯拉夫重新组建了一支大军，又有了和斯维亚托波尔克一世相抗衡的军事资本。

而此时，斯维亚托波尔克一世和其岳父波兰国王鲍列斯拉大一世却起了严重的冲突。鲍列斯拉夫一世进入基辅之后经常以斯维亚

---

① 10—11 世纪，1 格里夫纳约等于 25 库纳。

托波尔克一世的恩人和长辈自居。他要求把自己的亲卫队派驻罗斯各地，斯维亚托波尔克一世不得已只能同意。就这样，波兰军队在罗斯实际上成了入侵者和占领军，在各个城市都出现了波兰士兵骚扰百姓、对当地居民施以暴力的恶性事件。

斯维亚托波尔克一世利用民众对波兰人的不满情绪，下令要杀光所有城市的波兰人。所有罗斯人都被动员起来，他们在各个城市痛击波兰人。[5]

鲍列斯拉夫一世只能下令撤军回国，但波兰军队在撤离基辅时洗劫了这座城市，掳走了许多人，其中就有雅罗斯拉夫的妹妹普列德斯拉娃——她后来成了鲍列斯拉夫一世的王后。鲍列斯拉夫一世在基辅时，就被普列德斯拉娃的美貌和智慧吸引，曾向她求婚，但遭到了拒绝。[6]这次鲍列斯拉夫一世强行带走了她。[7]

随同波兰军队一起离开的还有希腊教士阿纳斯塔斯。阿纳斯塔斯在弗拉基米尔一世围攻科尔松之际，给罗斯人做内应，后来深受弗拉基米尔一世信任。而这次波兰人洗劫基辅，阿纳斯塔斯再次选择背叛，投靠了波兰人。不仅如此，他还带走了基辅什一教会的所有贵重物品。

罗斯的各种编年体史书均未提及罗斯受洗之后最初那几十年罗斯教会的组织架构及其与希腊教会的关系，但从 989 年到 1018 年这段时间，阿纳斯塔斯都是罗斯教会的实际领导者。关于他的职位，史料中只是含糊不清地提到他是什一教会的首席牧师，至于罗斯教会都主教一职，在当时应该是空缺的。因为弗拉基米尔一世执意要阿纳斯塔斯主持罗斯教会，而希腊教会不大可能任命一个曾经背叛过拜占庭的人出任罗斯教会的都主教。这一次，阿纳斯塔斯背叛了罗斯投奔波兰，罗斯教会的首席牧师成了叛徒和窃贼，洗劫了教会的金银财宝投奔了"拉丁教会"。这对罗斯人来说无疑是奇耻大辱。因此，古罗斯的编年体史家很少提及阿纳斯塔斯的名字。[8]

失去波兰支持的斯维亚托波尔克一世又企图和罗斯人的死敌佩切涅格人结盟。罗斯的普通民众都恨死了这个"恶棍"，因为他不仅残忍杀害了自己的3位兄弟，还勾结波兰人和佩切涅格人来祸害本国百姓。

1019年，斯维亚托波尔克一世和佩切涅格人联合起来进攻雅罗斯拉夫，雅罗斯拉夫也集结了大量兵力迎敌。两军在阿尔塔河畔对峙，这里是鲍里斯王子遇害的地方。

雅罗斯拉夫仰望苍天高举双臂祈祷："万能的主啊，我弟弟在向您呼叫，请您为这位义人复仇吧，就像您为亚伯复仇，让该隐在痛苦中呻吟和战栗吧，请您去惩治那个恶人。"

接下来他又祈祷："我死去的弟弟们，尽管你们已经离开了人世，但请你们保佑我击败这个狂徒和杀人犯吧。"

这天是星期五，雅罗斯拉夫祈祷完毕，当太阳升起的时候，两军开战。双方的士兵相互厮杀，鲜血染红了阿尔塔河畔的原野，其战况之激烈和残酷在罗斯历史上是空前的。两军一天之内三度交锋，直到傍晚时分，雅罗斯拉夫才取得了最终胜利。

斯维亚托波尔克一世仓皇逃走。他在逃奔途中筋疲力尽，无法骑马，随从们就用担架抬着他。到与波兰接壤的别列斯季耶城时，他们实在跑不动了，想停下来休息一下，斯维亚托波尔克一世连忙催促："快跑，有人在追我们！"但实际上根本就没有追兵。长时间的逃亡让斯维亚托波尔克一世成了惊弓之鸟，他不断地命令手下赶紧离开此地。卫士们抬着他继续跑，他奄奄一息地躺着，嘴里还不断嘟囔："快跑，有人追来了……哎呀，快跑，他们追来了，快跑……"他的精神已经彻底崩溃了，卫士们也得不到片刻的休息。

就这样，他们穿过波兰，逃到了波兰和匈牙利交界的一处荒无人烟的地方。在那里，斯维亚托波尔克一世结束了自己卑劣的一生。⁹

罗斯的短暂分裂

1019 年，雅罗斯拉夫和他的同僚们经过坚持不懈的努力，终于彻底战胜了"恶棍"斯维亚托波尔克，登上基辅大公的宝座，这一年他 31 岁。然而雅罗斯拉夫的地位远谈不上牢固，他所能控制的地区只有基辅和诺夫哥罗德的地区。在弗拉基米尔一世的子孙中，许多人对大公之位虎视眈眈。

1021 年，趁雅罗斯拉夫进入基辅，波洛茨克王公布里亚奇斯拉夫·伊兹雅斯拉维奇出兵攻占了诺夫哥罗德。布里亚奇斯拉夫的父亲伊兹雅斯拉夫是雅罗斯拉夫的亲哥哥，他们的母亲都是罗格涅达，所以这位现任波洛茨克王公是雅罗斯拉夫的亲侄子。正是这位亲侄子抄了雅罗斯拉夫的老家，掠走了许多居民和大量财物。雅罗斯拉夫从基辅出兵，急行军 7 天在苏多米里河 ① 附近追上并击败了波洛茨克军队，把被俘的诺夫哥罗德人送回家。布里亚奇斯拉夫逃

————

① 位于诺夫哥罗德西南，流经普斯科夫。

回波洛茨克。

1022 年，雅罗斯拉夫借口追剿布里亚奇斯拉夫发兵攻打别列斯季耶城，试图从波兰人手中夺回切尔文诸城，但未能成功。而此时，在遥远的塔曼半岛，穆斯季斯拉夫·弗拉基米罗维奇所统治的特穆塔拉坎公国逐渐强大起来。

穆斯季斯拉夫既是一位勇敢的武士，也是一个精明强干的统治者。他的外号是"勇敢者"。同样是弗拉基米尔之子的穆斯季斯拉夫，在雅罗斯拉夫和斯维亚托波尔克一世的王位之争中一直保持中立，不断发展壮大自己的势力。

1022 年，正当雅罗斯拉夫和波兰人争夺切尔文诸城之际，穆斯季斯拉夫出兵进攻高加索地区的卡索格人。卡索格王公列杰佳出兵迎战，两军对垒。

列杰佳对穆斯季斯拉夫喊话："两军交战，双方的将士是无辜的，不如你和我单挑吧，你要是赢了，我的财产、妻子儿女和土地悉数归你；我要是赢了，你的一切也都归我。"穆斯季斯拉夫同意了。

列杰佳提议："我们徒手格斗，不要动刀动枪。"穆斯季斯拉夫也同意了。于是两个人就你一拳我一脚打在一起。

双方搏斗了很长时间，由于列杰佳身高体壮，穆斯季斯拉夫体力不支，逐渐落入下风。他暗自祈祷："圣洁的圣母啊，请赐予我力量吧，如果我能获胜，我将为您建造一座新的教堂。"也许是圣母真的显灵了，也许就是心理作用，穆斯季斯拉夫精神倍长，一拳把列杰佳打翻在地。

在赢得这场较量后，穆斯季斯拉夫立刻抽刀斩杀了列杰佳，占领了列杰佳的领地，夺取了列杰佳的全部财产和妻子儿女。当他回到特穆塔拉坎后，立刻下令建造了一座新的圣母大教堂。[10]

1024 年，征服了卡索格人的穆斯季斯拉夫率领哈扎尔人 [①] 和卡索格人北上进攻基辅。此时雅罗斯拉夫并不在基辅，而是在诺夫哥罗德，但是基辅人关上了城门不肯接纳穆斯季斯拉夫。穆斯季斯拉夫也并不勉强，而是继续向北占领了切尔尼戈夫，自称切尔尼戈夫王公。这时候穆斯季斯拉夫占领了包括罗斯东北部在内的一半以上的领土，声势浩大。

同年，苏兹达里城的多神教术士造反。他们残杀富人，囤积居奇，整个苏兹达里地区爆发了大规模的骚乱和饥荒。人们纷纷沿着伏尔加河奔向保加尔人居住的地区，从那里运回粮食以求活命。这场起义是罗斯的社会矛盾和宗教矛盾的集中反映。从基督教传入罗斯起，一些虔诚的多神教信徒就对基督教会强烈不满。而在 11 世纪上半叶，罗斯氏族公有制逐步瓦解，王公贵族开始公开侵占原先氏族部落的公共土地，贫富差距逐渐扩大，社会矛盾日益尖锐。贫苦农民会怀念那个人人平等、大家共同占有财产的信仰多神教的部落时代。于是大量贫苦农民追随多神教术士造反。雅罗斯拉夫得知消息后，亲自带兵去苏兹达里平叛，把多神教术士们抓了起来。这些术士要么被杀，要么被流放。

----

① 10 世纪中后期，斯维亚托斯拉夫一世大公的东征给了哈扎尔汗国重创，随后哈扎尔汗国分崩离析，一部分哈扎尔人追随可汗逃亡到克里木东部的塔曼半岛地区。哈扎尔人的流亡政权在塔曼半岛存在了近 50 年，于 1016 年被拜占庭帝国和罗斯联军所灭。哈扎尔汗国亡国后，一部分哈扎尔人留在克里木半岛东部和塔曼半岛地区，臣服于罗斯。

在平定苏兹达里叛乱之后，雅罗斯拉夫回到诺夫哥罗德城，派人去海外联络瓦良格人协商共同对付穆斯季斯拉夫。瓦良格人的王公雅空带兵前来助战。他是一个美男子，穿着金丝斗篷，威风凛凛。雅罗斯拉夫和雅空合兵一处向穆斯季斯拉夫发起进攻。

穆斯季斯拉夫得知消息，带兵赶往利斯特文①迎战。傍晚，穆斯季斯拉夫就把军队集结起来，安排谢维利安人②打头阵，与瓦良格人正面硬拼，他的亲卫队则安排在两翼。

夜幕降临，四下漆黑一片，电闪雷鸣，大雨倾盆，穆斯季斯拉夫对亲卫队下达了攻击命令。他的军队向前推进，雅罗斯拉夫的军队出阵相迎，谢维利安人的先头部队和瓦良格人陷入了混战。瓦良格人是雅罗斯拉夫军中的精锐部队，谢维利安人拼死抵挡，死伤惨重。就在紧要关头，穆斯季斯拉夫亲自率领亲卫队突然出现在战场，开始砍杀瓦良格人。两军战士的兵刃在电闪雷鸣中闪着寒光，战斗进行得异常惨烈。渐渐地，雅罗斯拉夫的军队支撑不住，开始败退。雅罗斯拉夫眼见败局已定，就和瓦良格王公雅空一同逃跑，雅空狼狈得甚至丢掉了他的金丝斗篷。雅罗斯拉夫败回诺夫哥罗德，雅空则逃往海外。

天亮之后，穆斯季斯拉夫清查战场，看着战场上的尸山血海，居然面露喜色。他对亲卫们说："你们看，这里死的都是瓦良格人和谢维利安人，我的亲卫队却完好无损，我怎么能不高兴呢？"对他来说，切尔尼戈夫当地的谢维利安人只是他用来消耗雅罗斯拉夫

---

① 位于今乌克兰切尔尼戈夫西北部。

② 谢维利安人俄语的意思是北方人，是切尔尼戈夫当地居民。

军队的"炮灰"罢了。

随后，穆斯季斯拉夫派人去给雅罗斯拉夫传话："你是兄长，还是由你坐镇基辅吧，你把第聂伯河左岸的土地分给我就成。"但吃了败仗的雅罗斯拉夫不敢回到基辅，依然留在诺夫哥罗德。穆斯季斯拉夫也没想占领基辅，仍坐镇在切尔尼戈夫，基辅城仍然由雅罗斯拉夫的支持者掌管。[11]

1026 年，雅罗斯拉夫招募了大批军队再次进入基辅。同年，他与穆斯季斯拉夫在戈洛杰茨城①会面并签署了和约，以第聂伯河为界划分领地。雅罗斯拉夫统治了包括基辅和诺夫哥罗德地区在内的第聂伯河右岸，而第聂伯河左岸，包括切尔尼戈夫和佩列亚斯拉夫利等大城市归穆斯季斯拉夫管辖。于是在罗斯北部出现了一个以切尔尼戈夫为中心的特穆塔拉坎罗斯，它的最高统治者为穆斯季斯拉夫·弗拉基米罗维奇。此后数年，两个罗斯和平相处，再未发生战争。

1030 年，雅罗斯拉夫夺取了别尔兹城②。随后，雅罗斯拉夫向楚德人发起进攻，战胜他们之后，建立了尤里耶夫③城。

1025 年，波兰国王、拥有"勇敢者"头衔的鲍列斯拉夫一世在统治这个国家 34 年之后与世长辞。这个国家随即陷入了长期的动荡。1031 年，雅罗斯拉夫和穆斯季斯拉夫联合起来攻入波兰境内，重新占领了切尔文诸城，并劫掠了大批波兰人。兄弟俩平分了

---

① 位于基辅附近的一座小城市，距离切尔尼戈夫不远。

② 位于今乌克兰利沃夫州切尔沃诺格拉德地区别尔兹市。

③ 位于今爱沙尼亚塔尔图市，为爱沙尼亚第二大城市。雅罗斯拉夫大公的基督教教名为格奥尔基，尤里是格奥尔基的小称，这座城市实际上是以雅罗斯拉夫大公的名字命名的。

这批波兰俘虏。雅罗斯拉夫把自己分得的那部分俘虏安置在罗斯河沿岸。1032 年，雅罗斯拉夫开始在罗斯河沿岸建立城市。

1036 年，穆斯季斯拉夫在外出打猎时，突然病倒，溘然长逝。他被安葬在他生前亲自下令建造的圣救世主大教堂里。穆斯季斯拉夫生前身材魁伟、面色红润，一双大眼睛炯炯有神。他骁勇善战，为人宽厚，体恤下属，不贪财，不酗酒，吃得也很简单，他的部下都很爱戴他。由于他死后没有继承人，雅罗斯拉夫就接管了他的所有领地，成为罗斯唯一的君主。罗斯大公国以这种方式重新实现了统一。[12]

第二节　"智者"雅罗斯拉夫时代罗斯的繁荣

雅罗斯拉夫与基辅城的扩建

从 1015 年弗拉基米尔一世去世到 1036 年罗斯重新实现统一，这场长达 21 年的内战表明，罗斯境内分离主义的倾向非常强烈。各地区在政治、经济、文化方面发展不平衡，导致了地方对抗中央的斗争。弗拉基米尔一世把他的子孙们派往各地驻守也无法阻止各地分离主义的倾向，而且，各位王子如果想要在他们的管辖区域内站稳脚跟，就必须和地方势力达成某种默契或妥协，久而久之，他们也会被这种分离主义情绪所感染。

在 11 世纪初，罗斯大地上生活着 22 个不同的部落和族群。他们给这个国家带来了独特的风格，为罗斯文化的形成做出了贡献。

这些部落和族群也试图获得自治来保持自己的族群特性，而大公将他们视为被征服者，不接受他们的诉求，这就导致各部落和族群经常与大公发生尖锐的冲突。雅罗斯拉夫在成为罗斯唯一的大公后，仿效他父亲的做法，也把儿子们派往各地，并要求儿子无条件地服从他。

雅罗斯拉夫的妻子①是瑞典第一位接受基督教的国王奥拉夫·斯科特康努格的女儿英吉格尔达。她原本被许配给挪威国王奥拉夫二世，但她父亲在 1019 年临时做主将其嫁给了雅罗斯拉夫。此事也严重影响了瑞典和挪威两国的关系。

英吉格尔达为雅罗斯拉夫育有六子三女，六个儿子分别为：弗拉基米尔·雅罗斯拉维奇、伊兹雅斯拉夫·雅罗斯拉维奇、斯维亚托斯拉夫·雅罗斯拉维奇、弗谢沃洛德·雅罗斯拉维奇、伊戈尔·雅罗斯拉维奇、维亚切斯拉夫·雅罗斯拉维奇，三个女儿是阿纳斯塔斯娅·雅罗斯拉夫娜、伊丽莎维塔·雅罗斯拉夫娜、安娜·雅罗斯拉夫娜。[13]

1036 年，雅罗斯拉夫得到消息：佩切涅格人再次围攻基辅。他立刻调集了包括瓦良格人和诺夫哥罗德斯洛文人在内的大批军队赶往基辅救援。临行之前，他将诺夫哥罗德交给自己的长子弗拉基米尔·雅罗斯拉维奇镇守，同时任命日加塔②为诺夫哥罗德主教。

① 有些史料中曾提到雅罗斯拉夫的第一任妻子是一位名叫安娜、带有挪威血统的女孩。她为雅罗斯拉夫生了一个儿子名叫伊利亚。安娜母子在 1018 年被波兰国王鲍列斯拉夫一世从基辅掳走，此后不知所终。但这些传说无法得到印证。

② 诺夫哥罗德第二位基督教主教，也是第一位出生在罗斯的主教，后来他被俄罗斯东正教会封为圣人。日加塔也是中世纪罗斯劝诫文学的代表作家，其作品为《对基督教兄弟的劝诫》。

《鲍里斯王子遇刺》

来源于《拉季维尔编年史》插图。

《格列布王子遇刺》

来源于《拉季维尔编年史》插图。

圣像画《圣鲍里斯和圣格列布》
现藏于俄罗斯特列恰科夫美术馆。

瓦·瓦·舍列梅季耶夫《"恶棍"斯维亚托波尔克》
现藏于乌克兰卢甘斯克州艺术博物馆。

安·伊·伊万诺夫《穆斯季斯拉夫·弗拉基米罗维奇和卡索格王公列杰佳的单挑》

现藏于俄罗斯国家博物馆。

基辅金门遗址

德·伊·郭辞供图。

基辅圣索菲亚大教堂

德·伊·郭辞供图。

基辅洞窟修道院

德·伊·郭辞供图。

阿·达·基辅申科《"智者"雅罗斯拉夫在〈罗斯法典〉宣读现场》

现藏于俄罗斯中央海军博物馆。

基辅洞窟修道院壁画《大安东尼和费奥多西》

德·伊·郭辞供图。

阿·费·马克西莫夫《在王公庄园中》

来源于《俄罗斯文化史》第六卷插图。（Из истории русской культуры
Вып. 6: В усадьбе князя-вотчинника/ ред. Н. Г. Тарасов, б. Москва, 1909.）

阿·米·瓦斯涅佐
夫《古老的罗斯
城市》

现藏于俄罗斯阿尔汉
格尔斯克造型艺术博
物馆。

雅罗斯拉夫回到基辅后，立刻整顿军队出城与佩切涅格人交战。他把战斗力最强的瓦良格人放在中路，把基辅人放在右翼，把诺夫哥罗德斯洛文人安排在左翼。经过一场恶战，直到傍晚时分罗斯军队才勉强取得优势。佩切涅格人开始四处逃窜，但他们不知道往哪里跑，一部分人掉进附近的河里淹死，其他人则四散奔逃。此后佩切涅格人对罗斯的军事威胁彻底解除，他们再也没有入侵过罗斯。

同年，雅罗斯拉夫为了巩固王权，把自己的弟弟普斯科夫王公苏季斯拉夫·弗拉基米罗维奇投入监狱，理由是苏季斯拉夫诽谤自己。①

1037 年，为了纪念这场打垮佩切涅格人的伟大胜利，雅罗斯拉夫大范围地扩建了基辅城。他修筑了坚固的城墙，挖了深沟，扩建后的基辅城由长 3.5 千米的土制城墙环绕。雅罗斯拉夫还在城里建造了金门和圣索菲亚大教堂。[14]

金门是雅罗斯拉夫时代基辅城的主城门，连接从南侧进入基辅老城区的主要通道。这座城门是雅罗斯拉夫仿照君士坦丁堡的金门建造的，门扇和门楼上的圆顶都装饰有镀金的铜箔，在阳光的照耀下璀璨夺目。1240 年，西征的蒙古大军摧毁了基辅，金门也遭到了严重破坏。金门在沙俄时代和苏联时期曾多次被重修，最后一次修缮工作是乌克兰政府在 2007 年完成的，现在，金门依然是乌克

① 苏季斯拉夫在监狱里待了 23 年，雅罗斯拉夫去世 5 年后（即 1059 年）才被自己侄子们释放，前提是发誓放弃基辅王位。后来，苏季斯拉夫成了基辅圣格奥尔基修道院的修士，并于 1063 年去世。他是弗拉基米尔诸位王子中最晚去世的一个。古罗斯研究人员普遍认为俄罗斯科斯特罗马市苏季斯拉夫镇就是以苏季斯拉夫的名字命名的。

兰首都基辅的标志性建筑。

圣索菲亚大教堂的命名方式与拜占庭君士坦丁堡的圣索菲亚大教堂完全相同，这具有一定的政治象征意义——雅罗斯拉夫认为在某种程度上罗斯和拜占庭帝国的地位是平等的。同时他也强调罗斯教会与希腊教会在宗教和文化层面上的联系。圣索菲亚大教堂后来成了罗斯都主教的办公地点。

雅罗斯拉夫是个非常虔诚的基督徒：他非常尊重教会的规章制度，特别关心神父和修士；他喜欢读经，经常不分昼夜地诵读；他聘请了抄写员和翻译，让他们抄录了许多基督教的经书并把它们从希腊文翻译成斯拉夫文；他自己也亲手抄录了许多经书，还把这些经书供奉在圣索菲亚大教堂里；他用金银把这座教堂装饰得富丽堂皇，让人们能在这里唱赞美诗、做祈祷。

1037 年在罗斯历史上是具有重要意义的一年，俄罗斯历史学家阿·阿·沙赫玛托夫甚至认为罗斯历史上第一部罗斯编年史也是在这一年出现的。[15]

1044 年，雅罗斯拉夫下令把他的大伯父亚罗波尔克一世·斯维亚托斯拉维奇和二伯父奥列格·斯维亚托斯拉维奇的遗体从坟墓中掘出，在对遗骨进行祈福之后，将他们安放在圣母教堂中。这两位王公算是在死后成为基督徒。[16]

在雅罗斯拉夫的时代，基督教的信仰开始普及。教堂和修士的数量不断增多，修道院也出现了，比如后来在基辅金门附近修建的报喜教堂、圣格奥尔基和圣伊琳娜修道院。雅罗斯拉夫在其他城市也修建了一些教堂，在那里安置教士，从国库拨款给教士发放薪俸，让他们教化民众。

988 年罗斯受洗之时，整个拜占庭帝国都匍匐在弗拉基米尔一世的脚下。弗拉基米尔一世不愿意受希腊教会的管辖和约束，因此他任命自己信任的代理人阿纳斯塔斯担任罗斯教会的领袖，阿纳斯塔斯的地位却未得到希腊教会的认可。而在 1036 年，罗斯刚刚统一，雅罗斯拉夫大公在声望上显然无法和弗拉基米尔一世相比，他不仅需要获得国内广泛的支持，也需要一个对自己有利的国际环境。因此，他要求希腊教会向罗斯委派都主教是明智之举。1037 年，罗斯历史上第一位都主教希腊人菲奥别姆普特在基辅正式就职。

《罗斯法典》的颁布

从许多方面讲，雅罗斯拉夫大公在罗斯历史上是一个划时代的人物。他在统治期间，颁布了罗斯历史上流传至今且年代最早的一部法典——《罗斯法典》。

这部法典整理编纂了罗斯的编年体史料，并规范了教会组织，使其符合罗斯国家的宗教文化生活特点。准确地说，《罗斯法典》并不是第一部罗斯法律，只是在此之前的罗斯法律文本并未保存下来。10 世纪罗斯与拜占庭签署的和约中就不止一次地提到了《罗斯法》的条文，历史学家们据此推断，《罗斯法》早于《罗斯法典》，而且它的一些立法思想在很大程度上影响了《罗斯法典》的制定。

911 年和 944 年罗斯与拜占庭和约中体现的《罗斯法》，反映的是从氏族公社向阶级社会过渡时期斯拉夫部落的一些习惯法，并证实了这些习惯法在罗斯的社会生活中所起的作用。因此，和约中保留的内容与后来《罗斯法典》中对罪行的惩罚措施基本一致。

例如，911 年和约对谋杀罪的判罚是：如果罗斯人杀死了基督徒（拜占庭人），或是基督徒杀死了罗斯人，应在行凶现场处决凶手；如果行凶者逃亡，应依法将其财产的一部分赔偿给受害者的近亲，凶手的妻子也可以保有一份财产；如果行凶者在逃亡前没有财产，则在未将其抓获之前暂不进行审判，抓获后则予以处死。

944 年和约中保留了相同的条款，该条款反映了斯拉夫部落习惯法中的"杀人偿命"原则，但是罪犯杀了人只要能逃跑就有机会花钱抵罪。这就是阶级分化后富人的专属福利。

在《罗斯法典》中，也有花钱抵罪的条款："如果一个人杀了另一个人，那么被害者的兄弟可以为他报仇；儿子可以替父亲报仇，父亲也可以替儿子报仇；侄子可以为其叔伯报仇，外甥也可以为其舅父向凶手复仇。如果没有复仇者，那么凶手可向被害人赔偿40 格里夫纳。"[17]这一条款包含了两个原则：一个是"血亲复仇"的原则，另一个是可以"花钱抵罪"的原则。这涉及罗斯的"命金"制度。

根据罗斯的习惯法，杀人者只要缴纳"命金"抵罪，可以不用被判处死刑。这也是罗斯社会治安混乱的一个重要原因。而基辅的教士大都来自拜占庭，拜占庭帝国是没有"命金"制度的，杀人者必须偿命。所以教士们要求大公废除"命金"制度，以维护社会治安稳定。在一段时间内，基辅城中盗匪横行，基督教的主教们对弗拉基米尔一世说："大公，您为什么不惩治他们？"弗拉基米尔一世回答："我害怕违反教规。"教士们说："您是上帝派来惩恶扬善的，理应在查明真凭实据之后，惩办恶人。"于是，弗拉基米尔一世开始采取措施惩治强盗，下令废除了"命金"制度。但是"命金"

是罗斯的一项重要的财政来源，当"命金"制度取消之后，政府的财政收入锐减，影响了教士们的收入，于是他们又向大公建议："现在战乱频仍，要是没了'命金'，就无法购买武器和马匹。"弗拉基米尔一世对此表示赞同，他决定继续沿用其祖父和父亲所制定的"命金"制度。[18]

《罗斯法典》的许多条款都能在《罗斯法》和《日耳曼法典》中找到源头。《罗斯法典》就像欧洲其他族群的法典一样，重点关注公共秩序问题，保护人们免受暴力伤害。之所以把《罗斯法典》和《日耳曼法典》相比较，是因为罗斯和神圣罗马帝国地区的社会发展程度都相对落后，二者在社会制度、文化、法理学方面与古典时代的罗马没有继承关系。然而，日耳曼地区的社会发展程度似乎比罗斯地区要略高一些，因为关于"血亲复仇"的条款在《罗斯法典》中占有很大的比重，而在日耳曼人的法典中，类似的条款只能在最古老的《撒克逊法典》中才能看到。[19]

《罗斯法典》中提到的"切良金"和"霍洛普"①，在《日耳曼法典》中被统称为"农奴"。两种法典对于帮助这类人逃亡的行为都有严厉的惩罚条款。但历史学家们注意到，罗斯和欧洲国家一样，切良金和霍洛普并不是像希腊罗马奴隶社会那样被当作会说话的工具，他们拥有一定的权利，他们的证词在法庭上可以被采纳。由此可见，罗斯社会在朝着类似西欧封建社会的方向发展。《罗斯法典》和西欧诸国的法典一样，保护的都是新兴的有权有势的土地

---

① 这是古罗斯社会地位最低的两类人。切良金是古俄语 Челядь 的音译，主要指的是被卖作农奴的战俘；霍洛普则是 Холоп 的音译，意为债务农奴。

所有者及其各种特权。[20]

雅罗斯拉夫时代罗斯的对外政策

雅罗斯拉夫·弗拉基米罗维奇延续了他父亲和祖父的对外政策，扩大了其势力范围，并在某种程度上改善了统治方式。他打败了楚德人，把罗斯的边界拓展到了波罗的海。1038 年，雅罗斯拉夫出兵讨伐波罗的海地区的雅特维亚格人；1040 年，雅罗斯拉夫出兵讨伐立陶宛人。这两次军事行动的目的都是保护罗斯通往波罗的海的出海口，以加强其西北边界的防御。

在雅罗斯拉夫时代，罗斯和波兰的关系有了改善的机会。波兰失去切尔文诸城之后，面临神圣罗马帝国、捷克和波罗的海多神教部落的压力，急需罗斯的支持。两国关系通过联姻得到加强：雅罗斯拉夫把自己同父异母的妹妹多布罗涅加公主嫁给了波兰国王卡兹米尔一世，卡兹米尔一世也把自己的妹妹许配给了雅罗斯拉夫的次子伊兹雅斯拉夫。

多布罗涅加公主大约出生于 1012 年，身份非常尊贵，她的生母为拜占庭的安娜公主。1018 年波兰国王鲍列斯拉夫一世洗劫基辅时，许多基辅王室成员都被掳到了波兰，其中就包括多布罗涅加公主，那时她刚刚 6 岁。鲍列斯拉夫一世并没有强迫这批身份高贵的罗斯女俘改宗罗马教会，而是在莱德尼采岛的一处幽静之处为他们建造了一座拜占庭风格的宫殿，并专设了拜占庭式家庭教堂。[21]

波兰国王和罗斯公主完婚之后，当初那些被鲍列斯拉夫一世掳走的 800 名罗斯战俘被作为聘礼归还给罗斯。时隔 20 年后，这些俘虏终于回到了自己的故乡。在波兰与捷克和波罗的海斯拉夫人的战争中，罗斯向波兰提供了强有力的支援。[22]

由于雅罗斯拉夫的王后英吉格尔达是瑞典国王的女儿，所以瑞典和罗斯一直关系密切。雅罗斯拉夫又把自己的二女儿伊丽莎维塔嫁给了挪威国王哈拉尔德三世，罗斯和挪威也保持了友好的关系。

在弗拉基米尔一世接受基督教之后，罗斯和拜占庭经历了长达半个多世纪的和平时光。时间到了 1043 年，一名在君士坦丁堡做生意的罗斯商人在与拜占庭贵族的冲突中被杀，雅罗斯拉夫大公以保护罗斯商人的名义派长子弗拉基米尔·雅罗斯拉维奇王子和自己的重臣维沙塔一起率领大军进攻拜占庭。

弗拉基米尔王子乘船抵达多瑙河，从这里向君士坦丁堡进军。当时海上起了大风暴，许多罗斯战船被摧毁，弗拉基米尔王子的坐船也被风浪掀翻。正在危急时刻，基辅将军伊万·特沃利米罗维奇把王子接到自己的船上，还有 6000 名失去战船的罗斯士兵被困在岸上，他们的唯一出路就是徒步返回罗斯。但王子的亲卫队中没有一个人愿意率领他们回家。于是维沙塔站了出来，说："我带他们走。"他下船走到岸上，指着船上的人对那 6000 名士兵说："如果我想活命，我就会和他们待在一起，现在我选择和你们同生共死，一起回家。"于是大家在维沙塔的率领下徒步返回罗斯。维沙塔将军是一位不抛弃部下、重情重义的男了汉。

拜占庭皇帝君士坦丁九世得知罗斯人在海上遇难的消息，立刻派出 14 艘战船去追杀罗斯人。弗拉基米尔·雅罗斯拉维奇看到希腊人的战船追了上来，立刻掉转船头向拜占庭船队发起攻击并打垮了他们，随后乘船从海路返回基辅。而维沙塔和那 6000 名罗斯士兵就没那么走运了，他们被拜占庭军队包围并俘虏押解回君士坦丁堡。在那里，许多罗斯俘虏的眼睛都被刺瞎了，可能也包括维沙塔将军本人。拜占庭皇帝想用这种手段恐吓罗斯人。[23]

1046 年，罗斯和拜占庭重新缔结了和约，维沙塔和这批俘虏才被释放回国。此后在相当长一段时间内，有一些可怜的盲人在罗斯的各大城市和村庄中流浪，他们都是这次战争之后被拜占庭人释放的战俘。

同年，为促进罗斯与拜占庭的友好关系，拜占庭皇帝君士坦丁九世将其女儿①嫁给了雅罗斯拉夫的第四子弗谢沃洛德·雅罗斯拉维奇。1053 年，这对年轻的夫妇生了一个儿子，他就是后来罗斯历史上赫赫有名的弗拉基米尔·莫诺马赫大公。"莫诺马赫"出自希腊语，意思是"独自战斗者"，这原本是君士坦丁九世的外号，但真正将其发扬光大的则是这位弗拉基米尔·莫诺马赫。

此次罗斯和拜占庭的联姻标志着罗斯开始成为一个真正意义上的欧洲强国。神圣罗马帝国、拜占庭帝国、瑞典、波兰、挪威、捷克、匈牙利和其他欧洲国家都要考虑他们对罗斯的外交政策。[24]

基辅王室与欧洲各国王室也多有联姻，这也大大提升了罗斯的国际地位。雅罗斯拉夫的所有儿子都娶了外国公主，他的女儿也都嫁到了国外。大女儿阿纳斯塔斯娅公主嫁给了匈牙利国王安德烈一世，二女儿伊丽莎维塔公主嫁给了挪威国王哈拉尔德三世，小女儿

---

① 这位拜占庭公主是弗谢沃洛德的第一任妻子，具体姓名不详，罗斯编年史上一般将其称为莫诺马辛娜，意思是拜占庭皇帝君士坦丁·莫诺马赫的女儿。

安娜公主嫁给了法国国王亨利一世。

这些公主的命运各有不同。长公主阿纳斯塔斯娅·雅罗斯拉夫娜大约生于1023—1038年这段时间。安德烈为躲避他的堂伯匈牙利国王史蒂芬一世的迫害逃到基辅，雅罗斯拉夫就将长公主许配给了他。1046年，安德烈带着阿纳斯塔斯娅回到匈牙利继承王位，历史上称为"安德烈一世"。

阿纳斯塔斯娅嫁到匈牙利之后，在当地修建了几座拜占庭风格的教堂，并为安德烈一世生了一个儿子，取名沙拉蒙。然而在此之前，匈牙利王位的合法继承人一直是安德烈的弟弟贝拉。小王子的降生意味着贝拉有可能无法继承王位，于是双方明争暗斗，冲突不断。安德烈一世身体不好，但他非常信任王后阿纳斯塔斯娅，经常让她参与处理国事，这让贝拉更为不满。

1060年，贝拉发动宫廷政变，囚禁了安德烈一世，篡夺了王位。不久之后，安德烈就去世了。阿纳斯塔斯娅母子被迫逃往神圣罗马帝国寻求政治庇护。由于神圣罗马帝国皇帝亨利四世的妹妹与沙拉蒙在此之前已经订婚，因此亨利四世安排他们住在巴伐利亚，并从皇室金库中拨出经费作为他们母子的日常开销。

后来贝拉去世，阿纳斯塔斯娅母子在神圣罗马帝国军队的帮助下回到匈牙利，沙拉蒙就任匈牙利国王。为了感谢神圣罗马帝国的帮助，阿纳斯塔斯娅把匈牙利王室的国宝——阿提拉之剑①赠予神圣罗马帝国巴伐利亚公爵奥托。但阿纳斯塔斯娅和儿子在匈牙利的地位并不稳固，贝拉的儿子们一直对王位虎视眈眈，他们背后有波

---

① 相传是当年横扫欧洲的匈人首领阿提拉大帝的佩剑。

兰王国的支持。为了进一步获得神圣罗马帝国王室的支持，阿纳斯塔斯娅再婚，嫁给了神圣罗马帝国的波托伯爵。

1074 年，贝拉的后代再次发动宫廷政变，推翻了沙拉蒙国王。阿纳斯塔斯娅和沙拉蒙再次逃往神圣罗马帝国，后来她在神圣罗马帝国去世。

雅罗斯拉夫的次女伊丽莎维塔·雅罗斯拉夫娜大约生于 1025 年，自幼在基辅长大，受过良好的教育。1030 年，时年 15 岁的挪威王子哈拉尔德来到基辅，认识了当时不到 5 岁的伊丽莎维塔公主。

哈拉尔德王子是挪威国王奥拉夫二世的弟弟。奥拉夫二世在同丹麦人的作战中兵败被杀，哈拉尔德王子逃到了基辅，在基辅居住了很多年。他向雅罗斯拉夫提亲，希望能迎娶伊丽莎维塔公主。但雅罗斯拉夫大公认为哈拉尔德王子配不上自己的女儿，没有答应。也许，雅罗斯拉夫大公看不上哈拉尔德王子的另一个原因是哈拉尔德的哥哥奥拉夫二世曾是雅罗斯拉夫大公夫人英吉格尔达的未婚夫，把自己的女儿许配给情敌的弟弟，做出这样的决定真的很艰难。

后来哈拉尔德王子为了赢得财富和地位，加入了拜占庭帝国的雇佣军，在非洲、西西里和巴勒斯坦征战，大获成功。在外征战期间，他始终没有忘记伊丽莎维塔，为她写下了 16 首情诗，这些情诗一直流传至今。当他再次回到基辅时，雅罗斯拉夫大公终于同意了他们的婚事，并为这对情侣举办了盛大的婚礼。

1046 年，哈拉尔德和伊丽莎维塔回到挪威，哈拉尔德成为挪威国王，史称"哈拉尔德三世"。伊丽莎维塔为他生了两个女儿。两年后，哈拉尔德又爱上了一位挪威富商的女儿朵拉，朵拉为哈拉尔德生了两个儿子，后来他们先后成为挪威国王。1066 年，哈拉尔德三世进攻英国时在斯坦福桥战役中阵亡。相传，在哈拉尔德阵亡的那一天，他和伊丽莎维塔的大女儿玛丽亚也去世了。

关于伊丽莎维塔的结局，有两种版本。一种版本认为她改嫁给丹麦国王奥拉夫·斯文森，但绝大多数学者都不认可这种说法。另一种最有可能的版本是伊丽莎维塔在丈夫阵亡一年之后去世，她的小女儿英吉格尔德嫁给了丹麦国王奥拉夫·斯文森，成为丹麦王后。

雅罗斯拉夫的小女儿安娜·雅罗斯拉夫娜公主的出生时间不详，综合各种史料，她应该出生于1025年至1036年之间。《往年纪事》中仅提到了她的名字，但对她的童年和少年时代只字未提。1051年，法国国王亨利一世迎娶了罗斯的安娜公主，中古时期西欧的史学作品经常把她称作"来自罗斯的安娜"。

1052年，安娜生下一子，取名为腓力，他就是后来的法国国王腓力一世。随后，安娜又生了两个儿子——罗伯特和于格。罗伯特在童年时代就去世了，于格后来成为韦尔芒杜瓦伯爵。

1059年，亨利一世去世，腓力一世即位。安娜与摄政王弗兰德斯[①]的鲍德温公爵一起辅佐腓力国王。在丈夫去世后不久，安娜就选择嫁给了在法国宫廷中位高权重的拉尔夫伯爵。事实上这桩婚姻充满了争议。安娜是法国的王太后，却屈尊降贵嫁给了臣子，为了这桩婚姻，她放弃了自己小儿子于格的监护权，而那一年，小王子休才7岁。拉尔夫伯爵指控自己的第一任妻子和他人私通，把她

---

① 西欧的一个历史地名，古代的弗兰德斯包括今比利时的东弗兰德省和西弗兰德省、法国的加来海峡省和诺尔省、荷兰的泽兰省。

赶出了家门，他在没有与前妻解除婚姻关系的情况下迎娶安娜王太后，犯了重婚罪。

法国天主教会立刻对这一桩违反基督教人伦纲常的婚姻进行了调查。1061 年秋天，法国兰斯大主教热尔维向罗马教皇亚历山大二世禀报："我们的王太后与拉尔夫伯爵缔结了新婚，国王和王室对此悲痛欲绝。"拉尔夫伯爵的第一任妻子也向罗马教会提出了申诉。次年拉尔夫伯爵被罗马教会革出教门。但仅仅 9 年后，也就是 1070 年，弗兰德斯王位继承战争爆发，腓力国王需要盟友，拉尔夫伯爵再次进入了法国王室的核心圈子，

1060 年，安娜王太后在桑利斯建立了圣文森特修道院，据说她是在为自己的这桩非法婚姻悔过。1069 年，腓力国王为这座修道院授予了特权。安娜王太后死于 1075—1078 年，圣文森特修道院会在每年的 9 月 5 日为她举行纪念活动。[25]

雅罗斯拉夫时代的终结

1045 年，"智者"雅罗斯拉夫的王后英吉格尔达随丈夫一同前往诺夫哥罗德，参加了圣索菲亚大教堂的奠基仪式。1050 年，英吉格尔达在诺夫哥罗德去世。在俄罗斯东正教中，英吉格尔达王后被尊称为诺夫哥罗德的安娜，俄历的 2 月 10 日和 10 月 4 日是她的纪念日。在东正教中，她也被尊称为伊琳娜大公夫人。

1052 年，雅罗斯拉夫大公的长子弗拉基米尔·雅罗斯拉维奇在诺夫哥罗德去世，人们把他安葬在他生前亲自奠基并督建的诺夫哥罗德圣索菲亚大教堂里。这座教堂是今俄罗斯境内现存最古老的

建筑物，共有 6 个穹顶，中间一个最高，为金色，其他 5 个穹顶则为银色。15 世纪时，弗拉基米尔·雅罗斯拉维奇也被东正教会封圣。

1054 年春，雅罗斯拉夫大公在维什戈罗德城走到了生命的尽头。临终前，他立下遗嘱，告诫子女们："我的孩子们，我就要离开人世了，你们要和睦相处，因为你们是同胞手足。如果你们相互友爱，那么上帝就将与你们同在，并帮助你们战胜敌人，让你们在和平的环境下生活；如果你们相互仇恨、争吵和内讧，那就是自取灭亡，也将毁掉你们的祖父和父亲历尽千辛万苦打下的江山。所以你们要和睦相处，兄弟之间要相互尊重。现在我将大公之位托付给你们的兄长伊兹雅斯拉夫 ①。你们要听他的话，就如同听我的话一样，就让他来接替我吧。我把切尔尼戈夫城交给斯维亚托斯拉夫，把佩列亚斯拉夫利城交给弗谢沃洛德，把（西）弗拉基米尔城交给伊戈尔，把斯摩棱斯克城交给维亚切斯拉夫。"

就这样，雅罗斯拉夫大公做主，给每一个儿子都分配了领地，禁止他们侵占其他兄弟的领地，或者把其他兄弟从王位上赶走。他对伊兹雅斯拉夫说："如果谁要是欺凌兄弟，你一定要保护受害者。"

2 月 19 日这天是星期六 ②，基辅大公雅罗斯拉夫与世长辞，终

---

① 1052 年，雅罗斯拉夫的长子弗拉基米尔·雅罗斯拉维奇在诺夫哥罗德去世，因此王位由次子伊兹雅斯拉夫继承。

② 《往年纪事》记载弗拉基米尔是在星期六去世的，根据儒略历推断，1054 年 2 月 19 日这一天为星期六，但基辅圣索菲亚大教堂墙壁铭文上记录雅罗斯拉夫大公去世的日子是 2 月 20 日，此处存有争议。

年 76 岁。弗谢沃洛德^①为自己的父亲更换衣服，整理遗容，然后将遗体安放在雪橇上，送回基辅。护送的教士们唱着安魂曲为大公送行，沿途的百姓无不垂泪。灵柩运到后，人们把大公遗体放入圣索菲亚大教堂的大理石棺椁中，所有人都为之痛哭不已。²⁶

教堂的墙上刻有重要的铭文："我们的沙皇^②故去了。"这是"沙皇"这个称号第一次被用于罗斯的统治者。这意味着在罗斯人眼中，雅罗斯拉夫大公可与罗马帝国和拜占庭帝国的诸位伟大皇帝相媲美。²⁷后来雅罗斯拉夫大公被东正教会封圣。

雅罗斯拉夫大公在位 35 年，其统治时期是罗斯历史上最强盛的时期。他不仅是优秀的政治家和外交家，还是一位英明的统帅和勇敢的战士。尽管他并不强壮，甚至生下来就有些瘸腿，但他经常亲自率领军队上阵拼杀。他出生在一个多神教环境中，却最终成了一名虔诚的基督徒。

雅罗斯拉夫应该是弗拉基米尔一世诸子中文化程度最高的，他多才多艺。在位期间，他曾大规模地扩建基辅城，建立了许多教堂，那时的基辅已经有大约 400 座教堂。由他设计建造的金门，给当时到过基辅的外国人都留下了深刻的印象。此外，他还在伏尔加河和波罗的海沿岸建立了城市，例如我们前文提到的雅罗斯拉夫尔和尤里耶夫。

雅罗斯拉夫大公对教育事业非常热心。他兴办学校，传播知识，

---

① 雅罗斯拉夫大公临终前，只有四王子弗谢沃洛德·雅罗斯拉维奇留在身边，因为父亲最疼爱他，总是把他留在身边。

② "沙皇"源自拜占庭皇帝的尊号之一"凯撒"，俄语为 Царь，常见的中文翻译为"沙皇"。

领导设立了基辅的第一批图书馆。许多古典时代作家的经典著作、拜占庭的宗教哲学家和历史学家的著作在他的大力支持下被翻译成古斯拉夫语。

雅罗斯拉夫本人非常喜欢与知识渊博的学者长时间地讨论宗教哲学问题。因此，他得到了"书痴"和"智者"的绰号，历史上习惯将其称为"智者"雅罗斯拉夫。

在"智者"雅罗斯拉夫去世后，根据他的遗嘱，基辅王位按王室成员的年龄长幼依次继承。按照规矩，王位总是要传给王族中年龄最大的人，因此在绝大多数情况下，大公去世后，其弟弟在王位继承次序中往往要优先于儿子，这实际上是一种近似于"兄终弟及"的王位继承方式——但又不完全是，因为如果叔叔的年龄小于侄子，那么侄子就有王位继承的优先权。笔者把这种王位继承方式称为"年长者继承制"。

然而，这种继承王位的方式有严重的缺陷：大公们并不希望把王位传给最年长的兄弟，而是希望传给自己的长子。此外，这种传位方式也并不总是与民众的意愿相吻合，经常会引发尖锐的社会矛盾。在雅罗斯拉夫大公的儿子们还在世的时候，这种王位继承制度是有序可循的，但当他们全都去世之后，王族中最年长者可能根本就不是时任大公的儿子，因此，在此后近两个世纪中，罗斯经常因为王位继承权问题而被搞得四分五裂。

第三节　"智者"雅罗斯拉夫时代的教堂和教会

第一位罗斯人都主教伊拉里昂

在雅罗斯拉夫时期，基督教会在罗斯变得更加普遍，并在社会中获得了一定的影响。"智者"雅罗斯拉夫建立了圣格奥尔基修道院和圣伊琳娜修道院。格奥尔基和伊琳娜分别是"智者"雅罗斯拉夫和大公夫人英吉格尔达的基督教教名，因此这两座修道院的王室色彩特别浓厚。除此之外，修道院开始出现在大城市和乡村地区，标志着基督教的进一步传播和教会在罗斯社会中作用的加强。

11世纪50年代，"智者"雅罗斯拉夫经常住在基辅附近的别列斯托沃村。这里原本是基辅大公的行宫，"智者"雅罗斯拉夫特别喜欢建在这里的教堂，许多著名的教士都在这里修行。其中有一位名叫伊拉里昂的神父，他是一位受人敬重、学识渊博的修士。伊拉里昂从别列斯托沃出发来到第聂伯河畔的一处山岗。他挖了一个洞口有2俄丈①宽的小山洞，住在山洞里，花很长时间祈祷、冥想、斋戒和著书立说。他隐居的这个地方后来就逐渐形成了著名的基辅洞窟修道院，也可以音译为佩乔尔斯克修道院。[28]

伊拉里昂拥有许多创作于11世纪40—50年代的作品。这其中最有代表性的是《论教规与神恩》。这是11世纪罗斯思想文化史的一座丰碑。在这部作品中，伊拉里昂系统地阐述了古罗斯的国家意识形态，这影响了11世纪其他罗斯学者的学术观点。他们共同

---

①　1俄丈约等于2.134米。

阐述了当时罗斯的国际地位，罗斯大公对罗斯统治的合法性以及罗斯教会的重要性。

《论教规与神恩》完成的时间在 1037—1050 年。要了解这部作品的重要性，我们首先应该简要描述一下它产生的历史背景。

"智者"雅罗斯拉夫统治的时代是罗斯的黄金时代。基辅城的扩建，圣索菲亚大教堂的竣工，最古老的编年体史书的出现，《罗斯法典》的颁布以及文化领域的欣欣向荣都是这个黄金时代的重要体现。1037 年的罗斯编年体史书中第一次对雅罗斯拉夫大公冠以"智者"之称。从那时起，罗斯和西方国家在政治、经济、文化方面的联系迅速加强。罗斯通过与西方国家的联姻也极大地提高了自己的国际地位。1046 年罗斯大公"智者"雅罗斯拉夫第四子弗谢沃洛德与拜占庭皇帝君士坦丁九世的女儿联姻一事就引起了整个欧洲的广泛关注。

近 200 年间，罗斯和拜占庭的关系非常复杂，每隔 30—40 年都会爆发一次大规模的战争，签订条约后又会有一个相当长的和平时期。他们之间的每一次战争和每一次谈判事实上都和所谓的"国际声望"有关。罗斯历代大公一直试图将其国际地位提升到和拜占庭帝国一样的高度，罗斯统治者总是希望通过与拜占庭的战争和媾和来获得某些政治成果，并得到国际社会的认可；而每到条约期满，罗斯人又会发动新的战争。拜占庭则小心翼翼地保护着自己独特的历史地位，与包括罗斯在内的所有"蛮族国家"都保持一定距离。站在拜占庭人的角度，他们似乎并不理解为什么罗斯人总是对拜占庭人充满了那种无缘无故的敌意。拜占庭历史学家米哈伊尔·普谢尔在自己的专著中提到 1043 年战争时如此描述："这个野蛮人国家总是寻找各种理由与我们开战。"[29]

当然，我们不能把罗斯和拜占庭之间的所有问题都简单概括为政治声望问题。两国在黑海北部地区、克里木半岛、塔曼半岛和多瑙河下游地区存在领土纠纷，在商贸领域和宗教领域也存在矛盾。即使是在 1046 年罗斯和拜占庭再度联姻之后，两国关系也未得到根本改善，罗斯国力逐渐强大之后显露出的那种傲慢总会让拜占庭帝国感受到一种令人恼火的压迫感。

1051 年，"智者"雅罗斯拉夫并未通知希腊教会，就任命伊拉里昂为罗斯的都主教，此外，罗斯当局还要求将"红太阳"弗拉基米尔一世封为圣徒。这无疑是在向拜占庭宣示罗斯教会的独立性和罗斯国家的主权，这是拜占庭当局所无法接受的。

在伊拉里昂的《论教规与神恩》中，第一次把罗斯称为"像罗马帝国那样的伟大国家"。他把罗斯解释为"罗马帝国的伟大继承者"，伊拉里昂认为"红太阳"弗拉基米尔一世接受基督教的行为和罗马使徒们的行为同样伟大。如果罗马赞美称颂使徒彼得和保罗，那么罗斯也有值得称颂和赞美的圣徒和导师，那就是老伊戈尔大公的孙子、光荣的斯维亚托斯拉夫大公之子、伟大的可汗弗拉基米尔一世。在伊拉里昂的著作中，"红太阳"弗拉基米尔的双重身份——多神教王公和罗斯使徒——完美地结合了起来。他作为罗斯的统治者，以英勇无畏、坚忍不拔的精神闻名于世。

伊拉里昂经常将"红太阳"弗拉基米尔一世与罗马皇帝君士坦丁大帝相提并论，他认为二人让他们统治的整个国家都接受了基督教信仰。正如君士坦丁大帝和他的母亲叶莲娜从耶路撒冷带来十字架并建立了对罗马帝国的信仰一样，弗拉基米尔一世和他的祖母奥莉加大公夫人也从"新耶路撒冷"——君士坦丁堡带来了十字架，并让罗斯全境接受了基督教。弗拉基米尔一世的儿子"睿智的可汗"雅罗斯拉夫延续了他的事业，增强了罗斯人的宗教信仰和国家的实力。值得一提的是，伊拉里昂有意将"红太阳"弗拉基米尔和"智者"雅罗斯拉夫大公称为可汗（可汗是东方统治者的最高头衔，相当于拜占庭帝国的皇帝），这也反映了 11 世纪的罗斯有着更高的政治诉求。

伊拉里昂在他的整个思想体系中几乎没有提到拜占庭对罗斯的影响力。只是描述弗拉基米尔一世的伟大功绩时提到他对拜占庭帝国所取得的辉煌的军事胜利。还应注意到伊拉里昂在《论教规与神恩》中提到弗拉基米尔一世是自己做出"罗斯受洗"的决定的，而并非受到拜占庭的影响，也不是拜占庭的大牧首促使罗斯接受基督教。他强调弗拉基米尔一世的行为是来自神的启示。这显然与历史事实不符，大量史料可以佐证弗拉基米尔一世接受基督教是罗斯和拜占庭达成协议的条件之一。伊拉里昂的著作描述了弗拉基米尔一世对圣洁的坚持和他的"虔诚"。这里有一个很明确的暗示，那就是理应将这位"红太阳"弗拉基米尔封圣。

伊拉里昂在广泛的国际背景下审视了罗斯的历史及其统治者的丰功伟绩。他认为罗斯接受基督教的动因来自罗马帝国，而非拜占庭帝国。罗斯大公国和拜占庭帝国在政治地位上应该是平等的，罗斯教会也不应该从属于希腊教会。类似的观点也反映在古罗斯的编年体史书中。11 世纪的罗斯编年体史书对当时罗斯的国际地位和罗斯与拜占庭关系的描述，和伊拉里昂的观点基本一致。这反映了正处在上升期的罗斯大公国的政治诉求。[30]

伊拉里昂同时代的学者的观点也大体相同。雅科夫·穆尼赫在自己的作品《对弗拉基米尔（一世）的纪念和赞美》中也将弗拉基米尔一世比作罗马的君士坦丁大帝，而将奥莉加大公夫人比作君士坦丁大帝的母亲叶莲娜皇太后。他把弗拉基米尔一世描绘为使徒，将其称为圣弗拉基米尔；[31] 涅斯托尔所著《鲍里斯和格列布的生平事迹》中也将弗拉基米尔一世描述为君士坦丁大帝第二，并认为是他独立做出了关于"罗斯受洗"的决定。[32] 每隔一段时间，罗斯的学者们就会写出类似观点的作品，这些作品的理论源头很可能都出自伊拉里昂的《论教规与神恩》。

"智者"雅罗斯拉夫时代的第一部《罗斯基督教会章程》也是在伊拉里昂的帮助下制定的。教会的司法部门可以处理与婚姻和家庭有关的一些案件。《罗斯基督教会章程》的颁布对于推动罗斯社会的发展起到了重要作用，《罗斯基督教会章程》体现了以下内容：

1. 强调私有财产神圣不可侵犯；

2. 维护罗斯中央政府的权威；

3. 促进一夫一妻制家庭观念的形成，摒弃多神教的一夫多妻制。废除多神教的抢婚习俗，严禁父母包办婚姻，保护妇女的尊严和荣誉，让妇女在法庭上拥有更广泛的权利；

4. 捍卫基督教的道德准则，呼吁人道主义，对多神教时代罗斯社会那种野蛮状况进行抑制和改善。[33]

鉴于伊拉里昂在塑造罗斯国家意识形态方面做出了巨大贡献，17 世纪晚期，俄罗斯东正教会为伊拉里昂封圣。圣伊拉里昂在东正教中的纪念日为俄历 9 月 28 日，也就是公历的 10 月 11 日。

安东尼修士与基辅洞窟修道院的建立

1051 年，在罗斯主教大会上，伊拉里昂被选为都主教，并得到了"智者"雅罗斯拉夫的任命，于是他就离开了自己隐居的洞窟，去了基辅圣索菲亚大教堂就职。这个洞窟空置了一段时间后，另一个修士住了进去，他的教名叫安东尼，俗名叫安提帕，他也有一段传奇的故事。

安提帕大约在 983 年出生于柳别奇城。少年时代，他认为自己蒙上帝启示，立志外出云游四方。他来到希腊的圣山①并走访了那里的所有修道院，爱上了修行的生活。于是，他来到当地的一座修道院，要求出家修行。修道院的院长答应了他的要求，为他剃度②，并赐他安东尼的教名。修道院院长耐心教导他，为他讲述修士的道德规范，教他如何修行。后来修道院院长对他说："你回罗斯去吧，在那里你将得到圣山的祝福，许多人会因为你走上修行之路。"修道院院长为他送行，并祝福他一路平安。

安东尼回到基辅之后，考察了各家修道院，但没有一处令其满意。他开始沿着密林和山岗寻找所谓的"上帝启示之地"。后来，当他找到伊拉里昂曾经修行的山洞之时，一下子就喜欢上了这里。他流着眼泪向上帝祈祷："主啊，就让我住在这里吧，愿圣山和为

---

① 即阿索斯山，这是希腊东北部的一座半岛山，为希腊国内的一个自治政体，阿索斯山一共有 20 余处东正教修道院，直接由君士坦丁堡普世大牧首管辖。

② 又称剃发礼，即剃去头皮顶部的头发或者所有头发，以表示现身信仰。这有些类似于佛教的剃度仪式。这个仪式曾经在天主教和东正教中极为流行。但根据《哥多林前书》的记载，剃度只在修士身上进行，修女只要戴上头巾就可以了，不必进行剃度。

我剃度的恩师赐福于我。"他开始在这里住下来，每天向上帝祈祷，每隔一天吃一次干面包，对饮水也有所控制。他还很少睡觉，除了祈祷，就是不分昼夜地挖洞劳作，不让自己有片刻安歇。后来，附近一些善良的民众知道了这件事，纷纷来看望他，给他带来了各种生活必需品。人们称他为"伟大的安东尼"，各地民众纷纷来到他的住处，希望得到他的祝福。当"智者"雅罗斯拉夫驾崩之时，安东尼的大名已经传遍了整个罗斯。新任基辅大公伊兹雅斯拉夫也曾带着自己的亲卫队来找安东尼，希望得到他的祝福。

"伟大的安东尼"在罗斯成了家喻户晓的人物，受到了大家的尊重。很快就有一群修士聚集在安东尼身边，安东尼接纳了他们，为他们剃度，和他们一起修行。追随在他身边的有 12 个人，他们挖了一个更大的山洞，建起了教堂和修道用的斗室。当修士们聚在一起时，安东尼对他们说："兄弟们，是上帝安排你们到这里的，你们在这里受到了圣山的祝福，我的恩师在圣山为我剃度，现在我又为你们剃度，愿主赐福于你们，愿圣山赐福于你们。"安东尼继续说："你们要适应我离开后的生活了。我会给你们委派一位修道院院长。我想一个人到山上去过离群索居的生活，我更习惯于那样的生活。"安东尼委派瓦尔拉姆做他们的修道院院长，自己到山上又挖了一个山洞，住在里面。他在这个山洞里修行了 40 年，从未出过山洞，也在这个山洞里度过了自己的余生。后来，安东尼修士被东正教会封圣，他被尊为罗斯所有修士的领袖。东正教中安东尼的纪念日为俄历每年 7 月 10 日、9 月 2 日和 9 月 28 日。

安东尼离开后，瓦尔拉姆① 修道院院长和其他修士仍住在原来的洞窟里。由于前来修行的人越来越多，之前的山洞已经住不下，修士们想在山洞之外盖一座小教堂，于是他们就随同修道院院长一起来见安东尼，对他说："父亲啊，原来的山洞住不下了，请您向上帝祈祷，让我们在山洞之外再建一座修道院吧。"安东尼同意了，他们回去后就在居住的洞窟上方盖了一座小型的圣母安息教堂。

后来修士们越聚越多，他们同修道院院长再次来见安东尼，对他说："父亲啊，弟兄们的数量不断增加，所以我们想再盖一座修道院。"安东尼高兴地说："上帝看顾一切，圣母和圣山的神父们将同你们一起祈祷。"他委派一名弟子去见伊兹雅斯拉夫大公，对他说："大公，蒙上帝恩典，我们的弟兄增多了，可我们的地盘太小了，请您把我们山洞上面的那座山赐给我们吧。"伊兹雅斯拉夫大公痛快地派了一名臣僚去传旨，将那座山赐给了这些修士。

修道院院长和修士们一起为新的修道院奠基，并把它用栅栏围起来，又修建了大量修道的斗室。修道院建成之后，修士们又用许多圣像来装饰它。由于修士们先前都是住在山洞里，所以这座修道院又被称为洞窟修道院。洞窟修道院的发展历程深受拜占庭圣山修道院的影响。

洞窟修道院竣工之后，瓦尔拉姆担任修道院的院长。此时伊兹雅斯拉夫大公又修建了一座圣德米特里修道院② ，由于大公本人的

---

① 基辅洞窟修道院首任院长，后被东正教会封圣，东正教中他的纪念日是俄历9月28日和11月9日。

② 基辅的这座圣德米特里修道院已经湮没在历史的长河中，我们无从知晓它的具体位置。

教名是德米特里，所以这座修道院以德米特里的名字命名。大公嫉妒洞窟修道院日益增长的声望，于是把瓦尔拉姆调往圣德米特里修道院做院长，想利用自己的财富和权势让圣德米特里修道院压过洞窟修道院一筹。但事与愿违，王公贵胄用钱财堆砌出来的修道院有不少，但洞窟修道院是安东尼和他的弟子们用泪水、汗水、祈祷和无数不眠之夜构筑的，此二者不可同日而语。

当瓦尔拉姆去圣德米特里修道院担任院长之时，修士们又去找安东尼长老，对他说："请您再为我们指定一位修道院院长吧。"安东尼问："你们希望谁当院长呢？"修士们说："我们听上帝和您的。"安东尼说："在你们当中，费奥多西①最为恭顺、忠厚和谦逊，让他来担任修道院院长再合适不过。"大家都很高兴，向安东尼鞠躬行礼拜谢，于是费奥多西就成了洞窟修道院的第二任院长，这时候洞窟修道院的修士有 20 人。费奥多西接管修道院之后，勤俭节约，严格斋戒和垂泪祈祷，越来越多修士聚集到了洞窟修道院，修士的人数很快就达到了 100 人。

费奥多西非常希望能寻求一套适合罗斯修士的教规。恰巧希腊斯图季修道院②的修士米哈伊尔云游至此，他和未来的格奥尔基都

---

① 基辅洞窟修道院第二任院长，创始人之一，后来被东正教会封圣，东正教中他的纪念日为俄历 5 月 3 日、8 月 14 日、8 月 28 日、9 月 2 日。许多中国译者根据希腊文的发音将其译为狄奥多西。

② 中世纪君士坦丁堡最著名的修道院，也是著名的文化教育中心，斯图季修道院在 1204 年十字军东征和 1453 年奥斯曼土耳其人攻陷君士坦丁堡时曾遭到严重破坏，目前这座修道院的遗址仍然存在，只不过已经改为了穆斯林的清真寺。

主教[①]一起从希腊来到罗斯，于是费奥多西向他讨教斯图季修道院的教规，然后抄录下来在洞窟修道院里实施。例如，如何在教堂中举行祈祷仪式、如何祈祷、如何诵经、如何在教堂中站立等全部宗教程序，还规定了进餐时座位的排序和各种节日所吃的不同食物等。基辅洞窟修道院的教规制定之后，其他修道院也纷纷开始效仿。洞窟修道院被认为是罗斯最古老的和声望最高的修道院。罗斯流传至今的、最古老的一部编年史《往年纪事》的作者涅斯托尔也曾在洞窟修道院修行过。[34]

在费奥多西院长的领导下，洞窟修道院成为一个强大的宗教组织和经济实体，产生了巨大的社会影响力。费奥多西主张罗斯的统一，拒绝罗马教会对罗斯的影响，罗斯的历代大公都非常尊重洞窟修道院院长的权威。每次在出征前，大公往往带着他的臣僚和将军们去洞窟修道院请求神父们的祈福。伊拉里昂、安东尼、瓦尔拉姆和费奥多西等宗教苦行者最终成为罗斯教会的骄傲，他们也成为罗斯教会最早的一批圣徒。

---

① 伊拉里昂的继任者，大概在 1065—1077 年任罗斯都主教。

第四节 "智者"雅罗斯拉夫时代的政治、
经济和社会制度

罗斯的封建关系

10 世纪初至 11 世纪中叶，罗斯在一个相对有利的条件下发展，逐渐成为东欧地区的一个强国。罗斯的核心统治区域是以基辅为中心的第聂伯河流域中部地区和以诺夫哥罗德为中心的第聂伯河流域西北部地区。随后，它通过同哈扎尔人的战争逐渐把大部分东斯拉夫部落联合起来，巩固了自己的边境。此外，罗斯也从波兰人手中获得了切尔文诸城。在西面，罗斯的边界有时会接近多瑙河流域；在南边，哈扎尔汗国崩溃后，罗斯的居民点也开始出现在顿河流域和塔曼半岛。

随后，罗斯逐渐趋于稳定，新开垦的耕地大量出现，农业耕作技术得到改善，手工业也得到发展。罗斯与周边邻国的贸易往来日趋频繁，出现了许多新兴城市，一些原有的城市也逐渐发展壮大。

上一章提到，基辅大公是罗斯的最高统治者，王公和波雅尔大贵族地位次之，大公和王公们的高级亲卫队成员往往也是波雅尔大贵族中的一员。亲卫队从 10 世纪末到整个 11 世纪都承担了各种军事任务，他们越来越多地与行政机构相结合，成为国家权力机关的主要支柱。前文提到 1043 年罗斯和拜占庭战争期间那位与失去战船被困岸上的 6000 名士兵同生共死的罗斯将军维沙塔就是雅罗斯拉夫大公高级亲卫队中的重要成员，也是一位著名的波雅尔大贵族，他的儿子扬·维沙季奇后来也成了罗斯的著名将领。

基辅大公是国家元首，掌管国家的行政和司法机构，又是最高军事统帅，经常亲自带兵出征。随着残余部落制度的逐步瓦解和消失，大公和他的臣僚在中央和地方的权力越来越大。那么大公首先代表哪些人的利益呢？

大公首先代表的是统治阶级的利益。罗斯的统治阶级由波雅尔大贵族、亲卫队、富商和神父等组成，往往是这些人才会关心如何维护自己的特权和财富。他们又是社会中最有进取心的那部分人，罗斯社会的进步也主要体现在这些人身上。因此，他们与大公政权相结合自然是合乎逻辑的。

另外，大公在某种程度上也代表了普通人的利益，尽管当时已经出现了阶级分化，但社会各阶层之间的贫富差距还不算很大，社会主体仍然是由许多自由人组成。大公政府在抵御外敌入侵、维护国内秩序、惩治刑事犯罪、保护个人私有财产方面也起到了重要的作用。

11—12 世纪，罗斯还保留着部落时代的许多遗风。比如讨论宣战、媾和、立法等重大问题时需要召开市民大会，所有自由人都可以参加。市民大会是古老的部落大会的延续，通常采用一致同意的决策原则，而非代议制那种少数服从多数的原则。[35] 乡村地区的法律诉讼是在当地村社代表在场的情况下进行的，这也是基于过去强大的部落传统。

11—12 世纪的罗斯与奥列格和伊戈尔时代相比，整个社会结构发生了巨大变化。土地对于当时的人们来说是最宝贵的财产，拥有更多的土地就保证了可以获得更多的财富。不仅是王公、波雅尔大贵族和亲卫队阶层，神职人员和富裕的市民也渴望拥有大量土地，进而获得更高的社会地位和更多的政治权利。

罗斯在建国之初，实行的是"巡行索贡"制度，大公、波雅尔大贵族和亲卫队可以随意抢夺平民的财物，被抢者还不得反抗。奥莉加大公夫人时代，罗斯当局开始向臣民定期收取贡物，虽说农民仍然拥有对自己土地的支配权，亦可算是自由农民，但他们在某种程度上已经成了国家的依附农民。此外，罗斯大公也开始强迫那些新征服地区的自由农民给政府缴税。收取的税款不仅为王室所用，也用来建设国家。罗斯当局通过对当地居民进行征税来体现对这些领土的所有权。

随着氏族公社的逐步瓦解，罗斯各地逐渐出现了贫富两极分化的现象，一部分人失去了土地，或者沦为乞丐，或者被迫在富人的土地上耕作。11 世纪中期，这一进程大大加快了。在基辅和诺夫哥罗德地区，越来越多的土地集中在私人手中。当然，王公们和波雅尔大贵族是最大的受益者。他们利用自己的权力和影响力，开始公开侵占原先氏族部落的公有土地，并强迫战俘为自己建造农场、私人豪宅和狩猎屋①。

之前，普通的自由农民与大公政府的联系只是每年缴纳一定的赋税而已，但在雅罗斯拉夫时代，他们却恐惧地看着自己的农田逐步被王公贵胄们的领地所包围和侵占。大公占有了最好的耕地、草场、森林、湖泊和渔场。许多失去土地的自由农民，无法维持生计，只得在大公的庇护下成为依附农民。

罗斯大公拥有自己的领地，他的家人、波雅尔大贵族和亲卫队

----

① 在森林中供主人在狩猎时休憩的小屋。

也建立了属于自己的领地。随着罗斯统一国家的出现，王公贵胄们有更多的机会侵占农民的土地和空闲地。从大公手中获得征税权是罗斯王公贵胄们发家致富的重要方式。前文提到一位名叫斯维涅里德的著名将军，他经历了伊戈尔时代、奥莉加大公夫人时代和斯维亚托斯拉夫一世时代。他的家族从历代大公那里得到了在德列夫利安地区征税的特权，这一地区就成了他的领地。

许多波雅尔大贵族和大公的亲卫队成员也会把自己的领地分给属下，这些属下也就成了他们自己的亲卫队成员。这有些类似中国西周时期那种分封制度，但与西欧的封建制度还是有很大的区别的。罗斯的最高统治者是大公，大公把土地分给波雅尔大贵族和他的亲卫队，这些波雅尔大贵族和亲卫队又把自己分到的土地分给他们自己的封臣。整个社会结构实际上是金字塔式的，而西欧的封建社会则完全不同。

中世纪西欧的封建社会，呈现的并非罗斯那样的金字塔式社会结构，而是一种网状的社会结构。例如，贵族甲把土地封给了贵族乙，根据双方签署的契约，甲是乙的封君，乙是甲的封臣；贵族乙有一块土地封给了贵族丙，那么乙就是丙的封君，丙是乙的封臣。但丙和甲之间并不存在直接隶属关系，甚至还有可能出现这样一种情况：丙有许多土地，分封了一块给甲，那么丙就是甲的封君，甲就是丙的封臣。也就是说，封君和封臣只是一种契约关系，并非真正意义的上下级关系。双方须严格遵守契约精神，封臣不必向封君履行契约之外的义务。这种权利与义务均建立在契约基础上、国王也不得干涉的网状结构，构成了西欧社会中的"封建自由"——这是后世西欧自由主义传统的来源之一。而中世纪的罗斯显然没有这样的自由主义传统。

在中世纪的罗斯，贵族的领地是一种世袭财产，它完全属于土地的所有者。不过土地的最终所有权则归属于基辅大公，大公可以把土地赏赐给领主，也可以以颠覆罪的名义从领主手中夺走土地并转赠他人。起初，只有高级亲卫才有权拥有土地，但11世纪末至12世纪初，大公的许多初级亲卫也获得了自己的领地。从11世纪开始，教会的领地也出现了，大公会赐予教会的都主教和主教大量土地。随着时间的推移，大公不仅授予手下土地，也允许他们在自己领地上行使司法权。大公的封臣也将部分土地和司法权授予自己的封臣，而在土地上劳作的农民和生活在城里的工匠则处在这种金字塔式社会的底层。

罗斯的领主主要靠依附于他们的农民和手工业者来养活，但他们并不满足现状，还继续把手伸向那些自由的村社和自由农民身上。大公继续把耕地、草场、森林和河流连同这些土地上的居民一起赐予封臣，这些居民就成了领主的依附人口，他们必须向领主缴纳一定的实物地租。当时罗斯的乡村以自给自足的自然经济为主，贸易并不发达，居民们必须把谷物、毛皮、蜂蜜、蜡和其他产品作为赋税交给他们的领主。他们还必须履行一些其他义务，例如，应领主要求，在夏季提供马车，在冬季提供由马拉的雪橇，还要从事修桥、补路等工作。先前，老百姓只是为大公和罗斯国家履行义务，而现在，他们还要为自己的领主（波雅尔大贵族，亲卫队成员，教堂、修道院的执事等）服务。

渐渐地，在农村中有一部分人因为种种原因（农作物歉收或者遭了兵灾等）而破产，他们向领主借贷，却无法偿还本金和利息，为了维持生计只能和领主签署契约，承诺为其工作，帮助领主种地、除草、收割、照看牲畜或做其他工作。这些人被称为"债民"。他们与领主签了合同，相当于把自己卖给了领主，在合同期满之前不能离开领主。

农村中另一部分人是被领主雇用在其土地上工作的，这些人可以领到一部分酬金，他们被称为"契民"；还有一部分人是罪犯，教会出面为其赎罪，他们获释后就为教会工作。

在城市和农村中地位最低的就是农奴。在11—12世纪，他们被固定在土地上，被迫为领主工作。随着时间的推移，越来越多人成为农奴，这主要有以下几种情况：

1. 自由人因家庭贫困而卖身为农奴；

2. 自由人在知情的情况下娶了女农奴为妻，那么他自己也将沦为农奴；

3. 自由人在未签署工作合同的情况下为他人工作，一经发现，该自由人则沦为农奴；

4. 农奴的子女生来即为农奴；

5. 犯盗窃罪、违反契约的农民和欠债而无能力偿还的农民会成为农奴；

6. 战俘也是农奴的主要来源。[36]

罗斯农奴的地位要高于古希腊罗马时代那种"会说话的工具"，他们有一定的社会权利。有时，在没有其他证人的情况下，农奴可以出庭作证。此外，基督教会在提高农奴的权利和地位方面也做了大量的工作，而且卓有成效。

我们只能说，虽然罗斯在11—12世纪出现了这种分封体制，但在罗斯广袤的领土空间内，仍存在大量的自由农民。他们拥有自己的土地，不依附于任何领主，只需要向大公政府缴税即可。在当时的罗斯社会，自由农民、工匠和商人仍然占大多数。

11—12 世纪的罗斯领主庄园

那么 11—12 世纪的罗斯领主庄园究竟是什么样的呢？一般说来，罗斯领主的庄园包括耕地、草场、森林、果园、菜园和狩猎场，这些构成了一个领地经济综合体。在领地中心有一个庭院，包括领主的豪宅和其他附属建筑。领主们抵达庄园时就在这里下榻。

无论是在城市里还是在乡下，王公和波雅尔大贵族的宅院都被石墙或者木栅栏围起来，大门都很坚固。院中一般都有一座高大的木制塔楼建筑，该独立建筑由许多房间组成，有带壁炉可供取暖的房间，也有不带壁炉的房间，以及冷藏室和储藏室。一条长长的走廊把各种房间连接起来。宅院中往往都有一个很大的厅堂，领主往往会在这里召集他的亲卫。

院子里还有许多住宅供领主的执事、管家、马厩长、村社社长和其他一些管理人员居住。他们的住宅旁边是储藏室、谷仓、冰窖、地窖等，这是领主们储存粮食、肉类、蜂蜜、酒和蔬菜的地方，一些沉重的大件物品，例如铜、铁制成的物品也被存放在这里。宅院里还有厨房、牲口棚、铁匠铺、柴房、谷仓和打谷场。11 世纪罗斯贵族的宅院能让人联想到英国和法国的男爵领地。

俄罗斯著名历史学家雷巴科夫通过研究为我们还原了一座 11世纪罗斯王公的大宅，它的主人是"智者"雅罗斯拉夫的孙子弗拉基米尔·莫诺马赫。这座大宅也是一座古堡，矗立在柳别奇古城附近的一座高山上，是第聂伯河上游的重要堡垒之一。莫诺马赫委派了当时最好的泥瓦匠、木匠和铁匠来承担城堡的建造任务，并委托自己在柳别奇地区的亲信来监督工程的进度。

整座城堡的占地面积为 35 俄丈 ×100 俄丈，城堡的外墙由切割好的巨大的橡树圆木组成。工匠们先砌好一格一格的墙框，然后把 4 个人才能勉强抬动的原木推进墙框里，最后用黏土填充原木之间的缝隙。城墙上有木制或者石制的瞭望塔。

城堡的三面均是陡峭的悬崖，只有通过正面的斜坡才能登上山顶进入城堡。城堡的大门处有护城河，护城河上有吊桥。进入城门后，能看到一条向上的狭窄通道，通道的两侧都是高高的围墙，走过这条通道就能看到城堡的主城了。如果敌人占领了第一道城门，并闯入通道，那么他们将会遭遇两侧城墙上守军们的攻击；如果敌人扛住了攻击突进到主城的正门，等待他们的则是自主城墙上袭来的巨大圆木。

主城城门的两边各有两座塔楼，进攻方很难从这里突破。要进入主城还要穿过一条长长的通道，通道里从上到下，有三层掩体用以阻止敌人。通道尽头是一个小庭院，这里有通向城墙的通道。小庭院里住的是守城军士，里面有一些带壁炉的小房间，可供军士们在寒冬取暖。庭院周围的墙壁上有许多洞，洞里放着鱼干、蜂蜜、酒、小麦、大米。在这个院子里，还有一个供宫廷侍卫使用的棚子。

王公居住的宫殿本身就像一座真正的要塞，这是一幢三层的塔楼式建筑：最底层有烤炉、仆人的住房和储藏各种物资的储藏室；第二层是王公的豪宅，有一个宽敞的厅堂，用于聚会和各种宴会，厅堂旁边是王公的卫士们居住的地方，这里可容纳 100 多人。[①] 在宫殿附近建有一座屋顶覆盖着铅皮的小教堂。城墙根下，除了装有补给品的储藏室外，还埋有一些大铜锅，用来盛放滚油和开水。当敌人攻城时，守军可以用滚油和开水来攻击敌人。整座城堡固若金汤，可以长期抵御外敌。

宫殿、教堂甚至城墙上的某个储藏室中都有通往城外的秘密地道，在危急时刻，城中人员可以通过这些地道秘密撤离城堡。一般来说，仅仅靠城堡内的物资储备就可供 200—250 名守军支撑一年多时间。城堡之外是繁华喧闹的集市，这里住着商人、工匠、农奴和各种家仆，可以为柳别奇城堡里的王公和他的家庭成员提供一切必需品。[37]

11—12 世纪的罗斯城市

东斯拉夫人的城市早在罗斯出现之前就已经初具规模。起初这些城市要么是部落统治中心，要么是供奉多神教神灵的圣地或者是多神教庙宇所在地。在多神教时代，东斯拉夫人在祭司和术士的带领下，向雷神庇隆献祭。这时候城市已经是东斯拉夫人繁荣的商贸中心、手工业生产中心，以及作为防御工事的军事要塞。这些城市往往建立在巍峨的高山上，或者在水流湍急的大河附近，因为这些地方地势险要，敌人很难攻入。附近的居民亦可以得到城市的庇护。

随着罗斯经济、社会的发展，手工业、商业和农业持续不断地

---

① 目前尚不知晓第三层塔楼的用途。

进步，统一国家的出现及之前部落秩序的衰落，使得城市生活开始发生了明显变化。罗斯接受基督教后，许多古老的东斯拉夫城市开始衰落，旧的多神教圣地变得荒芜，原先居住在这里的多神教信徒纷纷去往其他地方去，一批新的城市发展起来了。

这些城市往往位于贸易路线上，商人和手工业者为这些城市所吸引，在那里兜售自己的商品。新兴的城市因此拥有巨大的经济实力和声望，它们也成为该地区的行政中心。王公们、波雅尔大贵族和亲卫队居住在那里，他们控制着当地的司法机构和该地区的所有土地。宗教活动也主要集中在城市里，教堂和修道院往往是这些城市的标志性建筑物，主教和修道院院长们在这里修行和传教，履行自己的职责。

城市通常具有军事要塞的职能，因此它们往往处于军事战略要地，防卫力量必不可少；城市还是重要的文化和艺术中心，市内大都设有图书馆，编年史家们在图书馆内勤奋且敬业地工作着。

西方城市往往是在古罗马城市和军事要塞的废墟上建立起来的。古罗马城市为当地培育了一批又一批的文化精英、军人、律师等富裕的中产阶层。虽说蛮族在入侵过程中大大破坏了此前罗马社会的城市生活，但随着时间的推移，这些古罗马城市的经济和文化潜力可以很好地为新的统治者所利用，罗马帝国最后的遗产全都融入了西方的大城市中，例如英国的伦敦、法国的阿尔勒和马赛、意大利的罗马和拉文纳。

罗斯的城市比东欧和北欧一些国家的城市，例如匈牙利、波兰、瑞典和挪威的城市更早出现，但罗斯城市没有西欧城市那样宏伟的遗产，主要是靠自身的力量发展起来的。与西方主要国家相比，罗斯城市相对落后。

10 世纪至 11 世纪初，罗斯大约有 30 个大型城市，这些城市大都拥有被称作"克里姆林宫"①的坚固内城。其中比较著名的城市有基辅、切尔尼戈夫、斯摩棱斯克、波洛茨克、诺夫哥罗德、苏兹达里、罗斯托夫、拉多加②、柳别奇、佩列亚斯拉夫利、佩列梅什利等。这些城市全都有坚固的城墙和成体系的防御工事，也有王公府邸、王室宫殿和行政机关。王公们在这里办公，也在这里征税。城市里也有贵族们的宅院。城市居民中有相当一部分是商人，包括富商、外国商人和小贩。他们组成了商业行会，制定了章程，也设立了货币基金，用来帮助资金暂时周转困难的商人。

在基辅、诺夫哥罗德、切尔尼戈夫和罗斯的其他大城市都有外国商人的宅院。来自哈扎尔汗国、波兰或斯堪的纳维亚国家的商人甚至在许多罗斯城市形成了自己的社区，也就是说，这些社区全部居住着来自某个国家的商人。亚美尼亚人和犹太人手中拥有巨额的商业财富和高利贷资本，他们也组成了大型社区。犹太商人通过与其他国家商人的商业往来，帮助罗斯与其邻国和其他欧洲国家建立了商业联系；亚美尼亚商人则帮助罗斯与高加索和西亚国家建立了贸易联系。

罗斯城市中也有许多来自伏尔加河保加利亚、波斯、花剌子模

---

① 克里姆林在斯拉夫语中是"内城"的意思，几乎所有古老的罗斯城市都建有克里姆林宫，而并非莫斯科所独有。

② 位于今俄罗斯列宁格勒州沃尔霍夫市辖区。

等国的商人。罗斯商人的足迹也遍及拜占庭帝国、波兰、匈牙利、神圣罗马帝国、斯堪的纳维亚国家和波罗的海国家。君士坦丁堡有一个罗斯会馆，经常有来自罗斯的商人入住。但拜占庭当局深知罗斯商人及其随从的狂妄自大和野蛮暴力，因此每次只允许不超过50人的罗斯商人进入城市，还要认真检查，确保他们没有携带武器。

在寒冷的冬天，许多商队沿着草原和森林的各条商路把大宗商品运至罗斯。其中，满载粮食的大车需要运往诺夫哥罗德，因为诺夫哥罗德地区的土地并不肥沃，粮食主要来自外部；南方的商人为罗斯带来了沃伦①地区的盐巴，北方的商人则运来了各种鱼类。各个国家的商人将他们的货物带到罗斯，这其中有来自拜占庭的丝织品、武器、教堂用具、宝石、金银器皿和装饰品，来自高加索、波斯、里海地区国家的熏香、香料、啤酒和葡萄酒，以及来自弗兰德斯的薄布。罗斯商人则向神圣罗马帝国、匈牙利、捷克、波兰等国购买武器、葡萄酒和马匹。

罗斯王室的代表也会直接参与贸易活动：他们或将货物委托给商人，或在众多贸易商队中派驻商会代表。基辅、诺夫哥罗德和其他罗斯城市的商人将自己的产品带到附近的城镇和村庄兜售。罗斯的蜂蜡、毛皮、亚麻布、各种银质工艺品、锁子甲、皮革、纺车、锁、铜镜和骨器在周边国家都很受欢迎。此外，罗斯商人也会向外国客商兜售奴隶，这些奴隶都是罗斯亲卫队在历次军事行动中抓到

---

① 沃伦城是切尔文诸城之一，位于普里皮亚季河南部支流盆地和西布格河上游，该地区现如今大部分位于乌克兰境内，少部分位于波兰境内。

的战俘。来自罗斯的奴隶在科尔松、保加利亚和君士坦丁堡的奴隶市场很常见。

　　每一个罗斯城市都有一个贸易中心吸引着周边城乡的工匠们。他们进城出售他们的产品，并购买他们所需要的任何东西。在基辅城，主要的商贸中心是第聂伯河支流波恰依纳河附近的波多尔。在那个时代的波恰依纳河码头上可以看到来来往往、络绎不绝的帆船和独木舟。希腊人、保加尔人、犹太人、波兰人、神圣罗马帝国人、捷克人、亚美尼亚人、阿拉伯人、瓦良格人和斯堪的纳维亚人说着不同的语言在这里从事商贸活动。河边和波多尔的街道上，都摆满了各式各样的货物：北方的商贩把北极狐皮、黑貂皮和黄鼬皮挂在杆子上招揽顾客，希腊人和阿拉伯人则在自己的摊位上摆满了各种名贵的丝织物、宝石、手镯和项链。

　　基辅的能工巧匠精心打造的各种商品在波多尔市场上随处可见：雕花的银盘、银制的耳环吊坠、金制的珐琅首饰、带有金银丝蟠花的耳环，以及用黑银①打制成的各种物品。沿着基辅山的山坡一直到第聂伯河和波恰依纳河沿岸，到处都是基辅工匠们的简陋住所，他们大都住在土坯房或者窑洞中，这些皮匠、铁匠、骨匠和木匠给罗斯市场带来了琳琅满目的商品。

　　各国的货币均在罗斯市场上流通，阿拉伯的迪拉姆、拜占庭的诺米斯玛、神圣罗马帝国的塔列尔，以及罗斯自己铸造的格里夫纳和库纳。在北方的森林和南部草原，珍贵的毛皮和牛皮也被用作一

---

　　① 由于纯银太过柔软或容易氧化，因此，工匠们会在纯银中加入某些其他金属，或者在打制的银制品上镀上黑色，这种银被称为黑银。

般等价物。前文提过，古罗斯的辅币被称作库纳，意思即貂皮。

在古罗斯的每一座城市里都有大教堂或者修道院。在基辅，最早的教堂是什一教堂，随后是圣索菲亚大教堂，后来在切尔尼戈夫建造了救世主大教堂，在诺夫哥罗德也建造了圣索菲亚大教堂。11世纪，基辅除了洞窟修道院之外，还有维杜比茨基修道院、圣德米特里修道院和圣伊琳娜修道院。修士的修行生活和古罗斯的城市生活密切相关。古罗斯城市的教堂和修道院都是由王公、波雅尔大贵族、富商甚至工匠们出资修建的。这些教堂和修道院的负责人都听命于罗斯教会的都主教。甚至在一些小的村镇也建有教堂，供当地的富人和他们的家庭成员做礼拜。[38]

古罗斯的亲卫队和军团

军人是古罗斯社会的重要组成部分，他们与大公、王公和波雅尔大贵族关系密切。在罗斯建国之初，曾有部落发动叛乱，基辅大公不得不动员全国大部分成年男子共同出征。这样的军队往往是临时组建的，战胜时获得大量战利品，遭受严重的失败时则有成千上万的人战死沙场。

随着罗斯军事实力的不断增强，一批职业军人出现了，这就是亲卫队。亲卫队分为高级亲卫队和初级亲卫队：高级亲卫不仅可以从大公或王公那里定期获得报酬，也能分到土地，他们除了作战之外，也担任大公或王公们的顾问，还承担政府管理、司法、税收和外交等方面的职能；初级亲卫只能得到一些报酬、战利品，担任大公或王公的贴身仆从或侍卫，为大公和王室成员提供各种服务。亲卫队是由古罗斯军队中战斗力最强、装备最精良的那部分人组成的。基辅大公的亲卫队有 500—800 人，这些人都配备了战马或舟船，他们手持马刀、长矛和佩剑，头戴什沙克①，身着锁子甲或板甲，用盾牌保护身体。大公和他的亲卫队并肩作战，大公的贴身卫士则用盾牌和身体保护他的安全。

古罗斯军队的主体部分则被称为"军团"。当国家遭遇外敌入侵处于危险之中，又或者大公需要发动大规模战争时，他会临时征召市民、庄稼汉和工匠组成军团。罗斯在与佩切涅格人、拜占庭帝国、波兰王国和哈扎尔汗国的战争中都组建了这样的军团。军团的最小作战单位为什夫队，由十几人组成，设什夫长一名；几个什夫队则构成一个百夫队，设百夫长一名；若干百夫队则构成一个军团，军团的统领为千夫长。当新战士来到军团时，会被分配到各个什夫队和百夫队。

军团战士是不配备板式铠甲的，锁子甲也非常少，盾牌则人手一个。他们手持弓箭、长矛或者能破开坚固铠甲的重斧，腰里挂着腰刀，随时准备和敌人肉搏。

古罗斯军队在行军时，号手吹起军号，大公和高举军旗的护旗手走在队伍的最前面，亲卫队紧随其后，后面则是军团，再往后是辎重车辆，车上放的是粮草和打包好的武器。一般说来，只有在开战前才分发武器和铠甲，以便做好战斗准备。

战斗往往以武士单挑开始。一方单挑获胜后，士兵们会欢呼呐喊，士气大振，然后向敌人发起进攻。《往年纪事》确切记载的有

①　一种顶部带尖儿的漂亮头盔。

两次武士单挑：一次发生在弗拉基米尔一世时代，一位罗斯老兵的儿子在单挑中杀死了佩切涅格人的勇士，之后，罗斯军队发起进攻并战胜了敌人；还有一次是"智者"雅罗斯拉夫的六弟穆斯季斯拉夫·弗拉基米罗维奇和卡索格王公列杰佳之间的单挑，穆斯季斯拉夫获胜后占领了列杰佳的领地，夺取了他的全部财产和妻子儿女。

在战斗中，经常会有一些雇佣军和盟友的军队配合罗斯军队作战，这其中包括瓦良格人和一些游牧族群的骑兵。雇佣兵和盟友是单独扎营的，只服从自己的指挥官，这些人在战斗失败的时候经常会逃离战场。在罗斯的内战中，有些王公会招募佩切涅格人和波洛韦茨人①的士兵。《往年纪事》中对这些王公勾结游牧族群来攻打自己同胞的行为经常给予强烈谴责。

罗斯军队在攻城时，会使用攻城锤②、投石车、云梯和攻城塔③。有了这些攻城利器，攻破城池和要塞不再是特别困难的事情。[39]

---

① 一般认为波洛韦茨人是今俄罗斯鞑靼人的祖先。相当一部分中国学者将其翻译为"波洛夫齐人"，这是由俄语单词 Половец（波洛韦茨人）的复数 Половцы（波洛夫齐）音译而来。本书则统一译为"波洛韦茨人"。

② 一根包有铁皮的巨大圆木，罗斯士兵把它装在马车上用来撞击城门。

③ 一种特殊的攻城武器，在底部装有四个轮子，其高度与城墙差不多或者高于城墙，士兵们站在塔顶向城里射箭，用以保护云梯和攻城士兵。攻城塔往往是用木头制作的，易燃，工匠们往往会在攻城塔外面包裹一层铁皮。

第 五 章

徘徊在历史十字路口的罗斯

第一节　伊兹雅斯拉夫一世统治时期

来自草原的新敌人

1055 年，遵照雅罗斯拉夫大公的遗嘱，他的次子伊兹雅斯拉夫·雅罗斯拉维奇继承了基辅大公的王位，[①] 史称"伊兹雅斯拉夫一世"。他的几位兄弟也分别在其他大城市担任王公。

对于罗斯人而言，来自南部草原的游牧族群佩切涅格人始终是最大的敌人。1036 年，"智者"雅罗斯拉夫率军在基辅城下彻底击溃了佩切涅格人，从此，佩切涅格部落彻底衰落，再也无法对罗斯构成威胁。11 世纪上半叶，来自草原的游牧族群波洛韦茨人取代了佩切涅格人成为罗斯新的威胁。波洛韦茨人从伏尔加河地区推进到黑海草原地带，又越过伏尔加河，出现在顿河流域，他们占领了顿河和第聂伯河之间一望无际的草原。佩切涅格人被迫西迁至多瑙河流域。

根据《往年纪事》的记载，1055 年，波洛韦茨可汗鲍卢什率领大军侵扰罗斯南部地区。"智者"雅罗斯拉夫的儿子、佩列亚斯

---

① 由于"智者"雅罗斯拉夫的长子弗拉基米尔早逝，伊兹雅斯拉夫是他健在的儿子中最年长的。

拉夫利王公弗谢沃洛德与他们签署和约，波洛韦茨人这才返回了他们的驻地。[1]

1061 年，波洛韦茨人再次进攻罗斯南部边境，2 月 2 日[①]，弗谢沃洛德率军迎战，遭遇失败。但波洛韦茨人并没有深入罗斯腹地，而是向西进入顿河和多瑙河流域。

波洛韦茨人在扩张过程中摧毁了他们前进道路上的一切障碍。他们把大量农田变成了牧场。冬天他们会南下到温暖的黑海海岸过冬，夏天他们会向北移动。他们的牲畜在茂盛的草原上茁壮成长，秋高马肥之际，所有的波洛韦茨成年男子都会外出劫掠。大批波洛韦茨的战士骑着马，手持弓箭、马刀、长矛和套索，发出刺耳的嚎叫声突然出现在惊恐万状的敌人面前，刹那间万箭齐发……消灭敌人之后，他们又会迅速消失，只留下被焚毁的废墟。接下来，他们会把大批的战俘卖往南方的奴隶市场。

大部分游牧族群的战术都是出其不意地发动进攻，先击溃弱敌，迫使对方屈服，然后分化瓦解敌军，最后逐个消灭。波洛韦茨人也不例外。当遭遇强敌时，他们也知道如何应对：他们会迅速把自己的牛车或马车围成几个环形工事，在车身上覆盖牛皮，防止敌人火攻，战士们就隐蔽在这样的环形工事中奋力抵抗；他们也会突然派出骑兵冲出阵地去袭扰进攻者。

随着时间的推移，在南俄草原定居下来的一些波洛韦茨部落开始采取半农耕的生活方式，在他们的活动区域内也出现了一些土城

---

① 这是《往年纪事》在记述非宗教事件时提到的第一个确切日期。参见 Повесть временных лет，C.173。

墙围起来的小城镇。顿河地区的波洛韦茨人的统治中心为沙鲁坎城①，这是以著名的波洛韦茨可汗沙鲁坎的名字命名的。

历史上的波洛韦茨部落和罗斯长期处于战争状态，但也有过短暂的和平时光。双方在边境地区的贸易往来非常频繁。罗斯诸王公和波洛韦茨的可汗们也经常联姻。"智者"雅罗斯拉夫的第四子弗谢沃洛德·雅罗斯拉维奇的第二任妻子就是一位波洛韦茨公主，伊兹雅斯拉夫一世的儿子斯维亚托波尔克·伊兹雅斯拉维奇也娶了一位波洛韦茨公主。罗斯王公在内战中也经常会求助于波洛韦茨人。

罗斯季斯拉夫出走特穆塔拉坎

"智者"雅罗斯拉夫的长子名叫弗拉基米尔·雅罗斯拉维奇，死于 1052 年。弗拉基米尔有一个儿子名叫罗斯季斯拉夫·弗拉基米罗维奇。根据"智者"雅罗斯拉夫的遗嘱，大公之位由王族中最年长者继承，那么罗斯季斯拉夫继承王位的可能性微乎其微，因为他所有的叔叔都比他年长。

伊兹雅斯拉夫做了基辅大公之后，任命罗斯季斯拉夫为罗斯托夫王公，又将其调至弗拉基米尔－沃伦公国。罗斯季斯拉夫非常不满这样的安排，于是率领几个亲信逃到了特穆塔拉坎。特穆塔拉坎公国早些年是"智者"雅罗斯拉夫的弟弟穆斯季斯拉夫·弗拉基米罗维奇的领地，此时当地王公为罗斯季斯拉夫的堂弟格列布·斯

---

① 具体位置已经不可考，一说在今乌克兰哈尔科夫附近，一说在乌克兰的伊久姆附近。

维亚托斯拉维奇①。罗斯季斯拉夫赶走了格列布之后自己做了特穆塔拉坎的王公。

1065 年，切尔尼戈夫王公斯维亚托斯拉夫·雅罗斯拉维奇为儿子出头，率军攻打特穆塔拉坎，罗斯季斯拉夫见势不妙，主动撤出了城市。斯维亚托斯拉夫帮助儿子格列布夺回王位后就撤回了切尔尼戈夫。罗斯季斯拉夫卷土重来再次把格列布赶走，格列布被迫再次逃往切尔尼戈夫投奔他的父亲。

罗斯季斯拉夫是一个威武强壮、身材匀称的美男子，对穷人富有同情心，在特穆塔拉坎的民众中颇有威望。他向当地的卡索格人和其他族群征税，这引起了拜占庭帝国的不安。特穆塔拉坎邻近黑海和亚速海，与拜占庭帝国的领土接壤。拜占庭人非常担心罗斯季斯拉夫向高加索和克里木半岛南部扩张，于是派了一个刺客去刺杀他。刺客来到特穆塔拉坎之后，很快就骗取了罗斯季斯拉夫的信任，混入了他的亲卫队。

有一次，罗斯季斯拉夫宴请亲卫队，刺客事先在自己的指甲缝里藏了毒药，然后向罗斯季斯拉夫祝酒。他说："王公，让我们为您的健康干杯。"说完，他端起一杯酒喝了一半，趁人不备，把藏有毒药的那个手指在酒杯里蘸了一下，然后把剩下的另一半酒献给罗斯季斯拉夫。王公和亲卫队亲如兄弟，不疑有他，于是接过酒一饮而尽。

刺客连夜逃走，到了科尔松城，他告诉别人罗斯季斯拉夫王公将在 7 天内毒发身亡，他就是下毒之人。事情果如他所料，王公在

---

① 他的父亲是"智者"雅罗斯拉夫第三子斯维亚托斯拉夫·雅罗斯拉维奇。

7 天之内去世。由于科尔松人对罗斯季斯拉夫颇为爱戴，于是愤怒的民众用石头砸死了这个刺客。罗斯季斯拉夫的遗体被保存在特穆塔拉坎的圣母教堂中。[2]

波洛茨克叛乱

1067 年，波洛茨克王公弗谢斯拉夫·布里亚奇斯拉维奇[①]主动挑起内战，派兵占领了罗斯北部重镇诺夫哥罗德。弗谢斯拉夫的曾祖父是"红太阳"弗拉基米尔一世，曾祖母为罗格涅达。我们不止一次地提到过弗拉基米尔和罗格涅达的恩恩怨怨。由于罗格涅达的缘故，波洛茨克的历任王公都对基辅当局充满敌意，他们脱离基辅实现独立的愿望也非常强烈。

在得知诺夫哥罗德失陷后，基辅大公伊兹雅斯拉夫一世迅速联络了他的两个弟弟切尔尼戈夫王公斯维亚托斯拉夫和佩列亚斯拉夫利王公弗谢沃洛德，请求一起出兵进攻弗谢斯拉夫。

他们来到明斯克[②]城下，明斯克人紧闭城门。三兄弟攻破了城池，杀死了城里所有的男人，抓走了所有的女人和孩子，然后他们向涅米加河[③]进军。弗谢斯拉夫正率军朝这边赶来。

3 月 3 日，两军在涅米加河相遇，适逢大雪，双方的战士在漫天飞雪中展开激战，最终伊兹雅斯拉夫一世等三兄弟获胜，弗谢斯

---

① 其父亲为布里亚奇斯拉夫·伊兹雅斯拉维奇，其祖父为"红太阳"弗拉基米尔的次子伊兹雅斯拉夫·弗拉基米罗维奇。

② 这是《往年纪事》中首次提到"明斯克"这个地名。

③ 今白俄罗斯明斯克地区斯维斯洛奇河的右支流。

拉夫被迫逃走。

7月10日，伊兹雅斯拉夫一世、斯维亚托斯拉夫、弗谢沃洛德三兄弟亲吻圣十字架，当众发誓今后绝不伤害弗谢斯拉夫。他们派使者请弗谢斯拉夫来会面，弗谢斯拉夫相信了他们，带着他的两个儿子坐船渡过第聂伯河来见他的三位堂叔。双方约定的见面地点是斯摩棱斯克附近的勒什①附近。伊兹雅斯拉夫一世亲自将弗谢斯拉夫等人领进帐篷，埋伏的武士立刻将他们抓了起来。显然，他们并不想履行誓言。伊兹雅斯拉夫一世把弗谢斯拉夫和他的两个儿子押回基辅，投入监狱。

1068年，波洛韦茨人大举入侵罗斯，伊兹雅斯拉夫一世、斯维亚托斯拉夫和弗谢沃洛德再次联手出兵迎敌，但这次他们大败而归。《往年纪事》的作者认为这是三位王公违背了誓言，被上帝降罪的结果。[3]伊兹雅斯拉夫一世和弗谢沃洛德逃回基辅，斯维亚托斯拉夫逃回切尔尼戈夫。

伊兹雅斯拉夫一世下令关闭基辅城门，惶恐不安地等待波洛韦茨人向基辅发动进攻。这时候，基辅市民立刻在广场上召开了市民大会，他们派出代表求见大公，代表说："大公，现在波洛韦茨人声势浩大，请您给我们分发武器和战马，我们要同他们决一死战。"但伊兹雅斯拉夫一世没有答应。

愤怒的民众认为科斯尼亚奇科将军应该为战争失败负责，也有人说是科斯尼亚奇科将军怂恿大公不给他们分发武器，是担心民众会对城里的富人反戈一击。民众包围了科斯尼亚奇科将军的宅邸，

---

① 位于斯摩棱斯克附近奥尔什察河河口附近。

但是未能找到将军。手工业者、商人和其他市民聚集在一起，要求释放被扣押的波洛茨克王公弗谢斯拉夫，大家都认为是伊兹雅斯拉夫一世三兄弟违背了上帝的意愿才招致了这场战争。

而在许多基辅市民眼里，弗谢斯拉夫是一位勇敢的战士和才华横溢的指挥官，他们期待弗谢斯拉夫能率领他们战胜敌人。基辅城波多尔区发生了市民暴动，市民们杀死了试图安抚他们的诺夫哥罗德大主教斯杰凡①。成百上千的人从波多尔区出发，他们兵分三路，一部分人围攻科斯尼亚奇科将军的宅邸，一部分人直奔监狱试图放出弗谢斯拉夫，剩下的人直接向大公居住的王宫杀去。

叛乱的民众占领并摧毁了许多波雅尔大贵族和将军的住宅。王宫被激动的人群包围。伊兹雅斯拉夫一世身边的人建议他立刻派人去监狱处死弗谢斯拉夫，这时候大公却犹豫不决。时间在一分一秒过去，眼看王宫即将失守，伊兹雅斯拉夫一世大公和他的弟弟弗谢沃洛德带着自己的家人和孩子仓皇逃往波兰。

9月15日，起义民众把弗谢斯拉夫从监狱中救了出来，拥立他为基辅大公。在罗斯的历史上，波洛茨克家族的王公首次成为基辅大公。愤怒的人们把伊兹雅斯拉夫一世的王宫洗劫一空，抢走了无数的金银财宝。[4]

正当基辅城发生大规模骚乱之际，波洛韦茨人的骑兵已经逼近了切尔尼戈夫城。切尔尼戈夫王公斯维亚托斯拉夫集结了为数不多

---

① 这位诺夫哥罗德大主教之前应基辅都主教邀约前往基辅，恰逢基辅民众起义，他勇敢地承接了安抚民众的任务，但被愤怒的民众用绳索勒死。

的亲卫队出城迎敌，在斯诺夫斯克 [1] 和波洛韦茨人展开决战。罗斯军队只有 3000 人左右，而波洛韦茨人有 1.2 万人。面对强敌，斯维亚托斯拉夫对自己的亲卫们说："我们已经退无可退，只能奋勇前进。"结果罗斯军队大获全胜，一部分波洛韦茨人被歼灭，另一部分人在逃跑时被淹死在斯诺夫河 [2] 中。此次进犯罗斯的波洛韦茨王公在 11 月 1 日被罗斯军队俘虏，斯维亚托斯拉夫胜利返回切尔尼戈夫。

此时，弗谢斯拉夫坐镇基辅，但逃往波兰的伊兹雅斯拉夫一世很快就卷土重来，这次他联合了波兰国王鲍列斯拉夫二世一同来进攻弗谢斯拉夫。弗谢斯拉夫率军到别尔哥罗德地区迎战，但他看到声势浩大的波兰军队时，感到非常害怕，于是抛弃了自己的军队，连夜逃回波洛茨克。

第二天早上，基辅军发现自己的统帅不见了，只得返回基辅。当天，基辅城又一次召开了市民大会，市民们派出代表分别去见斯维亚托斯拉夫和弗谢沃洛德，对他们说："我们知道自己错了，我们赶走了自己的大公，但现在他勾结波兰人来进攻我们，这是我们无论如何也无法接受的，现在我们决定邀请你们来基辅帮我们赶走波兰人。要记住，基辅是你们父亲苦心经营的城市，如果你们不来，我们就烧掉城市，然后去投奔希腊人。"

斯维亚托斯拉夫对使者说："我会派使者去见兄长 [3]，如果他

---

① 位于今乌克兰切尔尼戈夫州东北部。

② 今乌克兰切尔尼戈夫州斯诺夫河，属于捷斯纳河的右支流。

③ 指伊兹雅斯拉夫大公。

执意要勾结波兰人来伤害你们，我就和他开战。我们绝不允许他毁掉父亲苦心经营的城市。"

弗谢沃洛德也表达了同样的意思。他们派使者去见伊兹雅斯拉夫一世，对他说："弗谢斯拉夫逃走了，基辅已经没有你的敌人了，你就不要再带波兰人来基辅了，如果你怒气未消，想毁掉基辅，我们就要跟你讨论下谁应该继承父亲王位的问题了。"

伊兹雅斯拉夫一世听了这些话之后，就请波兰军队在原地扎营，他和鲍列斯拉夫二世只率领少量亲卫赶赴基辅，基辅人开城投降。为了谨慎起见，伊兹雅斯拉夫一世让自己的儿子穆斯季斯拉夫·伊兹雅斯拉维奇先进城。穆斯季斯拉夫进城后，立刻展开了残忍的报复行动，他处决了70名曾参与拥立弗谢斯拉夫的基辅人，又剜去一些人的双目，还有许多无辜的人受牵连而死。

1069年5月2日，伊兹雅斯拉夫一世正式返回基辅，重新登上了基辅大公的宝座。伊兹雅斯拉夫一世是在波兰人的帮助下重新继位的，因此他把波兰军队派到罗斯各地，让罗斯人供养他们。波兰人对罗斯人而言属于侵略者，于是各地又发生了罗斯人袭击波兰人的事件。鲍列斯拉夫二世在罗斯非常不得人心，只能率兵回国。基辅的市民大会原来往往在山下的集市上召开，为了防范市民们的反抗，同时便于控制市民大会，伊兹雅斯拉夫一世下令把市民大会的会场搬迁到了山岗上，也就是自己的王宫附近。

波洛茨克王公弗谢斯拉夫始终是伊兹雅斯拉夫一世的心腹大患。于是，他派兵把弗谢斯拉夫赶走，任命自己的儿子穆斯季斯拉夫担任波洛茨克王公。穆斯季斯拉夫不久就在波洛茨克去世了。伊兹雅斯拉夫一世继续派自己的另一个儿子斯维亚托波尔克·伊兹雅斯拉维奇镇守波洛茨克。

1071 年，波洛韦茨人再度入侵罗斯。弗谢斯拉夫也趁机卷土重来，把斯维亚托波尔克赶出了波洛茨克城。同年，伊兹雅斯拉夫一世派他的儿子亚罗波尔克·伊兹雅斯拉维奇率军再次战胜弗谢斯拉夫。波洛茨克公国和基辅之间的争斗暂时告一段落，但罗斯各地区的政局仍不稳定。[5]

从多神教骚乱到社会抗议

在过去几个世纪中，多神教信仰一直主宰着罗斯人的灵魂和思想。罗斯接受基督教则意味着古老的多神教信仰开始坍塌，忠于旧信仰的人和基督徒开始产生越来越深的矛盾。

古老的部落秩序逐步崩塌，封建秩序确立，王公贵族大肆侵吞土地，把穷苦农民变成依附农民。伴随着王公内讧、外敌入侵和严重的自然灾害，罗斯的阶级矛盾和宗教矛盾也交织在一起。下层民众开始怀念那个大家共同拥有土地和财富的多神教时代，而经常把他们的不幸归结在基督教上。前文提到，1024 年，罗斯东北部的苏兹达里就爆发了多神教术士领导的暴动，雅罗斯拉夫大公出兵迅速平息了这场暴动。

11 世纪 70 年代，罗斯托夫农业歉收，出现了饥荒。这时候有两位多神教的巫师出现在当地，对当地人说："大家挨饿是因为富人把粮食藏起来了。"他们带着大家沿着伏尔加河行走，每到一处村庄总会指着那些富裕人家的妇女，说这个妇女藏有谷物，那个妇女藏有蜂蜜，还有其他妇女藏了鱼和毛皮。[1] 于是人们就带着这些妇女去见巫师，巫师们施加了"魔法"，用刀剖开了那些妇女的肩部和背部，果真从里面取出了谷物和鱼。就这样，他们杀死了许多富人家的妇女，把她们的财物据为己有。[2] 后来这两个巫师来到白湖城，追随他们的人已经达到 300 人，他们又以同样的手段杀人敛财。

恰逢此时，伊兹雅斯拉夫一世派将军扬·维沙季奇去白湖城征税。这位扬·维沙季奇将军的父亲是"智者"雅罗斯拉夫时代的名将维沙塔，前文提到维沙塔在远征拜占庭时，甘愿和失去战船被困岸上的 6000 名罗斯战士同生共死，最后不幸被俘。维沙塔将军在罗斯军中享有崇高的威望，现在他的儿子扬·维沙季奇也成为伊兹雅斯拉夫一世的重臣。

白湖城的居民向扬·维沙季奇将军讲述了两位多神教术士的恶行。扬·维沙季奇决定不带武器，亲自去会一会这两个巫师。随同他一起来白湖城征税的初级亲卫队队员力谏："您不带武器去，会有危险的。"于是，扬·维沙季奇命令 12 名初级亲卫队队员携带武器随自己一同去见这两个巫师，他自己只拿了一把小斧子防身。

巫师和他们的追随者藏在一个树林里，看到扬·维沙季奇带着人走来，就派了 3 个人试图阻止。这 3 个人走到扬·维沙季奇身边，

---

[1] 根据古老的村社传统，村里设有义仓用以集体的祭司活动或以备灾荒年的不时之需。而这部分粮食逐渐落入村社上层手中，具体由他们的妻女负责保管。所以这些富裕阶层的妇女就成了巫师下手的主要目标。

[2] 东斯拉夫多神教中一种残忍的祭祀仪式，剖开妇女的肩部和背部以求取食物。参见 http://swarog.ru/vyrezanie-gobino-v-1071-g/。

威胁他说："不要再往前走了，你这是来送死。"

扬·维沙季奇下令杀了他们，继续向前走。巫师的追随者对扬·维沙季奇和他的亲卫队群起而攻之。一人举起斧子向扬·维沙季奇砍来，扬·维沙季奇举起斧子格挡，然后用斧背把来人击倒在地，并招呼亲卫们奋勇杀敌。巫师的追随者转身逃回密林中。在激烈的战斗中，扬·维沙季奇的牧师不幸战死。

扬·维沙季奇没有冒进。他回到白湖城中，对城中居民们恨恨地说："如果不抓住这两个神棍，我就不走了，即便在这里待上一年也在所不惜。"

白湖城的居民大受鼓舞，许多人组织起来去围捕那两个巫师，很快就把他们绳捆索绑，带来见扬·维沙季奇。扬·维沙季奇问他们："你们为什么要杀那么多人？"

巫师说："他们藏匿食物，只有把他们杀了，我们才能得到这些食物。如果你愿意，我们可以当着你的面取出粮食、鱼或者其他东西。"

扬·维沙季奇认为这简直是一派胡言，准备杀了他们。两个巫师又说："我们的主公是斯维亚托斯拉夫·雅罗斯拉维奇[1]王公，你无权处置我们，快把我们放了。我们的神告诉我们，你不能把我们怎么样。"

扬·维沙季奇下令鞭打他们，拔他们的胡子，然后对他们说："你们的神又对你们说了什么？"

巫师继续嘴硬："神让你把我们交给斯维亚托斯拉夫·雅罗斯

---

[1]　切尔尼戈夫王公，"智者"雅罗斯拉夫第三子，伊兹雅斯拉夫大公之弟。

拉维奇来处置。"

扬·维沙季奇命令用木棍堵住他们的嘴，把他们捆在船舷上，让船拖着他们顺流而下，他自己则坐着船一直跟在这艘船后面。

船行至舍克斯纳河 ① 河口停了下来。扬·维沙季奇又问他们："你们的神又对你们说了什么来着？"

巫师回答："神对我们说，落到你手里就别想活命了。"

扬·维沙季奇说："这次你们的神总算是说了大实话。"

巫师说："你放了我们，可以积功德；如果你杀了我们，你会遭受无穷的灾难。"

扬·维沙季奇回答："我放了你们，上帝会惩罚我，我杀了你们才是积德行善。"他扭头问船上的水手："你们当中有谁的亲属被他们给害啦？"

水手们七嘴八舌地回答："我母亲被他们杀了！""他们杀了我的妹妹！""他们杀了我的女儿！"

扬·维沙季奇当众宣布："大家有冤申冤，有仇报仇吧！"

水手们冲上去，把这两个巫师活活打死，并把他们的尸体吊在橡树上示众。当扬·维沙季奇回到家后的第二天夜里，一只熊爬上了橡树，撕碎并吃掉了他们的尸体。就这样，这两个恶贯满盈的多神教巫师得到了应有的下场。[6]

1071 年，在诺夫哥罗德地区也发生了类似事件。有一位多神教巫师诋毁基督教，公开宣称自己是未卜先知的神，要在众人面前展示"神迹"——徒步涉过沃尔霍夫河。他要民众崇拜自己，

---

① 伏尔加河左支流。

并怂恿大家杀死诺夫哥罗德的大主教，整个诺夫哥罗德陷入了严重的骚乱，很多人都相信了他的鬼话，想要杀死诺夫哥罗德的大主教。

大主教手持十字架，身披法衣，挺身而出，说："谁要是相信这个巫师的话，就随他去；谁要是真心侍奉上帝，那就站到十字架这边来。"诺夫哥罗德王公格列布·斯维亚托斯拉维奇[①]和他的亲卫队带头走到了大主教这边，但其他人都站到了巫师那一边。

格列布在斗篷下藏了一把斧头，走近巫师问他："既然你能未卜先知，那你知道早上会发生什么事，傍晚又会发生什么事吗？"

巫师回答："我万事皆知。"

格列布又问："那你知不知道，你今天会出什么事？"

巫师回答："我将创造伟大的神迹。"

格列布迅速抽出斧头，劈死了巫师。围着巫师的人们一哄而散，一场严重的政治危机就此化解。

直到 1072 年，罗斯各地才逐渐恢复了平静。这一年，基辅城为雅罗斯拉夫大公的两个弟弟圣鲍里斯和圣格列布迁葬。"智者"雅罗斯拉夫的三个儿子，即伊兹雅斯拉夫一世、斯维亚托斯拉夫王公和弗谢沃洛德王公，还有罗斯教会都主教奥尔基、佩列亚斯拉夫利主教彼得、尤里耶夫主教米哈伊尔、洞窟修道院院长费奥多西、圣米哈伊尔修道院院长索夫罗尼、圣救世主修道院院长格尔曼、佩列亚斯拉夫利修道院院长尼科拉和其他一些修道院的院长出席了迁

---

① 切尔尼戈夫王公斯维亚托斯拉夫·雅罗斯拉维奇之子，"智者"雅罗斯拉夫之孙。

葬仪式。他们要把两位圣徒的遗体迁至伊兹雅斯拉夫一世在维什戈罗德新建造的圣鲍里斯－格列布堂。伊兹雅斯拉夫一世和他的两个弟弟把圣鲍里斯的遗体放进木棺，然后亲自为他抬棺。修士们手持蜡烛为先导，随后是手提香炉的执事，再往后是神父，神父后面是都主教和主教，最后是护送灵柩的大队。人们先把圣鲍里斯的灵柩迁入新教堂，再在圣格列布遇难的地方将盛有他的遗体的石棺放在雪橇上，把它拖到了新教堂重新入殓。在弥撒仪式完成后，伊兹雅斯拉夫一世三兄弟和他们的部下欢聚一堂，共进晚餐。[7]

第二节　11 世纪 70—80 年代罗斯的内乱

斯维亚托斯拉夫二世的短暂执政

1054—1072 年，基辅朝政实际上由"智者"雅罗斯拉夫的 3 个儿子把持，切尔尼戈夫王公斯维亚托斯拉夫、佩列亚斯拉夫利王公弗谢沃洛德共同辅佐伊兹雅斯拉夫一世出任基辅大公，历史上把这段时间称为"三巨头时代"。1072 年，三兄弟一同迁葬了他们的两位叔叔圣鲍里斯和圣格列布。弥撒仪式过后，三兄弟共进晚餐，一切都显得那么平静和美好。但很快，他们之间就发生了严重的冲突。

1073 年，斯维亚托斯拉夫欺骗弗谢沃洛德，对他说："伊兹雅斯拉夫与弗谢斯拉夫（波洛茨克王公）勾结，图谋加害我们，不如我们先下手为强，推翻他。"弗谢沃洛德听信了他的话，于是两兄弟率兵攻打基辅。伊兹雅斯拉夫一世被迫逃往波兰，他带走了大量的金银财宝，并扬言一定要招募军队回来复仇。

赶走伊兹雅斯拉夫一世之后，由于斯维亚托斯拉夫比弗谢沃洛德年长，他就顺理成章地成为新的基辅大公，历史上称他为"斯维亚托斯拉夫二世"。斯维亚托斯拉夫二世出兵赶走兄长、篡夺王位的做法严重违背了"智者"雅罗斯拉夫大公所立下的"兄弟之间不得相互攻伐"的遗训。此后，"智者"雅罗斯拉夫的子孙们为了争夺基辅王位展开了一轮又一轮残酷而血腥的斗争。

斯维亚托斯拉夫二世来到基辅后，切尔尼戈夫的王公职位空缺出来，他委任自己的弟弟，也就是他的忠实盟友弗谢沃洛德担任切尔尼戈夫王公，同时任命自己的长子达维德·斯维亚托斯拉维奇去镇守原来弗谢沃洛德的封地佩列亚斯拉夫利。

斯维亚托斯拉夫二世非常清楚，若想巩固统治，就必须获得教会的支持。于是，他从自己的领地中捐出一块地给基辅洞窟修道院修建教堂，同时捐献了 100 格里夫纳。但洞窟修道院的院长费奥多西对斯维亚托斯拉夫二世的态度始终非常冷淡，经常谴责他的篡位行为。教堂建成后，费奥多西勉强同意教士们在祈祷时唱诵斯维亚托斯拉夫二世的教名，但始终把他的名字放在伊兹雅斯拉夫一世之后。1074 年，费奥多西去世后，斯维亚托斯拉夫二世和洞窟修道院的关系才有所缓和。[8]

伊兹雅斯拉夫一世逃往波兰后，再次恳请波兰国王鲍列斯拉夫二世帮助他打回基辅夺回王位。鲍列斯拉夫二世接受了他的厚礼，但却不愿意帮助他。伊兹雅斯拉夫一世并不死心，又给神圣罗马帝国皇帝亨利四世送了厚礼，寻求帮助。亨利四世承诺在罗斯两位大公之间充当调停人。他写信给斯维亚托斯拉夫二世，请求他把基辅大公之位还给伊兹雅斯拉夫一世；亨利四世的老对手、罗马教皇格列高利七世也给波兰国王写信，要求他帮助伊兹雅斯拉夫一世夺回基辅王位。为此，伊兹雅斯拉夫一世向教皇承诺：一旦他复位成功，罗斯全国将改宗罗马教会。

但是波兰国王鲍列斯拉夫二世仍不愿意帮助伊兹雅斯拉夫一世，而斯维亚托斯拉夫二世也无意将基辅王位还给兄长。不仅如此，罗斯和波兰还结成了同盟。1076 年，波兰与神圣罗马帝国的盟友捷克开战，罗斯出兵帮助波兰攻打捷克。

此次出征的罗斯军统帅是两位年轻的王子：斯维亚托斯拉夫二世的第三子奥列格·斯维亚托斯拉维奇和弗谢沃洛德的长子弗拉基米尔·莫诺马赫。这二人都是罗斯历史上赫赫有名的风云人物，他们既是堂兄弟，又是好朋友，在战斗中配合默契，一举粉碎了捷克和神圣罗马帝国联军。这是两位堂兄弟第一次也是最后一次联合作战，此二人在日后陷入激烈的权力斗争中，成了一生的敌人。

1076 年 12 月 27 日，斯维亚托斯拉夫二世在做肿瘤摘除手术时不幸去世，成为罗斯历史上有明确记载的第一例因手术失败而身故的人。斯维亚托斯拉夫二世的遗体被安放在切尔尼戈夫的圣救世主教堂。

斯维亚托斯拉夫二世一共有 5 个儿子：长子达维德·斯维亚托斯拉维奇任佩列亚斯拉夫利王公，次子罗曼·斯维亚托斯拉维奇任特穆塔拉坎王公，第三子奥列格·斯维亚托斯拉维奇驻守在沃伦，第四子雅罗斯拉夫·斯维亚托斯拉维奇镇守穆罗姆，第五子格列布·斯维亚托斯拉维奇镇守诺夫哥罗德。根据"智者"雅罗斯拉夫的遗训，他们都没有资格继承基辅大公之位，因为他们的二伯伊兹雅斯拉夫一世和四叔弗谢沃洛德都比他们年长。1077 年 1 月 1 日，切尔尼戈夫王公弗谢沃洛德·雅罗斯拉维奇继任基辅大公之位。

1077 年，伊兹雅斯拉夫一世勾结波兰人进犯罗斯，弗谢沃洛德出兵迎敌，两军在沃伦城附近相遇，但并未发生战斗。弗谢沃洛德和伊兹雅斯拉夫一世达成协议，弗谢沃洛德把王位归还给了伊兹雅斯拉夫一世，自己则继续担任切尔尼戈夫王公。7 月 15 日，伊兹雅斯拉夫一世回到基辅，再次登上基辅大公的宝座。

弗谢沃洛德为何如此轻易地把王位让给伊兹雅斯拉夫一世？《往年纪事》中并未明确记载。但是我们知道弗谢沃洛德是"智者"雅罗斯拉夫大公的第四子，也是父亲最喜欢和信任的儿子。他本人有意愿维护"智者"雅罗斯拉夫的遗训。此前他听信了三哥斯维亚托斯拉夫二世的话，和他一起出兵赶走了二哥伊兹雅斯拉夫一世，现如今三哥已死，二哥伊兹雅斯拉夫一世复位顺理成章。然而，斯维亚托斯拉夫二世第三子奥列格是个野心勃勃的人物，弗谢沃洛德认为把他留在自己身边有利于基辅的政权稳定，于是在赴切尔尼戈夫上任之时带上了奥列格。9

1078 年 4 月 10 日，奥列格从切尔尼戈夫逃往罗斯南部的特穆塔拉坎地区，去投奔他的二哥罗曼。同年，斯维亚托斯拉夫二世的第五子、诺夫哥罗德王公格列布·斯维亚托斯拉维奇被暗杀，前文提到他曾镇压过诺夫哥罗德多神教巫师煽动的起义，因此得罪了很多虔诚的多神教信徒，他遇刺与这件事有直接关系。

《往年纪事》记载格列布是一位性格温顺、容貌出众的人，他对穷人乐善好施，对基督徒照顾有加。他笃信上帝，关心教会事务。7月23日，他被安葬在切尔尼戈夫的圣救世主教堂后面。格列布·斯维亚托斯拉维奇的遗体至今保存完好，成为现代生物学家和人类学家研究古罗斯人基因和染色体的重要文物。

格列布死后，伊兹雅斯拉夫一世趁机派自己的儿子斯维亚托波尔克·伊兹雅斯拉维奇出任诺夫哥罗德王公，接管了这原属于斯维亚托斯拉夫二世家族的重要领地；同时伊兹雅斯拉夫一世委派自己的另一个儿子亚罗波尔克·伊兹雅斯拉维奇镇守维什戈罗德。

奥列格在逃往特穆塔拉坎之后，发誓要夺回他父亲苦心经营的城市切尔尼戈夫，于是一场新的内乱即将在罗斯上演。如果说弗拉基米尔一世和"智者"雅罗斯拉夫在夺取政权后能够长期维持国家的稳定和统一，那么"智者"雅罗斯拉夫的子孙们则很难做到这一点。

11—12世纪，罗斯因为王位继承权问题爆发了多次内战，其原因有以下四点。

其一，"智者"雅罗斯拉夫确立的"年长者继承制"有很大的缺陷。在位的基辅大公只想把王位传给自己的儿子，而不是传给弟弟或者侄子。在这种情况下，内乱在所难免。

其二，在"智者"雅罗斯拉夫的儿子中很少有像他本人和"红太阳"弗拉基米尔一世那样具有雄才大略的人物。他的长子、第五子和第六子很早就去世了。次子伊兹雅斯拉夫作为他的继承人，根本无力控制大局，还被兄弟们驱逐，差一点无法回到基辅。

第三子斯维亚托斯拉夫二世是一位野心勃勃且精力充沛的人，他第一个破坏了"年长者继承制"，赶走了兄长，自立为基辅大公。在他统治时期，罗斯的影响力扩展到了中欧，但他天不假年，死于

1076 年。

第四子弗谢沃洛德娶了拜占庭皇帝君士坦丁九世的女儿。他可能是"智者"雅罗斯拉夫诸子中受教育程度最好的，懂 5 门语言，热爱读书，有"书痴"的美誉，在这一点上他像父亲"智者"雅罗斯拉夫。他更愿意过那种恬淡优雅、与世无争的生活，因此把许多政务都交给了儿子弗拉基米尔·莫诺马赫来处理。但是当危机来临之际，弗谢沃洛德马上就变成了一位睿智的统帅和勇敢的战士。他是"智者"雅罗斯拉夫遗训的忠实捍卫者。

其三，11 世纪下半叶，第聂伯河流域的斯摩棱斯克、柳别奇，罗斯中部地区的切尔尼戈夫、佩列亚斯拉夫利，西南地区的弗拉基米尔－沃伦、佩列梅什利，东北地区的罗斯托夫、苏兹达里，还有明斯克和雅罗斯拉夫尔等之前的小城镇逐渐发展起来，教堂和修道院也在这些城市中出现了。领主庄园经济的发展、物质财富的增加和城市居民生活水平的提高，激发了这些城市脱离罗斯而独立的愿望。

其四，在罗斯的王位继承权战争中，总有一些王公勾结波洛韦茨人来达到自己的政治目的。波洛韦茨人的存在也是 11 世纪后半期罗斯不断发生内战的重要原因。

奥列格与罗斯内战

1078 年，斯维亚托斯拉夫二世的第三子奥列格·斯维亚托斯拉维奇和自己的堂弟鲍里斯·维亚切斯拉维奇[①]勾结波洛韦茨人向

---

① 鲍里斯的父亲为"智者"雅罗斯拉夫的第六子维亚切斯拉夫。

弗谢沃洛德的领地发起进攻。弗谢沃洛德在索日查河[①]附近和敌人展开激战，结果大败而归，罗斯军中许多重要将领都在这场战役中阵亡。

奥列格和鲍里斯攻占了切尔尼戈夫，弗谢沃洛德被迫逃往基辅投奔他的二哥伊兹雅斯拉夫一世。弗谢沃洛德非常沮丧，伊兹雅斯拉夫一世开导他："兄弟，别难过了，我不是也遇到过类似的事情吗？我第一次被赶出基辅时，财产被洗劫一空；第二次，我没做任何坏事，却被你们赶下了王位，失去了一切，在欧洲流浪。兄弟，想开点儿，国家是咱俩的，如果父亲留下的基业毁了，那也是咱俩的事儿，你放心，你的事儿就是我的事儿，我可以为你去死。"

他这一席话让弗谢沃洛德深感欣慰。随后伊兹雅斯拉夫一世下达了总动员令，基辅全体成年男子均要参军入伍。就这样，他们在基辅城集结了大军兵发切尔尼戈夫，随军出征的有伊兹雅斯拉夫一世之子亚罗波尔克·伊兹雅斯拉维奇和弗谢沃洛德之子弗拉基米尔·莫诺马赫。

基辅大军开到切尔尼戈夫城下时，奥列格和鲍里斯均不在城里，守军没有主心骨，只好紧闭城门，坚守不出。两位王公把城池围得水泄不通。在攻城战中，弗拉基米尔·莫诺马赫表现十分英勇，他率领部下从斯特列日尼河[②]方向攻入东城门，占领并放火烧毁了切尔尼戈夫外城，守军退到内城躲避。

正在这时，伊兹雅斯拉夫一世和弗谢沃洛德得到消息：奥列格

---

① 位于今乌克兰波尔塔瓦地区，具体不详。
② 捷斯纳河右支流。

和鲍里斯正率领军队赶来救援。于是，伊兹雅斯拉夫一世等人决定暂停攻城，先集中力量和奥列格与鲍里斯决一死战。

奥列格看到基辅军人数众多，声势浩大，于是对鲍里斯说："咱们别再前进了，最好还是派人跟叔叔们谈判吧。"鲍里斯却不以为然，吹牛说："我已经准备好把他们打得抱头鼠窜了。"于是两军在涅扎季纳村①的田野上展开激战。

战斗刚一开始，骄傲自大的鲍里斯很快被基辅军杀死。为了鼓舞士气，伊兹雅斯拉夫一世从马上下来，和步兵们一起并肩战斗。对方一名骑士举起长矛冲了过来，刺中了他的臂膀，很快，基辅大公伤重身亡。最高统帅的阵亡并未让基辅军乱了阵脚，反而激发了他们的士气，基辅大军在弗谢沃洛德王公的指挥下，奋力迎战，一举击溃了奥列格的军队。奥列格率领残部逃回特穆塔拉坎城。

基辅大公伊兹雅斯拉夫一世是在1078年10月3日阵亡的，人们用船将他的遗体运至基辅城附近的戈洛杰茨，然后把遗体放在雪橇上拉回基辅。基辅人倾城出动迎接他们大公的灵柩，神父和教士们唱着赞美诗护送着灵柩入城。人们的哭声淹没了教士们的哀歌，整个城市的人都为大公哭泣。亚罗波尔克·伊兹雅斯拉维奇王子和他的亲卫队跟在灵柩后面。王子边哭边说："父亲啊，你一生悲苦，多次遭受外人和兄弟们的攻击，而你却为了兄弟舍弃了生命。"人们用大理石棺椁装殓伊兹雅斯拉夫一世的遗体，将其安葬在圣母教堂里。

---

① 位于切尔尼戈夫附近，但具体地点不详，此次战役在罗斯民族史诗《伊戈尔远征记》里也有记载。

《往年纪事》记载，伊兹雅斯拉夫一世是一位外表俊秀、性情宽厚的人，从不以怨报怨。一生中，他曾两次被赶下王位：第一次是在 1068 年，基辅民众发动起义时，他的手下曾请求他处死波洛茨克王公弗谢斯拉夫，他拒绝了，最后他被迫离开基辅；第二次是在 1073 年，伊兹雅斯拉夫一世被他的两个弟弟斯维亚托斯拉夫二世和弗谢沃洛德赶出基辅，被迫在欧洲流浪，四处漂泊。当他第二次复位时，弗谢沃洛德战败前来投奔，他真诚地表示要和弟弟同生死、共患难，最终在与敌人的战斗中英勇牺牲，履行了对弟弟的承诺。[10]

弗谢沃洛德一世统治时期

伊兹雅斯拉夫一世战死之后，弗谢沃洛德·雅罗斯拉维奇是基辅王室中最年长者，顺理成章地继任基辅大公之位，历史上称其为"弗谢沃洛德一世"。他任命自己的儿子弗拉基米尔·莫诺马赫为切尔尼戈夫王公，任命伊兹雅斯拉夫一世之子亚罗波尔克·伊兹雅斯拉维奇为（西）弗拉基米尔王公，把图罗夫城也交给他管理。

1079 年，特穆塔拉坎王公罗曼·斯维亚托斯拉维奇再次勾结波洛韦茨人进犯罗斯。弗谢沃洛德一世在佩列亚斯拉夫利附近安营扎寨，这次他选择求和，与波洛韦茨王公达成协议，承诺每年给予波洛韦茨人大量黄金和贵重礼物，并娶了波洛韦茨公主作为自己的第二任妻子。波洛韦茨军队退出罗斯边境。

8 月 2 日，波洛韦茨人杀死了罗曼。此时，特穆塔拉坎地区的哈扎尔人抓住了奥列格，并将其送往君士坦丁堡请赏。罗斯终于把特穆塔拉坎公国纳入了自己的统治范围，弗谢沃洛德一世任命自己的亲信拉季鲍尔为特穆塔拉坎总督。

1081 年，两位基辅王室成员达维德·伊戈列维奇 ① 和沃洛达利·罗斯季斯拉维奇 ② 来到特穆塔拉坎，逮捕了弗谢沃洛德一世任命的总督拉季鲍尔，控制了这一地区。特穆塔拉坎地区仍然是罗斯大公国中最不稳定的地区。

1083 年，消失了 4 年的奥列格突然从拜占庭回到了特穆塔拉坎。奥列格在拜占庭的经历堪称传奇。他刚到君士坦丁堡不久就被拜占庭皇帝尼基弗鲁斯三世流放到了罗德岛 ③。1081 年君士坦丁堡发生了政变，阿列克谢一世推翻了尼基弗鲁斯三世成为拜占庭皇帝。奥列格应该是和阿列克谢一世达成了某种协议，他娶了一位拜占庭贵妇人为妻，阿列克谢一世派舰队护送他回到特穆塔拉坎。[11]

奥列格回来后，立刻逮捕了达维德和沃洛达利，但他并未处死这两位亲戚，而是将他们赶走。而对于 4 年前曾经侮辱过他的那些哈扎尔人，奥列格可没有那么客气，毫不留情地处死了他们。奥列格无时无刻不在想着夺回切尔尼戈夫和基辅，像他父亲斯维亚托斯拉夫二世那样成为至高无上的基辅大公。

1093 年 4 月 13 日，基辅大公弗谢沃洛德一世去世，他是"智者"雅罗斯拉夫诸子中最晚去世的一位。弗谢沃洛德一世大公是一位虔诚的基督徒。他乐善好施，尊敬主教和神父，从不饮酒，面对美色

---

① 其父为"智者"雅罗斯拉夫第五子伊戈尔。

② 其父为前任特穆塔拉坎王公罗斯季斯拉夫，其祖父为"智者"雅罗斯拉夫长子弗拉基米尔。

③ 位于爱琴海，是希腊所辖地区最东边的一个岛屿。

时也能克制自己的情欲。"智者"雅罗斯拉夫还活着的时候，就曾对他说："我的孩子，你性格是那么的忠厚，给我的晚年增添了许多欢乐和慰藉，愿你一生幸福。如果上帝能让你在你的哥哥们去世后正当地而非暴力地继承我的王位，那么当上帝指引你离开尘世时，你可以躺在我的灵柩旁，因为在你的所有兄弟中，我最喜欢你。"[12]

弗谢沃洛德一世是"智者"雅罗斯拉夫遗训的捍卫者。正如"智者"雅罗斯拉夫所期望的那样，他在伊兹雅斯拉夫一世去世后继承了基辅王位。在他统治时期，子侄们争权夺利，让他伤透了脑筋。弗谢沃洛德一世在执政的最后几年里起用了一些年轻人，经常听取他们的建议，逐渐疏远和怠慢了自己的老亲卫队，这引起了老亲卫们的不满。

后来，弗谢沃洛德一世大公认为自己大限将至，就派人去切尔尼戈夫召回自己最信赖的儿子弗拉基米尔·莫诺马赫。他在莫诺马赫和小儿子罗斯季斯拉夫·弗谢沃洛多维奇的陪伴下平静、安详地离去了。两位王子一起为父亲更衣，安排葬礼。主教、修道院院长、神父、波雅尔大贵族和平民百姓聚集起来，人们抬着他的遗体，唱着哀歌，把他安葬在圣索菲亚大教堂。[13]

史学界的传统观点认为"智者"雅罗斯拉夫去世后，罗斯不可逆转地走上了政治解体和封建割据的道路。理由是从11世纪下半叶开始的多次大规模内乱让国家动荡不安，稳定的国家机制逐渐被摧毁。

然而，这种观点近年来受到了挑战。如果我们仔细观察罗斯从11世纪下半叶到12世纪中期的历史轨迹就会发现，国家统一仍然是罗斯历史的主旋律，但其中也夹杂着短暂的分裂和动荡。事实上，在这段时期，罗斯的国力比"红太阳"弗拉基米尔一世和"智者"雅罗斯拉夫时代要更加强大，在抵御外敌入侵方面则显得更有力量。

1073—1078 年的内乱过后，弗谢沃洛德一世和他的儿子莫诺马赫成功地抵御了波洛韦茨人的入侵，并镇压了罗斯内部一些分裂势力，罗斯再度获得统一。弗谢沃洛德一世从 1078 年开始长期执政，他儿子弗拉基米尔·莫诺马赫的军事才能也广为人知。直到1093 年弗谢沃洛德一世去世之前，他的家族统治了包括遥远的沃伦在内的绝大部分罗斯领土，只有奥列格·斯维亚托斯拉维奇控制的特穆塔拉坎地区是个例外。当时波洛韦茨人占领了整个黑海和亚速草原，奥列格经常勾结波洛韦茨人入侵罗斯，他控制的地区成为罗斯领地上的一个不稳定因素。

在弗谢沃洛德一世的领导下，城市建设继续进行，新的罗斯编年史开始出现，修道院经济也得到了发展。与"智者"雅罗斯拉夫时代相比，在弗谢沃洛德一世时代，罗斯与拜占庭及欧洲、小亚细亚的许多国家的关系更加密切。他的女儿叶芙普拉克希娅·弗谢沃洛多夫娜嫁给了神圣罗马帝国皇帝亨利四世。他的另一位女儿安娜·弗谢沃洛多夫娜①曾担任基辅安德烈女子修道院院长。1089 年，罗斯都主教约翰二世去世后，安娜被父王委托代表罗斯教会和希腊教会谈判，请求他们派一位新的都主教赴罗斯上任。安娜在处理罗斯教会和希腊教会关系上发挥了重要作用，后来她也被东正教会封

①　又被称为扬卡·弗谢沃洛多夫娜。她曾与拜占庭皇帝君士坦丁十世的儿子订有婚约，但由于新郎去做了修士，此婚约未能履行。基辅安德烈女子修道院成立后，安娜公主去做了修女，随后成为这个修道院的院长。

圣。[14]

弗谢沃洛德一世的儿孙们也大都娶了欧洲王室的女儿。神圣罗马帝国皇帝亨利四世在与匈牙利国王的战争中曾经向弗谢沃洛德一世求助，这极大地提高了罗斯的国际影响力。弗谢沃洛德一世时代，罗马教会也曾派使团出使基辅。《往年纪事》关于弗谢沃罗德一世时代的记载大都是一些平淡无奇的小事件，确实，在历史学家看来这一时期值得记载的东西并不多。然而，历史不仅仅是那些伟大人物创造的，也是一代又一代的普通人创造的，所谓载入史册的惊天动地的大事，往往是大规模的战争、大灾难、大动荡，甚至是改朝换代。一年又一年的日常生活，似乎是无趣的，但这其实是那个时代普通罗斯人的福分。弗谢沃洛德一世统治时期，罗斯政治清明、经济复苏、文化繁荣，社会继续向前发展。

第三节　1093—1094 年罗斯的内忧与外患

斯维亚托波尔克二世继任基辅大公

1093 年对于罗斯而言注定是不同寻常的一年。随着一代明主弗谢沃洛德一世去世，这个国家陷入了长达数十年的战乱之中，内忧外患不断。

弗谢沃洛德一世去世后，有资格继承基辅王位的有三位王公：弗谢沃洛德一世大公的长子弗拉基米尔·莫诺马赫、特穆塔拉坎王公奥列格·斯维亚托斯拉维奇，以及图罗夫王公斯维亚托波尔克·伊兹雅斯拉维奇①。

在这三位堂兄弟中，斯维亚托波尔克最年长，奥列格排行老二，而弗拉基米尔·莫诺马赫年纪最小。遵照"智者"雅罗斯拉夫遗训，基辅大公之位应该由斯维亚托波尔克来继承，但是弗拉基米尔·莫诺马赫作为前任大公的长子就在基辅，拥有各种有利条件，更有机会继位。可是莫诺马赫的性格非常像他的父亲弗谢沃洛德一世，他不愿破坏祖父"智者"雅罗斯拉夫的遗训，决定支持斯维亚托波尔克继位。

他派人去图罗夫请堂兄来基辅，自己则返回切尔尼戈夫。4月24日，斯维亚托波尔克来到基辅，成为新一任基辅大公，历史上称其为"斯维亚托波尔克二世"。而特穆塔拉坎王公奥列格·斯维亚托斯拉维奇对这一结果非常不满，他发誓要与斯维亚托波尔克二世和弗拉基米尔·莫诺马赫斗争到底。

三位堂兄弟性格各异，随着时间的推移，他们身上的优缺点都开始显现出来。斯维亚托波尔克二世平庸懦弱，优柔寡断，以耍小聪明和爱嫉妒著称，此外，他傲慢、贪婪、多疑而且报复心很强。奥列格野心勃勃，他的目标就是要继承他父亲斯维亚托斯拉夫二世的伟大事业，成为基辅大公。退而求其次，他也要从弗拉基米尔·莫诺马赫手中夺回切尔尼戈夫公国的所有领地，包括斯摩棱斯克、罗斯托夫、苏兹达里和白湖城，他认为这是他父亲当年苦心经营的地方，理应由他继承。奥列格为了争权夺势不择手段，多次勾结草原上的游牧族群波洛韦茨人进攻罗斯。

---

① 前基辅大公伊兹雅斯拉夫一世的儿子。

弗拉基米尔·莫诺马赫是三人中最有才能的人物。在 11 世纪 80 年代，他已经是罗斯公认的最有天赋的军事统帅。前文提到，他曾和奥列格并肩作战击败捷克和神圣罗马帝国联军。在与波洛韦茨人的战争中他更是声名远播。

莫诺马赫和波洛韦茨人多次交战，鲜有败绩。有一次，他在普利卢基^①地区和波洛韦茨人的八千大军突然相遇，罗斯军的甲胄都放在辎重车上来不及取下，但弗拉基米尔·莫诺马赫仍然指挥士兵向敌人发起进攻，杀死并俘虏了许多波洛韦茨人。其他波洛韦茨人不敢下马，连夜朝苏拉河方向逃窜。次日，莫诺马赫深入波洛韦茨草原，在白维扎附近再次击败波洛韦茨人，歼灭敌军 900 人，俘虏了两名波洛韦茨可汗。

在与波洛韦茨人的斗争中，莫诺马赫形成了自己的作战理念。他深知罗斯军队面对来去如风的波洛韦茨骑兵，在速度上是处于绝对劣势的，要想战胜他们就必须比他们更快。因此，他作战时果敢坚决，一旦军队准备就绪，他就会立刻发动进攻，绝不会推迟到第二天；而且他从不被敌人牵着鼻子走，而是集中兵力，深入草原，寻找波洛韦茨人的营地，实施突如其来的攻击。

1080 年，波洛韦茨人入侵切尔尼戈夫，弗拉基米尔·莫诺马赫率军击退了敌人，并在波洛韦茨人撤回草原时，从后方袭击了他们，缴获了大批战利品。同年，弗拉基米尔·莫诺马赫击败了进攻罗斯的另一个草原游牧族群托尔克人，也是在这一年他镇压了维亚迪奇人的反抗。1085 年，伊兹雅斯拉夫一世之子亚罗波尔克·伊

---

① 位于今乌克兰切尔尼戈夫州普利卢基市。

兹雅斯拉维奇听信了别人挑唆，进攻基辅，弗拉基米尔·莫诺马赫再次挺身而出，出兵击败了他，亚罗波尔克被迫逃往波兰。[15]

就这样，他通过一场又一场的军事胜利奠定了自己崇高的军事地位。

弗谢沃洛德一世还在世时，弗拉基米尔·莫诺马赫就被认为是罗斯最有权威和影响力的王公，也是最有经验的军事统帅。他为保卫罗斯边境不遗余力，颇受民众爱戴。弗谢沃洛德一世去世之后，如果弗拉基米尔·莫诺马赫想继承父亲的大公之位，那简直是易如反掌，而且是众望所归。但他仍选择遵从祖训，支持自己的堂兄继位。比起继承王位，弗拉基米尔·莫诺马赫更愿意成为一名运筹帷幄的军事统帅和驰骋沙场的将军。

斯图格纳河战役和热拉尼亚河战役

1093 年，波洛韦茨人得知新的基辅大公继位后，立刻派使者前来求见斯维亚托波尔克二世，要求他承认弗谢沃洛德一世与波洛韦茨人签署的条约，并索要大量金银财宝。吝啬的斯维亚托波尔克二世没有和任何前朝老臣商议，就自作主张将波洛韦茨人的使者投入了监狱。于是，罗斯和波洛韦茨人在经历了十余年的和平之后再次开战。

波洛韦茨人出动大军包围了托尔切斯克城①。斯维亚托波尔克二世被迫释放了波洛韦茨人的使者，要求媾和，但波洛韦茨人拒绝

---

① 这是罗斯为了抵御草原游牧族群而修建的边境城市之一，具体位置不详，应在尤里耶夫城南边不远处。

和谈，继续向罗斯腹地深入。斯维亚托波尔克二世准备招募军队迎战。

一些理智的大臣劝他不要冲动，须从长计议，因为双方兵力悬殊，贸然出兵不会有好结果。斯维亚托波尔克二世却不以为然，说："我有 800 名亲卫，足以打败敌人。"一些阿谀奉承的小人也在一旁怂恿大公出兵迎战。

这时候有大臣再次劝谏："大公，您就是派出 8000 名亲卫去迎战，也还是敌众我寡，而且我们现在国库空虚，实在难以为继。您可以派人去找您的弟弟弗拉基米尔（莫诺马赫），请他来帮助您。"

这次斯维亚托波尔克二世没有再一意孤行，而是派人去切尔尼戈夫求见弗拉基米尔·莫诺马赫。莫诺马赫立刻召集人马赶往基辅救援，还派人到佩列亚斯拉夫利去找自己的亲弟弟罗斯季斯拉夫·弗谢沃洛多维奇，请他也出兵救援基辅。

莫诺马赫抵达基辅之后，和堂兄斯维亚托波尔克二世在圣米哈伊尔教堂①举行会晤。两位王公在是战是和的问题上分歧很大。弗拉基米尔主张与敌人谈判，理由是敌众我寡，而且这次战争起因是罗斯违反和约，罗斯在道义上并不占理；斯维亚托波尔克二世则坚决主张开战，双方争吵不休。

大臣们劝解他们："你们不要再争吵了，那些野蛮人正在摧毁我们的国土，蹂躏我们的家园，是战是和，必须拿出一个主意。"最后莫诺马赫妥协了，同意出战。双方互吻了十字架，表示达成了一致。

---

① 基辅郊区维杜比茨修道院附近的教堂。

佩列亚斯拉夫利王公罗斯季斯拉夫也率军赶到，三位王公合兵一处向特列波利①进军。他们抵达斯图格纳河，然后讨论下一步该怎么办。莫诺马赫说："敌人声势浩大，趁眼下我们有河流做屏障，赶紧跟他们媾和吧。"罗斯军中的著名将领扬·维沙季奇和其他一些有识之士都同意莫诺马赫的意见。但斯维亚托波尔克二世的手下大都要求打过河去，和波洛韦茨人决一死战。最后主战派占据了上风，罗斯军队渡过了斯图格纳河。

而正在这时，斯图格纳河的河水突然猛涨，形势对罗斯军队非常不利——他们一旦作战失败，将退无可退。罗斯军队只能向前继续推进，罗斯季斯拉夫居中，斯维亚托波尔克二世在右翼，莫诺马赫在左翼。他们迂回绕过特列波利城，又穿过一道土城堡，这时候波洛韦茨人大军黑压压一片，迎面杀来。

罗斯军在土城堡前列阵，在城堡上竖起了大旗，队伍前排的弓箭手迅速登城严阵以待。此时波洛韦茨人也竖起了自己的大旗，逼近了土城。他们首先突破了斯维亚托波尔克二世的防线，径直插入罗斯军的右翼，右翼抵挡不住敌人的攻势而迅速溃散，坚决主战的斯维亚托波尔克二世逃走了。接着，波洛韦茨人又向莫诺马赫的左翼猛扑了过来，战斗异常激烈，莫诺马赫和罗斯季斯拉夫的军队也支撑不住而被迫后退。罗斯军队逃到了斯图格纳河边。

面对波涛汹涌的河水，他们只能冒险涉水渡河。罗斯季斯拉夫从马上摔下，眼看就要被河水冲走，莫诺马赫想去抓住他这个亲弟

---

①　位于今乌克兰基辅州奥布霍夫斯克区，11世纪时是罗斯抵御波洛韦茨人的重要堡垒。

弟，但未能成功，自己也差点被大水冲走。他的亲卫队七手八脚把他从水里拉了出来，再想去救罗斯季斯拉夫王公时，已经来不及了，罗斯季斯拉夫就这样被淹死了。罗斯军中许多贵族和士兵要么战死，要么被水淹死。

弗拉基米尔·莫诺马赫带着残兵败将抵达河对岸时，忍不住放声大哭。他在极度悲愤中回到切尔尼戈夫。而斯维亚托波尔克二世则逃入特列波利城，紧闭城门。他担心波洛韦茨军队会随后追来，就这样在惊恐中挨到晚上，趁着夜色逃回基辅。

波洛韦茨人获胜之后，兵分两路，一部分人继续围攻托尔切斯克城，其余人则在罗斯领土上四处劫掠。后来，罗斯人在斯图格纳河中找到了罗斯季斯拉夫王公的遗体，把他送回基辅。他的母亲抚尸痛哭，在场的人无不垂泪。主教、神父和修士们为他唱完赞美诗后，把他的灵柩安放在圣索菲亚大教堂中他父亲弗谢沃洛德一世的灵柩旁边。

波洛韦茨人继续围攻托尔切斯克城。守军的抵抗非常顽强，他们甚至从城里主动出击，杀死了许多敌人。波洛韦茨人开始加大攻城力度，甚至切断了城里的水源。城里人饥渴难耐，派人向斯维亚托波尔克二世求救，对他说："现在城里已经缺水断粮，如果得不到救援，我们只能开城投降。"斯维亚托波尔克二世率军队前去救援，但这座城池被波洛韦茨人围得水泄不通，根本无法靠近。

7月23日，罗斯军队在热拉尼亚河①附近和波洛韦茨军队主力遭遇。一场激战下来，罗斯军队再次惨败，其伤亡人数甚至超过了

---

① 位于基辅和别尔哥罗德之间，为斯图格纳河左岸支流。

此前在斯图格纳河的那次战役。斯维亚托波尔克二世逃回基辅，身边仅剩 3 人。7 月 24 日是殉教圣徒圣鲍里斯和圣格列布的纪念日，基辅全城陷入悲痛当中，人们在缅怀圣徒的同时，也为这两场战役中的死难者感到伤心难过，又担心基辅城的未来。

波洛韦茨人在击败斯维亚托波尔克二世之后，返回托尔切斯克。这座城市的守卫者已经彻底绝望，不得不开城投降。波洛韦茨人把城市洗劫一空后付之一炬，还把被俘的居民分配给族人为奴。

1094 年，斯维亚托波尔克二世被迫同波洛韦茨人签署和约，娶了波洛韦茨可汗图格尔坎的女儿为妻。罗斯与波洛韦茨之间暂时恢复了和平。[16]

奥列格占领切尔尼戈夫

经过与波洛韦茨人一战，斯维亚托波尔克二世和弗拉基米尔·莫诺马赫的实力大幅度削弱，这让远在特穆塔拉坎的奥列格·斯维亚托斯拉维奇看到了东山再起的机会。

奥列格勾结波洛韦茨人向莫诺马赫驻守的切尔尼戈夫地区发动进攻。莫诺马赫关闭城门，坚守不出，奥列格的军队就在城郊四处放火，焚烧了一些修道院。莫诺马赫被迫与奥列格讲和，把切尔尼戈夫让给了奥列格，自己则返回佩列亚斯拉夫利，奥列格承诺保证莫诺马赫本人、他的家人和部下的生命安全。

7 月 24 日，圣鲍里斯和圣格列布的纪念日当天，莫诺马赫离开切尔尼戈夫，随同他一起离开的包括妇女和儿童在内共有 100 人，其中包括他的妻子——英国国王哈罗德二世的女儿吉达和他们的

5个儿子。他们穿过波洛韦茨人的驻地，波洛韦茨人就站在渡口和山岗上，像豺狼一样恶狠狠地盯着他们。[17] 奥列格还算信守承诺，莫诺马赫一行人平安顺利地抵达了佩列亚斯拉夫利。

就这样，奥列格·斯维亚托斯拉维奇在波洛韦茨人的帮助下成为切尔尼戈夫王公，夺回了他父亲多年苦心经营的城市。但波洛韦茨骑兵在切尔尼戈夫地区四处劫掠，奥列格根本无法约束他们。这是奥列格第三次勾结游牧族群进入罗斯境内，许多基督徒被杀害，还有一些人被卖到异国他乡。同年8月26日，大批蝗虫飞入罗斯境内，吃光了所有庄稼甚至青草。罗斯遭遇了前所未有的灾难，基督徒认为是他们的罪恶招致了来自上帝的惩罚。[18]

这一时期的罗斯在政治上形成三足鼎立之势。斯维亚托波尔克二世是名义上的大公。由于弗拉基米尔·莫诺马赫和奥列格相互制约，斯维亚托波尔克二世的地位相对稳固。莫诺马赫在把切尔尼戈夫让给奥列格之后，担任了佩列亚斯拉夫利王公。这座城市位于罗斯和波洛韦茨草原的交界处，莫诺马赫实际上成为罗斯边境的守护者。

波洛韦茨人卷土重来

1095年2月，一支由伊特拉里可汗和克坦可汗率领的庞大的波洛韦茨军队逼近佩列亚斯拉夫利。波洛韦茨人撕毁了他们和斯维亚托波尔克二世签订的和约。两位可汗向弗拉基米尔·莫诺马赫索取大量的财物，否则就要兵戎相见。

莫诺马赫刚从切尔尼戈夫来到佩列亚斯拉夫利，还未来得及组建自己的军队，武器也非常匮乏，这是他实力最弱的时候。莫诺马赫的两位堂兄也不大可能帮助他，奥列格和他是宿敌，斯维亚托波尔克二世则还没有从惨败中恢复过来。在波洛韦茨人看来，莫诺马赫简直就是他们的噩梦，消灭了莫诺马赫，他们在罗斯就再也没有任何对手，而此时是他们消灭宿敌弗拉基米尔·莫诺马赫的最好时机。

莫诺马赫邀请伊特拉里可汗入城谈判。为了打消对手的疑虑，他把自己的儿子斯维亚托斯拉夫·弗拉基罗维奇交给克坦可汗做人质。伊特拉里率领他的精锐卫队入城，莫诺马赫把伊特拉里可汗和卫队安排在拉季鲍尔将军的宅邸里。克坦可汗则率领军队在城外扎营。

就在这时，斯维亚托波尔克二世的使者斯拉维亚塔从基辅赶来觐见莫诺马赫，他和拉季鲍尔将军商量后向莫诺马赫建议，借此机会除掉伊特拉里可汗及其卫队。莫诺马赫犹豫了，说："我们怎么能这么做呢？我已经发誓不伤害他们了。"此二人再次劝说莫诺马赫："王公，您就算是违背了誓言也没有错，他们跟我们订立盟约后马上来侵略我们，屠戮基督徒，您和他们又有什么信义可讲？！"莫诺马赫的亲卫队向他承诺会出城救出充当人质的王子，王公终于同意了他们的行动计划。

2月23日深夜，斯拉维亚塔率领一支由游牧族群托尔克人组成的行动队偷偷出城，托尔克人中有许多人精通波洛韦茨人的语言，由他们来完成营救王子的任务再合适不过。几名斥候偷偷接近了关押王子的帐篷，杀死守卫把王子救了出来。随后莫诺马赫的亲卫队突袭了城外波洛韦茨人的大营，波洛韦茨人毫无防备，克坦可汗被杀，他的军队迅速被消灭。

此时伊特拉里可汗尚不知道城外发生了什么事。第二天，拉季鲍尔将军事先下令准备一间宽敞、暖和的木屋，在屋里摆了许多丰盛的菜肴，让自己的初级亲卫们埋伏好，随后派使者去请伊特拉里可汗和他的卫队前来用餐，并告知他们早餐后双方将正式开始谈判。

伊特拉里可汗一行刚走进木屋，屋门马上就被锁上了，屋顶被迅速掀开，拉季鲍尔将军的儿子奥利别格·拉季鲍利奇站在屋顶上弯弓搭箭，一箭正中伊特拉里可汗的心脏，四下埋伏的罗斯亲卫们迅速冲出，把屋内的波洛韦茨人屠戮殆尽。这件事发生在 2 月 24 日星期日中午 12 点多，正好是谢肉节。

为了彻底击败波洛韦茨人，斯维亚托波尔克二世大公和弗拉基米尔·莫诺马赫派使者去切尔尼戈夫城见奥列格，要求奥列格出兵和他们一起去攻打波洛韦茨人。奥列格假意应允，实际上未派出一兵一卒。

斯维亚托波尔克二世大公和莫诺马赫合兵一处深入草原，再次击败了波洛韦茨人，占领了他们的营地，夺取了大批牲畜，解救了被俘虏的罗斯人，并把这些人和财物都送回罗斯。斯维亚托波尔克二世和莫诺马赫对奥列格的态度非常不满，派使者去质问他："你为什么不和我们一起去讨伐那些野蛮人？那些异教徒劫掠我们的土地，屠杀我们的人民，而你却把伊特拉里的儿子留在身边，要知道那些蛮族人是我们最大的敌人，现在给你两个选择，要么把那个小孩杀了，要么就把他交给我们。"奥列格表示拒绝，他和他的两位堂兄弟的矛盾激化了。

1095 年，波洛韦茨人包围了尤里耶夫城[1]，波洛韦茨人的军队整个夏天都在该城附近驻扎，几乎攻克该城。斯维亚托波尔克二世与波洛韦茨人斡旋想要撤走城内居民，波洛韦茨人同意了，把军队暂时退到了罗斯河对岸，大批尤里耶夫城居民逃出城来奔向基辅。斯维亚托尔克二世命人在维季切夫斯克山[2]上新建了一座城市，以自己的名字命名，就叫作斯维亚托波尔奇城[3]。他把尤里耶夫城和其他一些城市的居民迁徙到这里，任命马林为斯维亚托波尔奇城的主教。波洛韦茨人随即放火将尤里耶夫城烧为平地。

1096 年，斯维亚托波尔克二世和莫诺马赫派使者去切尔尼戈夫见奥列格，邀请他来基辅会晤，准备在各大主教、修道院院长、波雅尔大贵族和市民大会面前签署条约，共同保护罗斯不再受波洛韦茨人的侵犯。

奥列格的态度异常傲慢，说："那些主教、修道院院长和庄稼汉无权对我指手画脚。"他拒绝去基辅赴会。

斯维亚托波尔克二世和莫诺马赫非常生气，再度派使者谴责他："你既不肯出兵去打那些野蛮人，又不肯来赴会，理由只有一个，就是你还想勾结那些蛮子来打我们。你和我们孰是孰非就交给上帝裁决吧。"

---

[1]　此城旧址在基辅附近，位于罗斯河和鲁特河之间，但具体地点尚未确定。它也被称为尤里耶夫－罗斯城或尤里耶夫－基辅城，为"智者"雅罗斯拉夫所建，以雅罗斯拉夫的教名尤里命名。此城与爱沙尼亚第二大城市塔尔图的旧称重名，但并非同一座城市。

[2]　位于今乌克兰基辅州奥布霍夫斯克地区维塔乔夫村附近。

[3]　遗址位于第聂伯河右岸，在距离基辅城 56 俄里处的维季切夫斯克山上。

斯维亚托波尔克二世和莫诺马赫发兵切尔尼戈夫，去找奥列格兴师问罪。1096 年 5 月 3 日星期六，奥列格逃出切尔尼戈夫，进了斯塔罗杜布城①，闭门不出。斯维亚托波尔克二世和莫诺马赫的军队把城池团团包围。

这场激烈的城市攻坚战持续了多天，双方都伤亡惨重，斯塔罗杜布城的居民要求奥列格出城向两位堂兄弟求和，奥列格只能照办。斯维亚托波尔克二世和莫诺马赫要求奥列格放弃对切尔尼戈夫的管辖权，去斯摩棱斯克找自己的亲哥哥达维德·斯维亚托斯拉维奇，邀请他一起来基辅会盟。奥列格答应照办，双方都亲吻十字架起誓。

热拉尼亚河战役失败后，斯维亚托波尔克二世曾娶波洛韦茨人的图格尔坎可汗的女儿为妻，但这并未从实质上改善罗斯和波洛韦茨人之间的关系，波洛韦茨人仍然持续不断地袭扰罗斯边境。图格尔坎可汗甚至认为从女婿这里拿走东西是天经地义的事。

当斯维亚托波尔克二世和莫诺马赫与奥列格交战之时，波洛韦茨的图格尔坎可汗和鲍尼亚克可汗联合起来再度入侵罗斯。1096年春，鲍尼亚克可汗率军进逼基辅城下。波洛韦茨人烧毁了位于别列斯托沃的基辅大公行宫。

5 月 24 日波洛韦茨将军库利亚在佩列亚斯拉夫利附近放火焚毁了乌斯季耶城②。斯维亚托波尔克二世和莫诺马赫迅速返回领地准备迎敌。

---

① 位于今俄罗斯布良斯克州西南部。

② 佩列亚斯拉夫尔地区的一座军事要塞，位于特鲁别日河和第聂伯河的交汇处。

5月30日，图格尔坎可汗率军攻打佩列亚斯拉夫利，屯兵城郊。佩列亚斯拉夫利的守军紧闭城门，固守待援。斯维亚托波尔克二世和莫诺马赫发兵迎战图格尔坎。罗斯军队沿着第聂伯河右岸在扎鲁布①附近涉水渡河，波洛韦茨人的斥候并没有发现他们。过河之后，罗斯军队稍加休整就向着佩列亚斯拉夫利城进发，守军看到援军已到，信心倍增，出城相迎。波洛韦茨人在特鲁别日河另一侧摆开阵势准备战斗。

7月19日，斯维亚托波尔克二世和莫诺马赫率军强渡特鲁别日河准备和敌人决战。莫诺马赫想先列好阵势，然后发动进攻，但罗斯军队已经迫不及待，直接向敌人阵地发起冲击，这反而打了波洛韦茨人一个措手不及。波洛韦茨军队迅速崩溃，四散奔逃，罗斯军队在后面紧追不舍，奋力砍杀。波洛韦茨可汗图格尔坎和他的儿子以及几位波洛韦茨人的重要将领均在此役毙命。

第二天早上，图格尔坎可汗的尸体在战场上被找到，斯维亚托波尔克二世念及他是自己的岳父，于是收殓了他的遗体，将其运回基辅，厚葬于别列斯托沃。此役结束之后，斯维亚托波尔克二世和莫诺马赫突然得到消息：波洛韦茨人的鲍尼亚克可汗偷袭基辅，罗斯的首都几乎被攻克！

波洛韦茨人焚毁了斯捷凡修道院、格尔曼修道院及附近村庄，接着闯进了著名的基辅洞窟修道院。他们在洞窟修道院的大门外竖起了两面大旗，砸开修道院的大门闯了进去，洗劫了每一个房间，抢走了所有贵重物品，然后焚毁了圣母堂。他们还闯进教堂，抢走

---

① 第聂伯河右岸的一座城市，位于乌克兰基辅州扎鲁宾村。

圣像，焚毁门廊。除此之外，波洛韦茨人还焚毁了弗谢沃洛德一世在维多比奇山丘①上建造的红宫②。

当斯维亚托波尔克二世和莫诺马赫匆忙率军赶回基辅时，一切都为时已晚，波洛韦茨骑兵早就消失得无影无踪。[19]

第四节　"智者"雅罗斯拉夫的子孙们
开始同室操戈

莫诺马赫和奥列格之间的争斗

斯维亚托波尔克二世是一位才能平庸的政治家，在他统治期间，罗斯开始走向衰落。这一时期罗斯政坛最杰出的人物是弗拉基米尔·莫诺马赫和奥列格·斯维亚托斯拉维奇，他们曾经是好朋友，后因权力争斗而反目，成了一生的敌人。

前文提到奥列格在和两位堂兄弟的争斗中落败，被迫放弃了切尔尼戈夫的管辖权，前往斯摩棱斯克投奔自己的长兄达维德·斯维亚托斯拉维奇，但达维德没有接纳他，他不得已去了梁赞③。

1096 年，当斯维亚托波尔克二世和莫诺马赫英勇抗击波洛韦

---

① 基辅城南的一座山丘，是基辅城一座著名的历史文化景观。

② 王公的邸宅，在基辅和切尔尼戈夫都有这样的红宫。俄文中的"红"并非单指颜色，还有美丽的寓意，红宫的意思就是美丽的宫殿。

③ 此处的梁赞在距离奥格河 50 千米处，与后来的梁赞公国并非同一个地方。参见 Повесть временный лет, С.472。

茨人之际，奥列格重新招募了一支军队开始攻打穆罗姆城。莫诺马赫的儿子伊兹雅斯拉夫·弗拉基米罗维奇正在此城驻守。当他得知奥列格军队来犯的消息，立刻派人到苏兹达里、罗斯托夫和白湖城去搬救兵。

奥列格派使者来见伊兹雅斯拉夫·弗拉基米罗维奇，对他说："请你立刻撤出穆罗姆。穆罗姆是我父亲（前基辅大公斯维亚托斯拉夫二世）的领地，理应由我继承。你可以到罗斯托夫去，那才是你该去的地方。我会在穆罗姆等着和你父亲签署和约，你父亲欠我的，也该还给我了。"

此时伊兹雅斯拉夫的援军已到，穆罗姆城的兵力超过了奥列格的兵力。伊兹雅斯拉夫相信自己一定能战胜奥列格，于是他拒绝谈判。

9月6日，奥列格全军发起进攻，伊兹雅斯拉夫率军出城迎战。经过激烈的战斗，叔叔战胜了侄儿。伊兹雅斯拉夫在此役阵亡，他的部下四散奔逃。人们收殓了伊兹雅斯拉夫的尸体，把他停放在圣救世主修道院，之后又辗转送到诺夫哥罗德，将其安葬在诺夫哥罗德圣索菲亚大教堂左侧。

奥列格攻占了城市，俘虏了大批前来救援的罗斯托夫人、白湖城人和苏兹达里人，把他们用镣铐锁起来。随后奥列格接连攻占了苏兹达里、罗斯托夫，控制了罗斯东北部的大片土地，并向各城市委派行政长官，开始收取赋税。

随后，奥列格收到了他的堂弟弗拉基米尔·莫诺马赫的亲笔信，信中说：

　　我们都会死的，如果我们未曾忏悔，又不能和解，那么我们将如何面对末日审判？我的儿子、你的教子^①写信给我，希望我和你通过谈判重归于好。他不希望我们活在仇恨当中。

　　孩子对我说："上帝是仁慈的，伯伯和弟弟^②终将面对上帝，孰是孰非就交给上帝裁决吧。重要的是我们绝不能再让罗斯国土生灵涂炭。"

　　……

　　我听从了儿子的意见，现在致函给你。无论你收到信是欣慰还是不屑一顾，我都要说，我期待你在上帝面前诚心地忏悔，请求上帝宽恕你所犯下的罪行。上帝是全知全能的，他创造出了万物，我主耶稣忍受着责难、凌辱和打击，献出自己的生命，用宝血为我们这些罪孽深重的人赎罪。我们今天活在人间，明天就有可能离开人世；我们今天享受荣华富贵，明天就可能躺在棺材里，任凭旁人来瓜分我们的一切。

　　兄长，看看我们的父辈吧，尘世间的一切恩怨对他们而言都已经随风逝去，他们的灵魂在天堂已经得到了永生。兄长，你本应该派使者来跟我商议的，而你却杀了我的儿子、你的教子^③。你目睹了他的鲜血和尸体，一朵怒放的鲜花枯萎凋谢了，

----

　　① 指诺夫哥罗德王公穆斯季斯拉夫·弗拉基米罗维奇，他是莫诺马赫的长子，在他小的时候奥列格曾为他受洗，因此奥列格是他的教父。由此可见莫诺马赫和奥列格在年轻时候关系非同一般。

　　② 指战死的穆罗姆王公伊兹雅斯拉夫。

　　③ 被奥列格杀死的穆罗姆王公伊兹雅斯拉夫·弗拉基米罗维奇也是奥列格的教子。

我的儿子、你的教子像一只羔羊那样被杀掉了。

你站在他的遗体旁边，应该深刻地忏悔。你应该说："我为我的所作所为而感到难过，我利用了这孩子的天真幼稚杀了他，我为了这浮华虚假的一切作了恶，让这孩子的父母伤心流泪。"

……

你应该向上帝忏悔，写一封安慰的信给我，并把我那可怜的儿媳送至我处，因为她没有过错。此前我未能参加他们的婚礼①，这都是我的错，我希望我能拥抱她，哀悼她的丈夫、我的儿子、你的教子，以弥补我的过错。看在上帝的份上，请你派使者把我的儿媳送到我这里来，我要和她一起为我儿哭泣。她在我这里，犹如栖息枯枝的斑鸠那样发出哀鸣，而我将在上帝那里得到心灵上的慰藉。

我们的祖辈和父辈都已经去世了。我儿子的死是上帝的安排，这并不完全是你的错。如果你夺取了穆罗姆，而不再去占领罗斯托夫，并派使者来见我，那么我们原本是可以达成协议的。你自己想想，是应该你先派使者来见我，还是我先派使者去见你呢？②如果你跟我儿说："让你父亲派使者来见我。"那么这会儿我可能已经向你那里派出去 10 批使者了。

大丈夫战死沙场，死得其所。我们的先祖有许多人也是在沙场上英勇战死的。但是你不应该垂涎他人之物，不应该使我

---

① 伊兹雅斯拉夫应该是此前不久结的婚，那时候莫诺马赫和斯维亚托波尔克二世正在和奥列格交战，因此未能参加他的婚礼。

② 莫诺马赫在这里暗示是奥列格先挑起的战争。

蒙受耻辱，让我承受丧子之痛。我知道这都是因为你的奴仆们的挑唆，你才做出这样的事，这些阴险小人才是罪魁祸首。

如果你在上帝面前忏悔，且以诚心待我，那你应该派一位使者或者主教来见我，并给我回复一封同意和解的信，这样你就会得到我的善意和那些领地。我既不是你的敌人，也不想向你复仇。我之前并不想在斯塔罗杜布城下伤害你，但愿上帝保佑，你和你的兄弟也不要再做骨肉相残的事。如果我撒谎，上帝和那神圣的十字架将惩罚我。此前我曾出兵攻打你的切尔尼戈夫，为此我深感后悔，我不止一次地向自己的兄弟们表达过悔意，这件事所有人都知道。我毕竟是凡人，我也会犯错误。

如果你同意我的意见，那很好，如果你不同意我的意见，那么你的教子和他的弟弟①的领地就在你旁边，你要是想杀了他们，他们任由你处置。但我不想再作恶，我希望我们兄弟和睦相处，我也希望罗斯大地永享太平。

你想用武力得到的东西，我出于对你的爱，全都可以给你，包括斯塔罗杜布在内的所有领地。上帝可以作证，如果没有你的参与，我们兄弟们②的协议很难达成。我们没有说错或者做错什么，我们兄弟的谈判可以一直进行下去，直到达成协议为止。如果我们当中有谁不希望基督徒们得到幸福和平，那么死后他的灵魂也无法在上帝那里安息。

---

① 指莫诺马赫的幼子尤里·弗拉基米罗维奇。

② 指斯维亚托波尔克二世大公、奥列格、莫诺马赫，以及"智者"雅罗斯拉夫的其他子孙。

我的兄长，你听着，我给你写这封信并不是因为我深陷困境，也不是因为我受到了上帝的惩罚。我的信仰对我而言比整个世界还要宝贵，我将会在末日审判时自证清白。[20]

这封莫诺马赫写给奥列格的信在中世纪罗斯文学史上享有非常高的地位。这是一位刚失去儿子满怀悲痛的老父亲写给杀子仇人的信，莫诺马赫为了国家的利益，压制个人野心，抑制丧子之痛，这是舍身为国的典范。在这封信中，弗拉基米尔·莫诺马赫展示了自己的人文主义理想，只是这种人文主义与那个残酷的时代有些格格不入。

不出所料，奥列格拒绝了莫诺马赫的善意，并准备派兵攻打莫诺马赫长子穆斯季斯拉夫·弗拉基罗维奇驻守的诺夫哥罗德。出兵之前，他派自己的四弟雅罗斯拉夫·斯维亚托斯拉维奇[①]率领骑兵先去侦察，而自己率领大队人马在罗斯托夫附近列阵。

穆斯季斯拉夫和他的属下商议后派将军多布雷尼亚·拉古伊洛维奇率军出击，多布雷尼亚很快就活捉了奥列格派往附近征税的征税官。雅罗斯拉夫的骑兵当时在梅德韦季察河[②]附近驻扎，当他们得知征税官被抓，就连夜向奥列格汇报："穆斯季斯拉夫的大军正在向这里进发，我们的征税官已经被俘。"奥列格下令撤退。

穆斯季斯拉夫的大军继续向伏尔加河挺进，斥候回报，奥列格已经退回罗斯托夫。穆斯季斯拉夫命令大军全力追赶敌人，奥列格

---

① 前基辅大公斯维亚托斯拉夫二世第四子。

② 位于今俄罗斯特维尔地区，为伏尔加河左支流，流入乌格里奇水库。

被迫放弃罗斯托夫，退往苏兹达里。穆斯季斯拉夫的大军紧追不舍，奥列格下令烧毁苏兹达里城后逃往穆罗姆，苏兹达里城仅剩下洞窟修道院和圣德米特里教堂得以幸存。

穆斯季斯拉夫的大军占领苏兹达里后，派使者去给奥列格传话：“我是您的晚辈，希望您能和我父亲通过谈判来解决问题。请您释放我那些被俘的亲卫，我一切都听从您的安排。”

于是，奥列格派使者去见穆斯季斯拉夫，假意答应停战。这时候正值费多罗夫斋戒周①，穆斯季斯拉夫给亲卫队放了假，让他们到各村各寨去安心过节。他的大营就扎在克利亚兹玛河附近。

星期六这天，穆斯季斯拉夫正在用餐，突然接到情报：奥列格准备派人偷袭他，敌军距离他的大营已经不远了。他太信任自己的叔叔兼教父奥列格了，甚至都没有在大营附近布置斥候。得到消息后，穆斯季斯拉夫立刻逃离大营，这才幸免于难。当天，他将自己的亲卫队全部召回，准备和奥列格决一死战。

第二天，大批诺夫哥罗德人、罗斯托夫人和白湖城人也来支援穆斯季斯拉夫。他把亲卫队部署在穆罗姆城下，但没有立刻攻城，奥列格也没有出城挑战，就这样双方在城下僵持了4天。

4天后，穆斯季斯拉夫得知他父亲莫诺马赫派他弟弟维亚切斯拉夫·弗拉基米罗维奇率军来支援他。援军在费多罗夫斋戒周过后的那个星期四到达，随同维亚切斯拉夫前来的还有一支依附罗斯人的波洛韦茨骑兵，这极大地增强了穆斯季斯拉夫的军力。

维亚切斯拉夫率军到达后的第二天，奥列格前来挑战，穆斯季

---

① 复活节前大斋节期的第一周。

斯拉夫率军迎敌。此次维亚切斯拉夫给哥哥带来了父亲莫诺马赫的王旗。穆斯季斯拉夫把这面象征着荣耀的大旗交给了一位名叫库努伊的波洛韦茨勇士，命令他率领步兵从右翼发动进攻。奥列格在战场上看到迎风飘展的莫诺马赫的王旗，大为震撼，以为是莫诺马赫亲率大军前来与他交战。莫诺马赫的威名在罗斯人尽皆知，奥列格的亲卫见到王旗无一不为之色变。

双方军队开始正面接触。穆斯季斯拉夫率领诺夫哥罗德人下马徒步前进，在克拉克沙河①附近和奥列格的军队展开激战。穆斯季斯拉夫的军队逐渐占据上风，而此时奥列格看到莫诺马赫的王旗正在向他后方移动。他万分惊恐，落荒而逃，穆斯季斯拉夫大获全胜。

奥列格留下亲弟弟雅罗斯拉夫·斯维亚托斯拉维奇守卫穆罗姆，自己马不停蹄地逃往梁赞。穆斯季斯拉夫来到穆罗姆城，和雅罗斯拉夫签订了停战协议，随后立即率领大军发兵梁赞继续追击奥列格。奥列格又从梁赞逃走。穆斯季斯拉夫占领梁赞后把那些被奥列格俘虏的人全都解救了出来。

这时候穆斯季斯拉夫派使者去见奥列格，对他说："您不要再逃了，我会跟我的兄弟们讲，让他们不要再追杀您，我也会在我父亲面前向您求情的。"奥列格终于低下了他那颗高傲的头颅，无条件地接受了侄子们的请求。

随后，穆斯季斯拉夫退回诺夫哥罗德。这场叔侄大战最终以侄子们大获全胜而告终。[21]

---

① 位于俄罗斯弗拉基米尔州，为克利亚兹玛河左支流。

柳别奇王公大会

1097 年是罗斯历史上不同寻常的一年，"智者"雅罗斯拉夫的子孙们聚集在莫诺马赫的领地柳别奇城，召开了具有历史意义的王公大会。

会上，王公们纷纷表示："我们为什么要相互争斗，而毁了自己的家园呢？波洛韦茨人经常劫掠我们的土地，只有他们才乐意看到我们之间内斗。从现在起，我们应该精诚团结，共同保卫罗斯，就让我们各自管好自己的领地吧。"

就这样斯维亚托波尔克二世继续坐镇基辅，并继承了他父亲伊兹雅斯拉夫一世的所有领地；弗拉基米尔·莫诺马赫承袭了父亲弗谢沃洛德一世的世袭领地；达维德·斯维亚托斯拉维奇[①]、奥列格和雅罗斯拉夫三兄弟共同管理他们的父亲斯维亚托斯拉夫二世的领地，其中达维德担任切尔尼戈夫王公，奥列格担任诺夫哥罗德–谢韦尔斯克[②]王公，雅罗斯拉夫·斯维亚托斯拉维奇[③]担任梁赞王公；达维德·伊戈列维奇[④]继续担任沃伦王公；沃洛达利·罗斯季斯拉维奇[⑤]得到佩列梅什利城；瓦西里科·罗斯季斯拉维奇[⑥]得到了捷

---

① 前基辅大公斯维亚托斯拉夫二世长子，奥列格的长兄。

② 位于今乌克兰切尔尼戈夫州。该城名字的意思是"在北方人土地上建立起的城市"，与诺夫哥罗德名字相近，但两座城市并非同一座城市。

③ 斯维亚托斯拉夫二世大公第四子，奥列格的四弟。

④ 其父为"智者"雅罗斯拉夫第五子伊戈尔。

⑤ 其祖父为"智者"雅罗斯拉夫长子弗拉基米尔，其父亲为罗斯季斯拉夫，他和瓦西里科是亲兄弟。

⑥ 其祖父为"智者"雅罗斯拉夫长子弗拉基米尔·雅罗斯拉维奇，其父亲为罗斯季斯拉夫·弗拉基米罗维奇。

列波夫利城①。

大家亲吻十字架起誓：今后如果有谁违背盟约侵犯别人的领地，那么他就是所有王公的敌人，大家将联合起来攻打他。会后各位王公相互告别，返回各自领地。[22]

学术界一般认为，1097年柳别奇王公大会标志着罗斯国家的正式解体，每一位王公都合法地拥有了属于自己的领地。但事实上并非如此，在此后30年，罗斯又历经了3位大公执政，统一的罗斯依然很强大。参加柳别奇大会的诸位王公只是确认了一件事情，那就是重新遵循"智者"雅罗斯拉夫大公的政治遗嘱，大家各自守卫自己的领地，精诚团结，相亲相爱，严禁相互攻伐。这些决定有助于把罗斯所有王公团结起来，共同对付草原上的波洛韦茨人。

但是这样的盟约仅仅是道义上的，并没有太大的约束力量，会议刚一结束，罗斯王公们就开始陷入了新一轮的权力争斗。

瓦西里科的不幸遭遇与复仇

柳别奇王公大会结束后，沃伦王公达维德·伊戈列维奇随同斯维亚托波尔克二世来到基辅做客。有人对达维德进谗言，说莫诺马赫联合了捷列波夫利王公瓦西里科·罗斯季斯拉维奇，准备针对他和斯维亚托波尔克二世。于是达维德就在大公面前诽谤瓦西里科："你不要忘记是谁刺杀了你的弟弟亚罗波尔克②，现在那个人（指

---

① 位于今乌克兰捷尔诺波尔州捷列波夫利市。

② 斯维亚托波尔克二世的亲弟弟亚罗波尔克·伊兹雅斯拉维奇在1086年遇刺，传言他是被罗斯季斯拉夫家族的人谋害的，但并没有证据。瓦西里科是罗斯季斯拉夫的儿子。显然，达维德·伊戈列维奇在为瓦西里科拉仇恨。

瓦西里科）又勾结弗拉基米尔（莫诺马赫）来反对你和我，你要小心自己的脑袋。"

斯维亚托波尔克二世半信半疑，说："这事是真是假还有待调查。如果你讲的是真话，那么上帝会为你作证；要是你欺骗我，那么上帝就会惩罚你。"

达维德发誓说他说的都是真的，于是斯维亚托波尔克二世就相信了他的话。[①] 他们开始设计谋害瓦西里科。而此时无论是瓦西里科还是莫诺马赫都蒙在鼓里。达维德出主意："不如我们想办法把瓦西里科抓起来吧，不然你就别想在基辅坐稳大位，而我在（西）弗拉基米尔城[②] 也不安心。"斯维亚托波尔克二世同意了。

机会终于来了。11 月 4 日，瓦西里科渡过第聂伯河抵达维杜比茨基修道院参拜圣米哈伊尔大天使[③]。第二天早晨，斯维亚托波尔克二世派人来见他说："我的命名日[④] 快到了，请兄弟[⑤] 留下来一

---

① 斯维亚托波尔克二世怀疑瓦西里科和弗拉基米尔·莫诺马赫的依据是：莫诺马赫占领了原属于斯维亚托波尔克二世父亲伊兹雅斯拉夫大公的领地诺夫哥罗德，同时在柳别奇王公会议上莫诺马赫支持将图罗夫等地划归瓦西里科。这件事情让斯维亚托波尔克二世对莫诺马赫的动机产生了深深的怀疑。

② 当时为沃伦公国的首府。

③ 基督教中天使长之一，也被翻译为米迦勒，是最受尊敬的天使长之一，在东正教中他被称为大天使，即天使和天使长们的首领。

④ 东正教国家和一些天主教国家的新生儿受洗时，神父会根据孩子的出生日期给孩子起名，孩子的名字往往和他出生这天基督教会纪念的圣徒的名字相同，出生日也就是这个孩子的命名日。但如果出生日并不是教会的圣徒纪念日，那么命名日就是距离出生日最近的圣徒纪念日。

⑤ 瓦西里科的爷爷弗拉基米尔和斯维亚托波尔克二世的父亲伊兹雅斯拉夫是亲兄弟。《往年纪事》中在描写这一场景时提到，斯维亚托波尔克二世和达维德·伊戈列维奇称瓦西里科为兄弟，这也许是泛指，事实上他们并不同辈。

起聚一聚吧。"

瓦西里科婉言谢绝了，说："我不能在此地久留，我担心家里有事。"

达维德也派人劝他："兄弟，你还是别走了。"

瓦西里科还是不愿留下。于是，达维德对斯维亚托波尔克二世说："你看，他到了你的领地都不愿意见你，如果你放虎归山，那么他就会把你的图罗夫、平斯克①还有其他一些城市全都夺走，到时候你后悔都来不及。你如果不想这样，那就现在把他召来，抓起来交给我处置。"

斯维亚托波尔克二世听取了达维德的意见，再次派人去请瓦西里科，对他说："如果你不愿意留下来为我庆祝命名日，那你起码来见我一趟，你、我和达维德可以好好聊聊。"

瓦西里科根本没想到这是一个骗局，于是答应来见他们。11月5日，他骑上马出发前往基辅，途中遇到了自己的一位亲卫。亲卫劝他："王公啊，您不能去，他们想谋害您。"

瓦西里科没听他的话，心想："他们怎么会抓我呢？我们刚刚亲吻了十字架，发了誓，如果谁要是再做残害骨肉的事，那么所有王公会群起而攻之。"

于是，瓦西里科只带了少数卫士来到了基辅大公的宅邸。斯维亚托波尔克二世出门迎接，把他请进了房间，然后双方落座。

大公先开口："兄弟，你留下来过节②吧。"

---

①　今白俄罗斯布列斯特州的一座城市，位于皮纳河和布列斯特河的交汇处。

②　11月8日是圣徒米哈伊尔的纪念日，也是斯维亚托波尔克二世大公的命名日。斯维亚托波尔克二世的基督教教名是米哈伊尔。

瓦西里科回答："大公，我不能留下，我的随从们都已经离开了。"

达维德坐在一旁一言不发。

斯维亚托波尔克二世又说："兄弟，那么你就在这里吃顿早饭吧。"瓦西里科答应了。

斯维亚托波尔克二世找了个借口离开。过了一会儿，达维德称要去找斯维亚托波尔克二世商量点事情，也离开了房间。

达维德刚走出去，瓦西里科就被反锁在房间里。不仅如此，还有人给他戴上了两副镣铐，并派卫兵严加看管。

第二天，斯维亚托波尔克二世大公召集波雅尔大贵族和基辅市民，当众宣布了瓦西里科的罪状：瓦西里科是杀害亚罗波尔克·伊兹雅斯拉维奇王公的元凶，现在他又勾结弗拉基米尔·莫诺马赫试图谋反。

贵族和市民代表对大公说："请大公三思，这些话都是达维德说的，如果他说的是真话，那么瓦西里科确实应该严惩；如果达维德撒了谎，那么他一定会遭天谴，您又何必插手此事？"

一些修道院的院长也为瓦西里科求情。大公对他们说："这要看达维德的意思。"

这时候，达维德已经筹划着刺瞎瓦西里科的眼睛了。他对斯维亚托波尔克二世说："如果放虎归山，那么你和我的位置都保不住。"

大公已经想把瓦西里科放走了，但达维德不同意。当晚，达维德命人给瓦西里科戴上镣铐，把他装上大车偷偷运到距离基辅不远的别尔哥罗德城，关进了一间小木屋中。

谢·瓦·伊万诺夫《基督教徒和多神教徒》

现藏于乌克兰辛菲罗波尔艺术博物馆。

安·彼·里亚布什金《格列布王公在诺夫哥罗德市民大会击杀多神教巫师》

现藏于俄罗斯下塔吉尔造型艺术博物馆。

谢·瓦·伊万诺夫《乌维季奇王公大会》

现藏于俄罗斯科斯特罗马历史－建筑－艺术庄园博物馆。

阿·达·基辅申科《多罗布斯克湖王公会议：莫诺马赫和斯维亚托波尔克二世会面》

现藏于俄罗斯中央海军博物馆。

伊·西·伊扎捷维奇《1113年基辅起义》
现藏于乌克兰国家历史博物馆。

伊·阿·乌戈柳莫夫《希腊使节携礼物抵达基辅觐见弗拉基米尔·莫诺马赫大公》
现藏于俄罗斯国家博物馆。

维·米·瓦斯涅佐夫《狩猎后的莫诺马赫大公在休息》
现藏于俄罗斯国家博物馆。

阿·米·瓦斯涅佐夫《普斯科夫城的市民大会》
普斯科夫为诺夫哥罗德公国重要城市。现藏于俄罗斯特列恰科夫美术馆。

瓦西里科看到房间里一个托尔钦人①正在那里磨刀，瞬间明白了他们是想刺瞎他的眼睛。他泪流满面，恳求上帝，痛苦地呻吟，但无济于事。这时候，两个人走了进来，一个是斯维亚托波尔克二世的马夫斯诺维德·伊泽切维奇，另一个是达维德的马夫德米特尔。他们在屋里铺上毯子，然后抓住瓦西里科，想把他按到毯子上去。瓦西里科奋力挣扎，这两个马夫很难制服他，又进来了几个人才把他摁倒在毯子上捆住手脚。

他们从旁边的灶台上取下一块木板压在瓦西里科的胸膛上，两个马夫分别坐在木板的两头，仍然阻止不了瓦西里科的挣扎。他们又从灶台上取下一块木板压在他的双肩上，又有两个人坐了上去，这时传来了瓦西里科的胸骨碎裂的声音。

那个托尔钦人走了过来，他叫别连季，是斯维亚托波尔克二世的羊倌。别连季手拿刀子，想剜去瓦西里科的眼睛，但他失手划伤了瓦西里科的脸颊——这道深深的疤痕后来一直伴随着瓦西里科。别连季再次用刀子向瓦西里科的眼睛刺去，剜出了他的两颗眼珠。瓦西里科昏死过去，被裹进毯子里扔在一辆大车上。达维德要将其送往自己的首府（西）弗拉基米尔城去。

大车穿过兹维维日坚桥②，在经过一座集市时，押送的士兵让一位牧师的妻子来清洗瓦西里科身上血迹斑斑的衣服。牧师的妻子看到瓦西里科的惨状忍不住失声痛哭。

---

① 托尔钦是沃伦地区一座城市，这个托尔钦人应该是沃伦王公达维德·伊戈列维奇的亲随。

② 位于乌克兰西部兹德维日河上，兹德维日河为第聂伯河流域杰杰列夫河右支流。

费·安·布鲁尼《捷列波夫利王公瓦西里科被刺瞎双目》

来源于《俄罗斯历史大事记》插图。（*Бруни Ф. А.*, Ослепление Василька Теребовльского, Очерки
событий из российской истории, сочинённые и гравированные.）

瓦西里科听到了哭声，就问："我这是在哪里？"有人告诉他是在兹维日坚①。他想要喝水，那些押送的士兵就拿水给他喝。瓦西里科喝了点水后清醒过来，摸了摸身上的衣服说："你们为什么要把它从我身上脱掉，我宁愿穿着那件带血的衣服去见上帝。"

士兵们吃过饭又押着他沿着崎岖不平的道路继续向前走，6天后终于到达了（西）弗拉基米尔城。达维德也到了，他看瓦西里科就像看着某种猎物似的，兴奋之情溢于言表。达维德把瓦西里科关在一座贵族宅院内，由他的贴身侍卫乌兰和克尔奇克率领30人严加看管。

弗拉基米尔·莫诺马赫听到瓦西里科的遭遇后大为震惊，泪流不止。他说："在罗斯这片土地上，从我爷爷那辈人到我父亲那辈人中，从未发生过如此卑劣的事情。"

他立刻派使者去见达维德·斯维亚托斯拉维奇和奥列格·斯维亚托斯拉维奇两兄弟，对他们说："我请你们来戈洛杰茨，让我们一起去阻止这场暴行吧。这件事就像是投向我们的一把匕首，如果我们不制止，那么将会引发更大的灾难，兄弟之间就会开始互相残杀，我们国家也将覆灭，我们的敌人——波洛韦茨人就会占领我们的土地。"

达维德和奥列格两兄弟听了这些话后也痛心疾首，哭着说："这样的事情在我们家族中从来没有发生过。"

1098年春天，两位王公集合了军队和莫诺马赫会合，派了各自的代表一起去见基辅大公斯维亚托波尔克二世，质问他："你怎

---

① 位于今乌克兰西部兹德维日河附近。

么能做出这种凶残的事？这就好像在我们中间插入了一把匕首。你为什么要弄瞎他的眼睛？如果你认为他哪里做得不对，可以当着我们的面来揭露他。只有证实了他真的有罪，你才能处置他。就请你现在告诉我们，瓦西里科到底犯了什么罪？"

斯维亚托波尔克二世说："达维德·伊戈列维奇告诉我，是瓦西里科派人暗杀了我弟弟亚罗波尔克，他还图谋要害死我并夺取图罗夫、平斯克、别列斯季耶和波戈里纳①等地。他还同弗拉基米尔（莫诺马赫）相约，由弗拉基米尔统治基辅，他来统治（西）弗拉基米尔城。我是为了保护自己才出此下策，更何况瓦西里科的眼睛并不是我弄瞎的，是达维德·伊戈列维奇，是他把瓦西里科带走的。"

三位王公的使者们说："你不要把责任全都推到达维德身上，瓦西里科不是在他的城市里出事的，而是在你的城市中被抓走并被弄瞎的。"使者们说完这些话就怒气冲冲地离开了。

第二天早晨，三位王公准备渡过第聂伯河向基辅城发起进攻，斯维亚托波尔克二世想弃城逃走，却被基辅的市民阻止了。这时候，前基辅大公弗谢沃洛德一世的遗孀安娜王妃②和都主教尼卡拉出城去见弗拉基米尔·莫诺马赫。

安娜王妃和都主教出城后对三位王公说："我求你们兄弟们不

①　位于基辅和沃伦之间的狭长地带。

②　这位老妇人是弗谢沃洛德一世大公的第二任妻子，来自某个波洛韦茨部落，她在弗谢沃洛德一世的第一任妻子拜占庭公主莫诺马辛娜去世后嫁给了弗谢沃洛德一世。她受洗后有一个罗斯名字——安娜。罗斯历史上习惯上将她称为安娜·波洛韦茨卡娅。

要再打仗了，蛮族人最希望看到你们打起来，这样他们就有机会来夺取我们的土地。这些土地是你们的爷爷和你们的父辈付出了巨大的心血才得到的，他们为罗斯开疆拓土，而你们却想毁了它。"老王妃和都主教向三位王公转达了基辅人的心愿：签订和约，共同保卫罗斯的领土，和异教徒 ① 斗争。

莫诺马赫听完安娜王妃的话，流着泪说："您是对的，我们的祖辈和父辈打下的江山，绝不能毁在我们手里。"莫诺马赫一向敬重自己的父亲弗谢沃洛德一世，尽管安娜王妃不是他的生母，但他知道她是父亲深爱的女人，所以他对待安娜王妃就像对待自己的亲生母亲一样。莫诺马赫也非常敬重罗斯教会都主教尼卡拉，因此决定不再进攻基辅，而与斯维亚托波尔克二世大公媾和。

安娜王妃和都主教返回基辅，向斯维亚托波尔克二世大公转达了他们和三位王公的全部谈话内容。双方开始互派使者，准备媾和。莫诺马赫等三位王公只有一个条件：由基辅大公斯维亚托波尔克二世出面讨伐此次争端的罪魁祸首沃伦王公达维德·伊戈列维奇，将其逮捕，或者驱逐出境。斯维亚托波尔克二世同意了，和三位王公互吻十字架起誓，缔结了和约。

此时瓦西里科被囚禁在（西）弗拉基米尔城。一天，他对两位看守乌兰和克尔奇克说："我听说弗拉基米尔（莫诺马赫）和斯维亚托波尔克（二世）要来攻打达维德（伊戈列维奇），如果达维德同意让我派人去见见弗拉基米尔，我想我会有办法让他们撤军的。"

看守们立刻向达维德·伊戈列维奇汇报了此事。这时，一位著

---

① 这里指波洛韦茨人。

名修士^①刚好云游到了（西）弗拉基米尔城，达维德就请他去见瓦西里科，让修士对他说："如果你真的能派人去劝说弗拉基米尔（莫诺马赫）退兵，那么我将送给你一座城市，弗谢沃洛日城^②、舍波利城^③、佩列梅什利城，你随便挑。"

瓦西里科说："我没想过要这些城市，感谢上帝，我可以派人去见弗拉基米尔（莫诺马赫），让他们别再为我兴兵作战。我一点也不相信，达维德会把他的这些城市给我，我要提醒他，捷列波夫利城无论现在还是将来都是我的领地。"

云游修士向达维德转达了瓦西里科的话，达维德承诺将捷列波夫利城归还给瓦西里科。

瓦西里科又提出要求："让库里麦依^④来见我，我要派他去见弗拉基米尔（莫诺马赫）。"

达维德没有同意，让云游修士告诉他库里麦依不在这里。于是瓦西里科支开了屋里的仆人，单独留下云游修士对他说："我听说达维德要把我送到波兰人那里去，他害我害得还不够惨吗？现在又要把我送给波兰人！我给你说句实话，此前我经常和波兰人打仗，但我这样做完全是为了我们的国家。如果他非要把我出卖给波兰人，那么一定是我的傲慢得罪了上帝才有此下场。我并不怕死，但

---

① 这位云游修士应该是《往年纪事》的两位主要编纂者之一，基辅洞窟修道院修士涅斯托尔或基辅维杜比茨基修道院院长西尔维斯特尔。

② 古沃伦公国的一座城市，具体位置不详。

③ 位于今乌克兰沃伦州的舍波利村。

④ 此人应是瓦西里科的亲信。

我已经听说别连季奇人①、佩切涅格人和托尔克人都打过来了，我想对我的兄弟沃洛达利②和达维德说：让我带着自己的亲卫队去对付他们，你们可高枕无忧。我会在冬季进攻波兰，到了第二年夏天就会征服整个波兰，为罗斯雪耻；随后我还要征服多瑙河流域的保加尔人，让他们来罗斯定居；最后我还想和斯维亚托波尔克与弗拉基米尔（莫诺马赫）一起去攻打波洛韦茨人，要么战死沙场，要么在战斗中找回自己的荣誉，这就是我的最终结局。我可以面对上帝起誓，我对自己的叔伯和兄弟没有任何坏心……"

斯维亚托波尔克二世迟迟未能履行承诺发兵攻打达维德·伊戈列维奇，因此瓦西里科也就一直被扣押。复活节来临之际，达维德出兵要去接管瓦西里科的领地。瓦西里科的亲弟弟沃洛达利·罗斯季斯拉维奇坚决不同意，并带兵在布日斯克③附近挡住了达维德的军队。

达维德不敢和沃洛达利正面交锋，退入布日斯克城闭门不出。沃洛达利把城池团团围住，开始指责他："你为什么作了恶还死不悔改？你好好想想你所犯下的罪行吧！"

达维德开始把责任推卸到斯维亚托波尔克二世身上："这事能只怪我吗？是发生在我的领地吗？我也没办法，如果我不这么做，那么我自己也会被抓起来，遭遇同样的下场。我真的没办法，不得已才这么做的。"

---

① 东欧草原上的一支突厥部落。

② 指的是瓦西里科的亲兄弟沃洛达利·罗斯季斯拉维奇。

③ 位于今乌克兰利沃夫州布斯克市，在西布格河右岸地区。

沃洛达利说："孰是孰非，上帝最清楚！你现在把我哥哥给放了，我就跟你讲和。"

达维德立刻派人去（西）弗拉基米尔城把瓦西里科带来交给沃洛达利。双方罢兵言和。瓦西里科回到了捷列波夫利城，达维德则返回（西）弗拉基米尔城。

春天来了，怀着满腔怒火的瓦西里科和沃洛达利出兵攻打达维德的沃伦公国，派兵包围了（西）弗拉基米尔城。达维德吓破了胆，躲在（西）弗拉基米尔城不敢应战。瓦西里科和沃洛达利在弗谢沃洛日城附近安营扎寨，随后一鼓作气拿下了城池，并把城池付之一炬，市民在大火中纷纷向外逃跑，瓦西里科下令把弗谢沃洛日城的所有居民统统杀死，城内到处洒满了无辜者的鲜血。随后他们兵发（西）弗拉基米尔城，把城池团团围住。达维德闭门不出。

瓦西里科命人向城内喊话："我不想攻取你们的城市，只要你们交出 3 个人——图里亚克、拉扎里和瓦西里。正是这 3 个恶人在达维德面前进谗言，才让他做了如此卑劣的事，如果你们不把他们交出来，我们要和你们战斗到底。"

（西）弗拉基米尔城的市民召开了市民大会，选出代表跟达维德说："王公，我们愿意为您战斗，但我们不愿意为这 3 个人白白送命，您还是把他们交出去吧，否则我们将开城投降，您就好自为之吧。"

达维德说："我同意把他们交出去，但他们现在不在这里啊，我已经派他们去了卢切斯克城①。"市民代表立刻前往卢切斯克城抓人。图里亚克得到消息立刻逃往基辅，而拉扎里和瓦西里则去了

---

① 位于今乌克兰沃伦州卢茨克市。

图里斯克城①。人们听说他们在图里斯克时，就立即要求达维德把他们交出去，否则立刻开城投降。没办法，达维德只得派人把他们抓来交给了瓦西里科。双方在星期日签署了和约。随后瓦西里科把他们吊起来，用乱箭射死，然后撤离了（西）弗拉基米尔城。[23]

1099 年罗斯王公内战

基辅的斯维亚托波尔克二世曾和莫诺马赫等三位王公约定，由他出面逮捕或者驱逐沃伦王公达维德·伊戈列维奇，但他迟迟不肯动手。达维德在与瓦西里科和沃洛达利的争斗中实力大损，这让斯维亚托波尔克二世看到了统一罗斯西部的机会。

1099 年，他以讨伐沃伦王公达维德为名进军别列斯季耶，直逼（西）弗拉基米尔城。为取得沃洛达利和瓦西里科两兄弟的支持，斯维亚托波尔克二世专门约见了这两位王公，和他们共同亲吻十字架起誓，保证此次出征是为了解决达维德那个害群之马，绝无其他意图，他愿意和两位王公和睦相处。

达维德看到大事不妙，立刻前往波兰向波兰国王弗拉季斯拉夫一世求助。波兰国王答应帮助他，并向他索取了 50 格里夫纳的报酬。弗拉季斯拉夫一世带着达维德一起赶往别列斯季耶，打算出面调和基辅大公和沃伦王公之间的矛盾。

斯维亚托波尔克二世的军队驻扎在别列斯季耶城郊，波兰军队则屯兵在布格河上。斯维亚托波尔克二世开始同波兰人谈判，向波

---

① 位于今乌克兰沃伦州图里斯克市。

兰人赠送了大量贵重的礼物，要求弗拉季斯拉夫一世不要再插手达维德之事。于是弗拉季斯拉夫一世就对达维德说："斯维亚托波尔克听不进去我的意见，我也没办法，你还是走吧。"

不得已，达维德返回了（西）弗拉基米尔城，闭门不出。斯维亚托波尔克二世调集军队包围了城市，将其围困了七个星期，达维德再也支撑不住，只得派人去向基辅大公求和，表示愿意放弃自己的领地流亡国外。斯维亚托波尔克二世答应了他，双方互吻十字架起誓。达维德离城之后辗转去了波兰，斯维亚托波尔克二世则率军进驻（西）弗拉基米尔城，吞并了沃伦公国。

斯维亚托波尔克二世赶走达维德之后，下一个目标就是沃洛达利和瓦西里科两兄弟的领地。他向这两位王公发起进攻。沃洛达利和瓦西里科得知消息后，立刻出兵迎敌。他们带上了斯维亚托波尔克二世和他们起誓时亲吻过的十字架。

两军在罗日尼原野①相遇。双方排好阵势，斯维亚托波尔克二世的军队人数众多，但瓦西里科和沃洛达利毫无惧色。开战前，瓦西里科高举着十字架对斯维亚托波尔克二世说："是你把我的眼睛弄瞎的，现在又想来要我的命，你亲吻过的十字架就在这里，而且它会一直见证你和我们的誓言。"

战斗打响后，两军士兵都可以看到瓦西里科高举着的十字架。他们大都是虔诚的基督徒，所有人都清楚是基辅大公违背了自己的誓言。瓦西里科和沃洛达利的军队士气大振，而斯维亚托波尔克二世率领的基辅军队则士气低落，逐渐抵挡不住，因为在战斗进行到

---

① 位于今乌克兰利沃夫州佐罗切夫市附近。

最激烈的时候，斯维亚托波尔克二世大公趁机逃走，奔往（西）弗拉基米尔城。瓦西里科和沃洛达利大获全胜。部下劝他们乘胜追击，但他们拒绝了，说："我们只想守住自己的领地。"

斯维亚托波尔克二世回到（西）弗拉基米尔城之后，派自己的儿子雅罗斯拉夫·斯维亚托波尔契奇去匈牙利求援，又派自己的私生子穆斯季斯拉夫·斯维亚托波尔契奇驻守（西）弗拉基米尔城，安排妥当之后返回基辅。

不久之后，雅罗斯拉夫和匈牙利国王科罗曼率领军队来到基辅，一同前来的还有两位主教。大批匈牙利军队在佩列梅什利附近沿瓦格尔河 ① 一带扎营，声势浩大。

沃洛达利紧闭城门，坚守不战。这时候达维德从波兰回来，求见沃洛达利，自告奋勇要去向波洛韦茨人求援，并把自己的妻子留在沃洛达利那里做人质。尽管沃洛达利和达维德曾经兵戎相见，但现在基辅大公斯维亚托波尔克二世和匈牙利人才是他们共同的敌人。

波洛韦茨可汗鲍尼亚克同意出兵，并率领一支精锐的骑兵部队开进罗斯西部，在基辅和匈牙利联军对面安营扎寨。

午夜时分，鲍尼亚克骑马离开营地，开始模仿狼嚎，有一只狼听到了他的叫声，做出了回应，紧接着许多狼也跟着叫了起来。鲍尼亚克认为这是好兆头，于是回到营地对达维德说："明天我们一定能战胜匈牙利人。"

第二天早晨，鲍尼亚克可汗开始排兵布阵，这次他带来的波洛

---

① 位于佩列梅什利城附近，桑河的支流。

韦茨骑兵只有 300 人，加上达维德的 100 名亲卫也不过仅 400 人而已，而对面的匈牙利军队则号称有 10 万人。鲍尼亚克可汗把自己的士兵分成 3 队，隐蔽起来，命令将军阿尔图诺帕率领 50 名勇士向匈牙利军队进攻，自己率领其余的士兵随后接应。他让达维德守在军旗下，也把达维德的亲卫队分为两队，每队 50 人，相互呼应。

阿尔图诺帕的小队逼近匈牙利的军阵时开始射箭，把随身携带的箭矢射完立刻开始后撤，匈牙利人开始追击。很快追击的部队就远离了大营，这时鲍尼亚克可汗的军队突然在他们后方出现并发起了进攻，阿尔图诺帕的小队也回头掩杀了过来。匈牙利人的追击部队很快就被击溃。

鲍尼亚克可汗的 3 支骑兵小队来去如风，他们用这种战术不断袭扰匈牙利军队，给敌人造成了巨大的损伤。最后匈牙利军队崩溃了，许多士兵溺死在瓦格尔河和桑河①中。波洛韦茨骑兵在后面追了两天，斩杀了匈牙利的主教库庞和许多匈牙利贵族，据说此役中匈牙利军队有 4 万人阵亡。基辅大公斯维亚托波尔克二世之子雅罗斯拉夫看到匈牙利人大势已去，于是仓皇逃往波兰。

达维德的军队则出兵包围了（西）弗拉基米尔城，他已经迫不及待地想夺回自己的首府了。此时（西）弗拉基米尔城的守城将领是斯维亚托波尔克二世的私生子穆斯季斯拉夫·斯维亚托波尔契奇，他紧闭城门，誓死抵抗。达维德的士兵在攻城塔的掩护下逼近城墙，并在攻城塔上向城内射箭，城内士兵也用弓箭还击，霎时间箭如雨下，双方均伤亡惨重。穆斯季斯拉夫在指挥作战时，一支流

---

① 流经乌克兰和波兰，属于维斯瓦河右支流。

矢突然穿过垛口射入他的胸膛。人们把他从城墙上抬下来，当天晚上他就去世了。

他的死讯被隐瞒了 3 天，第 4 天才在市民大会上公之于众。有人提议开城投降，但也有人反对："如果我们开城投降的话，斯维亚托波尔克会把我们全都处死的。"于是他们派人去向基辅大公求援："王子已经阵亡了，现在城里群龙无首，而且已经快断粮了，大家都饥饿难耐，如果再没有援军，我们只能打开城门投降了。"斯维亚托波尔克二世派将军普加塔前去救援。普加塔率军首先到卢切斯克去见当地王公斯维亚托沙·达维多维奇①，希望能够得到他的支援。

斯维亚托沙曾跟达维德说："如果斯维亚托波尔克攻打你，我一定会通知你。"而此刻达维德的使者就在卢切斯克城，但斯维亚托沙看到基辅军队人数众多，就反悔了。他把达维德的使者抓了起来，决定倒向基辅一方，出兵攻打达维德。

8 月 5 日，普加塔和斯维亚托沙率军赶到（西）弗拉基米尔城下。正午时分，达维德正在午休，基辅和卢切斯克联军突然向沃伦军队发起进攻，（西）弗拉基米尔城的守军也出城接应，达维德大败而逃。基辅和卢切斯克联军进入（西）弗拉基米尔城，普加塔委派瓦西里为当地的行政长官，然后班师返回基辅。斯维亚托沙也返回了卢切斯克。

达维德·伊戈列维奇率领残部一路狂奔去投奔他的盟友波洛韦

---

① 其父为达维德·斯维亚托斯拉维奇，祖父为斯维亚托斯拉夫二世，他是奥列格的亲侄子。

茨可汗鲍尼亚克。鲍尼亚克可汗答应帮他复仇。随后波洛韦茨军队包围了卢切斯克，斯维亚托沙被迫放弃城市，前往切尔尼戈夫投奔自己的父亲达维德·斯维亚托斯拉维奇。达维德·伊戈列维奇和鲍尼亚克可汗占领卢切斯克城之后，再次向（西）弗拉基米尔城进军，当地的军政长官瓦西里弃城而逃，就这样，达维德·伊戈列维奇终于回到了（西）弗拉基米尔城。

乌维季奇王公大会

罗斯内战历时 3 年终于结束了。1100 年 8 月 10 日，斯维亚托波尔克二世、弗拉基米尔·莫诺马赫、达维德·斯维亚托斯拉维奇和奥列格 4 位堂兄弟在乌维季奇城[①]签署和约。8 月 30 日，4 位堂兄弟再次在乌维季奇城相聚。沃伦王公达维德·伊戈列维奇担心这几个人在密谋如何对付自己，于是也赶往乌维季奇城一探究竟。

他见到 4 位堂兄弟之后就直截了当说："你们 4 个人是不是要合谋对付我？现在我来了，有话可以直接对我说。"

莫诺马赫对他说："是你自己要来的，既然来都来了，咱们弟兄坐在一起，你有什么话就直接说吧。"

达维德·伊戈列维奇瞠目结舌，什么话也说不出。他知道自己挖掉瓦西里科双眼的事情已经犯了众怒。4 位王公招呼亲卫队把达维德·伊戈列维奇看管起来，然后专门讨论了如何处置他。

商议完毕后，他们联合派使者去见达维德·伊戈列维奇，使

---

① 位于今乌克兰基辅州维塔乔夫村。

者向他宣布了最终决定："你的 4 位兄长一致认为你不能继续待在
（西）弗拉基米尔城。因为你总是在我们背后捅刀子，这在我们国
家是从未有过的事情。但是你的兄弟们现在不想再追究你的过错
了，他们把布日斯克城堡给你，你去那里吧；另外，斯维亚托波尔
克大公把杜宾城①和恰尔托雷伊斯克城②也划给你，弗拉基米尔（莫
诺马赫）、达维德（斯维亚托斯拉维奇）和奥列格各自送给你 200
格里夫纳。"乌维季奇王公大会充满了和解的意味，4 位王公对内
战的罪魁祸首达维德·伊戈列维奇给予了无比宽大的处理。

　　会后，4 位王公又派出使者去见沃洛达利和瓦西里科，嘱托沃
洛达利要好好照顾已经双目失明的瓦西里科，如果沃洛达利他们愿
意，就把佩列梅什利城划给他们，让他们在那里驻守，如果不愿意，
则可以把瓦西里科接到基辅来，4 位王公会划拨奴仆和农奴来照顾
和供养他。沃洛达利和瓦西里科婉拒了这样的条件，他们只想守住
自己现有的领地，不愿意到其他地方去。此后，瓦西里科一直担任
捷列波夫利王公，直到他去世。

　　达维德·伊戈列维奇放弃了（西）弗拉基米尔城，去了布日斯
克城堡，斯维亚托波尔克二世还把多罗戈布日城③也划给了他。后
来达维德·伊戈列维奇死在了布日斯克城堡。斯维亚托波尔克二世
命令自己的长子雅罗斯拉夫·斯维亚托波尔契奇驻守（西）弗拉基
米尔城。[24]

---

①　位于今乌克兰罗夫纳州杜布诺市。

②　位于今乌克兰沃伦州马涅维奇斯克村。

③　位于今乌克兰沃伦州。

第 六 章

莫诺马赫与罗斯的中兴

第一节　罗斯人与波洛韦茨人的大决战

萨科夫王公大会

1101 年，罗斯全体王公在佐罗特恰河 [①] 附近会盟，弗拉基米尔·莫诺马赫再次提出联合所有罗斯王公共同对抗波洛韦茨人。此时罗斯最强大的对手是鲍尼亚克可汗领导的第聂伯河波洛韦茨部落和沙鲁坎可汗领导的顿河波洛韦茨部落。两位可汗既是勇敢刚毅的战士，又是经验丰富的统帅，而且在与罗斯王公打交道的过程中，非常注重外交策略。他们经常介入罗斯内战，联合一部分王公打击另一部分王公，继而使自己的利益最大化。奥列格和达维德·伊戈列维奇曾经就是他们忠实的盟友。

几十年来，波洛韦茨人一直是罗斯的心腹大患，每到秋高马肥之际，波洛韦茨骑兵都会大举入侵。他们摧毁了大量的罗斯城市和村庄，许多无辜的罗斯居民或者被杀害，或者被他们卖作奴隶。为了维持和平，许多罗斯王公每年要向波洛韦茨人献出巨额的财物和贵重的礼物。现在莫诺马赫呼吁大家要摆脱这种沉重的负担，对波

---

① 即今基辅附近的佐罗恰河，为第聂伯河左支流。

洛韦茨人进行先发制人的打击。

波洛韦茨诸位可汗闻讯后，似乎也感受到了来自罗斯的威胁，于是派了使者来求和。罗斯王公们对使者说："如果你们真想求和，我们可以在萨科夫城^① 近郊谈判。"

9月15日，罗斯诸王公和波洛韦茨诸位可汗的代表在萨科夫城签订了和约，并交换了人质。弗拉基米尔·莫诺马赫作为积极的主战派，此时也认可了这份协定。然而，罗斯和波洛韦茨都在为一场空前规模的大战做着最后的准备。[1]

多罗布斯克湖王公会议

1102年秋天，也就是在萨科夫和约签署一年之后，波洛韦茨可汗鲍尼亚克就撕毁了协定，出动大军袭击弗拉基米尔·莫诺马赫的首府佩列亚斯拉夫利城。

此时莫诺马赫正在斯摩棱斯克巡视，他得知消息后，立刻告知了基辅大公斯维亚托波尔克二世。当两人带兵赶到佩列亚斯拉夫利城时，波洛韦茨人的骑兵已经洗劫了这座城市，直奔基辅城而去。两兄弟赶到基辅时，又扑了个空，波洛韦茨军队已经南下，开始袭扰罗斯南部。对于罗斯诸王公而言，抵御波洛韦茨人的任务已经迫在眉睫。[2]

1103年春，基辅大公斯维亚托波尔克二世和佩列亚斯拉夫利王公弗拉基米尔·莫诺马赫在基辅附近的多罗布斯克湖^② 相见。两

① 第聂伯河流域的古罗斯城市，在基辅与佩列亚斯拉夫尔的交界处。

② 基辅附近的湖泊，大概位于特鲁哈诺夫岛中部。

位王公带着自己的亲卫坐在一个帐篷里进行商议。

基辅大公的一位亲卫首先发表意见："现在是春季，不宜出兵打仗，农夫们的马匹都要用来耕地的，我们不能耽误了春耕。"

莫诺马赫说："太奇怪了，你们现在居然还想着春耕。试想一下，当农夫们正在耕地时，波洛韦茨人突然杀来，用箭射死他们，抢走他们的马匹，然后闯进他们的村庄，掳走他们的妻子和儿女。这时候，是马匹重要，还是我们的农夫的命重要？"那位亲卫被反驳得哑口无言。

斯维亚托波尔克二世站起身来说："我已经拿定主意了，要和敌人决一死战。"

莫诺马赫也站起来说："兄长，你的这个决定对咱们国家可是功德无量的大好事。"

他们派使臣去见奥列格和达维德·斯维亚托斯拉维奇两兄弟，要他们一起出兵。达维德非常痛快地答应了，但奥列格则推托身体有恙，拒绝出兵。

苏杰尼河之战

莫诺马赫返回了佩列亚斯拉夫利，斯维亚托波尔克二世随后带兵赶到，各地的王公也纷纷赶来，其中有达维德·斯维亚托斯拉维奇、达维德·弗谢斯拉维奇[①]、穆斯季斯拉夫[②]、维亚切斯拉夫·亚

---

① 波洛茨克王公弗谢斯拉夫之子，弗拉基米尔一世的曾孙。

② 这个穆斯季斯拉夫的祖父是"智者"雅罗斯拉夫第五子伊戈尔，他的父亲身份不详，他的叔叔是达维德·伊戈列维奇。

罗波尔科维奇 ①、亚罗波尔克·弗拉基米罗维奇 ②。

　　罗斯王公们有的骑马，有的乘船，大家率领各自的部队在霍尔季切夫岛 ③ 附近集结，稍作休整后继续出发。乘船赶来的士兵弃船登岸，随大部队徒步前进。罗斯军队向东进军，经过 4 天的长途跋涉，来到了苏杰尼河 ④ 一带。

　　波洛韦茨各部落的可汗和首领得知罗斯人来犯，也聚在一起开会商议。一位名叫乌鲁索瓦的波洛韦茨可汗说："我们在罗斯国土上干过那么多的坏事，罗斯人这次是来和我们拼命的，不如我们向他们求和吧。"但一些年轻的武士对乌鲁索瓦可汗说："你害怕罗斯人，我们可不怕。我们要把这些人斩尽杀绝，还要占领他们的国家，攻克他们的城市，他们谁都别想从我们手中逃掉。"

　　1103 年 4 月 4 日这天，开战前，罗斯诸王公和所有士兵都在向上帝和圣母祈祷，有人许愿在战后给上帝和圣母敬献蜜粥 ⑤，有人许愿向穷人施舍，也有人许愿要给修道院捐款捐物。

　　正在这时，波洛韦茨人的先头部队出动了，为首的将领正是波洛韦茨人中杰出的勇士阿尔图诺帕。我们之前提到，阿尔图诺帕曾在 1099 年随鲍尼亚克可汗介入罗斯内战，仅率一支 50 人的弓骑兵

---

　　①　其父为伊兹雅斯拉夫大公之子亚罗波尔克。

　　②　弗拉基米尔·莫诺马赫之子。

　　③　今乌克兰霍尔季察岛，为第聂伯河上最大的岛屿，位于第聂伯河激流下游的扎波罗热市。

　　④　即今乌克兰中部地区的莫洛齐纳河，流经扎波罗热州，"苏杰尼"是该河的突厥语名称。

　　⑤　古斯拉夫人用大米、小米、大麦、小麦混合葡萄干、坚果、蜂蜜或者罂粟籽熬制成的粥，往往在葬礼或祭祀活动结束后用来招待客人。

小队就把匈牙利人的 10 万大军搅得天翻地覆。那场战役中，波洛韦茨人歼灭了 4 万匈牙利士兵，阿尔图诺帕功不可没。在此次战役，他率领自己的小队再次担任了侦察和骚扰的任务。罗斯王公们派出了自己的骑兵，在阿尔图诺帕的必经之路上设下了埋伏，阿尔图诺帕和他的部下全部被歼灭，无一人幸免。

随后波洛韦茨人的大股骑兵部队也出现了，密密麻麻的，向罗斯军队发起了冲锋。他们就像一大片森林在迅速移动，一眼望不到头。罗斯军队无论是骑兵还是步兵都人人奋勇、个个争先，向敌军发起了反冲锋，在士气上压倒了波洛韦茨人。波洛韦茨人从未见过如此凶猛的罗斯人，许多骑兵还未等罗斯士兵冲到近前，拔马就跑。罗斯军队在后面穷追猛打、大砍大杀，波洛韦茨人溃不成军。

罗斯军队在这次战役中大获全胜。波洛韦茨人的 20 名可汗阵亡，如前文提过的乌鲁索瓦可汗。此外罗斯军队还生擒了别尔久兹可汗和许多波洛韦茨士兵。

战斗结束后，罗斯士兵把别尔久兹可汗押送至斯维亚托波尔克二世的营帐。别尔久兹可汗提议用大量黄金、白银和牲畜为自己赎身。斯维亚托波尔克二世不置可否，命人把他交给弗拉基米尔·莫诺马赫处置。当别尔久兹可汗被押到莫诺马赫的营帐后，莫诺马赫首先发问："你知道你们为什么会失败吗？那是因为你们违背了自己的誓言，你们多少次信誓旦旦称再也不入侵我们的国家，但又撕毁了条约来攻打我们？你为什么不去教导你的子女和族人要信守承诺呢？你的手上沾满了基督徒的血，现在我要砍掉你的脑袋，以血还血。"他当即下令将别尔久兹可汗斩为数段。

罗斯诸位王公聚在一起庆祝胜利。弗拉基米尔·莫诺马赫说：

"蒙上帝恩典，今天我们尽情地畅饮和欢庆吧。上帝保佑我们战胜了敌人，砸碎了恶龙的头，把它的财产分给了罗斯子民。"① 罗斯人缴获了不少牛、羊、马匹、骆驼和帐篷，以及大量金银财宝，他们押着大批俘虏凯旋。

这是罗斯人在与波洛韦茨人的对抗中获得的第一场伟大胜利，但他们并没有深入草原摧毁波洛韦茨人的主要营地，波洛韦茨人实力尚存。

1103 年 8 月 18 日，斯维亚托波尔克二世开始重建被波洛韦茨人毁掉的尤里耶夫城。罗斯在与波洛韦茨人的对抗中首次取得了战略优势，此后两年，波洛韦茨人都没有再袭扰罗斯边境。³

罗斯王公再度出征草原

在罗斯大公国中，波洛茨克地区一直是特殊的存在。前文不止一次讲过"红太阳"弗拉基米尔一世和波洛茨克公主罗格涅达的爱恨情仇。波洛茨克历代王公都希望能彻底摆脱基辅的统治而获得独立。因此，波洛茨克是罗斯境内非常不稳定的政治因素。对于莫诺马赫而言，只有彻底解决波洛茨克问题，罗斯才能解除后顾之忧，深入草原和波洛韦茨人决一死战。

1104 年年末，莫诺马赫联合了斯维亚托波尔克二世和奥列格，

---

①　莫诺马赫套用了旧约圣经《诗篇》中的一个典故："你曾砸碎鳄鱼的头，把它给旷野的禽兽为食物。"在罗斯古代文献中，经常把来自草原的游牧族群比作恶龙。

共同出兵攻打明斯克。但波洛茨克王公格列布·弗谢斯拉维奇① 深受当地民众爱戴，波洛茨克军民坚决抵抗，三位王公无功而返。波洛韦茨人得到消息后，认为罗斯王公们并不团结，于是在 1105 年再次入侵罗斯边境，劫掠城镇和村庄，屠杀和俘虏边境居民。等罗斯大军赶到之时，波洛韦茨人早已退入草原深处，消失得无影无踪。

1106 年，波洛韦茨人卷土重来，在扎列切斯克② 附近向罗斯军队发起挑战。斯维亚托波尔克二世派扬·维沙季奇、伊凡·扎哈里依奇和科扎林三位将军前往迎敌，他们赶走了波洛韦茨人，缴获了大批战利品。[4]

这年冬天，弗拉基米尔·莫诺马赫携夫人吉达前往斯摩棱斯克过冬。1107 年复活节之后，他们离开斯摩棱斯克返回佩列亚斯拉夫利，这期间他的妻子吉达不幸病逝于斯摩棱斯克。莫诺马赫还来不及悲伤，5 月，波洛韦茨可汗鲍尼亚克打到了佩列亚斯拉夫利城下，在莫诺马赫的眼皮子底下抢走了一批马匹。同年，鲍尼亚克可汗和沙鲁坎可汗联合起来进犯卢布恩③ 地区，许多波洛韦茨小部落的可汗也带兵前来助战。

莫诺马赫再次召集罗斯诸王公前往卢布恩迎敌。罗斯联军渡过了苏拉河，向波洛韦茨人挑战。波洛韦茨人再次被罗斯联军的声势震慑，甚至不敢亮出大旗，纷纷上马，掉头就跑，有些来不及上马的人只能徒步逃命。罗斯军队随后掩杀，紧追不舍，一直追到了霍

---

① 前波洛茨克王公弗谢斯拉夫·布里亚奇斯拉维奇之子。

② 位于今乌克兰罗夫诺州扎列茨克村。

③ 位于今乌克兰中部地区波尔塔瓦州卢布尼市。

拉尔河 ① 附近。罗斯军队击毙了鲍尼亚克可汗的兄弟塔兹，俘虏了苏格尔可汗和他的兄弟，但波洛韦茨的重要人物沙鲁坎可汗侥幸逃走了，波洛韦茨人还丢弃了大量的辎重。罗斯军队又一次大获全胜。

斯维亚托波尔克二世在圣母安息节那天到洞窟修道院做晨祷，修道院全体修士列队欢迎他们心目中的大英雄。由于斯维亚托波尔克二世有一个习惯，即每次出征或者出巡之前他都要去洞窟修道院向费奥多西修士的灵柩跪拜，并接受修道院院长的赐福，所以洞窟修道院的修士们认为此次罗斯军队大获全胜完全是蒙圣母玛利亚和他们的导师费奥多西的护佑。

1107 年 1 月，斯维亚托波尔克二世、莫诺马赫和奥列格·斯维亚托斯拉维奇一起前往草原拜会了与罗斯亲近的两位波洛韦茨可汗阿帕耶·吉尔戈涅维奇和阿帕耶·奥谢涅维奇，并与他们签订了和约。随后，弗拉基米尔·莫诺马赫的儿子尤里和奥列格的儿子 ② 都分别迎娶了阿帕耶·吉尔戈涅维奇的孙女。这两位可汗后来在罗斯与波洛韦茨人的战争中坚定站在了罗斯诸王公一方。

1110 年春天，斯维亚托波尔克二世、弗拉基米尔·莫诺马赫和达维德·斯维亚托斯拉维奇再次出兵攻打波洛韦茨人，罗斯联军一直打到沃伊尼城 ③ 才班师回国。[5]

---

① 位于乌克兰境内，流经苏梅州和波尔塔瓦州，为第聂伯河流域普肖尔河右支流。

② 《往年纪事》并未记载是奥列格的哪个儿子娶了这位波洛韦茨公主，这在俄罗斯的史学研究中是一个有争议的问题，但多数历史学家都认为和这位波洛韦茨公主结婚的罗斯王子应该是斯维亚托斯拉夫·奥列格维奇。

③ 罗斯古城，旧址位于苏拉河右岸和第聂伯河的交汇处，后被洪水淹没。

最后的决战

1111 年，弗拉基米尔·莫诺马赫准备策划一场针对波洛韦茨人的春季攻势。他同斯维亚托波尔克二世商议此事，大公欣然同意。随后斯维亚托波尔克二世主动联络了切尔尼戈夫王公达维德·斯维亚托斯拉维奇一同出兵。王公们遂约定在大斋节的第二个星期日出发，随军出征的还有斯维亚托波尔克二世的儿子雅罗斯拉夫·斯维亚托波尔契奇和莫诺马赫的 4 个儿子维亚切斯拉夫、亚罗波尔克、尤里和年仅 9 岁的安德烈。

当莫诺马赫的大军准备离开佩列亚斯拉夫利时，当地的主教和神父抬着一副硕大无比的十字架来到军队面前，并将十字架安放在距离城门不远的地方。所有将士从十字架前经过，都得到了主教和神父们的祝福。行军时，神职人员走在队伍的最前面，唱着赞美诗以激励士兵们的士气。莫诺马赫把这场战争看作基督徒对异教徒的战争，类似于西欧国家对东方穆斯林的十字军东征。因此，他认为神职人员应该在这场战争中发挥更重要的作用。

他们一路长途跋涉，终于在 3 月 22 日，大斋期第六周的星期二抵达顿河。大家披挂整齐，整顿好军队，开始向沙鲁坎城进发。弗拉基米尔·莫诺马赫骑着马走在队伍的最前面，随军牧师一边走一边唱着祭祷歌、十字架赞美歌和圣母赞美歌。

沙鲁坎城是由低矮的土城墙环绕的一座小城，里面只有数百座土房子。这里是沙鲁坎可汗的统治中心，但此时沙鲁坎可汗和他的主力部队都不在城里。罗斯军队到达这里之后，在黄昏时分对城市发起了进攻。城里的居民很快就投降了，他们迎接罗斯军队入城，并向罗斯王公们献上了鱼和酒表示臣服。罗斯军队在城内过夜。

第二天，他们向苏格罗夫城[①]进发，但当地居民拒绝投降。罗斯军队在攻城车的掩护下逼近这座城市，向城里投掷燃烧的火把，又在箭头上绑上松脂，点燃后射进城内。苏格罗夫城瞬间被一片火海吞没，城内居民无一幸存。苏格罗夫部落从此彻底消失。

3月24日，罗斯联军渡过顿河，在杰盖伊河[②]遇到了波洛韦茨军队的主力。决战之前，罗斯王公们互道珍重："即使我们葬身此地，我们也要勇敢地战斗。"波洛韦茨人并没有做好战斗准备，罗斯军队组织良好、人数众多，一场战斗下来，波洛韦茨人抵挡不住罗斯军队的猛烈进攻，被迫撤退。

3月27日，波洛韦茨人再次集结大军杀了过来，两军在萨尔尼察河[③]附近再次相遇。不计其数的波洛韦茨骑兵把罗斯军队团团围住。莫诺马赫并没有像往常一样站在原地等待波洛韦茨骑兵的进攻，而是率领军队主动出击。双方士兵短兵相接，展开肉搏，这种情况下，波洛韦茨人的骑兵反而失去了机动性，罗斯人在肉搏战中开始占上风。

战斗进行时，狂风大作，雷电交加，大雨倾盆。顽强的波洛韦茨人逐渐逼近了罗斯军队的中军，于是莫诺马赫决定前去援助中军，并把自己的右翼部队交给了儿子亚罗波尔克·弗拉基米罗维奇。当莫诺马赫的王旗在罗斯中军出现时，罗斯士兵欢呼雀跃，士

---

① 遗址位于今乌克兰顿涅茨克州。

② 卡缅卡河上游的一条河道，卡缅卡河位于白俄罗斯格罗德诺州。

③ 位于顿河地区，此名称仅在罗斯编年体史书中存在，绝大多数学者认为这条河流应该位于伊久姆地区。

气大振，逐渐稳住阵脚，顶住了波洛韦茨骑兵的猛攻。

最后，波洛韦茨军队崩溃了，纷纷涌入顿河的浅滩，罗斯军队随后追来。此战中有一万名波洛韦茨士兵战死，只有很少一部分人在沙鲁坎可汗的率领下逃往草原深处，还有一部分人逃往格鲁吉亚，投奔了格鲁吉亚国王达维德四世。[6] 从此，波洛韦茨人对罗斯的军事威胁基本解除。罗斯军队在草原上的大捷让整个欧洲都为之侧目，罗斯的国际地位得到了空前提高。

第二节　莫诺马赫成为基辅大公

1113 年基辅市民暴动

1111 年以后，顿河地区的波洛韦茨人在相当长一段时间内失去了对罗斯发动战争的能力，第聂伯河的波洛韦茨人也安静了下来。罗斯南部边界长期维持和平状态，但其内部矛盾逐渐尖锐起来，尤其是在大城市。这是王公、波雅尔大贵族、亲卫队、神职人员对农民、工匠的高税收和敲诈勒索造成的。越来越多的人穷困潦倒，不得不从富人那里赊借金钱、种子和生产工具。当他们无法按时偿还债务时，就只能选择依附于富人。高利贷者靠放贷赚得盆满钵满。王公、波雅尔大贵族和神职人员都会参与放高利贷，斯维亚托波尔克二世本人就是一个既苛刻又吝啬的高利贷者。

战争也是激发内部矛盾的重要因素。从 11 世纪 90 年代开始的罗斯王公内战和无休止的外敌入侵，使得罗斯平民的处境逐渐艰难。战争毁掉了许多城市和村庄。罗斯王公还经常强制性地把农夫、工匠和商人编入军队，并以备战的名义勒索市民和农民的粮食、马匹和饲料。战争结束后，那些侥幸生还的人回到家乡，往往会看到自己的房屋、牧场和农田已经毁于战火，失去生计的他们也不得不选择依附于王公贵族或者神职人员。战争失败的赔偿金也是由市民和农夫们支付的。王公们在草原上的征战给罗斯经济带来了沉重的负担，罗斯的大量人力、物力和财力都花在了与波洛韦茨人的战争上。

1111 年秋天，基辅城波多尔区①莫名其妙地发生了火灾，许多工匠和商人的店铺和房屋被焚毁。民间传言这都是那些富人干的，其目的是警告穷人们不要寻衅滋事，这说明当时穷人和富人之间的矛盾已经非常尖锐。[7]

1113 年 4 月 16 日，斯维亚托波尔克二世在维什戈罗德城突然去世，这让本身已经十分尖锐的社会矛盾更为严重。大公的死因扑朔迷离。他在去世前还主持了复活节的宗教仪式，晚饭后突然病倒，第二天就去世了，因此许多历史学家认为他是被人毒死的。基辅的波雅尔大贵族和他的全体亲卫都为他送葬，把他安葬在他本人修建的圣米哈伊尔教堂。大公夫人②慷慨解囊，为修道院、教士和穷人捐献了大量的钱财，出手之阔绰令人叹为观止。

---

① 这是基辅城工匠和商人聚居的地方。

② 斯维亚托波尔克二世的第一位妻子是波洛韦茨可汗图格尔坎的女儿，但这个波洛韦茨女孩应该在 1103 年去世了，此时的大公夫人应另有其人，但史料语焉不详，有传言说这位大公夫人是拜占庭皇帝阿列克谢一世的女儿，但拜占庭史料中对此只字未提，历史学家无从考证她的身世。

斯维亚托波尔克二世去世后，留里克王朝的三大家族为争夺大公之位立刻开始了权力斗争。

根据"智者"雅罗斯拉夫的遗训，基辅王位由王族中年龄最大的王公继承，那么这时候最有资格继承王位的就是切尔尼戈夫王公达维德·斯维亚托斯拉维奇了，但他本人对继承基辅王位没有任何兴趣；在他之后则是奥列格·斯维亚托斯拉维奇，他本人也声称基辅大公之位理应由他继承，但经历多次失败之后，奥列格的实力已经大不如前，目前他只是诺夫哥罗德 – 谢韦尔斯克城的王公，而且已经年老多病；除他们二人之外，按年龄来排就轮到弗谢沃洛德家族的弗拉基米尔·莫诺马赫了。此外，基辅城内也有一些大贵族认为王位继承人应该在已故大公斯维亚托波尔克二世的儿子们中挑选。

基辅的千夫长普加塔在市民大会提议邀请奥列格·斯维亚托斯拉维奇来继任大公之位，但大多数人都反对，基辅人都忘不了奥列格曾多次勾结波洛韦茨人入侵罗斯的不光彩事迹，并且罗斯王公联军和波洛韦茨在草原上的那几场大决战，奥列格也以身体不好为借口拒绝参加。大多数基辅市民均无法接受让这个给罗斯大地带来灾难的人出任基辅大公。于是，他们派代表疾驰到佩列亚斯拉夫利去见弗拉基米尔·莫诺马赫，对他说："王公啊，请您来基辅继承您祖父和父亲的王位吧。"

莫诺马赫得知堂兄去世的消息，痛哭不止。他和斯维亚托波尔克二世曾有过冲突 [1]，但二人在抗击波洛韦茨人的战争中多次并肩

---

[1] 指瓦西里科的眼睛被弄瞎的那一次，莫诺马赫认为斯维亚托波尔克二世负有不可推卸的责任，于是联合奥列格和达维德·斯维亚托斯拉维奇出兵攻打基辅。

战斗，结下了深厚的友谊，他的悲伤是真实情感的流露。但他拒绝继承王位，他和他的父亲弗谢沃洛德一世一样都是"智者"雅罗斯拉夫遗训的忠诚守护者。当初，弗谢沃洛德一世去世之后，莫诺马赫就是众望所归的继承者，但他选择支持无论是才能还是声望全都不如自己的斯维亚托波尔克二世继位，理由只有一个：斯维亚托波尔克二世比他年长。现在莫诺马赫认为，奥列格比他更有资格继承基辅王位，所以他决定继续留在佩列亚斯拉夫利城。

这个时候，基辅城已经乱成了一锅粥。波多尔区的工匠和手工业者中传言千夫长普加塔就是两年前放火焚烧波多尔区的罪魁祸首，他和奥列格关系密切，他支持奥列格做基辅大公完全是出于私心，一旦奥列格做了大公，以后老百姓就没有好日子过了。这些谣言也有可能是莫诺马赫的支持者们在城市里散播的。

数百名愤怒的民众手持斧头、镰刀、干草叉、木棍冲上基辅山，捣毁了千夫长普加塔的宅邸和许多高利贷者的庭院。一些躲避在基辅犹太会堂的犹太商人和高利贷者也被拖出来打死。罗斯教会都主教尼基弗尔一世立刻在圣索菲亚大教堂召集波雅尔大贵族、高级亲卫、主教和修道院院长开会，大家达成了一致意见——立刻邀请弗拉基米尔·莫诺马赫来基辅，只有他才能平息这场起义。

莫诺马赫再次拒绝了邀请。首先，他仍然认为奥列格比他更有资格继承基辅王位。他担心自己一旦做了基辅大公，就彻底违背了"智者"雅罗斯拉夫的遗训，奥列格会再度起兵发难，他不希望罗斯国家再度陷入内战。其次，他对斯维亚托波尔克二世手下的那些达官显贵能否听命于自己并没有把握，因为千夫长普加塔和一些大贵族已经明确表示支持奥列格。最后，他不想面对那些参与起义的基辅市民，那些人都是他的支持者，一旦他名不正、言不顺地成为基辅大公，那么在基辅的波雅尔大贵族看来，这场起义有可能就是他挑起的，因为波雅尔大贵族其实并不支持莫诺马赫，他们同意邀请他来平息起义，只是因为事态已经扩大到了他们难以控制的程度。

基辅的事态越来越严重，越来越多的民众涌上街头，斯维亚托波尔克二世的宫殿已经被起义者围攻了。他们还包围了洞窟修道院和维杜比茨基修道院，声称要严惩那些神棍和骗子——这些年，几乎所有的修道院和教堂都在放高利贷，修士和神父的行为激起了极大民愤。越来越多的民众参与了起义。基辅周围的小城市和村落也纷纷响应，农夫、小商贩、工匠和契民开始攻击贵族、教士和放高利贷者，债务人拒绝还债，甚至奴仆和农奴也起来反抗他们的主人。

现在事态的发展已经完全超出了波雅尔大贵族的可控范围，都主教尼基弗尔一世召集达官显贵，再次做出决定邀请莫诺马赫来基辅。他们给莫诺马赫送去了一封言辞恳切的信，信上写道："王公啊，您一定得来基辅，如果您不肯来，那就会有很多悲剧发生。到那时，不仅是普加塔的宅邸、犹太高利贷者的宅院会被抢劫，您的王嫂①和修道院也会受到攻击。王公啊，一旦修道院被毁，您可是要负责任的。"作为虔诚的基督徒，莫诺马赫终于被这封信打动，立刻率领亲卫队赶赴基辅。[8]

---

① 指斯维亚托波尔克二世之妻。

莫诺马赫登基

1113 年 4 月 20 日，弗拉基米尔·莫诺马赫率领他的佩列亚斯拉夫利亲卫队进入基辅，尼基弗尔一世都主教率领一众主教、神父和基辅市民举行了一个隆重仪式来欢迎他。

随后，莫诺马赫正式登基成为基辅大公。我们现在可以称他为"弗拉基米尔二世"了，而莫诺马赫作为他的绰号在罗斯历史上显然更为人熟知。他向市民承诺要用正义的法律来严惩那些贪赃枉法的贵族和放高利贷者，起义很快也就平息下去了。

波洛韦茨人得知斯维亚托波尔克二世去世的消息，立刻集结起来，向罗斯发起了新的进攻，他们的骑兵已经抵达了维尔河[①]附近。莫诺马赫大公召集他的子侄率领军队前去迎敌，在维尔河和奥列格·斯维亚托斯拉维奇的军队会合。这两位堂兄弟从年轻时候的并肩作战，到中年时期的分道扬镳，现如今都已经年过六旬，所有的恩恩怨怨均随风而去，他们又开始并肩作战共抗外敌了。

奥列格与莫诺马赫有杀子之仇，但莫诺马赫原谅了自己的堂兄，甚至在斯维亚托波尔克二世去世之后，首先想到推举奥列格担任基辅大公，这样博大的胸怀真的非常人所及。波洛韦茨人得知莫诺马赫和奥列格结盟的消息，没敢和罗斯军队接战，立刻远遁，消失得无影无踪。

弗拉基米尔·莫诺马赫回到基辅并与波雅尔大贵族们磋商了几天之后，颁布了一份新的《罗斯法典》，史称《莫诺马赫条例》（以下简称《条例》）。《条例》在一定程度上保障了债务人的权益，

---

① 位于今乌克兰苏梅地区，是谢伊姆河的左支流。

比如：若债务人支付给债权人的利息已超过借款本金的150%，则视为债务人已还清全部债务；自《条例》生效之日起民间借贷的年利率不得超过20%。这些条款使得许多债务人被免除了债务，对于放高利贷的人而言是很大的约束。

《条例》还明确规定了如果债务人为了还债而去筹款，则不应被视为逃亡，因此他也就不能被充作农奴；如果债务人只是借了别人粮食而无力偿还，他也不能被充作农奴。

与雅罗斯拉夫时代的《罗斯法典》相比，《条例》加入了一些对平民有利的条款，缓和了权贵阶层与普通民众的矛盾，这是罗斯社会进一步发展的基础。

1115年，维什戈罗德城的石砌教堂业已完工，莫诺马赫和他的两位堂兄达维德·斯维亚托斯拉维奇与奥列格·斯维亚托斯拉维奇共同商议，决定把圣鲍里斯和圣格列布的遗体从木制教堂迁徙到石砌教堂中，以称颂他们的丰功伟业。迁灵仪式定在5月2日星期天，5月1日星期六这天首先举行了石砌教堂的祝圣大典。除了三位王公之外，来参加典礼的有罗斯教会都主教尼基弗尔一世、切尔尼戈夫主教费奥克基斯特、佩列亚斯拉夫利主教拉扎里、别尔哥罗德的尼基塔牧师、尤里耶夫城的达尼尔牧师，还有一些修道院的院长——洞窟修道院的普罗霍尔、圣米哈伊尔修道院的西尔维斯特尔、圣救世主修道院的萨瓦、圣安德烈修道院的格里高利、科洛弗修道院的彼得等。在为圣鲍里斯和圣格列布做完弥撒后，奥列格做东宴请大家，宴会上的菜肴极为丰盛，大家尽情地吃喝享乐。此后三天，大家还为乞食者和朝圣者提供免费的食物。

5月2日一大早，都主教、主教和修道院院长们身着祭装，手里举着点燃的蜡烛或者提着香气四溢的香炉，把两位圣人的圣骨匣从木制教堂中请了出来，放在灵车上。王公和贵族们拿起车绳拉起来，修士们手持蜡烛跟在灵车后面，随后是牧师、修道院院长和主教们。市民们在设有路障的道路两侧围观。由于看热闹的人太多，把路障都给挤坏了，还有一些人站在城楼上或高台上，真可谓人山人海。莫诺马赫下令把撕碎的锦缎和貂皮抛向人群，在另一处特别拥挤的地方莫诺马赫下令向人群抛撒了银币。

就这样，好不容易，两位圣人的圣骨匣才被送入石砌教堂。但如何安放两位圣人的圣骨匣，莫诺马赫大公和斯维亚托斯拉夫家族的两兄弟起了争执。莫诺马赫主张把它们放在教堂中央，并在匣子上覆上银制的盖罩，但达维德·斯维亚托斯拉维奇和奥列格则主张把圣骨匣放在他们父亲斯维亚托斯拉夫二世选定的"拱门"下，因为斯维亚托斯拉夫二世在位时就有为两位圣人迁灵的意愿，教堂右侧的拱门就是为两位圣人的圣骨匣预留的。这时候都主教和各位主教建议用抽签来解决这个问题："就让两位蒙难的圣人自己来决定圣骨匣的摆放位置吧。"王公们同意了。最终是达维德和奥列格的签被抽中，于是两位圣人的圣骨匣就被安放在右侧的拱门下。

所有人都参加了这三天的庆典活动，称颂上帝和两位蒙难的圣徒，然后各自离去。莫诺马赫用黄金和白银装饰了圣骨匣和右侧的拱门。此后人们经常在这里向两位圣人顶礼膜拜，乞求罪孽被饶恕。

1115 年 8 月 1 日，奥列格·斯维亚托斯拉维奇去世，他是莫诺马赫时代少有的能与之匹敌的人物。由于他多次勾结波洛韦茨人入侵罗斯，罗斯编年史对奥列格的评价不高，称他为"奥列格·戈利斯拉维奇"，意思是"给罗斯带来痛苦和灾难的人"。莫诺马赫和奥列格晚年时的关系有所缓和，两人在抵御波洛韦茨人的战役中并肩作战，又共同为两位圣人迁灵，这是皆大欢喜的事。不过，莫诺马赫家族和奥列格家族的争斗还将延续下去。奥列格死后，其灵柩被安放在圣救世主教堂中他父亲斯维亚托斯拉夫二世的灵柩旁边。也是在这一年，莫诺马赫兴建的第聂伯河大桥竣工，[9] 这座桥经过多次修缮和重建，仍是乌克兰著名的人文景观，它体现了当时罗斯人在桥梁建筑方面的智慧。

莫诺马赫统治时期

弗拉基米尔·莫诺马赫生于 1053 年，在 1113 年继任基辅大公之位时已经年满 60 岁，他在看淡权力与生死的年龄成为罗斯最高统治者。在基辅大公的王位上，他展现出自己意志坚强的一面，不仅暂时延缓了罗斯走向解体的自然历史进程，也明显提高了罗斯的国际地位。

他延续了"红太阳"弗拉基米尔一世和"智者"雅罗斯拉夫时代的做法，派自己的儿子去各个大城市驻守，把诺夫哥罗德、斯摩棱斯克、罗斯托夫和苏兹达里等大城市牢牢地控制在自己家族的手中。

从"红太阳"弗拉基米尔一世开始，波洛茨克问题对于历代基辅大公而言都是非常棘手的。这个公国长期以来都试图脱离基辅独立。

现任波洛茨克王公格列布·弗谢斯拉维奇是弗谢斯拉夫·布里

亚奇斯拉维奇的儿子，论辈分他应该是莫诺马赫的远房侄子。他在与明斯克附近的一支东斯拉夫部落德列戈维奇人①交战时，纵火焚烧了卢切斯克城。事后，面对莫诺马赫的指责，格列布非但不忏悔，反而公然顶撞基辅大公。

1116年，莫诺马赫联合了切尔尼戈夫王公达维德·斯维亚托斯拉维奇，一起发兵攻打波洛茨克公国，随军出征的还有莫诺马赫和奥列格的几个儿子。很快，莫诺马赫之子维亚切斯拉夫·弗拉基米罗维奇占领了奥尔沙城②和科佩斯城③，达维德·斯维亚托斯拉维奇带着莫诺马赫的另一个儿子亚罗波尔克·弗拉基米罗维奇夺取了德柳捷斯克④，莫诺马赫自己则挥师直取格列布所在的斯摩棱斯克。

格列布·弗谢斯拉维奇紧闭城门，坚守不战。莫诺马赫在城下为自己修建了一座房屋，这是在向格列布展示自己不破此城绝不回师的决心。得知消息后，格列布大惊，立刻派人向莫诺马赫求和。莫诺马赫也不想在大斋期大开杀戒，于是同意和格列布见面。

格列布带领自己的孩子和亲卫队出城觐见莫诺马赫。他低眉顺眼，表示今后在任何事情上都听从莫诺马赫的吩咐。莫诺马赫将这个远房侄子训诫一番，把明斯克城正式分封给他，然后班师返回基辅。莫诺马赫之子亚罗波尔克·弗拉基米罗维奇在佩列亚斯拉夫利

---

① 东斯拉夫部落联盟，9—12世纪分布在今白俄罗斯的戈梅利、布列斯特、格罗德诺和明斯克等地区。

② 位于今白俄罗斯维捷布斯克州奥尔沙市。

③ 位于今白俄罗斯维捷布斯克州奥尔沙市科佩斯镇。

④ 位于今俄罗斯斯摩棱斯克州德柳捷斯克村。

地区建造了一座名叫热尔季①的木质结构城池，用以安置他在此次战役中俘虏的德柳茨克人。

同年，莫诺马赫的长子诺夫哥罗德王公穆斯季斯拉夫·弗拉基米罗维奇率领诺夫哥罗德人和普斯科夫人去攻打楚德人，夺取了楚德人的熊头城②和许多村落，大获全胜，满载而归。

在罗斯建国之初，罗斯人的势力范围一度扩张到了多瑙河流域，那位被誉为"东欧的亚历山大大帝"的罗斯大公斯维亚托斯拉夫一世甚至把自己的统治中心从基辅搬到了多瑙河流域的佩列亚斯拉维茨城。自"红太阳"弗拉基米尔之后，罗斯基本上放弃了对多瑙河流域的争夺。到了莫诺马赫时代，罗斯彻底解除了来自草原的波洛韦茨人的威胁，于是莫诺马赫大公试图完成祖先的未竟事业，把罗斯的势力范围再度拓展到多瑙河流域。

1116年，拜占庭帝国的利奥王子起兵叛乱，占领了多瑙河流域的几座城市。8月15日，拜占庭皇帝阿列克谢一世派两个撒拉逊人在捷列斯特尔城刺杀了利奥王子。由于利奥王子是莫诺马赫的侄孙女婿③，此事给了莫诺马赫介入多瑙河事务的绝好借口。他借着为侄孙女婿复仇的名义派将军伊凡·沃伊季什奇率领军队进入多瑙河河口。

---

① 位于佩列亚斯拉夫市附近。

② 位于爱沙尼亚瓦尔伽马县奥泰皮亚镇。

③ 根据《往年纪事》记载，1104年，拜占庭阿列克谢皇帝的儿子迎娶了佩列梅什利利王公沃洛达利·罗斯季斯拉维奇的女儿。根据前后文推断，这位拜占庭王子就是此次拜占庭内乱的始作俑者利奥。莫诺马赫是沃洛达利的堂叔，因此利奥王子算是莫诺马赫的侄孙女婿。参见 Повесть временных лет, С.258。

很快罗斯军队占领了多瑙河流域的多个城市，伊凡·沃伊季什奇还在当地任命了一批地方行政长官。罗斯军队在拜占庭北部边境的出现引起了拜占庭皇帝阿列克谢一世的极大恐慌，他立刻派使者给莫诺马赫送去了贵重的礼物，同时提出要和罗斯联姻，为拜占庭王子阿列克谢①求娶莫诺马赫的孙女叶芙普拉克希娅②。能与拜占庭皇室联姻对于罗斯来说是莫大荣耀，于是莫诺马赫立刻答应这桩婚事，并下令罗斯军队退回本土。

莫诺马赫回到基辅后，派自己的儿子亚罗波尔克·弗拉基米罗维奇会同达维德·斯维亚托斯拉维奇之子弗谢沃洛德·达维多维奇一起攻打顿河流域的亚斯人部落。罗斯军队连续攻克了3座城市：苏格罗夫、沙鲁坎和巴林③。此役中，亚罗波尔克俘获了亚斯王公的女儿④——这是一位绝代佳人，亚罗波尔克就娶了她为妻。随后莫诺马赫亲征顿河，与波洛韦茨人、佩切涅格人和托尔克人交战，战斗持续了两天两夜，佩切涅格人和托尔克人纷纷倒戈投奔了罗斯阵营，莫诺马赫又一次大获全胜。[10]

1117年，莫诺马赫将长子穆斯季斯拉夫·弗拉基米罗维奇从诺夫哥罗德调回基辅，留在自己身边，让穆斯季斯拉夫的长子弗谢

---

①　为当时的拜占庭王储约翰之子，其父约翰二世于1118年登基为拜占庭皇帝，阿列克谢王子在1122年被授予皇帝称号，与其父一起共同治理国家。

②　全名为叶芙普拉克希娅·穆斯季斯拉沃夫娜，为莫诺马赫的长子穆斯季斯拉夫之女，她的教名为多布雷尼加，拜占庭史料经常把她称为多布雷尼加公主。

③　位于乌克兰赫梅利尼茨基州杜纳耶夫茨地区。

④　罗斯历史上称她为叶莲娜·阿兰斯卡娅，这显然是受洗后的基督教教名，这位亚斯公主的本名已不可考。

沃洛德·穆斯季斯拉维奇就任诺夫哥罗德王公一职。

同年，前基辅大公斯维亚托波尔克二世之子沃伦王公雅罗斯拉夫·斯维亚托波尔契奇起兵叛乱，莫诺马赫出兵讨伐。罗斯军队把雅罗斯拉夫所在的（西）弗拉基米尔城围困了 60 多天，雅罗斯拉夫被迫开城投降，向自己的叔叔莫诺马赫俯首认罪。莫诺马赫将其训斥一顿，并告诉他，如有召见，须随传随到。就这样，莫诺马赫轻易地平息了沃伦地区的叛乱。

这一年，波洛韦茨人再度入侵，这次莫诺马赫并不打算大动干戈。他为自己的儿子安德烈·弗拉基米罗维奇求娶了一位波洛韦茨公主——已故波洛韦茨可汗图格尔坎的孙女①。图格尔坎可汗是前基辅大公斯维亚托波尔克二世的岳父，这也算是亲上加亲。就这样，莫诺马赫用和平的方式化解了一场战争危机。

弗拉基米尔·莫诺马赫在位 12 年，证明了自己不仅是杰出的军事统帅，还是一名锐意进取的改革者和成熟稳健的政治家。他颁布的《莫诺马赫条例》设法清除了原有体制中的一些明显弊端，因此，罗斯社会在相当长一段时间内维持了和平和稳定，社会继续向前发展。

莫诺马赫还非常重视和支持史学编纂工作。1110—1113 年，基辅洞窟修道院修士涅斯托尔把各个版本的罗斯编年体史书加以汇总，又糅合了更早的《诺夫哥罗德第一编年史》的内容，编成了东斯拉夫历史上的第一部完整的编年体史书《往年纪事》。它记载了从传说时代到 1110 年间东斯拉夫人和罗斯国家的历史。可惜的是

---

① 这位波洛韦茨公主在历史上并未留下姓名。

涅斯托尔版《往年纪事》的原件并未流传下来。随后，在莫诺马赫的支持下，涅斯托尔的同时代人、基辅维杜比茨基修道院的院长西尔维斯特尔在涅斯托尔版《往年纪事》的基础上抄录并重新编撰了罗斯编年史，这也就是后世历史学家所看到的西尔维斯特尔版《往年纪事》。《往年纪事》第二版写到了 1115 年，突出强调了弗谢沃洛德一世和莫诺马赫大公的丰功伟绩。这一版本的《往年纪事》后来被收录在《拉夫连季编年史》汇编中。

《莫诺马赫训诫书》

莫诺马赫还是一位优秀的文学家，《往年纪事》中收录了 3 篇莫诺马赫的作品，分别是《莫诺马赫训诫书》《莫诺马赫致奥列格的信》和《莫诺马赫祈祷文》。这都是中古时期罗斯非常具有代表性的文学作品。前文已经详细介绍过《莫诺马赫致奥列格的信》，这里则重点介绍莫诺马赫的另一篇文章《莫诺马赫训诫书》（以下简称《训诫书》）。

《训诫书》是弗拉基米尔·莫诺马赫晚年所作，这是一部自传性质的作品，也是他写给孩子们和臣下的遗嘱。他详细回顾了自己艰难坎坷的一生，分享了他对人生价值的思考、对如何与人相处的看法，还对如何发展经济提出了切实可行的建议。

他在《训诫书》中如此开头：

> 我是一个微不足道的小人物，我的祖父"智者"雅罗斯拉夫给我起名为瓦西里，我的罗斯名字为弗拉基米尔，我亲爱的

父母双亲称我为莫诺马赫。我遵从了自己和父辈的祈祷，以一颗仁慈之心让那些受过洗的基督徒免遭各种灾难。现在我就要坐上雪橇了①，人之将死，其言也善。我赞美上帝，迄今为止，他还在庇护我这个有罪之人。我的孩子们或其他人，听到我的唠叨，请不要觉得可笑，如果我的孩子们当中有谁喜欢这些唠叨，就铭记于心，不要怠惰，要照我的话去做。

首先，为了上帝和自己的良心，你们要在心里敬畏上帝，要有一颗仁慈的心，这才是善良的本质。有谁不喜欢这些话，也不用觉得可笑，就让它过去吧，就当是将死之人说的一堆废话。

我兄长曾派使者在伏尔加河和我见面，他们说："请你和我们一起行动，赶走罗斯季斯拉维奇兄弟，夺取他们的领地。如果你不愿意和我们一起出兵，那我们就各走各路。"②于是我说："即便是惹兄长生气，我也不能和你们一起出兵，我不能违背誓言。"打发走来使后，我取出圣经《诗篇》，非常伤感地翻看，然后就读到了这样的话："我的心哪，你为何忧闷？为何在我身体里面烦躁？"然后，我选取了这些优美的警句，把它按顺序抄好。就算是你们不喜欢我在后面说的话，那么前

---

① 东斯拉夫人的丧葬习俗，将死者用雪橇拉到墓地。坐上雪橇的意思是"一只脚已经踏入了坟墓"。

② 这件事发生在1099年，斯维亚托波尔克二世邀请莫诺马赫一同出兵攻打沃洛达利和瓦西里科两兄弟，但被莫诺马赫拒绝。

面这些语句你们可一定要遵从。①

接下来，莫诺马赫引用了大量旧约圣经《诗篇》中的诗歌，突出强调了人们要坚定信仰，记住恶人必有恶报。莫诺马赫接着教导自己的子孙们：

> 我们的主指引我们如何战胜魔鬼，那就是通过 3 件善行，即忏悔、眼泪和施舍来摆脱魔鬼的纠缠。我的孩子们啊，你们要通过这 3 件善行来摆脱自己的罪孽，在通往天国的道路上不至于迷途，而这便是上帝的教诲。
>
> 看在上帝的面上，请不要怠惰，也不要忘记上述 3 件事，这并不是难事：既不是要让你们隐居遁世和出家为僧，也不是让你们禁食，这是要让你们通过一件件小事来争取得到上帝的怜悯。
> ……
> 我的孩子们，请你们诵读这些神圣的句子，赞颂赐予我们仁慈之心的上帝吧；这就是我这个才智平庸之人对你们的教导，请听从我说的这些话吧，即使不愿意全部接受，接受一半也好。
> 请不要忘记那些残疾人和赤贫者，竭尽所能抚养和接济孤儿，保护寡妇，绝不能容许恃强凌弱的行为存在。不要杀人，即使这个人该死也不要下令杀掉他，因为基督徒是灵魂不灭

---

① 《莫诺马赫训诫书》前一部分大量抄录了圣经中的话，后一部分内容是他的一些个人经历和生活经验，所以他告诫儿子和臣下，我的话你可以不听，但上帝的话一定要遵从。

的①。不要轻易对着上帝发誓和画十字，因为在很多时候你没有必要这样做。如果你需要对你们的兄弟或其他什么人发誓，那就要首先在心里衡量你是否能承受这样的誓言；一旦发誓，就必须遵守誓言。请爱护和善待都主教、神父和修道院院长，接受他们的祝福，切勿疏远他们，因为你们可以通过他们得到上帝的眷顾。我们在心里都不能存有骄傲自满的情绪，要知道我们是凡人，今天活着，明天也许就会躺进棺材里。我们所有的一切都是上帝给我们的，这些并不属于我们，而属于上帝。只是上帝暂时委托我们保管，我们在世间不要储藏财宝，这对我们是极大的罪孽。我们要像尊敬自己父亲那样尊敬老年人，要像爱护自己兄弟那样爱护年轻人。在家里不要怠惰，凡事要亲力亲为，不要总是依靠管事和贴身卫士，以免使客人嘲笑你的居室和你的餐食；出征打仗时不要怠惰，不要把所有事儿都交给将军们去做；不要贪酒、贪吃和贪睡。统帅要亲自布置警戒岗哨，在晚上更是这样，只有当所有的岗哨全都布置停当，方可安睡，早上一定要早起；要时刻注意周边环境，在确定绝对安全之前，不要轻易卸下武器，因为人们很容易因为一时疏忽而招致杀身之祸；不要撒谎、酗酒和淫乱，因为这会伤害你的灵魂和身体。在自己的领地，无论你们去哪里，都要约束你们的部下，不要让他们骚扰民宅，践踏庄稼，以免让别人咒骂你们；以后无论你们去哪里，当你们安顿好之后，一定要给乞丐和朝圣者提供饮水和食物；要善待宾客，无论他们从何处而

---

① 当时的《罗斯法典》中并不存在死刑。

来，无论他们是平民、达官显贵还是外国使节，即使无法给他们馈赠礼物，也应该招待他们吃好、喝好，以示礼貌，这些人四处漂泊，他们在沿途既会称颂他人的美德，也会控诉他人的恶行；你们要去慰问病人和吊唁死者，因为我们都会有那么一天；你们在路上遇到每一个人都要打招呼，给予对方美好的祝福；你们要爱自己的妻子，但不可把自己的权力交给她；敬畏上帝高于一切，这就是我给你们的忠告。

如果你们忘了这些话，那就应该经常读一读，我不会责怪你们，你们也会从中受益。不要忘记你们所学过的东西，要经常去学习你们还不会的东西。就像我的父亲[①]，他在家学会了5门语言，因而赢得了其他国家的尊重。要知道，懒惰是万恶之源，因为懒惰，已经掌握的东西会忘掉，不会的也不想去学。你们不要因为偷懒而错过任何善行，尤其是在对待教会这一问题上。不要在太阳照进屋子的时候还躺在床上睡大觉，我那蒙受圣恩的父亲和所有善良的、有德行的人都不会这么做。我们在晨祷时赞美上帝，接下来，当太阳升起时，我们应该仰望他，满怀喜悦地颂扬上帝："主啊，请开启我们的双眼，请赐予我们美丽的阳光吧！"你们还可以说："主啊，你年复一年地恩待于我，是为了让我真心忏悔自己的罪孽。"我就是这样赞美上帝的。这些事儿做完后，我开始坐下来和我的亲卫们议事，或查案断案，或外出打猎，或收取贡赋，或躺下睡午觉，上帝允许睡午觉，野兽、鸟儿和人都需要安寝。

[①] 这里指莫诺马赫的父亲弗谢沃洛德一世。

接下来，莫诺马赫回顾了他戎马倥偬的一生：

我一生经历了 83 次大战，小规模的战斗已经多得根本记不清了。在我父亲生前和死后，我曾和波洛韦茨人缔结过 19 次和约，送给他们许多牲畜和衣物。我也释放过一些被俘的波洛韦茨达官显贵，其中包括沙鲁坎部落的两兄弟、巴古巴尔斯部落的 3 个人、奥谢尼部落的 4 个人，加上其他的王公共有百人之多。上帝还让其他一些波洛韦茨王公在我面前束手就擒，他们是科克苏西父子、阿克兰·布尔切维奇、塔列夫部落的王公阿兹古鲁依，以及其他 15 名波洛韦茨勇士，我把他们都杀了，抛入了萨利尼亚小河① 中。我先后共杀了大约 200 名波洛韦茨人的达官显贵。

现在我要讲一讲我在切尔尼戈夫当政时期狩猎的情景。迄今为止，我曾狩猎上百次，可以轻而易举地捕获猎物，此前我和我父亲也曾在图罗夫城捕获过各种野兽。我曾在切尔尼戈夫城的密林里亲手捕获 10—20 匹野马，也曾在草原上亲手捕获野马。曾经有两头野牛把我连人带马挑了起来；我也被鹿用角顶过，有两只大驼鹿，一只用蹄子来踩我，另一只用它那大犄角来顶我；有一次，一头公野猪扯下了我佩戴的宝剑；还有一次一头熊咬掉了我护在膝盖上的毡垫；最凶险的一次是一只猛兽② 突然跃起扑向我的大腿，把我连人带马掀翻在地。蒙上帝

---

① 流经俄罗斯伊万诺沃州舒伊斯克地区。

② 原文中并未指明是何种猛兽，也许是莫诺马赫也叫不出名字的一种动物。

保佑，我才幸免于难。我曾多次坠马，两次伤及头部，手脚也多次受伤。我年轻时经常受伤，但从不顾忌个人生死。

无论在战场还是在狩猎场，无论是白天还是黑夜，无论是酷暑还是严寒，凡是我要求亲卫办到的事情，我都会身体力行地办到。我并不只依靠地方行政长官和征税官，许多事情我都会亲力亲为。我在家里也如此行事，对狩猎、饲养马匹和看管鹰、鹞子等各项事宜，我都会亲自过问。

我绝不会让有权有势的人欺负穷苦的庄稼汉和孤苦伶仃的寡妇。我也会严格遵守教规和各项礼仪。

我的孩子们或者其他读到这些文字的人，你们不要责备我，因为我没有自吹自擂，过度夸耀自己的勇敢。由于我经常赞美上帝，颂扬他的仁慈，多少年来，上帝总是在危难时刻庇护着我这样一个既有罪又愚蠢的人，把我塑造成一个善于处理各种事务的勤快的人。当你们读完这些文字后，要歌颂上帝和其他圣人，要多做善事。孩子们，既不要害怕死亡；也不要害怕战争和野兽，上帝已经赋予了你们勇气。既然战争、野兽、洪水和坠马都不能伤害我，那么在上帝的保佑之下，你们也绝不会受到伤害或死亡，如果上帝要让你死去，那么无论父母还是兄弟对此都将无能为力。上帝会竭尽全力保护他认为应该保护的人。[11]

在历史学家看来，莫诺马赫这一生的作为，与他在这篇《训诫书》中所提到的理念并不完全相符。这篇《训诫书》可以被看作他在晚年对自己所作所为的忏悔和反思。

1125 年 5 月 19 日，弗拉基米尔·莫诺马赫在阿尔塔河的一座小房子里去世，享年 72 岁。这座房子距离当年圣鲍里斯的殉教之地非常近。当莫诺马赫感到自己快死的时候，他就去了小房子，在那度过了生命的最后时刻。后来东正教会为弗拉基米尔·莫诺马赫封圣。东正教中莫诺马赫的纪念日有两个，一个是在五旬节①后的第二个星期日，另一个是在 7 月 28 日。

----

① 源于犹太教，为摩西率领以色列人出埃及后的第 50 天纪念日，天主教和东正教往往也把这个节日叫作圣神降临节，定在复活节后第 50 天和耶稣升天节后第 10 天。

第 七 章

罗斯的政治解体

第一节　基辅的落日余晖

穆斯季斯拉夫的短暂统治

弗拉基米尔·莫诺马赫去世后，他的长子穆斯季斯拉夫·弗拉基米罗维奇继位，成为基辅大公。这显然与"智者"雅罗斯拉夫的遗训不符，因为他的几位叔叔和堂兄弟都健在，而且年龄都比他大。然而这一次，大家默认了这一既成事实。在莫诺马赫大公执政的最后几年，穆斯季斯拉夫一直陪在父亲身边，基本控制了整个国家的军政大权，拥有远远强于其他王公的军事实力。穆斯季斯拉夫在此前长期随父亲莫诺马赫南征北战，军事才能极为出众，在罗斯王室中也享有盛誉。

穆斯季斯拉夫任命他的弟弟亚罗波尔克·弗拉基米罗维奇和尤里·弗拉基米罗维奇分别为佩列亚斯拉夫利王公和罗斯托夫王公。由于莫诺马赫在登基之前曾长期担任佩列亚斯拉夫利王公，所以就政治意义而言，这座城市已经成为仅次于基辅的第二重要的城市。

穆斯季斯拉夫又委派他的长子弗谢沃洛德·穆斯季斯拉维奇担任诺夫哥罗德王公，任命他的另一个儿子罗斯季斯拉夫·穆斯季斯拉维奇为斯摩棱斯克王公。就这样，莫诺马赫家族几乎牢牢控制住除波洛茨克和切尔尼戈夫地区之外的罗斯全境。切尔尼戈夫地区仍在前基辅大公斯维亚托斯拉夫二世家族的掌控之下，波洛茨克地区则依然时刻准备脱离罗斯。

波洛韦茨人听说莫诺马赫去世后，立刻大举入侵罗斯，希望一雪前耻，夺回失去的土地。曾经多次遭受波洛韦茨人入侵的佩列亚斯拉夫利公国首当其冲。

新任佩列亚斯拉夫利王公亚罗波尔克的作战风格和他的父亲莫诺马赫的异常相似，同时代的人都说他遗传了父亲的优良基因。穆斯季斯拉夫大公也出兵帮助弟弟共抗敌军，罗斯军队迅速击败了波洛韦茨人，后来穆斯季斯拉夫和亚罗波尔克把波洛韦茨人彻底赶出了顿河和伏尔加河流域，他们当中的一些人甚至被迫迁徙到扬卡河①一带。[1]

1127 年，奥列格·斯维亚托斯拉维奇的儿子诺夫哥罗德 - 谢韦尔斯克王公弗谢沃洛德·奥列格维奇在波洛韦茨人的帮助下，赶走了切尔尼戈夫王公雅罗斯拉夫·斯维亚托斯拉维奇②。穆斯季斯拉夫大公承认了这一事实，宣布支持弗谢沃洛德出任新的切尔尼戈夫王公。这一举动赢得了奥列格家族的信任。

同一年，穆斯季斯拉夫大公出动大军进攻波洛茨克公国，基辅

---

①　位于白俄罗斯境内，为迪斯纳河左支流，流经维捷布斯克州布拉斯拉夫斯克地区和沙尔科夫申斯克地区。

②　他是斯维亚托斯拉夫二世第二任妻子奥达所生的儿子。奥达为神圣罗马帝国一位侯爵的女儿，雅罗斯拉夫自幼在神圣罗马帝国长大，后回到罗斯。

军队洗劫了斯特列热夫城[①]、罗戈日斯克城[②]和伊兹雅斯拉夫利城。大公赶走了现任波洛茨克王公达维德·弗谢斯拉维奇，扶植他的弟弟罗格沃洛德·弗谢斯拉维奇。第二年，罗格沃洛德去世，达维德·弗谢斯拉维奇卷土重来，重新成为波洛茨克王公。

1129 年，穆斯季斯拉夫大公再次出动大军攻打波洛茨克，这一次，基辅军队占领了波洛茨克公国全部领土，俘虏了达维德·弗谢斯拉维奇全家。穆斯季斯拉夫大公把被俘的几位波洛茨克王子全部送到了君士坦丁堡，留自己的儿子伊兹雅斯拉夫·穆斯季斯拉维奇驻守当地，担任波洛茨克王公。

1130 年，穆斯季斯拉夫派自己的三个儿子弗谢沃洛德、伊兹雅斯拉夫和罗斯季斯拉夫率军进攻波罗的海地区的楚德人，大获全胜，罗斯开始向楚德人征收贡赋。

1131 年，穆斯季斯拉夫大公亲自率领大军远征立陶宛，缴获了大量的战利品，但罗斯军队在尤里耶夫城下作战不力，被迫撤军，在撤军途中遭遇伏击，再次被击败。

1132 年 4 月 15 日，穆斯季斯拉夫大公在基辅去世。临终前，他把王位传给了弟弟亚罗波尔克·弗拉基米罗维奇，历史上称其为"亚罗波尔克二世"。穆斯季斯拉夫在位 7 年，延续了罗斯最后的辉煌。日后，他也被东正教会封圣。[2]

穆斯季斯拉夫去世后不久，罗斯进入了一个长期的动荡时代并

---

① 位置不详，一说在今白俄罗斯维捷布斯克州别申科维奇区斯特列热夫湖畔；还有一种说法认为在今白俄罗斯戈梅利州日洛宾地区斯特列申城旧址上。

② 位于今白俄罗斯明斯克州拉格日斯克地区。

在政治上迅速解体。

罗斯进入动荡时代

1132 年，佩列亚斯拉夫利王公亚罗波尔克继任基辅大公，一切似乎如常进行："智者"雅罗斯拉夫的遗训仍被遵循，强大的罗斯大公国只是经历了一场正常的王位更迭。但实际上，从这一年开始，罗斯已经进入了一个动荡时代。

亚罗波尔克就任基辅大公之后，空缺出的佩列亚斯拉夫利王公之位则由穆斯季斯拉夫的儿子弗谢沃洛德·穆斯季斯拉维奇担任。这引起了莫诺马赫其他几个儿子的强烈不满，因为佩列亚斯拉夫利城王公的位置对于莫诺马赫家族而言至关重要。莫诺马赫、穆斯季斯拉夫、亚罗波尔克二世连续三任基辅大公均出自佩列亚斯拉夫利城，这个王公的位置可以说就是王储的代名词。

其他王公认为，穆斯季斯拉夫在临终前似乎和亚罗波尔克二世达成了某种交易，即他把王位传给亚罗波尔克，亚罗波尔克之后应该把基辅王位传回给穆斯季斯拉夫大公的长子弗谢沃洛德。如此一来，他们这些做叔叔的就没有机会继承基辅王位了。公开反对这一决定的是罗斯托夫 – 苏兹达里王公尤里·弗拉基米罗维奇和弗拉基米尔 – 沃伦王公安德烈·弗拉基米罗维奇。在他们的强烈抵制下，亚罗波尔克二世不得不把佩列亚斯拉夫利城交给尤里来管辖。

1134 年，奥列格的儿子、诺夫哥罗德 – 谢韦尔斯克王公弗谢沃洛德·奥列格维奇利用莫诺马赫家族中叔侄反目的机会勾结波洛韦茨人，大举进攻基辅。而这一次，莫诺马赫家族的沃伦王公安德烈和罗斯托夫王公尤里均按兵不动，任由弗谢沃洛德的军队会同波洛韦茨骑兵杀奔基辅城下。

波洛韦茨人在第聂伯河流域烧杀抢掠，犯下了滔天的罪行，弗谢沃洛德的军队围攻了基辅 3 天，但并未攻克该城。

第二年，基辅大公亚罗波尔克二世的军队在苏波依河 ① 附近被弗谢沃洛德的军队击败。根据双方签署的和平协议，莫诺马赫家族被迫将普斯科夫城和波谢米耶城 ② 的统治权让给奥列格家族。

1136 年，奥列格家族的斯维亚托斯拉夫·奥列格维奇 ③ 赶走了莫诺马赫家族任命的诺夫哥罗德王公、穆斯季斯拉夫的儿子弗谢沃洛德·穆斯季斯拉维奇，自此奥列格家族展开了对莫诺马赫家族的全面反攻。12 世纪 30 年代中期之后，莫诺马赫家族和奥列格家族之间爆发了一系列的战争，在这两大家族的内战中，波洛韦茨人往往会站在奥列格家族一边。因为在波洛韦茨人看来，在传统意义上，奥列格家族是他们的朋友，而莫诺马赫家族则是他们的敌人。

1139 年，亚罗波尔克二世去世，基辅王位由莫诺马赫家族年龄最大的王公维亚切斯拉夫·弗拉基米罗维奇继承，他是莫诺马赫的第五子。但几天后，他就被奥列格家族的弗谢沃洛德·奥列格维奇赶走了。奥列格家族成员第一次登上了至高无上的基辅大公宝座。弗谢沃洛德·奥列格维奇史称"弗谢沃洛德二世"。如果严格遵循"智者"雅罗斯拉夫遗训，弗谢沃洛德·奥列格维奇担任基辅

---

① 位于乌克兰境内，为第聂伯河左支流。
② 谢依姆河流域的历史名城。
③ 奥列格之子，弗谢沃洛德·奥列格维奇之弟。

大公无可厚非，因为他是当时罗斯王室成员中最年长的。

弗谢沃洛德二世继位后，罗斯内乱并没有停止，反而愈演愈烈。莫诺马赫家族显然不甘心失去王位。在莫诺马赫的子孙中，罗斯托夫－苏兹达里王公尤里·弗拉基米罗维奇显然是最有才能的一位，是奥列格家族强有力的对手。

1146 年，弗谢沃洛德二世去世之后，基辅王位短暂地由奥列格家族的伊戈尔·奥列格维奇 ① 来继承，史称"伊戈尔二世"。

而在这一年，基辅市民再次发动起义，惊慌失措的达官显贵们首先想到派使者去佩列亚斯拉夫利城求援。此时的佩列亚斯拉夫利王公为莫诺马赫的孙子，穆斯季斯拉夫大公之子伊兹雅斯拉夫·穆斯季斯拉维奇。他立刻出兵攻占了基辅，在平息市民暴动之后，自立为基辅大公，史称"伊兹雅斯拉夫二世"。莫诺马赫家族重新夺回了基辅的王座。伊兹雅斯拉夫二世将伊戈尔二世关入修道院，随后派人暗杀了他。

根据"智者"雅罗斯拉夫制定的王位继承原则，伊兹雅斯拉夫二世是没有资格继承王位的，他的几位叔叔和堂叔仍健在，还轮不到他来做大公。最先发难的就是莫诺马赫家族的尤里·弗拉基米罗维奇。1149 年，他率军队攻占基辅，登基成为新的基辅大公。

在接下来的 10 年里，罗斯各大家族围绕王位继承问题进行了激烈的内战，基辅大公宝座几度易手。这期间，罗斯托夫－苏兹达里王公尤里·弗拉基米罗维奇积极参与了内战，曾三度出任基辅大公。他虽然身在罗斯东北部的苏兹达里，却经常插手基辅和罗斯

---

① 奥列格之子，弗谢沃洛德·奥列格维奇之弟。

其他地区的事务，因此人们称他为"尤里·多尔戈鲁基"，意思是"长手"尤里。1156 年，"长手"尤里第三次登上基辅王位，然而基辅的达官显贵并不喜欢尤里，认为他是来自北方的外来户。

1157 年 5 月，"长手"尤里突然在基辅去世。一天早上，他在一个波雅尔大贵族家里用膳，晚上就病倒了，5 天后撒手人寰。许多历史学家怀疑，"长手"尤里大公是被基辅的波雅尔大贵族毒死的，因为他们不想接受这个来自北方的外来户的统治。在"长手"尤里的葬礼当天，他的反对派就攻占了大公的宫殿，杀害了许多追随"长手"尤里的贵族和亲卫，并抢夺了他们的财产。

"长手"尤里去世后，基辅大公之位由切尔尼戈夫王公伊兹雅斯拉夫·达维多维奇继承，史称"伊兹雅斯拉夫三世"。伊兹雅斯拉夫三世是奥列格的亲侄子。他之所以能继位，首先要归功于奥列格家族和切尔尼戈夫城对他的鼎力支持。正因为如此，伊兹雅斯拉夫三世认为自己首先是切尔尼戈夫王公，其次才是基辅大公。[3]

到了 12 世纪中后期，基辅作为罗斯的首都地位已经非常尴尬，罗斯也不可避免地陷入政治解体的危机中。

罗斯的衰落和封建割据的开始

中世纪早期，几乎所有欧洲大国都经历过封建割据时期。12世纪中后期，罗斯也进入了这一阶段。如果说国家解体的苗头由于莫诺马赫和穆斯季斯拉夫等杰出领导者的存在而表现得还不是那么明显的话，那么当这些人去世后，解体则愈演愈烈。

12 世纪中叶，罗斯大地上共有 15 个公国，这些公国名义上都归基辅大公统辖。但到了 13 世纪初，罗斯在政治上已经四分五裂，境内已经有大约 50 个公国了，后文将重点介绍几个主要的公国。罗斯解体的原因有以下几点。

首先，王室成员之间无休止的征战促使罗斯走向解体，但这只是表象。3 个世纪以来，在统一国家的框架下，罗斯内部各个独立的经济区域逐渐形成。新的城市、大型农场、修道院和教堂不断出现和发展，每一个王公背后都有当地的大家族、波雅尔大贵族、城市富商和教会的支持。罗斯境内各个独立公国是在社会生产力迅速发展，农业、手工业和国内外商品贸易日益繁荣的背景下形成的。

12 世纪之后，罗斯的社会结构变得更加复杂：王公、波雅尔大贵族、亲卫队和高级神职人员组成了社会上层，而商人、工匠、城市贫民和庄稼汉等处于社会底层，底层对上层的依附程度逐渐加深，同时增强了社会上层的实力。许多实力雄厚的罗斯王公完全有能力独自抵御外敌入侵和保护自己的利益不受损害，不必再依靠基辅中央政府。

随着经济发展和社会进步，一批中小贵族开始出现，他们原本的工作就是为王公、波雅尔大贵族和高级亲卫们服务以换取土地等生产资料，这时他们也开始有了自己的政治诉求。这些中小贵族经常依靠市民大会来对抗任性的波雅尔大贵族。城市中的市民阶层和中小贵族在王公与波雅尔大贵族之间起到了平衡的作用。

所有这一切都决定了在此后相当长一段时间内，基辅在罗斯历史中已经失去了原有的核心地位，而罗斯其他城市则逐渐成为历史的主角。

其次，基辅失去其特殊历史地位，这在某种程度上与欧洲和西亚主要贸易路线的变迁有关。随着意大利城市快速发展，意大利商人在南欧和地中海地区开辟了新商路，西欧和中欧、拜占庭和小亚细亚之间的联系也变得更加紧密；十字军东征使中东和欧洲的关系也逐渐密切起来。在中东欧和北欧，神圣罗马帝国的城市也在快速发展，诺夫哥罗德和罗斯西北部的其他城市同神圣罗马帝国城市的商贸往来越来越多。曾经辉煌的"从瓦良格到希腊之路"逐渐被人遗忘，而基辅作为这条商路的重要中转站，衰败在所难免。

最后，罗斯和草原上的佩切涅格人、波洛韦茨人进行了长达几个世纪的战争，尤其是基辅城所在的第聂伯河流域中部地区经常遭到草原游牧族群的入侵，这也迫使该地区的社会和经济发展进程逐渐放缓。此前，罗斯境内一些自然条件相对较差的地区，例如诺夫哥罗德、苏兹达里－罗斯托夫地区，由于很少受到战火波及而迅速发展起来。

这些原因都导致基辅大公权力被削弱，罗斯国家逐渐走向政治解体。如果说罗斯建国之初的内战是部落分离主义倾向的表现，或者纯粹与王位继承问题有关，那么进入 12 世纪之后，罗斯诸王公之间的激烈争斗和无休止的内乱则是罗斯社会发展进程的外在表现。换句话说，这些战争是罗斯社会发展的必然结果。每一位王公都为了捍卫自身的地位和财富而战，站在背后支持他们的则是在他们各自领地上兴起的城市。正如当年罗斯的缔造者奥列格大公所说："让基辅成为罗斯众城之母吧！"确实如此，基辅养育了罗斯其他城市，其他城市也继承和传播了基辅文化。

在后人看来，罗斯的解体是一场巨大的地缘政治灾难，是罗斯社会的重大倒退。因为罗斯解体促使波洛韦茨人重新兴起，而且在不远的未来，四分五裂的罗斯诸公国根本无力抵抗西征的蒙古大军。事实确实如此，但从较长的时间线来看，罗斯的政治解体只是未来国家在政治和经济上重新崛起过程中的一个自然历史阶段。

罗斯解体后，各公国走上了不同的发展道路，它们的城市都经历了高速发展的阶段，经济和社会生活都取得了长足的进步。诺夫哥罗德、斯摩棱斯克与波罗的海地区、神圣罗马帝国城市签署了各种商贸协议，加利奇城①也积极地与波兰、匈牙利甚至罗马教皇建立外交联系。这一时期，在罗斯各公国中都出现了许多精美的建筑。

领主庄园经济是这一时期农村的主要经济类型，许多农民要么连同土地一起被王公贵族纳入其领地，要么因为贫困而被迫成为领主的依附农民。但不管怎样，在罗斯封建割据时期，大量的新耕地被开垦出来，罗斯农村经济和农业技术都得到了长足的发展。

在封建割据时期，罗斯的政治体制并未完全崩溃，解体后的罗斯诸公国中也存在基辅公国。在名义上，基辅大公仍然是国家的最高统治者，基辅的王位依然是罗斯诸王公争夺的对象，全罗斯教会也保留了其影响力，基辅都主教是罗斯教会的最高领袖。与此同时，罗斯教会势力在各个公国都得到了发展。许多杰出的文学、哲学和神学创作均出自神职人员之手。例如，享誉世界的《伊戈尔远征记》就诞生于罗斯政治解体的这一阶段。罗斯编年史的编纂工作也在有条不紊地进行。罗斯教会主张全罗斯的统一，他们往往公开

---

① 位于今乌克兰伊万诺－弗兰科夫斯克州加利奇市。

谴责王公之间的内战，并经常在罗斯内战中发挥重要的调解作用。在教会领袖面前亲吻十字架宣誓是交战各方之间达成和平协议的一种形式。

在某种程度上，来自波洛韦茨人的外部威胁可以制约罗斯内部的分裂势力。确实有一些罗斯王公勾结波洛韦茨人来实现自己的政治目的，但对于大多数王公而言，只有团结一致才能共抗外侮。在罗斯人的心目中，弗拉基米尔一世和弗拉基米尔·莫诺马赫之所以伟大，是因为他们率领罗斯人民抗击外敌，保卫了罗斯领土。他们二人一直是人们心目中完美的罗斯大公形象，在著名的罗斯史诗《壮士歌》中，作者将两位弗拉基米尔的事迹合二为一，塑造出一位罗斯领土的守护者，这一形象千百年来深受东斯拉夫各族人民的喜爱。

第二节　封建割据时期罗斯的主要公国

基辅公国

12 世纪在罗斯国内形成的 15 个公国中，基辅公国依然是实力最强的几个公国之一，统治中心仍在基辅。尽管这时候基辅已经失去了作为罗斯政治中心的重要意义，但它仍然保留了作为"罗斯诸城之母"的历史荣耀。

罗斯都主教的办公地点仍在基辅的圣索菲亚大教堂。基辅公国依然控制了罗斯最肥沃的土地，和罗斯其他城市相比，基辅城拥有最多的大型庄园和最多的耕地。第聂伯河仍然是东斯拉夫人最重要的水上要道，基辅公国占据了第聂伯河右岸的大片地区，这几乎是整个普里皮亚季河流域。

除了基辅城之外，基辅公国还控制着周边一系列大中城市——维什戈罗德、别尔哥罗德、瓦西列夫、图罗夫和维迪乔夫 ① 等。在这些城市中仍然有成千上万的工匠在努力工作，他们生产的产品不仅驰名罗斯诸城，而且还远销海外。基辅公国的西南边是弗拉基米尔－沃伦公国，而在西部、南部和东南部，"红太阳"弗拉基米尔当年建造的一系列要塞城市依然在拱卫着基辅。

1132 年是罗斯历史的一个转折点，基辅大公穆斯季斯拉夫去世，莫诺马赫家族和奥列格家族为争夺基辅王位爆发了激烈的内战。也就是在这段时间，基辅失去了对罗斯托夫－苏兹达里地区的控制。这里的王公"长手"尤里野心勃勃，并不满足于自己现有的领地，并逐渐把自己的势力范围扩张到了诺夫哥罗德和斯摩棱斯克等地。不仅如此，他还对基辅大公之位觊觎已久。

对于基辅来说，与西欧诸国的多边外交，对中欧地区、巴尔干半岛、拜占庭和东方的远征已经成了过去时，这时基辅的对外关注重点仅限于两个方向：一是防止草原上的波洛韦茨人再度入侵；二是警惕"长手"尤里的进犯。此时"长手"尤里的手已经伸到了佩列亚斯拉夫利城，在东北部和东南部两个方位对基辅构成了威胁。在基辅大公看来，"长手"尤里是比波洛韦茨人更可怕的敌人。

---

① 罗斯古城，位于第聂伯河畔，旧址在今乌克兰基辅州奥布霍夫斯克地区维塔乔夫村附近。

"长手"尤里曾三度出任基辅大公，1157 年他在基辅去世，罗斯王公之间的内斗仍在继续。

1169 年，"长手"尤里的儿子安德烈·博戈柳布斯基①率领他的盟友，进攻基辅。3 天的激战过后，3 月 12 日，基辅城被攻克。这是罗斯建国之后，基辅城第一次被攻陷，入侵者不是佩切涅格人、托尔克人或者波洛韦茨人，而是罗斯人自己。此次参与进攻基辅的有苏兹达里人、切尔尼戈夫人、斯摩棱斯克人和波洛茨克人。他们洗劫城市，屠杀平民，焚毁教堂和私人住宅，不仅抢走了金银财宝，还劫掠了所有的圣像、十字架、铃铛和法衣，连罗斯都主教所在的圣索菲亚大教堂也未能幸免。

经此浩劫之后，基辅城已经不再适合作为罗斯的政治中心，于是安德烈任命自己的弟弟格列布·尤里耶维奇为基辅大公，他本人则回到弗拉基米尔城②，自称"弗拉基米尔大公"。自此，弗拉基米尔城在基辅之后成为罗斯新的政治中心。安德烈的公国被称为"弗拉基米尔 – 苏兹达里大公国"，为当时罗斯最强大的公国之一，也为后来的莫斯科大公国留下了丰厚的历史和政治遗产。

基辅城尽管经历了如此大的劫难，但作为罗斯故都的底蕴犹存。大火之后，基辅城得到了重建，仍然生机勃勃。一些气势恢宏的宫殿、寺庙、教堂和修道院被保留了下来，来自罗斯各地的朝圣

---

① 他的全名为安德烈·尤里耶维奇。"博戈柳布斯基"是他的外号，出自他本人的住处，即弗拉基米尔城的博戈柳布沃村。

② 位于今俄罗斯弗拉基米尔州首府弗拉基米尔市，该城与乌克兰沃伦州的弗拉基米尔市重名，但并非同一座城市，俄罗斯的弗拉基米尔城始建于 12 世纪初，为弗拉基米尔·莫诺马赫所建。

者都前往基辅的修道院朝圣。基辅城的美丽让来到这里的人都叹为观止。罗斯编年史就是在这里完成的，流传千古的文学作品《伊戈尔远征记》也是在这里写就的。

12世纪70—90年代，奥列格家族的斯维亚托斯拉夫·弗谢沃洛多维奇①曾三次出任基辅大公之位（1174—1175、1177—1180、1181—1194），历史上称其为"斯维亚托斯拉夫三世"。他和自己的政治盟友留里克·罗斯季斯拉维奇②共同执政，在他们执政期间，基辅逐渐恢复稳定并重新繁荣起来。

斯维亚托斯拉夫三世去世后，留里克·罗斯季斯拉维奇与他的堂侄罗曼·穆斯季斯拉维奇③一直联合执政到13世纪初。随后，叔侄二人产生了矛盾，进行了激烈的争斗，在此期间，基辅几度易手。

1203年1月2日，留里克·罗斯季斯拉维奇勾结波洛韦茨人再度攻陷了基辅，胜利者烧毁了基辅的波多尔区，洗劫了罗斯的宗教圣地圣索菲亚大教堂、什一教堂，以及所有修道院。波洛韦茨人肆意踩躏着基辅城，杀死了德高望重的修士、修女、牧师及其妻子，还有许多老人和残疾人被杀害。大批青壮年被波洛韦茨人掳走，许多年轻女孩也被他们带回了自己的营地。

这一年冬，罗曼·穆斯季斯拉维奇在一次由他召集的罗斯王公会议上扣留了留里克。为了惩罚留里克的恶行，罗曼强迫他们一家做了教士。

---

①　其父为奥列格之子弗谢沃洛德·奥列格维奇。

②　其父为穆斯季斯拉夫大公之子罗斯季斯拉夫·穆斯季斯拉维奇。

③　其父为穆斯季斯拉夫·伊兹雅斯拉维奇，其祖父为伊兹雅斯拉夫·穆斯季斯拉维奇，其曾祖父为莫诺马赫长子穆斯季斯拉夫·弗拉基米罗维奇大公。

1205 年，罗曼卷入了和波兰人的战争中，在维斯瓦河附近意外地遭遇了波兰军队的伏击，不幸身亡。此后，罗斯彻底失去了往日的辉煌，直到 1240 年的秋天，西征的蒙古大军将这座昔日罗斯最繁华的城市彻底摧毁。[4]

切尔尼戈夫公国

"智者"雅罗斯拉夫大公临终时，将切尔尼戈夫地区交给了他的第三子斯维亚托斯拉夫·雅罗斯拉维奇。日后斯维亚托斯拉夫的子孙后代都把切尔尼戈夫地区作为自己家族的专属领地。

前文提到，斯维亚托斯拉夫的儿子奥列格·斯维亚托斯拉维奇和弗谢沃洛德一世的儿子莫诺马赫为争夺切尔尼戈夫进行了无数次争斗。在莫诺马赫和他的儿子穆斯季斯拉夫担任基辅大公时，切尔尼戈夫选择服从基辅政权。然而，切尔尼戈夫公国的分离主义倾向也越来越严重。

奥列格·斯维亚托斯拉维奇和其子孙后代的政治野心只是其次，分离主义倾向日趋严重的主要原因还在于切尔尼戈夫公国的政治和经济特点。切尔尼戈夫本身就是罗斯最大的城市之一，随着生产力的发展和社会的进步，一个以世袭领地为基础的强大政治集团开始在这座城市形成。城市中心矗立着宏伟的救世主大教堂，修道院也在这里出现了。切尔尼戈夫商人的足迹遍及罗斯和其他国家，甚至在英国伦敦的市场上也能看到他们的身影。

切尔尼戈夫公国幅员辽阔，覆盖了从塔曼半岛到斯摩棱斯克之间的大片领土。从维亚迪奇森林，到罗斯托夫－苏兹达里公国边境的莫斯科城，再到波洛韦茨草原，切尔尼戈夫公国境内有许多古老城市，其中包括诺夫哥罗德－谢韦尔斯克、普季夫利[1]、柳别奇、库尔斯克、斯塔罗杜布；后来又有许多新兴的城市出现，例如布良斯克、科泽利斯克[2]、莫萨利斯克[3]、沃洛廷斯克[4]、姆岑斯克[5]，随后切尔尼戈夫公国还兼并了梁赞公国和穆罗姆公国。

　　11世纪中叶，在捷斯纳河右岸逐渐兴起了一座名叫谢韦尔斯克的新城市，罗斯人也把这座城市称为诺夫哥罗德－谢韦尔斯克城，意思是"北方人的诺夫哥罗德"，"谢韦尔斯克"在俄语中的词根与"北方"有关。根据1097年柳别奇王公大会的决议，达维德·斯维亚托斯拉维奇出任切尔尼戈夫王公，他的弟弟也就是著名的奥列格·斯维亚托斯拉维奇出任诺夫哥罗德－谢韦尔斯克王公。谢韦尔斯克城就成了切尔尼戈夫公国的一部分。

　　切尔尼戈夫公国在奥列格家族统治时期与波洛韦茨人建立起一种特殊的同盟关系。奥列格和波洛韦茨人交情匪浅，波洛韦茨人经常帮助他同他的堂兄弟莫诺马赫作战。古罗斯的编年史作家们不止一次地指责奥列格勾结异教徒来祸害罗斯。尽管许多罗斯王公都与波洛韦茨人关系友好甚至结盟，但奥列格家族和波洛韦茨人的关系最密切，因此在编年史中奥列格家族所受的指责也最多。塔曼半岛一直是切尔尼戈夫公国的领地，但这一地区后来成了波洛韦茨人的

---

[1]　位于今乌克兰苏梅州卡诺托普地区普季夫利市。

[2]　位于今俄罗斯卡卢加州科泽利斯克市。

[3]　位于今俄罗斯卡卢加州莫萨利斯克市。

[4]　位于今俄罗斯卡卢加州巴比宁地区沃洛廷斯克镇。

[5]　位于今俄罗斯奥廖尔州姆岑斯克市。

游牧营地；切尔尼戈夫公国的属地库尔斯克地区与波洛韦茨草原接壤，但波洛韦茨人在入侵罗斯时往往会避开切尔尼戈夫公国。奥列格家族也很少与波洛韦茨人发生激烈的战争。当然，在波洛韦茨人看来，基辅的莫诺马赫家族才是他们最大的敌人，而敌人的敌人就是朋友，所以波洛韦茨诸可汗和奥列格家族交情匪浅不足为奇。

奥列格·斯维亚托斯拉维奇去世后，他的长子弗谢沃洛德·奥列格维奇（弗谢沃洛德二世）继承了切尔尼戈夫公国的王位，奥列格的其他儿子也分别驻守在切尔尼戈夫公国的其他城市。

在整个 12 世纪下半叶，奥列格家族与莫诺马赫家族都积极参与了基辅王位的争夺，而这时候的基辅大公宝座却逐渐失去了往日的光环。在 12 世纪 80 年代，弗谢沃洛德二世的儿子斯维亚托斯拉夫·弗谢沃洛多维奇出任基辅大公，史称"斯维亚托斯拉夫三世"。他还兼任切尔尼戈夫王公。

1184 年 7 月和 1185 年 3 月，斯维亚托斯拉夫三世联合罗斯诸王公向第聂伯河附近以科比亚克可汗为首的波洛韦茨部落发起进攻，击败并俘虏了科比亚克可汗。1185 年春，他的两位堂兄弟诺夫哥罗德－谢韦尔斯克王公伊戈尔·斯维亚托斯拉维奇 [1] 和库尔斯克王公弗谢沃洛德·斯维亚托斯拉维奇 [2] 对顿河流域孔恰克可汗率领的波洛韦茨部落发动攻势，并取得了胜利。随后，孔恰克可汗发起了报复性的进攻，罗斯军队发起反击，再次击败敌人。接下来，

---

[1]　奥列格之孙，其父为奥列格之子斯维亚托斯拉夫·奥列格维奇。

[2]　与伊戈尔·斯维亚托斯拉维奇为亲兄弟。

基辅大公斯维亚托斯拉夫三世率军深入波洛韦茨草原，又一次获得大胜，俘虏了许多敌人并缴获了大量的战利品。

波洛韦茨人连续三次遭遇失败，伊戈尔王公认为现在是彻底消灭草原宿敌的最好机会，于是他萌生了再次远征草原的念头。

1185 年 4 月 23 日，正当基辅和切尔尼戈夫军队休整之际，伊戈尔王公独自率领本部人马深入草原，罗斯军队在顿河北部和亚速海一带，袭击了他们遇到的波洛韦茨人的首个游牧营地，缴获了大量的战利品。第二天，孔恰克可汗亲率大军赶来援助他的族人，在距离亚速海不远的卡雅拉河① 畔，罗斯军队和波洛韦茨骑兵大战 3 天，最后罗斯军队几乎全军覆没，伊戈尔王公和随军的许多波雅尔大贵族被俘。

伊戈尔王公的这次远征引发了波洛韦茨人的大规模报复性入侵，他们袭击了诺夫哥罗德－谢韦尔斯克、佩列亚斯拉夫利和基辅。罗斯各公国付出了巨大的代价才抵挡住波洛韦茨人的进攻。

后来，被俘的伊戈尔王公从波洛韦茨人的营地逃了回来。1198 年，作为奥列格家族最年长的王室成员，他登上了切尔尼戈夫王公的宝座。4 年后，他死于切尔尼戈夫，享年 52 岁。

古罗斯著名的英雄史诗《伊戈尔远征记》就是取材于这次伊戈尔王公对波洛韦茨人的失败远征。学者们一般认为，该书的成书时间为 12 世纪晚期，作者不详。《伊戈尔远征记》具有极高的文学艺术价值，我们还会在下文详细介绍。[5]

---

① 已经消失了的河流，迄今为止研究人员对于这条河流的具体位置说法不一。

加利奇－沃伦公国

加利奇－沃伦公国的前身是沃伦公国。该公国位于罗斯西部和西南部，其地理位置非常适合发展对外贸易。它的疆域延伸到科尔巴阡山脉，毗邻多瑙河河道，边境距离多瑙河流域的商路非常近。[①]该公国的北部、东北部、东部与基辅大公的领地接壤。

公国的首府为（西）弗拉基米尔城，这是以弗拉基米尔一世的名字命名的城市。这座城市多年来一直是当地总督或者王公的住所。"智者"雅罗斯拉夫的 3 个儿子弗谢沃洛德一世、斯维亚托斯拉夫二世和伊戈尔·雅罗斯拉维奇都曾先后担任过沃伦公国王公。"智者"雅罗斯拉夫去世后，他的孙子罗斯季斯拉夫·弗拉基米罗维奇被任命为沃伦公国王公，但他对自己的领地非常不满意，很快就带着自己的亲信前往特穆塔拉坎地区发展。后来，伊兹雅斯拉夫大公之子亚罗波尔克和斯维亚托斯拉夫二世之子奥列格（莫诺马赫的宿敌）也曾担任过弗拉基米尔－沃伦公国王公。

从 1085 年开始，"智者"雅罗斯拉夫之孙达维德·伊戈列维奇长期担任弗拉基米尔－沃伦公国王公，1097 年柳别奇王公大会更是确认了沃伦公国属于他的领地。但这位达维德·伊戈列维奇王公心术不正，他弄瞎了自己的堂侄捷列波夫利王公瓦西里科的眼睛，在罗斯引起公愤，也因此引发了长达数年的内战。

在 1100 年乌维季奇王公大会上，达维德·伊戈列维奇被剥夺沃伦公国王公一职并发配到布日斯克城堡，沃伦公国王公改由基辅大公斯维亚托波尔克二世之子雅罗斯拉夫·斯维亚托波尔契奇

① 从匈牙利、保加利亚沿多瑙河通往中欧、巴尔干国家和拜占庭的商路。

担任。

沃伦公国拥有加利奇、佩列梅什利、多罗戈布日、捷列波夫利、布日斯克、图里斯克、切尔文、卢茨克、霍尔姆^①等重要城市。这些城市大都是弗拉基米尔一世和"智者"雅罗斯拉夫从波兰人手中夺来的，大都有石砌建筑和坚固的城堡，防御工事也很完备。

后来由于食盐贸易的发展，加利奇城迅速发展起来，城内形成了活跃、强大且独立的市民阶层，加利奇城也成了弗拉基米尔 - 沃伦公国内部最发达的城市之一。12 世纪中叶以后，该地区实际上已经形成了一个独立的公国。

1199 年，穆斯季斯拉夫大公的曾孙罗曼·穆斯季斯拉维奇把加利奇公国和沃伦公国统一起来，以这两座城市为中心，在罗斯西南部建立了一个强大的加利奇 – 沃伦公国，把加利奇城作为自己的首府。

罗曼·穆斯季斯拉维奇在 1203—1205 年也曾短暂地出任过基辅大公^②，后来在与波兰人的一场战斗中不幸身亡。他年仅 4 岁的儿子达尼尔·罗曼诺维奇继承了加利奇 – 沃伦公国王位，当地的波雅尔大贵族立刻发动叛乱，达尼尔的母亲带着他逃往波兰寻求庇护。在这场内乱中，加利奇 – 沃伦公国再次被分裂为多个领地，匈牙利人趁机介入内战，许多波雅尔大贵族和富人丧生，普通百姓的农田大量被毁，他们流离失所。

1221 年，达尼尔·罗曼诺维奇回国，正式出任加利奇 – 沃伦

---

① 位于今波兰东南部乌赫尔卡河畔的一座城市，属于卢布林省管辖。

② 他与留里克·罗斯季斯拉维奇在基辅共治。

公国王公。在蒙古人大举入侵罗斯的前几年，达尼尔最终统一了加利奇－沃伦公国，堪称一位勇敢、才华横溢的军事指挥官。1223 年，他参加了罗斯王公与蒙古人在卡尔卡河 ① 的那场著名会战。[6]

诺夫哥罗德公国

诺夫哥罗德公国在罗斯大公国中占有特殊的地位，同时代的人往往称之为"大诺夫哥罗德老爷"。诺夫哥罗德公国幅员辽阔，从波罗的海到乌拉尔山脉，从白海和北冰洋沿岸一直到伏尔加河和奥卡河的交汇处都是诺夫哥罗德的领地。

9 世纪时，诺夫哥罗德城已经初具规模。862 年，瓦良格人留里克受东斯拉夫使者所邀，率领部下在东斯拉夫人的土地上登陆时，首先选择诺夫哥罗德作为自己的统治中心。882 年，奥列格大公夺取基辅，罗斯正式立国，诺夫哥罗德仍然是罗斯第二大城市，也是北方最重要的政治中心。

但诺夫哥罗德从未像切尔尼戈夫、波洛茨克、佩列亚斯拉夫利、罗斯托夫和弗拉基米尔城那样，成为某个王室家族的专属领地。这座城市的波雅尔大贵族、市民阶层和宗教界人士形成了一股庞大的地方势力，所有派往诺夫哥罗德的王公均无法融入当地，也无法在当地培植自己的政治势力。所有诺夫哥罗德王公反倒像是匆匆过客。诺夫哥罗德的独立性和特殊性远远超出人们的想象。

诺夫哥罗德的特殊地位是由历史原因形成的。诺夫哥罗德首先

---

① 位于今乌克兰顿涅茨克州。

是北方的商业和手工业中心。它位于"从瓦良格到希腊之路"的最北端，有着能通往波罗的海南部、神圣罗马帝国、瑞典和挪威的商路。穿过伊尔门湖和梅塔河①的路线可通向伏尔加河，经此路线可前往伏尔加河保加利亚和哈扎尔汗国等东方国家。诺夫哥罗德的商队也经常沿着第聂伯河到达黑海地区、巴尔干半岛和拜占庭帝国，在那里从事各种商业活动。

诺夫哥罗德的经济是在毛皮和手工业品交易的基础上发展起来的。罗斯北方森林出产的毛皮很受欢迎，诺夫哥罗德的铁器、陶器、木制品、军械、金银制品和皮革制品举世闻名。城市的街道和居民聚居区也通常以手工业者的职业来命名，比如木匠街、冶铁大街、陶艺大街和造盾大街。

诺夫哥罗德出现了罗斯最早的商人行会，当地的信贷体系也很发达。富商们拥有能在江、河、湖、海中航行的大船，还建造了许多富丽堂皇的石砌建筑和教堂。许多建筑有着神圣罗马帝国风格和哥特式风格，这表明诺夫哥罗德与神圣罗马帝国、拜占庭的贸易关系非常密切。从事贸易活动的人中也包括工匠、波雅尔大贵族和宗教界人士。

诺夫哥罗德的经济发展首先要归功于当地有利的自然条件。该公国内森林河流密布，非常不利于游牧族群骑兵机动灵活的作战方式。自8世纪晚期瓦良格人来到这里之后，很少有外敌入侵这一地区。无论是佩切涅格人还是波洛韦茨人都未曾踏上诺夫哥罗德的土地，直到13世纪前期，条顿骑士团才抵达这里，但很快就被击败。

---

① 流经俄罗斯诺夫哥罗德州和特维尔州，为当地的水路大动脉之一。

相对和平的环境为该地区的经济发展创造了有利条件。

随着时间的推移，波雅尔大贵族和地主在诺夫哥罗德获得了很大的权利，土地、森林和渔场为他们提供了主要的贸易产品——毛皮、蜂蜜、蜂蜡、鱼类，以及其他农作物、林产品和水产品。当地的波雅尔大贵族和商人还经常组织水寇、海盗在河流和海上探索，以便获得新的渔场和林地。波雅尔大贵族、商人和教会的利益交织在一起，形成了这座城市所谓的贵族集团，他们在诺夫哥罗德的政治生活中发挥着巨大的作用。

波雅尔大贵族经常联合商人、工匠和其他居民以对抗来自基辅或罗斯托夫－苏兹达里公国持续不断的政治压力，所有诺夫哥罗德居民都在捍卫他们在罗斯大地上的特殊地位，也就是这个公国的主权。诺夫哥罗德当地的各级官员，均依靠民众投票选举产生。不过波雅尔大贵族和商会之间经常为土地、税收和特权展开激烈的斗争，他们经常会推举自己的代表作为行政长官、千夫长和大主教的候选人。下层民众也经常发动起义来反抗波雅尔大贵族、富商和高利贷者，叛乱的市民往往会攻击政府机关、教堂和修道院。

诺夫哥罗德公国的其他大城市——普斯科夫、拉多加、白湖城、伊兹鲍尔斯克等地的情况与诺夫哥罗德城很相似，那里也有强大的波雅尔大贵族、商人行会，以及各种手工业者。

诺夫哥罗德城不仅在经济和商业上可以与基辅抗衡，在城市外观方面也丝毫不逊色于基辅。诺夫哥罗德人在沃尔霍夫河左岸的山丘上建造了自己的克里姆林宫，宫殿都由石墙环绕，而同时代其他罗斯古城的克里姆林宫的防御工事大都是土木结构的。

诺夫哥罗德克里姆林宫的对面是一个大市场，市民们通常在那里召开市民大会，并针对这座城市的许多重大议题展开讨论，比如选举行政长官、决定王公候选人，以及其他内政外交政策。

诺夫哥罗德人在沃尔霍夫河上搭建了一座桥梁把城市的左岸和右岸连接了起来。这座桥梁在城市生活中发挥了重要作用。诺夫哥罗德的各大派系经常在这里发生争斗，被市政府判处死刑的罪犯也一般会在这里被扔进沃尔霍夫河深处。

沃尔霍夫河畔有许许多多的码头，码头上通常挤满了各种船只，这些船只的距离非常近，以至于一条船发生火灾时，火势会迅速蔓延到其他船上。

"智者"雅罗斯拉夫的长子弗拉基米尔·雅罗斯拉维奇出任诺夫哥罗德王公时，在当地建造了完全可以和基辅圣索菲亚大教堂相媲美的诺夫哥罗德索菲亚大教堂。城郊还有许多修道院，修道院的院墙很高大，完全可以被用作防御工事。在城南的伊尔门湖岸边有尤里修道院①，城北则有安东尼修道院。

诺夫哥罗德是一座优雅高贵的城市。市内有许多大型木制桥梁，市政当局也非常重视城市街道的秩序和清洁工作。市民的识字率很高，这集中体现在已经出土的桦树皮文献上。考古学家在发掘诺夫哥罗德古代居民区时发现了大量用桦树皮书写的文本，其中有期票和贷款凭据、丈夫写给妻子的信、参加葬礼的邀请函、诉状、遗嘱、情书和诗歌等，可见这些桦树皮文献的原主人不仅有波雅尔大贵族和富商，也有大量普通市民。

---

①　俄文为 Юрьев монастырь，常被直接音译为尤里耶夫修道院，事实上这并不准确，因为 Юрьев 是 Юрий 的物主形容词。故而，本书将其译为尤里修道院。该修道院又被称为圣乔治修道院或圣格奥尔基修道院。

　　尽管诺夫哥罗德公国隶属于基辅大公国，但它不断向基辅争取属于自己的特权。基辅的中央政府也在警惕着诺夫哥罗德这座北方的大都市，基辅大公们往往把长子或者他们最倚重的王子派往诺夫哥罗德担任王公，这些王子通常是基辅大公王座最具实力的竞争者。罗斯历史上，两位具有历史开创意义的君主"红太阳"弗拉基米尔一世和"智者"雅罗斯拉夫均是以诺夫哥罗德为根据地，最终获得基辅大公之位的。

　　诺夫哥罗德公国在政治、经济、文化上的特殊地位，使得诺夫哥罗德人往往会与基辅的中央政府发生冲突。他们接受基辅大公之子做自己王公的前提条件是，王公必须维护当地波雅尔大贵族和富商的利益。

　　从 1088 年开始，弗拉基米尔·莫诺马赫的长子穆斯季斯拉夫·弗拉基米罗维奇先后担任了近 20 年的诺夫哥罗德王公，与当地的波雅尔大贵族、富商和市民保持了良好的关系，诺夫哥罗德人接纳了他，把他视为自己人。

　　1101 年萨科夫王公大会后，弗拉基米尔·莫诺马赫和斯维亚托波尔克二世达成互换领地的协议，莫诺马赫用诺夫哥罗德向斯维亚托波尔克二世交换（西）弗拉基米尔城。

　　1102 年，莫诺马赫的长子诺夫哥罗德王公穆斯季斯拉夫·弗拉基米罗维奇来基辅履行交换领地的协议，斯维亚托波尔克二世之子赴诺夫哥罗德上任之后，穆斯季斯拉夫就可以去接管（西）弗拉基米尔城了。但随行的诺夫哥罗德市民代表对斯维亚托波尔克二世说："我们不想让你或者你的儿子来做我们的王公，要是你儿子有两颗脑袋的话，那就让他来吧。事实上，我们不想要任何王公来管辖我们。现在这位王公是弗谢沃洛德大公指派给我们的，我们已经习惯他了，不需要新的王公。"斯维亚托波尔克二世很生气，与这些市民代表激烈地辩论，但无法说服他们。面对诺夫哥罗德人的强硬态度，斯维亚托波尔克二世不得不做出妥协。随后，诺夫哥罗德的市民代表簇拥着穆斯季斯拉夫回到了诺夫哥罗德。莫诺马赫和斯维亚托波尔克二世交换领地的计划就此落空。

1118 年，已经步入晚年的莫诺马赫把穆斯季斯拉夫从诺夫哥罗德调回基辅，留在自己身边历练，有意在自己去世之后将大公之位传于他。他任命穆斯季斯拉夫的长子弗谢沃洛德·穆斯季斯拉维奇继任诺夫哥罗德王公，但当地人并不欢迎这位王孙。1125 年，深受诺夫哥罗德人信任的穆斯季斯拉夫·弗拉基米罗维奇继任基辅大公之位。在莫诺马赫时代和穆斯季斯拉夫时代，诺夫哥罗德在一定程度上表现出了对基辅的忠诚。

1132 年，穆斯季斯拉夫大公去世之后，其弟亚罗波尔克二世继承王位，罗斯大公国迅速衰落，罗斯各地的政治分裂势力开始抬头，诺夫哥罗德也越来越多地表现出独立倾向。亚罗波尔克二世继位后不久，就下令将弗谢沃洛德·穆斯季斯拉维奇从诺夫哥罗德调到佩列亚斯拉夫利做王公，这引起了其他王公的不满。罗斯托夫-苏兹达里王公"长手"尤里首先发难，逼迫基辅大公取消此任命，将佩列亚斯拉夫利城交给自己掌管。亚罗波尔克二世被迫妥协。

但诺夫哥罗德人认为弗谢沃洛德·穆斯季斯拉维奇为了自己的前程而抛弃了他们，于是把弗谢沃洛德赶出了诺夫哥罗德。不久之后，诺夫哥罗德需要一位王公来指挥军队保卫西北边界，考虑到弗谢沃洛德·穆斯季斯拉维奇已经接受过教训，诺夫哥罗德的波雅尔大贵族和市民又把他接了回来继续担任王公。弗谢沃洛德再次继位后，希望借助诺夫哥罗德的力量来争夺基辅大公之位，因此卷入了罗斯王公内战。

1135 年，弗谢沃洛德指挥的诺夫哥罗德军队在佩列亚斯拉夫利附近的日达那亚山①被"长手"尤里指挥的罗斯托夫－苏兹达里军队击败，他丢下军队狼狈逃走。诺夫哥罗德的波雅尔大贵族对他忍无可忍，教会、富商和市民阶层也都不再支持他。弗谢沃洛德和他的家人在诺夫哥罗德主教的宫殿中被软禁了两个月，由 30 名士兵看管。

诺夫哥罗德召开市民会议，但无权单方面做出驱逐王公的决定，于是邀请了普斯科夫和拉多加的市民代表共同商议如何处置他们的王公。弗谢沃洛德想要抛弃诺夫哥罗德去当佩列亚斯拉夫利王公的罪状再度被提及，现在又加上了一条临阵脱逃的罪名。1136 年 5 月 28 日，根据市民大会的最终判决，弗谢沃洛德·穆斯季斯拉维奇一家以损害公国利益的罪名被逐出公国。史学界把这一历史事件称为"12 世纪的诺夫哥罗德革命"。历史学家们普遍认为这是诺夫哥罗德贵族共和国②建立的开端。

1136 年之后，代表波雅尔大贵族、富商和大主教利益的城市贵族终于在诺夫哥罗德掌握了权力。他们邀请奥列格的儿子斯维亚托斯拉夫·奥列格维奇来做诺夫哥罗德的王公。自此，诺夫哥罗德

---

① 位于今俄罗斯雅罗斯拉夫尔州佩列亚斯拉夫尔地区。

② 诺夫哥罗德公国存在王公，因此并不是完全意义上的共和制。但是在俄语语境下的"共和"指的是不完全服从君主的意思，这和西方以及中文语境下的"共和"有所区别。

走上了一条有别于其他罗斯公国的道路，成为贵族共和国。几个大的波雅尔大贵族家族、商人家族和教会共同决定诺夫哥罗德的内政外交决策。诺夫哥罗德的王公实际上成了虚君，没有当地行政长官的同意，王公无法决定任何事情。随着时间的推移，诺夫哥罗德与罗斯南部诸公国的关系越来越疏远，而与波罗的海南部国家、斯堪的纳维亚国家和神圣罗马帝国的关系则越来越密切。[7]

弗拉基米尔－苏兹达里公国

罗斯所有公国中，实力最强的是弗拉基米尔－苏兹达里公国。弗拉基米尔－苏兹达里公国的前身是罗斯托夫公国，位于罗斯东北部。几个世纪以来，罗斯东北部一直是东斯拉夫人聚居区中最偏远的角落之一。

10—11世纪，东斯拉夫人主要集中在第聂伯河流域中部和西北部地区，基辅、诺夫哥罗德、切尔尼戈夫已经成为统一的罗斯的重要经济、政治、宗教和文化中心。而在奥卡河、伏尔加河、克利亚兹玛河一带，仍然保留了部落时代的原始风情。这一地区的原住民是芬兰－乌戈尔部落，8—9世纪时，东斯拉夫人的维亚迪奇部落从西南方向的沃罗涅日地区搬到这里，与当地人混居。随后大批东斯拉夫人从两个方向涌入这一地区：一是西方和西南方向，即第聂伯河流域中部地区；二是西北方向，即诺夫哥罗德、白湖城和拉多加地区。诺夫哥罗德到伏尔加河的商路就经过这里，商人和其他迁徙者沿着这条道路前进，与当地的维亚迪奇人和居住在附近的克里维奇人一道，共同开发这一地区。

那么这些原始落后的地区究竟有何吸引力呢？首先，在奥卡河、伏尔加河和克利亚兹玛河的交汇处，既有许多良田，也有延绵数百千米、水草丰美的水草甸。其次，这里的气候温和，非常适合发展农业和畜牧业。最后，这里还有茂密的森林和宽广、潺湲的河流与湖泊。森林地带盛产毛皮、浆果和蘑菇，适合发展养蜂业，蜂蜜和蜂蜡在当时世界各国都很受欢迎；河流和湖泊中渔业资源非常丰富。这一地区可以给人类的衣食住行提供各种便利条件。

几个世纪以来，罗斯东北部几乎没有遭遇过外敌入侵，10世纪之前游牧族群入侵的浪潮从未到达过这里，征服了诺夫哥罗德和基辅的瓦良格人也忽略了这里。波洛韦茨人到来之时，罗斯东北茂密的森林和灌木丛阻挡了波洛韦茨人的骑兵。相较于第聂伯河流域中部和西北部地区，罗斯东北部地区居民的生活则显得非常平静。

这里的社会也在向前发展，新的耕地被大量开垦出来，商贸中心不断出现，城市也逐渐富裕起来。尽管罗斯东北部的发展相比于基辅、切尔尼戈夫和诺夫哥罗德要相对滞后，但这里也出现了世袭领地。10世纪晚期，这里开始出现一些初具规模的城市，如罗斯托夫、苏兹达里、穆罗姆、梁赞等。这一地区的中心城市为罗斯托夫和苏兹达里，因此历史上将处于罗斯东北地区的这一公国称为"罗斯托夫－苏兹达里公国"。

987年，"智者"雅罗斯拉夫被他的父亲"红太阳"弗拉基米尔一世任命为罗斯托夫王公。1010年，"智者"雅罗斯拉夫改任诺夫哥罗德王公，弗拉基米尔一世又委派他的嫡次子圣格列布担任罗斯托夫王公。由这两次任命可见，罗斯托夫这座城市在"红太阳"弗拉基米尔一世心中的分量不轻。

10—11世纪，罗斯托夫公国的农业相对落后，人们主要以狩猎和经商为主。当地的维亚迪奇人顽固地坚持部落传统和古老的多神教信仰。多神教信仰成了当地政治分裂传统的思想源头。基辅当局不得不花费大量的精力来镇压反叛的维亚迪奇部落和多神教祭司领导的民众起义。在与维亚迪奇人的战斗中，斯维亚托斯拉夫一世、弗拉基米尔一世、"智者"雅罗斯拉夫和弗拉基米尔·莫诺马赫都展现了他们的军事才能。

1066年，未满13岁的弗拉基米尔·莫诺马赫开始步入政坛，他的第一个封号便是罗斯托夫王公。他在罗斯托夫城度过了自己的青少年时代。7年后，也就是1073年，他才离开这里去斯摩棱斯克担任王公。莫诺马赫在罗斯托夫地区修建了一座以自己名字命名的新城市——弗拉基米尔城，这座城市后来成为罗斯托夫地区乃至整个罗斯的政治中心。莫诺马赫和他的子孙后代都把罗斯托夫公国作为自己家族的专属领地，当他们在王公内战或者对外战争中遭遇重大挫折时，他们总能得到罗斯托夫人的鼎力支持，继而东山再起。

"长手"尤里与莫斯科的建成

11世纪晚期或12世纪初，弗拉基米尔·莫诺马赫派他的儿子尤里·弗拉基米罗维奇出任罗斯托夫王公。尤里·弗拉基米罗维奇就是罗斯历史上著名的"长手"尤里。1107年，莫诺马赫在与他交好的波洛韦茨部落中为尤里选了一位草原公主作为他的王妃。

1120年，"长手"尤里联合波洛韦茨人向伏尔加河保加尔人开战，打通了伏尔加河通往里海和东方的航路。1125年，"长手"尤里把公国的首府从罗斯托夫城迁至苏兹达里，自此罗斯托夫公国又被称为罗斯托夫－苏兹达里公国。

1132 年，基辅大公穆斯季斯拉夫·弗拉基米罗维奇去世，"长手"尤里非常渴望继承基辅大公之位，但就继位次序而言，他不及自己的其他几位哥哥，并且在罗斯的其他一些地区，他的一些叔伯仍然健在，他们都比尤里更有资格继承基辅大公之位。但"长手"尤里并不甘心，以反对自己的侄子诺夫哥罗德王公弗谢沃洛德·穆斯季斯拉维奇出任佩列亚斯拉夫利王公为由，挑起了对诺夫哥罗德的战争，最终打败弗谢沃洛德，得到了佩列亚斯拉夫利城。自此，"长手"尤里在罗斯的话语权也越来越重，他想成为基辅大公乃至全罗斯大公的野心路人皆知。

在与诺夫哥罗德公国的战争中，"长手"尤里有一个盟友，那就是诺夫哥罗德－谢韦尔斯克王公、奥列格家族的斯维亚托斯拉夫·奥列格维奇。尤里帮助他组建过一支军队，打下了斯摩棱斯克城。根据《伊帕季编年史》记载，1147 年，"长手"尤里给斯维亚托斯拉夫送去了一份请柬，上面写着："到我这儿来，兄弟，到莫斯科来。"4 月 4 日，两位王公在罗斯托夫－苏兹达里公国一处名叫莫斯科的地方会面。斯维亚托斯拉夫赠给"长手"尤里一只猎豹，"长手"尤里回赠了很多礼物，并为他安排了一顿丰盛的大餐。[8] 这是莫斯科这个名字第一次见诸史册。此后，俄罗斯人便把 1147 年定为莫斯科诞生的年份。俄罗斯第一次庆祝莫斯科城市纪念日是在 1847 年，当时是莫斯科建城 700 周年。从那时起，俄罗斯便有了庆祝城市日（每年 9 月的第一个双休日）的传统。

事实上，根据考古发现，莫斯科早在 11 世纪之前就已经出现城市了，建造莫斯科克里姆林宫时，当地出土了 11 世纪的木制防御工事的遗迹。关于莫斯科城的建立，还有一个广为流传的传说，这个传说出现在 17 世纪上半叶沙皇阿列克谢一世统治的时代。

相传 1147 年，"长手"尤里率领自己的亲卫队从基辅到弗拉基米尔城看望自己心爱的儿子安德烈·尤里耶维奇（博戈柳布斯基）。他们一行途经一处被森林环绕的沼泽时，突然，他们乘坐的马匹受惊了，纷纷向后退去。这时候，从沼泽中跳出一头长着 3 个头，身上布满五颜六色杂毛的巨兽。这头巨兽和他们对峙了几秒钟，很快就消失了，以至于这些目击者甚至全都认为自己出现了幻觉。"长手"尤里请一位希腊的哲学家为之解惑，这位哲学家说："今后，这个地方将会出现一座三角形的超大规模的都市，以这座都市为中心将会出现一个伟大的国家，巨兽身上那些五颜六色的杂毛预示着许多族群将要聚居于此。"

"长手"尤里对这样的预言很感兴趣，他审视了周围的环境，觉得这的确是一块宝地：周边全都是茂密的森林，森林中长满了蘑菇和浆果，到处都是各种飞禽走兽，河里还有河狸和无数鱼类。但"长手"尤里也发现了这一带有大量的贵族宅邸和寺庙，显然，这块宝地已经有了自己的主人。

他问附近的村民：这是谁的领地？村民们告诉他，这块领地的主人是一位富有而且骄傲的贵族少年，他的名字叫斯捷潘·伊凡诺维奇·库奇卡，他也拥有自己的亲卫队和仆役。"长手"尤里很想知道这里的主人究竟是什么人，同时也有一丝不悦——他身为罗斯托夫-苏兹达里王公，驾临此地，而当地的主人居然没有出迎。

当地村民告诉他，斯捷潘·库奇卡的宅邸坐落在距离此处不远的博罗维茨基山岗①上。于是"长手"尤里率领手下前去拜访。尤里的亲卫敲了敲斯捷潘·库奇卡的大门，但主人对到访的不速之客心存疑虑，不肯让他们进来。"长手"尤里亮明自己的身份后，斯捷潘·库奇卡才把他们请进宅邸，但他并未因为来客是罗斯托夫－苏兹达里王公而显得毕恭毕敬，相反，在整个接待过程中，主人都十分冷淡。

"长手"尤里直截了当地对斯捷潘·库奇卡说："请出个价，把你的这些领地全都卖给我。"斯捷潘·库奇卡笑了，说："王公，我一寸土地也不会卖给你，现在罗斯托夫城和苏兹达里城每天都有许多人来投奔我，过不了多久，我们就可以平起平坐了。""长手"尤里被激怒了，迅速带人返回苏兹达里，这时候他已经对斯捷潘·库奇卡动了杀心。在这次不愉快的会见中，"长手"尤里还注意到了斯捷潘·库奇卡那漂亮的妻子。现在他不仅要夺取斯捷潘·库奇卡的领地，还要霸占他的妻子。

不久之后，"长手"尤里再次带着亲卫队来到这片土地。白天，他和亲卫们打猎、钓鱼，晚上他们又一次造访斯捷潘·库奇卡的宅邸。这一次，主人并没有给他们开门，于是"长手"尤里下令打破大门，冲进院子。"长手"尤里的亲卫和宅邸的守卫进行了短暂的战斗，最后斯捷潘·库奇卡被杀死了，尸体还被扔到附近的一处池塘里，他的卫士也大都战死。就这样，"长手"尤里霸占了斯捷潘·库奇卡的妻子，吞并了他的领地。斯捷潘·库奇卡的领地位于

---

① 位于今莫斯科市中心，克里姆林宫、红场和圣瓦西里升天大教堂等莫斯科标志性建筑均坐落于此。

莫斯科河岸边，所以这一大片地区就被称为莫斯科。

如果这个故事是真实的，那么"长手"尤里根本就不是莫斯科的建城者，而只不过是一个杀人劫财、欺男霸女的强盗而已。莫斯科的真正建城者很可能是这位斯捷潘·库奇卡的父辈。事实上，中世纪时莫斯科城还有另一个名字——库奇科沃，这显然是为了纪念这里此前的主人斯捷潘·库奇卡。

或许是良心未泯，又或许是出于其他原因，"长手"尤里并未杀掉斯捷潘·库奇卡的两个儿子和一个女儿，而是把他们送到弗拉基米尔城，交给了自己的长子安德烈·尤里耶维奇（博戈柳布斯基）看管。这三个孩子当时年龄都非常小，根本不记得是谁杀死了他们的父亲，霸占了他们的母亲。多年过去，斯捷潘·库奇卡的女儿乌莉达·斯捷潘诺夫娜已经出落成一个美丽动人的少女。安德烈·尤里耶维奇王子深深地爱上了她，并娶她为妻。斯捷潘·库奇卡的两个儿子亚基姆·斯捷潘诺维奇和彼得·斯捷潘诺维奇也都成了安德烈王子的亲信。

后来乌莉达在森林中遇到了她父亲的一位老亲卫，也就是当年那场家族劫难的幸存者，他把事情真相原原本本告诉了乌莉达。乌莉达悲痛欲绝，她万万没想到自己的公爹就是杀害她父亲、霸占她母亲的元凶。她把这一消息告诉了她的两个哥哥，兄妹三人暗暗发誓，一定要为父母报仇。这时候"长手"尤里早已去世，于是安德烈·尤里耶维奇就成了他们复仇的对象。最终，他们在1174年6月29日的晚上刺杀了安德烈·尤里耶维奇。关于这件事的具体细节，我们还会在后文提到。[9]

《伊帕季编年史》记载，1156年，"长手"尤里为莫斯科的克里姆林宫筑起了新城墙。[10] 但那时，"长手"尤里应该在基辅，所以莫斯科克里姆林宫应该是由他儿子安德烈·尤里耶维奇督造的。

"长手"尤里还建造了许多城市和堡垒，其中有兹韦尼哥罗德①、德米特洛夫②、尤里耶夫－波尔斯基③。"长手"尤里后来曾三次出任基辅大公，于 1157 年 5 月在基辅去世。

《伊帕季编年史》中这样描述"长手"尤里："大公的个子不高，胖胖的身材，白面庞，大眼睛，高鼻梁，短胡须；他非常爱护妻子，能说会道，善于饮酒；相较于管理政务和带兵打仗，他更喜欢追求享乐。他的助手和大臣都很勤勉能干。"

史料记载，"长手"尤里在莫斯科和基辅的时候经常大摆宴席，招待宾客，把所有政务都交给他的助手和顾问来管理，但这并没有削弱他本人的权力。[11] 中国有一句古语："于国有所不知政，于家有所不知事。""长手"尤里的确称得上一位知人善任的大公。

"长手"尤里是罗斯东北部地区最杰出的政治家之一。在他的领导下，罗斯托夫－苏兹达里公国逐渐成为罗斯最强大的公国。这个公国拥有广阔的土地，它的领土从北部的针叶林带、北德维纳河下游和白海沿岸一直延伸到南部与波洛韦茨草原接壤，从东部的伏尔加河上游向西延伸到斯摩棱斯克，在北部和西北部与诺夫哥罗德公国接壤。

---

① 位于今俄罗斯莫斯科州兹韦尼哥罗德市。

② 位于今俄罗斯莫斯科州德米特洛夫市。

③ 位于今俄罗斯弗拉基米尔州尤里耶夫－波尔斯基市。

安德烈·博戈柳布斯基

1157 年，"长手"尤里去世后，他的儿子安德烈·尤里耶维奇（1157—1174）登上了罗斯托夫 – 苏兹达里公国的王位。安德烈的母亲来自与罗斯亲善的波洛韦茨部落。安德烈出生于 1110 年左右，当时他的祖父弗拉基米尔·莫诺马赫还未登上基辅大公之位。在 30 岁之前，安德烈一直住在弗拉基米尔城，在这里度过了童年和少年时代。

安德烈曾跟随父亲多次南征，在当时被称为勇敢的战士和英明睿智的军事领袖。在冲锋时他经常身先士卒，冲入敌人的军阵，甚至头盔被打掉也毫不在意，其勇气令人敬佩。安德烈不仅是一位骁勇非凡的战士，也是一位头脑冷静和善于审时度势的政治家。他处理一切政务都有条不紊，在这一点上非常像自己的祖父弗拉基米尔·莫诺马赫。尽管他骁勇善战，但他并不喜欢战争。在战争胜利之后，他往往是第一个劝父亲与敌人媾和的人。同样，安德烈从未像他的父亲那样热衷于得到基辅大公之位，对基辅甚至整个罗斯南部地区都毫无兴趣。

1151 年，"长手"尤里在基辅王位争夺战中被伊兹雅斯拉夫二世击败。他老泪纵横，一直舍不得离开基辅，安德烈劝他："父亲啊，我们继续在这里已经没有意义了，还是趁天气暖和赶紧走吧。"

1155 年，"长手"尤里再度登上基辅大公宝座，这时他想把自己最信任的儿子安德烈留在身边，于是让安德烈驻守在基辅附近的别尔哥罗德城。但安德烈此前很少去南方，也非常不喜欢基辅，一直想远离罗斯家族的王室纷争，于是在未经父亲许可的情况下，他偷偷地返回了苏兹达里。临走时，他从维什戈罗德运走了从希腊带来的一幅圣母像，这是拜占庭帝国皇帝赠给基辅大公的礼物，非常珍贵。[12]

关于这幅圣母像，历史上有一个非常神奇的传说，那就是圣母每天晚上会从画上走下来，站在教堂中间，就好像她要离开此地到别处去似的。安德烈在返回罗斯托夫－苏兹达里公国时，说服了教堂的神父和执事，成功地把圣母像运了出来。在回城途中，圣母出现在了安德烈·尤里耶维奇的梦里，要求他把自己安置在弗拉基米尔城。醒来后，安德烈遵循圣母的意愿把圣像留在了弗拉基米尔城，并在弗拉基米尔城郊的博戈柳布沃村用白色的花岗岩为自己建造了一座宫殿，起名为博戈柳布沃宫。此后，这幅圣母像就被称为弗拉基米尔圣母像，而安德烈·尤里耶维奇则有了一个新的响亮的外号"博戈柳布斯基"，意思是"神所青睐的人"。事实上，我们完全有理由相信，这个传说是安德烈为了得到这幅圣母像而有意编纂出来的，但弗拉基米尔圣母像后来成为罗斯和俄罗斯历史上最著名的圣母像。

1395 年，莫斯科大公瓦西里一世把弗拉基米尔圣母像请至莫斯科的圣母安息大教堂，希望能获得上帝和圣母的庇护。那一年，来自中亚的征服者帖木儿企图夺取莫斯科，莫斯科民众在弗拉基米尔圣母像面前祈祷，结果帖木儿改变了主意，决定不再进攻莫斯科。莫斯科人认为是圣母护佑了他们。类似的情况也出现在 1451 年和 1480 年，蒙古人准备攻击莫斯科，但最终双方并未真正开战。莫斯科人同样认为是圣母拯救了他们。俄罗斯人都认为弗拉基米尔圣母像具有神奇的魔力。十月革命之后，弗拉基米尔圣母像被转移至莫斯科特列恰科夫美术馆附近的尼古拉教堂，保存至今。[13]

　　"长手"尤里去世后，根据"智者"雅罗斯拉夫制定的王位继承制原则，安德烈在年资上低于他的两位堂兄奥列格家族的伊兹雅斯拉夫·达维多维奇（伊兹雅斯拉夫三世）和莫诺马赫家族的罗斯季斯拉夫·穆斯季斯拉维奇 [1]，因此无法继承基辅大公之位，而基辅大公的宝座对他来说似乎也没有太大的吸引力，安德烈在当地波雅尔大贵族的支持下就任罗斯托夫－苏兹达里公国王公。

　　安德烈继位后，为了加强王权，采取了各种措施。他将自己的继母奥莉佳 [2] 和几个同父异母的弟弟赶出了罗斯托夫－苏兹达里公国。在政治上，他也不信任"长手"尤里给他留下的老波雅尔大贵族和高级亲卫队成员，而更愿意重用一些年轻的贵族和初级亲卫。他给这些人分封了大量的土地，新领主也宣誓向其效忠。安德烈所施行的这种加强专制王权的政策为后来15—16世纪莫斯科的专制集权提供了范本。

　　在罗斯诸公国的城市中，市民大会在一定程度上可以有效地限制王权；在罗斯托夫和苏兹达里这种历史悠久的古城中，市民大会的影响力更大。安德烈为了加强中央集权，摆脱波雅尔大贵族和市民大会对他的约束，干脆把公国的首府从苏兹达里搬到了弗拉基米尔城，随同他一起前往弗拉基米尔城的人全都是他的亲信。从此，罗斯托夫－苏兹达里公国又被称为"弗拉基米尔－苏兹达里公国"。

---

　　① 前基辅大公穆斯季斯拉夫之子，莫诺马赫之孙。

　　② "长手"尤里的第二任妻子，历史上对她的记载非常少，很多人认为她来自希腊，但"奥莉佳"这个名字显然是罗斯人的而不是希腊人的。

1160 年，安德烈·博戈柳布斯基试图在弗拉基米尔城设立一个与基辅都主教辖区平级的弗拉基米尔东正教都主教辖区，遭到了希腊教会的拒绝。君士坦丁堡大牧首卢加任命莱昂为罗斯都主教，拒绝承认安德烈所推举的都主教候选人费多尔的合法地位。这段时间，罗斯教会实际上就有了两位都主教——基辅的莱昂都主教和弗拉基米尔城的费多尔都主教，但安德烈·博戈柳布斯基统治下的罗斯托夫城的教会居然也不承认费多尔都主教，而完全听命于基辅教会。由此可见，在弗拉基米尔 - 罗斯托夫公国内部，反对安德烈的各派政治势力和宗教势力依然很强大。两位罗斯都主教并存的年代持续了接近 10 年。12 世纪 60 年代末，迫于各方面的压力，安德烈·博戈柳布斯基被迫将费多尔送至基辅任由基辅都主教处置，在基辅，费多尔遭受了酷刑，他的舌头被割掉，右手也被斩断。

为了能让弗拉基米尔城在各方面与基辅相媲美，安德烈·博戈柳布斯基做了大量的工作。他从西欧聘请了设计师，在弗拉基米尔城建造了一座气势宏伟的圣母安息大教堂，在此后数百年的漫长岁月里，这座教堂都是罗斯境内最大的教堂。

1164 年，安德烈·博戈柳布斯基对伏尔加河保加尔人开战，消灭和俘虏了大批保加尔人，占领了布里亚西莫夫城①，焚毁了其他三座城市。

1169 年，安德烈·博戈柳布斯基与他的盟友一起攻占了基辅，赶走了当时的基辅大公穆斯季斯拉夫二世。他们把基辅城洗劫一空，还纵火焚烧了基辅圣索菲亚大教堂和其他一些教堂。基辅作为

---

① 具体位置已经不可考。

罗斯众城之母遭遇了前所未有的浩劫。这一切表明了安德烈本人对基辅这座故都的厌恶。这时，安德烈·博戈柳布斯基终于成为罗斯的最高统治者。但他仍然不愿意做基辅大公，把基辅城交给自己的弟弟格列布·尤里耶维奇掌管后，就回到弗拉基米尔城的白色大理石宫殿中，自称"弗拉基米尔大公"。

安德烈此举从两个方面打破了罗斯的固有传统。

其一，此前罗斯诸王公基本遵循"智者"雅罗斯拉夫遗训，王室中最年长者继承基辅大公之位，基辅大公则是王公中的王公，全罗斯的最高统治者。而安德烈自称大公，但不愿意去基辅继承祖业，宁愿待在弗拉基米尔城。基辅大公的废立反而要由他说了算。从这一刻起，基辅公国实际上成了弗拉基米尔－苏兹达里公国的附庸国。

其二，根据此前的罗斯传统，任何王公的领地在理论上都属于整个留里克王族（包括莫诺马赫家族、奥列格家族、罗斯季斯拉夫家族、波洛茨克家族等）。当某位王公出任基辅大公之时，他必须放弃此前的领地和王公头衔。而安德烈自称大公，既不去基辅赴任，也不愿放弃弗拉基米尔－苏兹达里公国的领地，这表明该公国已经不再属于留里克王室，而成了安德烈·博戈柳布斯基的私产。既然如此，罗斯各地的其他王公也可以效法安德烈，把领地当成私产了。

因此，从安德烈·博戈柳布斯基开始，罗斯的政治体制发生了根本性质的改变，统一的罗斯大公国不复存在。

1172年冬，安德烈·博戈柳布斯基再次出兵讨伐伏尔加河保加尔人，一起参战的还有安德烈的盟友梁赞公国和穆罗姆公国的军队。安德烈命令罗斯托夫和苏兹达里的波雅尔大贵族率军与自己在奥卡河和伏尔加河的交汇处会合，但这两座城市的贵族们以冬季不宜出战为由拒绝发兵。这一事件表明安德烈·博戈柳布斯基与本国的波雅尔大贵族的关系已经十分紧张。由于等不到援兵，安德烈只能率领自己的亲卫队参战，保加尔人集结了大批军队前来迎战，由于众寡悬殊，安德烈的军队被迫撤退，此次战役无功而返。

1173 年，安德烈·博戈柳布斯基认为当时的基辅大公留里克·罗斯季斯拉维奇挑战了他的权威，于是出兵攻打基辅和别尔哥罗德，但这一次安德烈的军队被基辅军击败。

安德烈长期住在弗拉基米尔城，由于这里没有市民大会，他可以按照自己的意愿做任何事。他在弗拉基米尔城的建设上花费了大量的精力，不仅建造了一座富丽堂皇的圣母安息大教堂，他还把商人、手工业者和艺人等各行各业的人都集中在这里。很快，弗拉基米尔城的人口和繁华程度超过了罗斯托夫和苏兹达里，这让罗斯托夫人和苏兹达里人非常愤慨。安德烈完全不信任他父亲时代的波雅尔大贵族和高级亲卫，为了能独断专行，他把自己的亲兄弟和子侄赶出了弗拉基米尔–苏兹达里公国，还罢免了"长手"尤里时代的一些重臣。根据《伊帕季编年史》的说法，安德烈就是想做一个专制君主。[14]

安德烈·博戈柳布斯基的所作所为引起了罗斯托夫和苏兹达里两城的波雅尔大贵族的强烈不满，于是他们密谋要杀掉安德烈。机会终于来了。安德烈妻子乌莉达的哥哥亚基姆·斯捷潘诺维奇因犯罪被安德烈处决了。波雅尔大贵族们找到了乌莉达和她的另一个哥哥彼得·斯捷潘诺维奇，共同策划刺杀安德烈。乌莉达、彼得和亚基姆三兄妹就是我们之前所提到的被"长手"尤里杀死的那位莫斯科地区的原主人斯捷潘·库奇卡的后代。

由于安德烈非常小心谨慎，想要在他的食物中下毒很难实现，于是他们想出了最简单直接的办法——派刺客潜入城堡伺机行刺。《伊帕季编年史》详细记载了刺客刺杀安德烈的全过程。

乌莉达事先命令自己最信任的仆人安巴尔潜入卧室偷走安德烈的佩剑。1174 年 6 月 29 日晚，刺客们进入王宫，走到安德烈大公的卧室门前，就在这时候，他们心虚了，随后下到地下室，进了大公的酒窖，喝了大量的酒为自己壮胆。在酒精的刺激下，他们再次走到大公卧室的门前，开始敲门。

安德烈询问："是谁在外面？"一名刺客回答，说自己是大公的宠臣普罗科皮侬。安德烈瞬间就嗅到了危险的气息，因为门外传来的很明显就是一个陌生人的声音。他吩咐仆人不要开门，然后在卧室里开始寻找自己的宝剑，但是未能找到。

这时，刺客破门而入，冲进了卧室。安德烈身强力壮，武艺高强，如果有剑在手，很少有人是他的对手。现在手无寸铁的他带着几个仆役节节抵抗，却也毫无惧色。由于寡不敌众，他的几个仆人很快就被制服了。刺客们挥舞着佩剑、马刀和长矛冲向了大公，安德烈倒在了血泊中。刺客们再次返回酒窖，借助酒精来平复心绪。当他们准备离开时，此前盗取大公佩剑的安巴尔听到了安德烈的呻吟声，于是前去查看，发现安德烈已经爬到了楼梯底部，他们举起刀剑把大公彻底杀死，随后又杀死了安德烈的侍卫，洗劫了他的宝库。

第二天，安德烈大公被杀的消息传遍了整个公国。弗拉基米尔城、博戈柳布沃和周边村庄都发生了骚乱，人们聚集起来反对大公任命的行政长官、执事和税吏，许多领主和城市居民也遭到袭击。几天后，骚乱才平息。弗拉基米尔城的居民对安德烈大公是心存感激的，当他的灵柩下葬时，市民们哭声一片，唱着哀歌为他下葬。安德烈的灵柩被安放在弗拉基米尔的圣母安息大教堂内。

《伊帕季编年史》的作者们对安德烈·博戈柳布斯基的评价非常高，将其誉为"圣殿的缔造者"①"所罗门王第二"，认为他惜老怜贫，慷慨资助教会，热心传播基督教教义。日后安德烈·博戈柳布斯基被东正教会封圣，教会称他用自己的鲜血为自己和自己的兄弟洗刷了罪过②。

安德烈·博戈柳布斯基后来受到俄罗斯沙皇伊凡四世（伊凡雷帝）的特别推崇。1548—1552 年，伊凡雷帝多次造访弗拉基米尔城，纪念安德烈·博戈柳布斯基。他下令每年要为圣安德烈举办两次纪念活动。弗拉基米尔 - 苏兹达里公国的圣安德烈·博戈柳布斯基被认为奠定了俄罗斯专制主义中央集权政体的基础。[15] 刺杀安德烈·博戈柳布斯基的那些刺客则被东正教会钉在了耻辱柱上遭受万世唾骂。

"大窝"弗谢沃洛德三世

安德烈·博戈柳布斯基的死并没有阻止弗拉基米尔 - 苏兹达里公国的集权化进程。当罗斯托夫和苏兹达里的波雅尔大贵族试图让安德烈的侄子亚罗波尔克·罗斯季斯拉维奇③登上王位时，弗拉基

---

① 安德烈·博戈柳布斯基主持修建了弗拉基米尔的圣母安息大教堂。

② 这应该指 1169 年安德烈率部洗劫基辅一事。

③ 其父为安德烈的弟弟罗斯季斯拉夫·尤里耶维奇，其祖父为"长手"尤里。

米尔、苏兹达里、佩列亚斯拉夫利和其他城市的平民阶层和青年贵族却支持安德烈大公的二弟米哈伊尔·尤里耶维奇继承弗拉基米尔大公之位。在一番激烈斗争之后，叔叔战胜了侄子。1175年，米哈伊尔·尤里耶维奇继承弗拉基米尔大公之位，这场胜利意味着从安德烈时代开始兴起的新贵们战胜了旧的波雅尔大贵族集团。

米哈伊尔·尤里耶维奇在位仅一年就去世了。1176年，"长手"尤里第三子弗谢沃洛德·尤里耶维奇继任弗拉基米尔大公。弗谢沃洛德·尤里耶维奇曾在1171—1173年短期出任基辅大公，因此历史上也称其为"弗谢沃洛德三世"。

弗谢沃洛德三世沿袭了安德烈·博戈柳布斯基的政策。1177年，他在尤里耶夫-波尔斯基城附近击败并俘虏了叛乱的波雅尔大贵族，没收了他们的财产。弗谢沃洛德三世主要依靠城市平民和忠于他的青年贵族来反对老波雅尔大贵族。这些青年贵族从安德烈·博戈柳布斯基时期开始兴起，其势力也越来越强大，在史料中被称为"奥特罗克""剑士""维尔尼克""格里基""初级亲卫"等。这一阶层以前就存在，在弗谢沃洛德三世统治时期则越来越多，影响力也越来越大。从本质上讲，他们承担了所有主要的国家职能，例如承担军事义务，担任法官、驻外使节、税吏、宫廷执事等。

弗谢沃洛德三世多子多福，一共生了12个孩子，包括8个儿子和4个女儿，因此他在罗斯历史上得到了"大窝"的绰号。人们把他称作"大窝"弗谢沃洛德三世。

在巩固了公国的地位之后，"大窝"弗谢沃洛德三世开始对罗斯其他地区的事务施加影响。他干涉诺夫哥罗德的政务，抢占基辅的领地，并让梁赞公国彻底臣服于他。他长期和伏尔加河保加尔人作战，并在 1183 年的伏尔加河战役中彻底击败对手。

1212 年，"大窝"弗谢沃洛德三世病重。他把儿子们召集到身边，准备把王位传给他的长子康斯坦丁·弗谢沃洛多维奇。此前，康斯坦丁被父亲任命为罗斯托夫王公，他的命运已经与罗斯托夫的波雅尔大贵族牢牢地绑在了一起。因此他告诉父亲，他继位后准备把公国的首都从弗拉基米尔城再次迁回罗斯托夫。弗谢沃洛德三世担心这样会扰乱整个公国的政治局势，于是改变了主意，把王位交给次子尤里·弗谢沃洛多维奇，并要求他一定要留在弗拉基米尔城。弗谢沃洛德三世认为弗拉基米尔城才是罗斯东北部地区的中心所在。

1212 年 4 月 15 日，"大窝"弗谢沃洛德三世在弗拉基米尔城去世。他在位 36 年，享年 58 岁。随后，他的两个儿子康斯坦丁·弗谢沃洛多维奇和尤里·弗谢沃洛多维奇为了王位继承权展开了长达 6 年的内战，直到 1218 年，尤里·弗谢沃洛多维奇终于继承了弗拉基米尔大公之位。罗斯东北部地区朝着中央集权化迈进了一步。尽管后来蒙古人的入侵破坏了罗斯诸公国政治生活的历史发展进程，但这也使罗斯中央集权化进一步加强了。[16]

第 八 章

9 世纪至 13 世纪初的
古罗斯文化

第一节　罗斯文化的起源及特点

罗斯文化的起源

人们习惯于把人类社会在劳动实践过程中所创造的一切物质文化和精神文化统称为社会文化。任何一个民族的文化都是人类文化的一部分，都是人类勤劳和智慧的结晶。说到物质文化，我们想到的是科学技术的发展，还有住房、服装等与人们的日常生活相关的方面；精神文化则包括思想观念、教育制度、文学、艺术等。事实上，这两个领域是相互关联的。物质文化的产生离不开人类的创造性思维活动，精神文化也通常需要具体的物质来呈现。

古罗斯文化有两个源头：一个是东斯拉夫人内部的部落文化，另一个是以拜占庭基督教文化为代表的外来文化。

古罗斯文化的核心是东斯拉夫部落文化。东斯拉夫各部落的所有原始文化都是罗斯文化的宝贵财产，既存在一定的共性，也保持了地域特性。例如，第聂伯河流域中部地区的文化和东北部地区的文化就存在明显差异。

罗斯是一个平原国家，罗斯文化的发展也会受到地理位置方面的影响。罗斯内部各部落间的文化交流非常密切，而外部的所有邻

国也都会对罗斯文化发展施加影响，如芬兰－乌戈尔部落、波罗
的海部落、波斯部落，还有草原上的佩切涅格人、托尔克人和波洛
韦茨人，长期以来，他们一直在与东斯拉夫族群和国家进行贸易和
战争。

但对罗斯文化影响最大的莫过于拜占庭文化。在当时，拜占庭
是世界上文明程度最高的国家之一。基督教就是从拜占庭传入罗斯
的。通过拜占庭，罗斯得到了最丰厚的古代文化遗产。拜占庭文化
滋养了基于多神教世界观的罗斯民间文化，将罗斯民间文化重新加
工并投射到罗斯大地上；而罗斯并没有盲目地全盘接受拜占庭文
化，而是将其内化于自己的文化当中。如果说外来的基督教文化在
城市居民中的影响很大，那么在遥远的农村，对人们影响最深的依
然是多神教诸神。农村的生活节奏较慢，相对保守，不容易接受外
来的基督教文化。

罗斯文化的特点

多神教的世界观，以及这种世界观所赖以生存的物质和精神基
础，是早期（罗斯建国前和建国后最初几十年）东斯拉夫文化的主
要特征。随着时间推移，罗斯文化的一个显著特征则是东斯拉夫传
统文化和拜占庭基督教文化的完美结合。12世纪之后，罗斯在政
治上解体，各个公国的文化和艺术流派开始在罗斯文化的基础上
形成。

多年来，罗斯文化（包括民间故事、建筑、绘画、工艺等）都
是在多神教及其世界观的影响下发展起来的。随着罗斯接受基督

教，情况发生了巨大变化。新宗教在一定程度上改变了人们的世界观、人生观，艺术家们对于美的观念发生了巨大的改变。基督教对罗斯文化产生了深远的影响，尤其是在文学艺术、建筑领域、语言发展和教育事务等方面。

即使在与教会生活密切相关的领域，也无法根除多神教的影响。在城市和乡村，尤其是偏远地区，多神教就像影子一样存在于官方所推行的基督教背后。在相当长一段时间内，多神教和基督教的双重信仰一直存在于罗斯社会的各个角落，特别是在东北部地区，多神教仍占据优势地位。罗斯文化发展体现在社会精神生活和民众日常生活两个层面，多神教精神传统对中世纪早期罗斯文化的整体发展产生了深远的影响。

在罗斯民间传统习俗和世俗观念的影响下，罗斯的基督教文化和宗教意识形态相比于拜占庭都增加了新的内容。在许多罗斯教会教士的著述中，我们都可以看到有别于希腊教会传统的、完全世俗的话语和激情的反映。罗斯基督徒对上帝的崇拜像极了多神教教徒对太阳神、风神、雨神等的崇拜，他们的欢乐、他们对生命的热爱、他们对人性的深刻剖析都体现在所有文化领域中。古罗斯文学的巅峰之作《伊戈尔远征记》里就体现了罗斯大地上基督教和多神教并存的独特双重信仰，我们随后将具体讨论这些内容。

古罗斯文化的另一个显著特点是宗教世界观在意识形态中占主导地位。

中世纪时期，生产力水平普遍低下，自然经济占主导地位，人们的物质生活维持在一个较低的水平上。农民们日出而作，日落而息，周而复始地过着这样的生活。人们的物质生活水平决定了他们对世界认知的高度。在那个时代，许多自然现象并未得到科学的解释。所以，宗教文化在罗斯文化中占据了主导地位。尽管这一时期罗斯的社会发展程度与西欧国家存在一定的差距，但罗斯与欧洲国家在经济发展和社会结构方面都很相似，罗斯文化是在拜占庭的基督教文化的影响下形成和发展的。罗斯与欧洲国家的文化类型都是由基督教的价值观决定的。除此之外，12世纪下半叶至13世纪初，罗斯文化也开始受到西欧罗马教会文化的影响。而蒙古人的入侵从根本上改变了罗斯人与外部世界文化交往和联系的方向。

很遗憾，古罗斯的许多文化遗迹并未保存到现在，有很大一部分毁于火灾和战争。例如，1382年，莫斯科被金帐汗国大军围攻时，居民将大量书籍带到克里姆林宫大教堂，各种书籍多得已经堆到了教堂的穹顶，金帐汗国大汗脱脱迷失用欺骗手段攻取莫斯科之后，把这些古代的历史典籍付之一炬；在1812年俄法战争期间，法军占领莫斯科，在那场著名的大火中，无数的历史文化遗产化为灰烬，其中就包括罗斯伟大的史诗《伊戈尔远征记》最古老的一本手抄本；苏德战争期间，纳粹德国也毁掉了许多文物。此外，在苏联时期，也有许多古罗斯历史文化遗产因意识形态问题而被当局销毁。[1]

第二节　古罗斯的语言文字、文化教育和编年史

罗斯的语言和文字

　　10 世纪晚期，随着罗斯的建立和东斯拉夫各部落的统一，古代东斯拉夫语逐渐成为罗斯的通用语言。古代东斯拉夫语亦可被称为古俄语，从语言学上来看，古俄语属于印欧语系斯拉夫语族中的东斯拉夫语支，后来从这个语支中衍生出来现代俄语、乌克兰语和白俄罗斯语，所以说古俄语是现代俄语、乌克兰语和白俄罗斯语的共同祖先。

　　任何古代文化的基础都是文字。那么罗斯文字在什么时候诞生？

　　有一种观点认为，文字是随着基督教的传播才在罗斯出现的，那些来自拜占庭的基督教教士把大量教会书籍带进罗斯，进而推动了罗斯文字的出现。然而，考古发现，早在罗斯接受基督教之前，东斯拉夫文字就已经出现。1949 年，苏联考古学家达·阿·阿夫杜辛在斯摩棱斯克附近挖出了一件 10 世纪初的土质陶器，上面写着 "горушна"（香料）。这说明在 10 世纪初的时候，罗斯已经有了字母文字。

　　拜占庭传教士基里尔也能证实东斯拉夫文字出现得更早。9 世纪 60 年代，他在赫尔松涅斯传教时，就熟练地掌握了东斯拉夫人的字母文字，并开始用这种字母文字写福音书。863 年，基里尔和他的兄弟梅福季把古代东斯拉夫人的字母表化繁为简，创立了一种新的字母表，并开始用这种新字母把基督教会的福音书翻译成东斯

拉夫文字。863年一般被认为是斯拉夫文化的诞生年。[2]

无论是罗马教会还是希腊教会，都不鼓励用欧洲"蛮族"语言来书写圣经，他们认为这是在亵渎神灵。其他一些早期的传教士在把圣经翻译成斯拉夫语时曾尝试使用拉丁字母或希腊字母，但未获成功，因为古俄语中的许多发音是希腊语或者拉丁语中所没有的。

基里尔和梅福季也遇到了同样的难题，他们的做法是在翻译祈祷书时更多地使用希腊字母，在翻译其他内容时则多使用他们创造的格拉戈尔字母。就这样，他们创立了一种所有斯拉夫人都能理解的文字，这种文字被称为"教会斯拉夫文"。

现存最古老的格拉戈尔文字可以追溯到893年保加利亚国王西蒙一世在普列斯拉夫[①]教堂题写的铭文。但格拉戈尔字母在当时的罗斯很少被使用。9世纪末，基里尔的学生克莱门特·奥赫里德斯基在东保加利亚创立了一种新的字母表，新字母表的基础是希腊正字体。为了纪念自己的恩师，克莱门特·奥赫里德斯基把这种新字母命名为"基里尔字母"，这就是现在人们广为熟知的俄语字母。[3]

后来，基里尔和梅福季被天主教会和东正教会共同尊为圣人，克莱门特·奥赫里德斯基也被东正教会封圣。

罗斯的文化传播和教育

罗斯的义化教育水平可以从历史文物中窥见一二，例如罗斯和拜占庭帝国签订的一份和约。这份和约可以追溯到10世纪上半叶，

---

① 位于今保加利亚东部舒门州。

一式两份，分别由希腊文和古俄语写成，这是目前可见的东欧历史上最早出现古斯拉夫文字的材料。它证明此时已经出现了口译员、笔译员和抄写员，他们在羊皮纸上记下了双方使者的谈判过程。

罗斯受洗为文字和知识的进一步传播提供了强大的推动力。从"红太阳"弗拉基米尔一世时期开始，大批拜占庭、保加利亚和塞尔维亚的宗教学者、翻译家来到罗斯，在"智者"雅罗斯拉夫、弗谢沃洛德一世、莫诺马赫和穆斯季斯拉夫一世统治时代，大批希腊文和保加利亚文的宗教文献和世俗书籍被翻译过来，其中也包括许多拜占庭的历史著作和基督教圣徒的传记。这些书籍成为上流人士的精神财富。王公贵族、商人、教士、编年史作家在教堂里、修道院中可以随时借阅这些书籍。

从弗拉基米尔一世和"智者"雅罗斯拉夫时代开始，教堂和修道院中开设了学校。第一批罗斯学者、抄写员和译员就是从这些学校中走出来的。很多证据显示，在11—12世纪的罗斯，文化知识在大城市中得到了广泛的传播，许多王公贵族和富裕市民都受过良好的教育。在富裕家庭中，女孩和男孩一样可以读书认字。弗谢沃洛德一世之女、莫诺马赫的妹妹安娜·弗谢沃洛多夫娜是基辅安德烈女子修道院的创始人，她的修道院中就建立了一所女子学校。[4] 但在农村地区，特别是在偏远的乡村，居民仍几乎都是文盲。

11世纪时，关于马其顿帝国亚历山大大帝生平事迹的纪传体书籍《亚历山大》和关于拜占庭勇士德根尼斯英雄事迹的《德根尼斯行传》等斯拉夫语译本在罗斯非常流行。那时，受过教育的罗斯人都非常了解东欧和拜占庭的文化作品。

桦树皮文献和教堂里的涂鸦

在缺乏纸张的时代，罗斯人通常用桦树皮来作为文字的载体，这就像古代中国人用竹简书写一样。

在俄罗斯、乌克兰和白俄罗斯各地都出土了许多桦树皮文献，甚至还有抄写在桦树皮上的书稿。迄今为止，所发现的年代最久远的桦树皮文献出土于诺夫哥罗德，当地的自然条件和土壤覆盖情况非常适合桦树皮文献的保存。19世纪末，在诺夫哥罗德就已经发现了写有古俄文的桦树皮残片，这些残片被保存在当地一位历史学和考古学爱好者瓦西里·佩列多利斯基开设的诺夫哥罗德文物博物馆中。可惜的是，瓦西里·佩列多利斯基本人并不懂古俄文和教会斯拉夫文，无法读懂这些桦树皮残片上的文字，而且他的大部分藏品都在20世纪20年代丢失了，导致这些古老文书的内容未能重现于世。

20世纪30年代，阿·瓦·阿尔奇霍夫斯基领导的诺夫哥罗德考古队在当地多次发现了中世纪的桦树皮残片，但在残片上均未发现文字。苏德战争的爆发打断了考古学家的工作，直到"二战"结束之后这项工作才得以恢复。1951年7月26日，在诺夫哥罗德涅列夫斯基[1]考古发掘现场，一位名叫妮娜·阿库洛娃的考古队员发掘出一块带有文字的桦树皮。这是具有重大历史意义的发现，苏联考古工作者为此已经等待了20多年。

后来诺夫哥罗德、普斯科夫和斯摩棱斯克等俄罗斯城市陆续出土了许多中世纪的桦树皮文献。这些桦树皮文献有商务信函、朋友

---

[1]　中世纪时诺夫哥罗德的一个住宅小区，在沃尔霍夫河左岸。

之间的通信、邀请函，甚至有男女之间的情书，反映了在罗斯时代，普通民众的识字率和受教育程度相当高。桦树皮文献作为研究罗斯时代社会历史、日常生活和古俄文的一手史料，具有极大的学术价值。截至 2020 年，在诺夫哥罗德已经发现了 1100 多份桦树皮文献，在俄罗斯、乌克兰和白俄罗斯的其他城市也相继发现了 100 多份这样的文书。桦树皮文献也开始广为其他国家的学者所关注。

另外一个可以说明罗斯民众文化水平的例证是教堂里的涂鸦。在那个时代，一些喜欢倾诉的人会把自己的心里话刻在教堂的墙壁上，这就是所谓的涂鸦铭文。在这些涂鸦中，我们可以看到那个时代的人对生活的反思、对命运不公的抱怨和对上帝的祷告。历史学家甚至在著名的基辅圣索菲亚大教堂的墙壁上看到了年轻时的弗拉基米尔·莫诺马赫的字迹，那时的他在王室斗争中迷失了方向。在教堂做礼拜时，他用他那潦草的字迹在墙上题写了这样的字样："哦，这对我真的很难。"落款是他的基督教教名瓦西里。[5]

罗斯的编年史

罗斯的编年体史书是古罗斯文化的丰碑之一。编年史家们按时间线索来编写史书，把每一年发生的不同的历史事件呈现给读者，并对这些历史事件做了适当的解释。

罗斯编年史记录的一般是王侯将相和达官显贵的故事。对于王公们来说，承担这项工作的人不仅要聪明博学，还要满足大公和王室家族的利益需求。因此，在很多时候罗斯编年史的客观性和真实性与历史事实会发生冲突。如果编年史家不能满足雇主的口味，雇主就会解雇他们，换上更可靠、更听话的作者，类似的事件在世界上大部分国家都发生过。

众所周知，《往年纪事》是古罗斯流传至今的最古老的编年史，相传为基辅洞窟修道院修士涅斯托尔所作。但《往年纪事》绝不是古罗斯历史上第一部编年体史书，在它问世之前，罗斯的编年体史书至少已经出现了4个版本。

根据现当代史学家的研究，罗斯编年史的写作在基督教传入后不久就开始进行了，第一版罗斯编年史可能是在10世纪末完成的。它记录了从留里克王朝的建立直到"红太阳"弗拉基米尔一世继位期间的重大历史事件。

罗斯受洗后，编纂和保存编年史这项任务一般都会交给基督教会。在教堂和修道院的牧师、修士中，诞生了罗斯第一批学者。这些人受过良好教育，有文化修养而且训练有素。他们本身就拥有大量藏书，也翻译过许多罗斯古代传说、史诗等，还拥有查阅大公和王室档案的权利。这些条件对于编纂罗斯编年史而言，无疑是至关重要的。

在第一部罗斯编年史出现之前，就已经出现了对一些重大历史事件零零散散的记录。其中包括基辅城的传说和罗斯建国的故事、罗斯和拜占庭的战争、奥莉加大公夫人出访君士坦丁堡的旅程、斯维亚托斯拉夫一世的东征西讨、圣鲍里斯和圣格列布的殉道、《壮士歌》的传说，以及圣人的生活、布道等。这些记录都为罗斯编年史的撰写提供了素材。第一版罗斯编年史应该是编年体史家集体创作的，是之前的史料、文件、各种口述和书面材料的汇编。

第二版编年史是在"智者"雅罗斯拉夫统一罗斯之后问世的。

这一版编年史的作者不仅修订了第一版编年史的内容，还在第一版的基础上补充了许多新的内容，得到了"智者"雅罗斯拉夫的高度赞赏。

第三版罗斯编年史问世于 11 世纪 60—70 年代，编纂者是基辅洞窟修道院院长尼康，但历史学家普遍认为尼康只是名义上的编纂者，实际主持编纂工作的是当时的罗斯都主教伊拉里昂。

第四版罗斯编年史出现在 12 世纪前 10 年内，也就是在斯维亚托波尔克二世主政时期。这一时期的罗斯处于多事之秋，发生了许多历史重大事件，例如 1097 年柳别奇王公大会、瓦西里科王公眼睛被弄瞎，还有 1111 年罗斯联军深入草原大败波洛韦茨人等。

每一个版本的编年史都使用了最新的史料，每一位编纂者都为此做出了贡献。从这个意义上讲，涅斯托尔在 1113 年编纂完成并流传至今的《往年纪事》完全是站在前人的肩膀之上的，但《往年纪事》的确是罗斯编年史的巅峰之作。

《往年纪事》第一页的第一段话就提出了 3 个问题："罗斯源自何处？""罗斯的第一批王公都有哪些？""罗斯国家是如何产生的？"[6] 这部编年体史书的问题意识非常明确，作者为自己设定了一个宏大的目标，他的所有努力都是为了解决这些问题。涅斯托尔把自己的思想和风格融入了历史叙事中，关于罗斯起源，涅斯托尔是以当时罗斯人所认知的世界为背景来讲述的，他认为罗斯属于欧洲国家，罗斯历史是欧洲历史的一部分。

《往年纪事》借鉴了前几版罗斯编年史和其他一些文献资料，也使用了不同时期罗斯和拜占庭签署的和约文本，为读者勾勒出一幅广阔的历史事件全景图，既概述了以基辅为中心的古罗斯国家的形成过程，又描述了罗斯和周边世界的关系。

《往年纪事》生动地刻画了各种各样的历史人物，有大公、王公、波雅尔大贵族、各地的行政长官、千夫长、商人、教士和神父等；记录了各种重大军事活动、修道院的组织架构、新教堂和学校的建立，还有罗斯社会生活中的宗教纷争等；也记录了普通民众的生活、他们的情绪波动，以及对国家政策的不满表达。在《往年纪事》中，我们可以看到民众的暴动、王公和波雅尔大贵族被谋杀以及其他残酷的社会斗争。作者客观冷静地描述了这一切。作为基督教教士，他在写作中是以基督教价值观中的善恶伦理为指导的，但他的这种伦理道德非常接近人类普遍的伦理道德。他毫不妥协地谴责谋杀、背叛、欺骗和伪证，同时歌颂诚实、勇敢、忠诚、善良和其他一切美好的人类品质。

涅斯托尔也不遗余力地赞颂爱国主义情怀，在描述重大历史事件时不仅从宗教角度出发，还站在罗斯国家统一的立场上进行分析和判断。《往年纪事》成书于罗斯政治解体前夕，作者的这一立场显得尤为重要。

第一版《往年纪事》记录至1110年。1116—1118年，基辅大公弗拉基米尔·莫诺马赫认为，涅斯托尔所编写的《往年纪事》对前任大公斯维亚托波尔克二世的评价过低。于是，他命令自己的儿子穆斯季斯拉夫·弗拉基米罗维奇把《往年纪事》的编纂工作从基辅洞窟修道院转交给了维杜比茨基修道院，维杜比茨基修道院院长西尔维斯特尔就成了《往年纪事》的修订者。他对斯维亚托波尔克二世的评价相对正面，并强调了莫诺马赫之父弗谢沃洛德一世和莫诺马赫大公本人的丰功伟绩。

　　修订后的《往年纪事》记录至 1115 年。1118 年之后，穆斯季斯拉夫又组织他的近臣对《往年纪事》进行了第二次修订和补充，这一次修订将《莫诺马赫训诫书》《莫诺马赫祈祷文》全文收录进了《往年纪事》中。

　　虽然经过了两次修订，但涅斯托尔版《往年纪事》中的大部分内容均保留了下来，此后《往年纪事》成为基辅编年史和罗斯各公国编年史不可或缺的组成部分，也成为整个罗斯文化的桥梁和纽带。

　　1377 年，《拉夫连季编年史》将经过两次修订的《往年纪事》收录其中。1950 年，苏联科学院根据《拉夫连季编年史》整理并重新出版了《往年纪事》（其中包括古俄语原文、现代俄语译文、注释等）。现如今《往年纪事》已经被译为多种语言在全世界出版发行，目前已经有法语（1884）、瑞典语（1919）、德语（1931、2000）、罗马尼亚语（1935）、英语（1953）、捷克语（1954）、波兰语（1968）、乌克兰语（1990）和汉语（1994、2011）等多个语种。[7]

　　随着罗斯的政治解体和地方各公国的兴起，各公国也开始编纂自己的编年史，基辅、诺夫哥罗德、斯摩棱斯克、弗拉基米尔－苏兹达里、加利奇－沃伦、梁赞、切尔尼戈夫、佩列亚斯拉夫利都有了自己的编年体史书。各地的编年史均突出了当地王公的历史功绩。例如弗拉基米尔－苏兹达里编年史就突出了"长手"尤里、安德烈·博戈柳布斯基、"大窝"弗谢沃洛德三世等人的丰功伟绩；加利奇－沃伦公国的编年史则几乎成了英勇的达尼尔·罗曼诺维奇王公的个人传记；切尔尼戈夫编年史主要记述了切尔尼戈夫诸王公的历史，一定程度上美化了奥列格家族。

在这些地方公国的编年史中，关于罗斯文化的源头清晰可见，每一座城市都会被拿来和基辅做比较，在每一座城市中都可以找到基辅文化的痕迹，基辅作为"罗斯众城之母"当之无愧。《往年纪事》成为许多地方编年体史书中不可或缺的一部分。这些地方公国的编年史的前半部分基本都是《往年纪事》的抄本，随后才是自己公国的历史。

12世纪末至13世纪初，基辅出现了一部新的编年史汇编。这部作品的作者非常了解欧洲历史，也很熟悉罗斯各公国的历史。他以欧洲历史为背景，把罗斯各个公国的编年史加以汇总，描述了在切尔尼戈夫、加利奇、弗拉基米尔-苏兹达里和梁赞等各公国发生的重大历史事件。那个时代，包括基辅在内的罗斯各个城市都有完整的编年史图书馆，这是新的编年史汇编问世的重要推动力。

第三节 古罗斯的书面文学和民间文学

古罗斯的书面文学

11世纪初，贵族、神父和修士中涌现出一大批受过教育的人，这极大地推动了古罗斯文学的发展，文学创作在罗斯迅速兴起。

古罗斯文学创作和编年史密不可分，很多编年史作家同时又是文学家。他们既需要向读者表达他们对生活的看法、对王权和教会权力的反思、对社会底层的关怀，也希望和普通读者分享他们的生活经历。

文学也因时代需要而迅速发展。教会需要有文化的教士传播基督教教义，王公贵族也需要学识渊博的智谋之士为其出谋划策。在这种普遍有利的文化背景下，许多有独立思想的作家、政论家和诗人应运而生。

罗斯最早期的作家和历史学家记录了奥列格远征拜占庭、奥莉加大公夫人接受基督教和斯维亚托斯拉夫一世的远征。但是这些作者在历史上并未留下名字。罗斯的第一位知名作家是伊拉里昂，他原本是基辅附近别列斯托沃王公教堂的牧师，后来成为罗斯教会的都主教。他在 11 世纪 40 年代创作了著名的《论教规与神恩》，生动地阐述了古罗斯的国家意识形态、罗斯大公对罗斯统治的合法性，以及罗斯教会的重要性。这在前文我们已经提过了。

11 世纪下半叶，其他优秀的文学作品和政论作品也出现了。基辅洞窟修道院修士雅科夫写出了《对弗拉基米尔（一世）的纪念和赞美》，进一步阐述了伊拉里昂的思想，从而肯定了"红太阳"弗拉基米尔一世在确立国家意识形态、推广基督教方面的重要历史作用。

11 世纪末至 12 世纪初，基辅洞窟修道院修士涅斯托尔的作品开始为世人所知。《往年纪事》是他的代表作，在此之前，他还创作了著名的《鲍里斯和格列布的生平事迹》。伊拉里昂和涅斯托尔的作品都体现了罗斯的大一统观念，他们热情地讴歌罗斯的捍卫者和守护者，强烈地谴责那些在王位争夺战中勾结异族入侵罗斯的王公。这一时期的罗斯作家已经开始担心罗斯大地上日益增长的分裂主义倾向，对未来可能出现的政治解体表示担忧。

12世纪的罗斯文学延续了11世纪的传统，新的宗教典籍和世俗作品被创作出来，它们的特点是形式鲜明、思想丰富、概括广泛。新的文学体裁也在不断涌现。弗拉基米尔·莫诺马赫大公在晚年写下的著名的《莫诺马赫训诫书》，成为罗斯中古时期最著名的文学作品之一。

12世纪初，弗拉基米尔·莫诺马赫的朋友达尼尔修士创作了同样著名的《达尼尔修士圣地游记》。这位虔诚的罗斯人从基辅前往君士坦丁堡，穿越爱琴海诸岛再到克里特岛，经历了漫长而艰难的旅程，终于到达巴勒斯坦和圣城耶路撒冷，见到了他日思夜想的圣墓。当时的耶路撒冷处于鲍德温一世领导下的十字军国家统治。达尼尔修士详细地描述了他的整个旅程，重点讲述了他在耶路撒冷宫廷与基督徒一起抗击阿拉伯人的光辉事迹。他在书中提到了圣墓前的祈祷：他点燃了一盏从罗斯带来的长明灯，在圣墓附近为基辅大公和所有罗斯基督徒唱了50首赞美诗。

《莫诺马赫训诫书》和《达尼尔修士圣地游记》为古罗斯文学开创了新的创作题材。

12—13世纪，罗斯文学宝库中涌现出许许多多著名的宗教和世俗题材的作品。其中包括达尼尔·扎托奇尼克的《达尼尔·扎托奇尼克箴言集》和《达尼尔·扎托奇尼克祈祷书》。

达尼尔·扎托奇尼克原本是佩列亚斯拉夫利公国的一位抄写

员，因得罪了"长手"尤里而被流放至罗斯北部靠近拉恰湖[①]的普利奥涅日[②]地区。他在流放期间，尝尽人间冷暖，思考了人生的意义，探讨了什么是"义人"，什么是理想中的统治者。达尼尔在《达尼尔·扎托奇尼克祈祷书》中写道："一个真正的人应该结合了参孙的力量、亚历山大大帝的勇气、约瑟的思想、所罗门的智慧和大卫的狡黠。"他借圣经的故事和古代历史向读者们表达了自己的观点，认为一个人应该用优雅和智慧来充实自己的内心，在朋友身处困境时要伸出援手，要帮助那些需要帮助的人，并抵制邪恶。罗斯古代文学中的人文主义精神在达尼尔·扎托奇尼克的作品中得到了充分的体现。

12 世纪中叶，罗斯教会都主教克列门季·斯莫利亚季奇在给牧师托马斯的书信中提到了古希腊哲学家亚里士多德、柏拉图的作品和《荷马史诗》。他描述了自己心目中那种道德高尚之士的形象，认为这样的人不应该贪图权力、爱慕虚荣和充满各种不切合实际的欲望。

12 世纪末，图罗夫城的主教基里尔在他的著作《人类灵魂和身体的箴言》中根据基督教的世界观，对人类存在的价值进行了诠释，讨论了人的灵魂和躯壳之间的联系。他关注到当时罗斯最大的公国弗拉基米尔－苏兹达里公国所采取的中央集权政策，对于所谓捍卫国家统一的民族主义和爱国主义理念进行了深刻的反思和批

---

① 位于俄罗斯阿尔汉格尔斯克州西南部卡尔戈波里地区，是阿尔汉格尔斯克州最大的淡水湖，渔业资源丰富。

② 位于今俄罗斯卡累利阿共和国境内。

判。这在当时的罗斯非常具有现实意义。他还深刻思考了教会和世俗王权之间的关系。

在大量宗教作品和世俗作品不断涌现的同时，修道院、教堂、王公贵族家里的抄写员们也在勤奋地抄录教会典籍、祈祷文、宗教故事、圣人传记和古代神学文献等，所有这些丰富的宗教和神学典籍也是罗斯文学的重要组成部分。

多神教和基督教信仰交织在一起所形成的双重信仰是罗斯文化最典型的特征，这在《伊戈尔远征记》中得到了最充分的体现。《伊戈尔远征记》是一部气势宏大、极具现代感的史诗，被誉为古罗斯文学中最伟大的作品，它的全称是《斯维亚托斯拉夫之子、奥列格之孙伊戈尔远征记》。《伊戈尔远征记》与《罗兰之歌》《熙德之歌》《尼布龙根之歌》并称为"中世纪欧洲英雄史诗的代表作品"。

《伊戈尔远征记》的手抄本是1795年在雅罗斯拉夫尔的一处废弃的修道院中发现的。修道院的修士将手抄本卖给了当地著名的文物收藏家阿列克谢·穆辛－普希金。穆辛－普希金在意识到该抄本的价值后，立刻把一份原稿的复制本献给了当时的俄罗斯女沙皇叶卡捷琳娜二世。1800年，俄罗斯首次出版了《伊戈尔远征记》的印刷本，并附上了注释。由于《伊戈尔远征记》使用的是古俄语而非教会斯拉夫语，这一点立刻引起了学者们的热烈讨论。

《伊戈尔远征记》以1185年春天，诺夫哥罗德－谢韦尔斯克王公伊戈尔·斯维亚托斯拉维奇一次失败的远征为背景，歌颂了罗斯人的爱国主义精神，还反映了罗斯和周边国家之间的关系。这是一部气势恢宏、极具现代感的史诗。它的主体可以分为三个部分。

第一部分以古罗斯诗人巴扬对各个王公的歌颂为开端，强调史诗描写的都是伊戈尔远征的史实。伊戈尔王公不顾日食凶兆，执意出征，初战告捷后遭遇波洛韦茨军主力，寡不敌众，全军覆没，伊戈尔也不幸被俘。

第二部分讲述基辅大公斯维亚托斯拉夫三世在朝堂之上与大臣们激辩。他批评了伊戈尔孤军深入，同时感慨罗斯内部矛盾重重、暗流涌动。最后他号召罗斯所有王公团结起来，共同抵御波洛韦茨人的侵略，为勇武的伊戈尔报仇。

第三部分描写伊戈尔的妻子雅罗斯拉夫娜清晨时分站在普季夫利城头上哭诉：

> 远在多瑙河便可以听见雅罗斯拉夫娜的声音，
> 大清早，仿佛一只无名的杜鹃在悲啼，
> "我愿飞，"她说，
> "愿像一只杜鹃在多瑙河上飞翔，
> 我愿意将海狸皮袖子在卡雅拉河里蘸湿①，
> 给王公擦一擦他那强壮的身体上血淋淋的创伤。"
> 大清早，雅罗斯拉夫娜在啼哭，
> 在普季夫尔的城垒上悲诉：
> "哦，风啊，大风啊！
> 神啊，你为什么不顺着我的意志来吹拂？

---

① 古罗斯名门显贵的外衣袖子都做得很长，将长袖子在水里蘸湿用来揩拭创伤是很方便的。在古罗斯，海狸皮是人们最爱用的皮子，多用来做衣服，特别是用在衣服的袖口镶边。参见（俄）佚名著，魏荒弩译：《伊戈尔远征记》，人民文学出版社，1957年，第49页。

你为什么让可汗们的利箭，

乘起你轻盈的翅膀，

席卷到我丈夫的战士们的身上？

难道你在碧海上爱抚着大船，

在云端下吹拂得还少？

神啊，你为什么要把我的快乐在茅草上吹散？"[8]

　　在责问完风神后，雅罗斯拉夫娜又开始责问第聂伯河河神和太阳神为什么不帮助伊戈尔和他的战士。她在内心悲痛的时刻没有去乞求上帝，也没有想到基督和圣母，而是求助于风神、河神和太阳神，这显然是多神教的崇拜和习俗。在雅罗斯拉夫娜的意识里，多神教依然主宰着人们的命运。这段哭诉情感真挚动人，富有诗意。这一部分随后描写伊戈尔趁波洛韦茨人不备，逃回了罗斯祖国。

　　《伊戈尔远征记》对后世的俄罗斯文学和音乐创作影响深远，普希金和雷列耶夫在自己的作品中经常引用《伊戈尔远征记》中的典故，果戈里、布洛克和叶赛宁等人的作品也受到了《伊戈尔远征记》极大的影响。俄罗斯剧作家亚·波·鲍罗丁根据《伊戈尔远征记》创作了著名的四幕歌剧《伊戈尔王》，1887 年鲍罗丁去世时，这部歌剧只完成了一部分，后一部分由尼·安·里姆斯基 - 科尔萨科夫和亚·康·格拉祖诺夫整理完成，歌剧于 1890 年在圣彼得堡首映，后来该剧成为乌克兰、俄罗斯和白俄罗斯最著名的歌剧之一。《伊戈尔王》第二幕中的《波洛韦茨人之舞》经常被单独演奏，也经常被影视剧作品改编使用。可惜的是 1812 年的莫斯科大火中，穆辛 - 普希金图书馆被烧毁，《伊戈尔远征记》的手抄本也被付之一炬。

古罗斯的民间文学

除了以上书面文学作品之外，罗斯还有大量的民歌、童话和谚语流传了下来，其中极负盛名的是《壮士歌》，它反映了11—16世纪罗斯历史上的重大事件和英雄事迹。"壮士歌"一词来源于《伊戈尔远征记》，最早由俄罗斯考古学家和民俗学家伊·彼·萨哈罗夫在1839年的《俄罗斯民歌汇编》中首先提出。目前流传下来的《壮士歌》有400余篇，其中关于伊利亚·穆罗梅茨、多布雷尼亚·尼基季奇和阿廖沙·波波维奇三勇士的最为流行。

伊利亚·穆罗梅茨，全名为伊利亚·伊万诺维奇·穆罗梅茨，是三勇士当中最勇武的，也是人生经历最为传奇的人。他原本是穆罗姆城一个自幼瘫痪的农家子弟，33岁时喝了游方修士的圣水而神奇康复。游方修士告诉他要去基辅为弗拉基米尔大公服务，同时让他在路上留意一块刻着符文的巨石。他找到那块巨石后，根据提示把石头推开，在那里找到了一匹骏马、一副铠甲和一把长剑，从此之后他便成了一名有万夫不当之勇的勇士。

他路经切尔尼戈夫，发现该城正被12万敌军围攻，于是他挺身而出，挥舞神剑，力敌千军，最终赶走了敌人。事后他不但拒收当地人的贵重礼物，还谢绝了做切尔尼戈夫城的王公的请求。他认为为罗斯作战是自己分内之事。随后他又在密林中抓获了为祸一方的"夜莺强盗"，并带强盗去见弗拉基米尔王公。他既不答应强盗家人要以全部家产为强盗赎身的请求，也不理睬弗拉基米尔大公要为强盗减刑的旨意，一刀砍下了强盗的脑袋，为民除害。后来弗拉基米尔大公对其百般刁难，一直想置他于死地，但当罗斯遭遇外敌入侵时，伊利亚·穆罗梅茨仍然会跨上战马、举起长剑，奋不顾身地为国而战。

尽管伊利亚·穆罗梅茨是传说中的人物，但他在乌克兰、俄罗斯和白俄罗斯家喻户晓。在穆罗姆和符拉迪沃斯托克有伊利亚·穆罗梅茨的纪念碑，在俄罗斯萨哈林州的熊半岛有以伊利亚·穆罗梅茨的名字命名的瀑布，莫斯科的一家儿童电影制片厂也以伊利亚·穆罗梅茨的名字命名，俄罗斯人还喜欢用伊利亚·穆罗梅茨的名字为他们的护卫舰、轰炸机、装甲车、装甲列车、坦克甚至破冰船命名。

三勇士中的多布雷尼亚·尼基季奇在俄语国家中的受欢迎程度仅次于伊利亚·穆罗梅茨。他是贵族亲卫的代表，行为举止与出身农民的武士截然不同。多布雷尼亚·尼基季奇是弗拉基米尔大公的近臣，深受大公的信赖。许多罗斯民间史诗都讲述了他如何出色地完成了弗拉基米尔大公交付的各项任务，如收取贡品、处理纷繁复杂的外交问题等。

在罗斯民间传说中，多布雷尼亚·尼基季奇不仅拥有非凡的勇气和强健的体魄，而且博学多才。他会说12种语言，甚至知道如何和鸟类沟通；他待人彬彬有礼，且能言善辩，特别适合外交谈判；他不仅精通射箭、游泳和摔跤，还能够熟练地演奏古斯里琴①，板棋技艺也很高超。9俄罗斯学术界普遍认为多布雷尼亚·尼基季奇的历史原型是"红太阳"弗拉基米尔一世的亲舅舅、诺夫

---

① 古罗斯的一种民间乐器，流传至今，形状类似于竖琴。

哥罗德军政长官多布雷尼。

多布雷尼亚·尼基季奇斩恶龙的故事在乌克兰、俄罗斯和白俄罗斯等国家喻户晓。

多布雷尼亚·尼基季奇的母亲曾警告过他，不要去普恰依河[①]里游泳，那里有危险。多布雷尼亚答应了母亲，说只是到河边呼吸一下新鲜空气，并不下水。于是他穿好旅行装，戴上高高的希腊式帽子，拿好弓箭、长矛、马刀和一根鞭子就出发了。

他没有听从母亲的劝告，还是下水了。在水里他遇到了一条名叫戈雷内奇的会喷火的恶龙，它长着3个头、7只爪子。经过激烈的搏斗，最后多布雷尼亚用他那顶希腊式帽子制服了恶龙——他将装满了沙子的帽子奋力扔向恶龙，将它砸晕了。正当多布雷尼亚准备杀掉恶龙时，恶龙突然口吐人言，承诺永远服从于他，绝不再袭扰罗斯人民。多布雷尼亚·尼基季奇答应了。

然而，当多布雷尼亚返回基辅时，恶龙违背了诺言，抓走了基辅大公弗拉基米尔的侄女扎芭娃·普加季什娜公主。多布雷尼亚·尼基季奇知道后迅速返回与恶龙搏斗。这一次双方大战了三天三夜，渐渐地，恶龙开始占据上风，这时候，多布雷尼亚动用了他最后的武器。他抄起鞭子狠命地抽打恶龙，恶龙抵挡不住，再次跪地求饶，这一次多布雷尼亚毫不犹豫地斩掉了恶龙的所有头颅，救下了公主，他把公主放在了自己的马鞍上，驮回了基辅。

阿廖沙·波波维奇是《壮士歌》三勇士中最年轻的一位，他的父亲是罗斯托夫城的主教。史诗中的阿廖沙·波波维奇并不以力量

---

① 《壮士歌》里传说中的河流。

见长，他胆大、心细、足智多谋，甚至有些狡猾；他善于弹奏竖琴，爱和人开玩笑，甚至捉弄别人，但并不是所有人都能够接受他的玩笑。因此，和前两位勇士相比，阿廖沙·波波维奇在罗斯民间史诗中的形象并不全是正面的。

史诗中关于阿廖沙·波波维奇最精彩的篇章莫过于他与恶龙之子图加林的两次较量：

阿廖沙·波波维奇16岁那年，请求父亲允许他去外面的世界闯荡，他要去看辽阔的原野、茂密的森林和蔚蓝的大海。父亲同意了，送给他一匹骏马、一把马刀、一根长矛和一副弓箭。就这样他和他的好朋友叶基姆·伊万诺维奇一起上路。他们经过一个三岔路口，路牌上写着：右边通往切尔尼戈夫，左边通往基辅，中间通往大海。阿廖沙·波波维奇对朋友说："去大海的路还很长，现在也没必要去切尔尼戈夫，我们还是去基辅吧，去投奔英勇的弗拉基米尔大公，参加他的亲卫队，为他效力。"

他们沿着去基辅的路前进，这时候有人告诉他："不要再往前走了，恶龙之子图加林就在前面。他的身躯像橡树一样挺拔，他可以喷火吐烟，他还有一匹带翅膀的飞马，太可怕了。"

叶基姆·伊万诺维奇看了阿廖沙一眼，阿廖沙说："我不会屈服于任何邪灵，尽管我没有足够的力量，但我可以通过智慧打败他。"阿廖沙把自己的脸用帽子蒙起来，佝偻着身子向前走去。

恶龙之子图加林也听说有一个名叫阿廖沙·波波维奇的人要来挑战他，于是他朝着这个迎面向他走来的人大喊大叫："告诉我，阿廖沙·波波维奇在哪里？我要用矛把他挑起来，用火烧死他。"

阿廖沙故意装作一个老人，用苍老的声音回答："我年纪大了，听不见了，你走近些，我告诉你。"

图加林未加防备，靠近了阿廖沙·波波维奇。阿廖沙暴起，用棍子砸图加林的头，把他打昏了过去。

他们骑着图加林的飞马，带着图加林赶往基辅，弗拉基米尔大公热情地招待了他们，并让阿廖沙·波波维奇挨着大公夫人就座。弗拉基米尔大公吩咐手下好生看管图加林。这时图加林挣脱了束缚，拿出一把匕首向阿廖沙·波波维奇抛去，却失败了，但他仍不服气，和阿廖沙约定在第二天决斗。几乎所有在场的宾客都不相信阿廖沙能赢，只有弗拉基米尔大公看好阿廖沙。

当天晚上，阿廖沙向上帝祈祷，请求上帝降一场大雨，把图加林那匹飞马的翅膀淋湿，因为他知道那匹飞马虽然威力巨大，但翅膀一旦淋雨就无法发挥作用。果然如他所愿，在他和图加林决斗时，天降大雨，图加林从天上摔了下来。阿廖沙立刻整装上阵，骑上骏马，拿起利剑向图加林奔去。

图加林嘶吼着："阿廖沙，你这个臭小子，我要喷火烧死你，我要用马踩死你。"

阿廖沙对他说："我要和你公平较量，要让你看到我真正的实力，你回头看看你背后是什么？"图加林认为阿廖沙真正的实力就在自己背后，于是回头去看，就在这时，阿廖沙挥舞利剑趁机斩掉了图加林的头颅。

阿廖沙·波波维奇的故事后来被多次改编为电影、电视剧和动画片，深受人们喜爱。

罗斯社会生活中的全部内容在民间史诗中都有体现。民间史诗的主角是英雄，英雄也是普通民众的捍卫者。在史诗中，英雄们都是非常勇武的。例如，在人们的心目中，伊利亚·穆罗梅茨似乎是无所不能的，同时，他又是一位爱好和平的英雄，只有在绝对必要的时候他才会拿起武器。罗斯民间史诗中的英雄们也拥有强大的法力，他们当中有些人可以变成一只猎鹰、一只灰狼，或者一只长着金色牛角的牛。在罗斯人民的记忆中，这些民间英雄也代表着不同阶层的罗斯人，如伊利亚·穆罗梅茨代表农民阶级，多布雷尼亚·尼基季奇和阿廖沙·波波维奇则分别代表波雅尔大贵族和教士阶层。他们每个人都有自己的性格特点，其职责就是保护民众免受敌人的侵害。

罗斯民间史诗也描述了罗斯的外部敌人，如被阿廖沙·波波维奇杀掉的恶龙之子图加林的原型其实就是前文提到的波洛韦茨可汗图格尔坎，哈扎尔汗国在《壮士歌》中被称为"日多维纳"。

罗斯史诗中的英雄人物大都效忠于基辅的传奇大公弗拉基米尔。学者们早已经证明，《壮士歌》提到的基辅大公弗拉基米尔既不是"红太阳"弗拉基米尔，也不是弗拉基米尔·莫诺马赫，而是集两位王公的英雄事迹于一体，同时被赋予了其他王公的一些特点的文学形象。大公和英雄人物关心的都是同一件事，那就是抗击外侮、保家卫国。[10]

除了《壮士歌》之外，罗斯存在一些更古老的民间史诗，它们反映了东斯拉夫人与金麦里人、萨尔马特人、斯基泰人和其他草原游牧族群斗争的传奇故事。这些史诗类似于《荷马史诗》和其他欧洲民族的古老史诗。

第四节　古罗斯的建筑、艺术和古罗斯人的日常生活

古罗斯的建筑

罗斯有用木头盖房子的传统，早期罗斯的城市建筑、多神教神庙、堡垒和塔楼都是用木头建造的。罗斯和周边的其他族群一样，在使用木头建造房屋的同时，也表达了他们把建筑的美感和周边环境自然融合的审美。如果说木质建筑是罗斯多神教传统的特点，那么石制建筑就已经与接受了基督教的罗斯紧密结合在一起了。希腊人和罗马人更喜欢用石头来建造他们的神庙和房屋，这也影响了欧洲地区和后期罗斯的建筑风格。

遗憾的是，古罗斯的木制建筑都没能保存到今天，但它们的建筑风格体现在后世的建筑当中。现代人从古代的典籍和图纸中也能了解到这些古罗斯木质建筑的特点。它们往往是多层结构，顶部有塔楼或者阁楼，还有各种附属建筑，例如储藏室、走廊通道和门厅。罗斯的木质建筑上都用纷繁复杂的艺术木雕来装饰，这一传统一直流传至今。

随后罗斯从拜占庭、西欧国家和高加索地区引入了新的建筑风格。罗斯开始仿照拜占庭那种经典希腊十字式风格来建造自己的教堂，即用四根柱子支撑起一个圆顶大厅，中央的穹顶和四面的筒形拱形成等臂的十字。从"红太阳"弗拉基米尔时代起，来到罗斯的拜占庭建筑大师们与罗斯工匠一起把这种建筑风格首先应用于罗斯的木结构建筑，后来这也成了罗斯人既熟悉又喜爱的建筑风格。

如果说罗斯的第一批教堂，包括什一教堂，都是严格遵循拜占庭式建筑风格建造的话，那么后来出现的基辅圣索菲亚大教堂则是东斯拉夫风格与拜占庭风格相结合的产物。13块圆顶被安放在十字形平面布局的新教堂的顶部，这完全有别于拜占庭教堂那种单圆顶的建筑风格，而且圣索菲亚大教堂的金字塔形轮廓是此前典型的罗斯木质结构建筑风格。

基辅圣索菲亚大教堂是在"智者"雅罗斯拉夫统治时期建造的，罗斯渴望在宗教层面摆脱对拜占庭的依赖，所以这座教堂的建筑风格也体现了那个时代的政治特征。此后在罗斯的其他城市也都建造了圣索菲亚大教堂，例如诺夫哥罗德和波洛茨克等，每一座教堂都有自己独特的建筑风格。切尔尼戈夫的救世主大教堂也非常有特色，它由8根柱子撑起了5个圆顶，整个教堂看上去非常庄严肃穆。

12世纪后，单圆顶教堂的建筑风格在罗斯各地风靡一时，如出现在克利亚兹玛河畔弗拉基米尔的德米特里大教堂，以及尤里耶夫－波尔斯基的圣乔治大教堂，甚至著名的弗拉基米尔圣母安息大教堂也曾经是单圆顶教堂，我们现在所看到的五个圆顶则是后人添加的。

弗拉基米尔圣母安息大教堂由安德烈·博戈柳布斯基大公于12世纪中叶所建，至今仍矗立在克利亚兹玛河畔。这座教堂建造之后，便开始取代基辅和诺夫哥罗德的圣索菲亚大教堂，成为罗斯最重要的教堂。此后的几个世纪中，弗拉基米尔圣母安息大教堂一直是罗斯规模最大的教堂。莫斯科克里姆林宫的圣母安息大教堂就是仿照弗拉基米尔的这座教堂建造的。

当时的弗拉基米尔圣母安息大教堂有一个高达33米的金色圆

顶，整体高度超过了基辅圣索菲亚大教堂，它象征着弗拉基米尔大公强大的权力和军事力量。根据编年史的记载，为了建造这座教堂，安德烈·博戈柳布斯基大公聘请了各个国家和地区的能工巧匠，其中包括来自基辅、加利奇和希腊的珠宝匠、圣像画家和金匠。当时神圣罗马帝国的皇帝腓特烈一世巴巴罗萨与安德烈·博戈柳布斯基关系友好，他也派遣了许多神圣罗马帝国工匠参与了教堂的建造工作，所以这座教堂也包含了罗马式的建筑风格。教堂的主体结构采用了当时最昂贵的白色大理石建造，所有的建筑材料都是从南布托沃 ① 沿着克利亚兹玛河用竹筏运来的。

弗拉基米尔圣母安息大教堂在 1185 年因一场大火而严重受损，"大窝"弗谢沃洛德三世对教堂进行了修缮，并在中央圆顶的周围又增加了 4 个较小的圆顶，所以我们如今看到的弗拉基米尔圣母安息大教堂是有 5 个圆顶的。

1238 年，蒙古金帐汗国的拔都汗占领了弗拉基米尔城，下令烧毁了圣母安息大教堂，后来当地人又对教堂进行了重建。1252 年，亚历山大·涅夫斯基在弗拉基米尔圣母安息大教堂加冕，成为全罗斯大公。1299 年，罗斯教会都主教马克西姆把他的住所也搬到了弗拉基米尔城。在 1325 年罗斯教会都主教彼得把住所搬到莫斯科之前，弗拉基米尔城一直都是罗斯的政治中心和宗教中心。

在安德烈·博戈柳布斯基统治时期，弗拉基米尔城的建筑达到了鼎盛。除了圣母安息大教堂之外，他还建造了金门。弗拉基米尔城的金门是仿照基辅金门而建造的，作为弗拉基米尔城贵族区的大

---

① 今莫斯科西南部的一个区。

门。建造金门是为了防御外敌入侵，同时也为了炫耀大公的权力和庆祝战争的胜利。

尽管这座城门被称为金门，但它并非由黄金打造，而是在城门上铺满了镀金的铜片，使得大门在太阳的照耀下看上去熠熠生辉。金门采用中世纪所特有的半石砌技术建造，就是先用石块垒砌起两堵平行的墙面，然后用石头、砖块和瓦砾填充到两堵墙面之间，最后倒入石灰砂浆以填满所有的空隙。

金门由一个很大的半圆形拱顶覆盖，顶部还有一个金色的圆顶小教堂。这座小教堂是为了纪念安德烈·博戈柳布斯基大公的儿子伊兹雅斯拉夫·安德烈耶维奇而建的。小教堂的建筑线条看上去既明快，又直观，与周围的自然景观完美地结合在了一起，就像一首石头砌成的诗，令人读了之后有一种淡淡的忧伤感。

在安德烈·博戈柳布斯基统治时期，弗拉基米尔城有5座城门，金门只是其中之一，此外还有城内各个区之间的内门。整座城市被城墙围绕，就好像一个大的竖井，可惜的是，只有金门保存至今。[11]

安德烈·博戈柳布斯基去世之后，他的三弟"大窝"弗谢沃洛德三世把弗拉基米尔城的建设活动继续进行了下去。他给后人留下了美轮美奂的德米特里大教堂。德米特里大教堂的主体结构是用白色花岗岩建造的，值得一提的是，"大窝"弗谢沃洛德三世并没有从国外聘请任何设计人员，这座教堂的设计和建造全部是由罗斯人完成的。[12]

德米特里大教堂采用了当时流行的单圆顶设计，有4根柱子和3个拱顶。教堂周围环绕着一些带楼梯的塔式建筑和画廊，它们将教堂与大公的宫殿连接起来，大公和他的家人就是通过这里去教堂做礼拜的。教堂分为三层：第一层除了雕花的门窗之外没有任何装饰；第二层是拱柱地带，有白色的大理石石像和装饰品；第三层为装有狭窄窗户的船底形屋顶，墙面上全都有浮雕装饰。大教堂的顶部是头盔形状的镀金圆顶，接近拜占庭那种半圆式圆顶，有别于后来俄罗斯教堂广泛使用的洋葱头形状。圆顶上竖立着铜制镀金的十字架。

教堂的西、北、南三面全都刻有浮雕。南面有一幅大型的壁画《亚历山大大帝升天图》，这并不是基督教题材的壁画，但在 12 世纪的罗斯特别流行。在教堂西入口处的壁画是《最后的审判》，该壁画大部分保存完好，画面中有静坐的圣母和两位跪着的天使，还有 3 位圣经中的人物：亚伯拉罕、以撒和雅各。总的来说，德米特里大教堂的面积不大，因为这是专为大公一家建造的家庭教堂。[13]

1992 年，联合国教科文组织把弗拉基米尔圣母安息大教堂、金门和德米特里大教堂作为弗拉基米尔和苏兹达里文化遗产的一部分列入世界文化遗产。

同一时期，诺夫哥罗德、斯摩棱斯克、切尔尼戈夫和加利奇也建造了许多各有特色的教堂、城堡、石制宫殿和富人的宅邸。石雕和装饰建筑成为那个时代罗斯建筑艺术的特色。那个时代罗斯建筑艺术的另一个共同特点是建筑结构和建筑风格与附近的自然景观完美结合，浑然天成，令人心驰神往。

古罗斯的艺术

在多神教时代，古罗斯的木雕师傅和石匠就雕出了活灵活现的多神教众神神像，画家们也为多神教的神庙绘制了大量壁画，演奏管弦乐的乐师在宫廷和民间展示着自己的才华。

罗斯受洗之后，基督教会为古罗斯艺术引入了一些完全不同的东西。基督教艺术的主要目的是赞美上帝、使徒、圣徒和教会领袖的功绩。当时被认为是欧洲最完美的拜占庭艺术中，绘画、音乐和雕刻艺术都要根据基督教教规来创作，任何与基督教教规相悖的创作都是不被允许的。基督教绘画（圣像画、马赛克艺术和壁画）所表现出的禁欲主义和苦修精神，圣歌和赞美诗之庄严肃穆，都是拜占庭艺术的特征。宗教神学主题在基督教中是永恒的，那么基督教艺术中对宗教神学的赞美也应该是永恒的，而艺术家无非是遵从教规的执行者而已。

拜占庭艺术（绘画、雕塑和音乐）传入罗斯之后，受到罗斯多神教的影响而发生了明显的变化。东斯拉夫人长期以来受到多神教世界观的影响，崇拜太阳、春天和光等自然物，有一套完全世俗的、朴素的是非善恶观。罗斯的基督教艺术实际上是拜占庭基督教艺术和东斯拉夫民间艺术的完美结合。前文已经讨论过，单圆顶的拜占庭式教堂式样被引入罗斯之后就变成多圆顶的了，这种多圆顶的神庙建筑风格就源自罗斯的多神教。类似的例子也可以在绘画中找到。

11世纪，尽管罗斯圣像画的面孔具有传统拜占庭圣像画的所有特征，但罗斯的圣像画更接近自然的肖像画，很少有拜占庭圣像画那种严肃甚至呆板的风格，比拜占庭圣像画更多地展现了人性。基辅洞窟修道院的修士兼画家阿林姆比在当时声名鹊起。同时代的人形容他画的圣像画生机勃勃。对于他来说，画圣像画是他活下去的精神寄托，除此之外，别无他求。他会把自己的收入分为三份，一份用来购买绘画工具和维持生活，另一份用来赈济穷人，剩下的一份捐给基辅洞窟修道院。

基辅圣索菲亚大教堂的壁画在继承了拜占庭艺术风格的同时，又更多地展示了罗斯本土艺术家的画风。这些圣像画的线条简约而明快。在圣索菲亚大教堂的墙壁上，我们可以看到圣徒和"智者"雅罗斯拉夫家族的画像，还有许多罗斯民间艺人和动物的画像，这在拜占庭的教堂中是极少见到的。

基辅的其他教堂也都有大量的圣像画、壁画和马赛克画。米哈伊尔金顶修道院①中的马赛克绘画以其巨大的艺术价值闻名于世，画中的使徒和圣徒并不像拜占庭同类画作中的那般严肃，他们的脸更柔和、更圆润，充满了人性。

稍晚一点，在诺夫哥罗德形成了诺夫哥罗德画派。这一派画家所画的圣像形象非常逼真，而且具有亲和力，能够反映出画家的思想和个性：圣像画《金发天使》从外观看与拜占庭同类圣像画别无二致，但仔细看去，人们可以感受到画作中的天使那时隐时现、极富魅力的人类灵魂；《永恒的救世主》是一幅 12 世纪的圣像画，这幅画中的耶稣的眉毛非常富有表现力，使他看起来就像是一位洞察一切的审判者；在《圣母安息》这幅圣像画中，围绕在圣母身边

---

① 位于基辅圣索菲亚大教堂的东北方，始建于斯维亚托波尔克二世时代，这是斯维亚托波尔克二世的家庭修道院，这座修道院可能是罗斯第一座金顶修道院。1240 年，蒙古大军西征时，这座修道院遭到严重破坏，金顶也被移走；18 世纪时该修道院被重建，20 世纪 30 年代，米哈伊尔金顶修道院被苏联政府拆毁，1991 年乌克兰独立之后又一次重建。

莫斯科的"长手"尤里纪念碑

德·伊·郭辞供图。

阿·米·瓦斯涅佐夫《莫斯科的建城》

现藏于俄罗斯国家博物馆。

《弗拉基米尔圣母像》

现藏于俄罗斯莫斯科尼古拉教堂。

安德烈·博戈柳布斯基画像

莫斯科克里姆林宫天使长大教堂壁画。德·伊·郭辞供图。

莫斯科的基里尔和梅福季纪念碑

莫斯科国立罗蒙诺索夫大学副博士研究生李东芯供图。

诺夫哥罗德桦树皮文献

现藏于俄罗斯国家博物馆。俄罗斯国家博物馆供图。

维·米·瓦斯涅佐夫《涅斯托尔》

现藏于俄罗斯特列恰科夫美术馆。

维·米·瓦斯涅佐夫《伊戈尔·斯维亚托斯拉维奇与波洛韦茨人血战之后》

现藏于俄罗斯特列恰科夫美术馆。

乌克兰普季夫利市的雅罗斯拉夫娜纪念碑

德·伊·郭辞供图。

维·米·瓦斯涅佐夫《十字路口的骑士》

反映的是《壮士歌》中伊利亚·穆罗梅茨的故事。现藏于俄罗斯国家博物馆。

维·米·瓦斯涅佐夫《三勇士》

现藏于俄罗斯特列恰科夫美术馆。

俄罗斯弗拉基米尔市的圣母安息大教堂

德·伊·郭辞供图。

俄罗斯弗拉基米尔市的金门

德·伊·郭辞供图。

俄罗斯弗拉基米尔市的圣德米特里大教堂

德·伊·郭辞供图。

俄罗斯弗拉基米尔市圣德米特里大教堂壁画《最后的审判》

德·伊·郭辞供图。

基辅圣索菲亚大教堂壁上的民间艺人像

德·伊·郭辞供图。

圣像画《金发天使》
现藏于俄罗斯国家博物馆。

圣像画《永恒的救世主》
现藏于特列恰科夫美术馆。

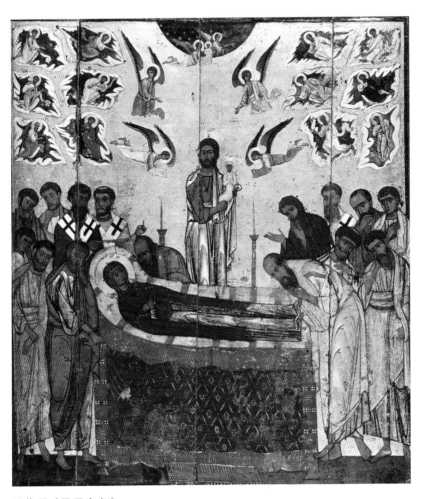

圣像画《圣母安息》

现藏于特列恰科夫美术馆。

《奥兰塔圣母像》
现藏于特列恰科夫美术馆。

基辅圣索菲亚大教堂的奥兰塔圣母像

德·伊·郭辞供图。

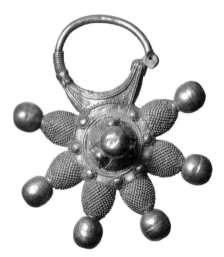

12—13 世纪古罗斯工匠制作的耳坠

现藏于俄罗斯国家博物馆。俄罗斯国家博物馆供图。

维·米·瓦斯涅佐夫《歌手巴扬》

现藏于俄罗斯国家博物馆。

的所有使徒脸上的悲伤表情都被画家捕捉到了。诺夫哥罗德还有许许多多这样优秀的圣像画作，它们大都保存在诺夫哥罗德附近的涅列基茨救世主教堂①中。[14]

圣像画、壁画和马赛克画也广泛分布在切尔尼戈夫、罗斯科夫、苏兹达里等城市，但最有特色的当属弗拉基米尔城的德米特里大教堂的《最后的审判》。这幅壁画已经在前文提到过了，这里并不赘述。

13世纪初，雅罗斯拉夫城的画家们创作了许多优秀的圣像画作品，形成了所谓的雅罗斯拉夫圣像画派，其代表作是著名的《雅罗斯拉夫的奥兰塔②圣母像》。这幅作品的原型是基辅圣索菲亚大教堂中的圣母像。基辅的圣母像呈现的是一位向人类伸出双臂的威严的女人，而雅罗斯拉夫这位没有在历史上留下姓名的艺术家把圣母画得更温暖、更人性化。她首先是一位母亲，而后才是所有母亲的守护者，而且她总是同情和帮助世人。拜占庭艺术家和罗斯的艺术家都以各自不同的眼光来看待圣母，并以不同方式描绘出他们心目中的圣母形象。[15]

在石刻艺术兴起之前，罗斯的木雕艺术已经发展了好几百年。罗斯受洗之后，木雕艺术和石刻艺术都得到了发展和改良。木雕逐渐成为普通市民和农民住宅的装饰物。在乡村，普通老百姓沿袭了用木头建造教堂和神庙的习俗；而在大城市，王公和达官显贵们则已经开始用石头建造宫殿、宅邸和修道院。弗拉基米尔 – 苏兹达里

---

① 位于小沃尔霍夫河旧河道右岸的涅列基茨山上。

② 奥兰塔是希腊语Oυρaηтa音译，这是东正教徒的祈祷用语。

的白色花岗岩教堂和宫殿已经成为罗斯古代文化艺术的显著特征。

想了解古罗斯的艺术，不一定非要去教堂和修道院参观那些圣像画、壁画和雕像，罗斯艺术也体现在一些小的工艺品中。例如，罗斯的木碗、木盘、汤勺和调羹都以精湛的做工而闻名于世。古罗斯艺术之优雅已经渗入民众的日常生活当中。除了木雕之外，罗斯还有许多精美的工艺品和装饰品，其中包括手镯、耳环、吊坠、皮带扣、头饰和勋章，还有那些装饰着金、银、珐琅、宝石的器皿和武器。这些都是古罗斯珠宝匠们的杰作。罗斯的工匠们还别出心裁地用皮革和珠宝来装饰圣像画的画框和一些珍贵的书籍。例如，考古学家们在著名的《奥斯特罗米尔福音书》[①]上发现了这样的装饰物。

11—12世纪基辅工匠所打制的耳坠给人留下了极为深刻的印象。耳坠是半圆形盾牌形状的，周围镶着6个底部带有小球的银圆锥体。耳坠和小圆锥上嵌有500个直径为0.6毫米的小银圆环，制作这些小圆环的银丝线直径仅为0.2毫米。耳坠上还嵌有一些直径仅为0.4毫米的小银粒。这种微雕饰品简直巧夺天工，真不知道在没有放大镜的中世纪时代，古罗斯的那些工匠们是如何做到的。[16]

音乐是古罗斯艺术的重要组成部分。在各种书籍、绘画中，古罗斯音乐都留下了痕迹：《伊戈尔远征记》提到一位传奇歌手巴扬，

---

① "智者"雅罗斯拉夫时代的诺夫哥罗德总督奥斯特罗米尔下令创作的福音书，这是继诺夫哥罗德法典之后，迄今为止所发现的最古老的古罗斯羊皮纸手写文书，目前保存在圣彼得堡的俄罗斯国家图书馆。

他轻轻地用手指拨动琴弦，展开那美妙的歌喉让王公贵胄们如痴如醉；在基辅圣索菲亚大教堂的壁画中，我们可以看到各种弹奏诗琴① 和古斯里琴的乐师的形象；古罗斯编年史里多次记载了加利奇的天才歌手米图斯；一些排斥斯拉夫多神教艺术的基督教著作甚至也提到了民间艺人、歌手和舞者。在古罗斯时代还出现了民间的木偶戏表演。

古罗斯音乐艺术出现的场景多种多样，历史记载，在"红太阳"弗拉基米尔一世的宫廷里举办的各种宴会上经常有歌手、说书人和乐师来为宾客们表演。古罗斯的民间音乐还出现在婚事、丧事和宴会中，这些民乐所体现的主题有民间传说、史诗、谚语和格言，反映了当时民众日常生活的诸多特点。起初的婚礼歌曲中有关于"抢亲"的故事情节，这显然是多神教时代留下的陋习；而在基督教时代的婚礼歌曲中，强调的则是青年男女只有在双方父母的同意下才能结婚。

古罗斯人的日常生活

民间艺术文化与民众的日常生活密不可分，也与社会经济发展水平、社会文化发展进程息息相关。中世纪的罗斯既有人口数以万计的大城市，也有只拥有几十个院落的小村庄。特别是在人烟稀少的东北罗斯，三两户人家就可以构成一个村庄。

同时代的许多史料都证明基辅是一座富庶的大都市，石制建

---

① 古希腊民间的一种弹拨乐器，后传入罗斯，也被称为柳特琴。

筑、教堂和宫殿众多。就城市规模而言，基辅可以与当时欧洲许多国家的首都相媲美。"智者"雅罗斯拉夫之女安娜·雅罗斯拉夫娜嫁给了法国国王亨利一世，当她提到自己对巴黎的第一印象时，她说："与基辅相比，法国首都浓厚的乡土气息着实令人惊讶。"[17]

基辅的金色圆顶教堂，象征着基辅大公军事胜利的金门，"红太阳"弗拉基米尔一世从科尔松带回的、矗立在距王宫不远处的铜马，由"红太阳"弗拉基米尔一世、"智者"雅罗斯拉夫和弗谢沃洛德一世修建的宫殿，还有圣索菲亚大教堂那巨大的壁画都令人叹为观止。在基辅的城墙上，还可以看到绿色灌木丛中显现的洞窟修道院、维杜比茨基修道院和其他修道院的白色花岗岩。基辅的老城区有达官显贵、富商和重要神职人员的宅邸，他们的房屋内都铺有名贵的地毯，并用稀有的希腊丝织物装饰。

王公们有自己的生活方式，他们的宅邸中住着大量的武士、仆人和奴隶。他们就是在自己的宅邸中对整个公国发号施令的，也经常在宅邸中征收贡赋和审理案件。屋子的前厅是举办宴会的地方，在这里经常可以闻到海外的葡萄酒和罗斯本土的蜂蜜所散发出的诱人的香气。仆人们端着大盘的肉和野味在宴会厅里往来穿梭，贵族男女一起坐在桌子旁大快朵颐。在古罗斯，妇女的地位并不低，她们也经常参与家庭管理和其他一些事务。古罗斯涌现出许多知名的女性，例如我们所熟知的奥莉加大公夫人、基辅安德烈女子修道院的第一任院长安娜·弗谢沃洛多夫娜、加利奇王公达尼尔·罗曼诺维奇的母亲以及安德烈·博戈柳布斯基的妻子等。王公们举行宴会之时，经常会请乐师弹奏古斯里琴和诗琴，客人们在悠扬的乐曲声中觥筹交错。主人们还会在饮宴时给穷人施舍食物和钱财。

从"红太阳"弗拉基米尔一世开始，这样的宴会和布施都会经常举行。

富人们最喜爱的娱乐项目是玩鹰、鹞子和猎犬，平民阶层中则流行赛马和各种其他竞技比赛项目。在王公贵族家庭，男孩子3岁就要学习骑马，有专人负责照料和训练他们；当王子满12周岁时，王公会派王子和波雅尔助手一起去管理自己领地内的某处城市或者乡镇。

澡堂文化是古罗斯生活的一个重要组成部分，尤其是在北方。澡堂文化源自古罗马，其统治者将其传播到西欧那些被征服地区，西罗马帝国灭亡后，澡堂在西欧逐渐被禁止了。其原因之一是要建造一个坚固的具有加热功能的澡堂，需要砍伐大量的树木，这样会导致森林大面积消失；更重要的一个原因与基督教有关，罗马教会认为，即便是为了洗澡而裸露身体，也是一种有罪的行为。这使得许多世纪以来，中世纪的西欧不仅肮脏，而且还深陷传染疾病的泥淖，霍乱和鼠疫夺去了至少2500万欧洲人的生命。"智者"雅罗斯拉夫的女儿安娜·雅罗斯拉夫娜嫁给法国国王亨利一世后曾写信质问自己的父亲："我到底犯了什么错惹您生气，您为什么那么恨我，把我嫁到这个连脸都没法洗的地方？"

中世纪罗斯的情况则完全不同，沐浴文化伴随着罗斯人的一生。罗斯的澡堂是一座带有壁炉的木质结构的浴池，人们在沐浴时需要不时往壁炉中倒水，使其变成蒸汽，这类似于现代意义上的桑拿浴。早在多神教的时代，带有壁炉的澡堂就已经在罗斯大地上普遍存在，深受人们喜爱。澡堂不仅仅是去除污垢的地方，罗斯古代医生甚至认为沐浴是让病人获得康复的一种医疗手段。罗斯受洗后，基督教会把多神教的传统视为迷信，反对民间的诊疗手段，但罗斯的澡堂不仅没有被禁止，影响力反而大大增强。罗斯的基督徒在进行最重要的宗教仪式（洗礼、婚礼和圣餐等）之前，都要先进行沐浴。[18]

在通往波多尔区的山坡上，可以看到有各式各样的住宅，既有漂亮的木屋，也有破旧的窑洞，这里是工匠、小商贩等劳动人民居住的地方。第聂伯河和波恰依纳河的泊位上挤满了数百艘大大小小的船只。既有属于王室贵族的多桨、多帆的大船，也有商人们的平底商船和一些轻快灵活的小船。第聂伯河岸边，商人们在市场上七嘴八舌地讨价还价，这里不仅有来自罗斯各地的商品，还有来自其他国家和地区的商品，其中也包括印度和巴格达的货物。

精通多国语言的翻译在这时候可以大显身手，他们在市场上忙忙碌碌，帮助买主和卖方签订合同或者讨价还价。波雅尔大贵族和王公的亲卫往往身穿名贵的丝织衣物，披着用黄金和名贵毛皮装饰的斗篷，外罩长袍，足蹬漂亮的皮靴，他们斗篷上的扣子都是用金银制成的。他们在市场上出现时，往往会迎来周围人羡慕的目光。富商们通常穿着质量上乘的亚麻衬衫和羊毛长衫，而穷人们穿的是普普通通的亚麻土布衬衫。罗斯的贵妇人们穿金戴银，她们非常喜欢用珍珠串成的项链、耳环，以及用珐琅和黑银装饰的首饰。平民妇女佩戴的首饰和装饰品则是用石头或者廉价金属（铜或者青铜）打制的。当时的罗斯女性穿的都是本族的传统服装——萨拉凡①，头上戴着绣花头巾。类似的场景也发生在古罗斯的其他

---

① 一种无袖的宽大长衫。

大城市。

罗斯普通农民的生活则异常艰辛，他们往往生活在贫穷破旧的乡村，居住在角落里带有炉灶的木屋或者窑洞里。人们垦荒、饲养牲畜、狩猎，为了生计而奔波，保护自己和家人免受恶人的侵害。此外，南部地区的农夫还要带着长矛、棍棒和弓箭在田里耕作，随时准备与来犯的游牧族群骑兵作战，一次又一次重建被游牧族群焚毁的房屋。"兴，百姓苦；亡，百姓苦！"在古代，任何国家和族族都摆脱不了这一历史定律。

在油灯闪烁下的漫漫冬夜，普通人家的女人在纺纱，男人们则聚在一起饮酒，喝蜂蜜水，人们或唱着古老而又悲凉的民歌，或聆听说书人追忆往日的英雄故事。他们的孩子则在木板床上，瞪大了好奇的眼睛饶有兴趣地看着他们。少年不识愁滋味，但生活的艰辛随后会接踵而至。

基辅大公世系表（862—1240）①

862—879　　　留里克

879—912　　　奥列格（预言者），882年占领基辅，并在此定都

912—945　　　伊戈尔（一世）·留里科维奇（老伊戈尔）

945—972　　　斯维亚托斯拉夫（一世）·伊戈列维奇（"勇敢者"）

945—964　　　奥莉加大公夫人摄政

972—978　　　亚罗波尔克（一世）·斯维亚托斯拉维奇

978—1015　　弗拉基米尔（一世）·斯维亚托斯拉维奇（"红太阳"）

1015—1019　斯维亚托波尔克（一世）·弗拉基米罗维奇（"恶棍"）

1019—1054　雅罗斯拉夫（一世）·弗拉基米罗维奇（"智者"）

1054—1068　伊兹雅斯拉夫（一世）·雅罗斯拉维奇

1068—1069　弗谢斯拉夫·布里亚奇斯拉维奇（波洛茨克王公）

1069—1073　伊兹雅斯拉夫（一世）·雅罗斯拉维奇，第二次登基

1073—1076　斯维亚托斯拉夫（二世）·雅罗斯拉维奇

1076—1077　弗谢沃洛德（一世）·雅罗斯拉维奇

1077—1078　伊兹雅斯拉夫（一世）·雅罗斯拉维奇，第三次登基

---

① 862—882年期间，罗斯大公国首都位于诺夫哥罗德。

1078—1093	弗谢沃洛德（一世）·雅罗斯拉维奇，第二次登基
1093—1113	斯维亚托波尔克（二世）·伊兹雅斯拉维奇
1113—1125	弗拉基米尔（二世）·弗谢沃洛多维奇（莫诺马赫）
1125—1132	穆斯季斯拉夫（一世）·弗拉基米罗维奇
1132—1139	亚罗波尔克（二世）·弗拉基米罗维奇
1139	维亚切斯拉夫（一世）·弗拉基米罗维奇
1139—1146	弗谢沃洛德（二世）·奥列格维奇
1146	伊戈尔（二世）·奥列格维奇
1146—1149	伊兹雅斯拉夫（二世）·穆斯季斯拉维奇
1149—1150	尤里·弗拉基米罗维奇（"长手"尤里）
1150	伊兹雅斯拉夫（二世）·穆斯季斯拉维奇
1150—1151	尤里·弗拉基米罗维奇（"长手"尤里），第二次登基
1151—1154	伊兹雅斯拉夫（二世）·穆斯季斯拉维奇和维亚切斯拉夫（一世）弗拉基米罗维奇共治
1154	罗斯季斯拉夫（一世）·穆斯季斯拉维奇
1154—1155	伊兹雅斯拉夫（三世）·达维多维奇
1155—1157	尤里·弗拉基米罗维奇（"长手"尤里），第三次登基
1157—1158	伊兹雅斯拉夫（三世）·达维多维奇，第二次登基
1158—1159	穆斯季斯拉夫（二世）·伊兹雅斯拉维奇
1159—1161	罗斯季斯拉夫（一世）·穆斯季斯拉维奇，第二次登基
1161	伊兹雅斯拉夫（三世）·达维多维奇，第二次登基
1161—1167	罗斯季斯拉夫（一世）·穆斯季斯拉维奇，第三次登基

1167—1169	穆斯季斯拉夫（二世）·伊兹雅斯拉维奇，第二次登基
1169—1170	格列布·尤里耶维奇
1170—1171	穆斯季斯拉夫（二世）·伊兹雅斯拉维奇，第三次登基
1171	弗拉基米尔（三世）·穆斯季斯拉维奇
1171	米哈尔科·尤里耶维奇
1171—1173	罗曼·罗斯季斯拉维奇
1173	弗谢沃洛德（三世）·尤里耶维奇（"大窝"）与亚罗波尔克·罗斯季斯拉维奇共治
1173	留里克·罗斯季斯拉维奇
1173—1174	雅罗斯拉夫（二世）·伊兹雅斯拉维奇
1174	斯维亚托斯拉夫（三世）·弗谢沃洛多维奇
1174	雅罗斯拉夫（二世）·伊兹雅斯拉维奇，第二次登基
1174—1176	罗曼·罗斯季斯拉维奇，第二次登基
1176—1180	斯维亚托斯拉夫（三世）·弗谢沃洛多维奇，第二次登基
1180—1181	留里克·罗斯季斯拉维奇，第二次登基
1181—1194	斯维亚托斯拉夫（三世）·弗谢沃洛多维奇，第三次登基
1194—1200（或 1201）	留里克·罗斯季斯拉维奇，第三次登基
1200（或 1201）—1202	英戈瓦利·雅罗斯拉维奇
1203	留里克·罗斯季斯拉维奇，第四次登基

1203—1204	英戈瓦利·雅罗斯拉维奇，第二次登基
1204—1205	罗斯季斯拉夫（二世）·留里科维奇
1205—1206	留里克·罗斯季斯拉维奇，第五次登基
1206	弗谢沃洛德（四世）·斯维亚托斯拉维奇
1206—1207	留里克·罗斯季斯拉维奇，第六次登基
1207	弗谢沃洛德（四世）·斯维亚托斯拉维奇，第二次登基
1207—1210	留里克·罗斯季斯拉维奇，第七次登基
1210—1212	弗谢沃洛德（四世）·斯维亚托斯拉维奇，第三次登基
1212	英戈瓦利·雅罗斯拉维奇，第三次登基
1212—1223	穆斯季斯拉夫（三世）·罗曼诺维奇
1223—1235	弗拉基米尔（四世）·留里科维奇
1235	伊兹雅斯拉夫（四世）·穆斯季斯拉维奇
1235—1236	弗拉基米尔（四世）·留里科维奇，第二次登基
1236—1238	雅罗斯拉夫（三世）·弗谢沃洛多维奇
1238—1239	米哈伊尔·弗谢沃洛多维奇
1239（或 1240）—1240	罗斯季斯拉夫（三世）·穆斯季斯拉维奇
1240	达尼尔·罗曼诺维奇

弗拉基米尔－苏兹达里大公国世系表
（1169—1242）

1169—1174	安德烈·尤里耶维奇（博戈柳布斯基）
1174—1175	米哈伊尔·尤里耶维奇
1175—1176	亚罗波尔克·罗斯季斯拉维奇
1176	米哈伊尔·尤里耶维奇，第二次登基
1176—1212	弗谢沃洛德·尤里耶维奇（"大窝"）
1212—1216	尤里·弗谢沃洛多维奇
1216—1218	康斯坦丁·弗谢沃洛多维奇
1218—1239	尤里·弗谢沃洛多维奇，第二次登基
1239—1242	雅罗斯拉夫·弗谢沃洛多维奇

人名译名表

（以下按拼音排序）

A

阿·阿·沙赫玛托夫　Алексей Александрович Шахматов

阿·达·基辅申科　Алексей Данилович Кившенко

阿·瓦·阿尔奇霍夫斯基　Артемий Владимирович Арциховский

阿尔斯拉纳帕　Арсланапа

阿尔图诺帕　Алтунопа

阿夫杜辛　Данил Антонович Авдусин

阿克兰·布尔切维奇　Аклан Бурчевич

阿拉里克　Alarich

阿廖沙·波波维奇　Алёша Попович

阿列克谢·穆辛-普希金　Алексей Иванович Мусин-Пушкин

阿列克谢一世　Alexios I

阿林姆比　Алимпий

阿·米·瓦斯涅佐夫　Аполлинарий Михайлович Васнецов

阿纳斯塔斯　Анастас

阿纳斯塔西娅·雅罗斯拉夫娜　Анастасия Ярославна

阿斯科尔德　Аскольд

阿斯穆德　Асмуд

阿苏普　Асуп

阿提拉　Attila

阿耶帕·奥谢涅维奇　Аепа Осеневич

阿耶帕·吉尔戈涅维奇　Аепа Гиргеневич

阿兹古鲁依　Азгулуй

安巴尔　Анбал

安·彼·里亚布什金　Андрей Петрович Рябушкин

安德烈　Андрей

安德烈·弗拉基米罗维奇　Андрей Владимирович

安德烈·尤里耶维奇（博戈柳布斯基）　Андрей Юрьевич (Боголюбский)

安德烈一世　Андрей I

安东尼　Антоний

安娜·波洛韦茨卡娅　Анна Половецкая

安娜·弗谢沃洛多夫娜　Анна Всеволодовна

安娜·雅罗斯拉夫娜　Анна Ярославна

安·帕·洛先科　Антон Павлович Лосенко

安提帕　Антипа

安·伊·伊万诺夫　Андрей Иванович Иванов

奥拉夫·斯格特康努格　Olaf Skottkonung

奥拉夫·斯文森　Olaf Sveinsson

奥拉夫二世　Olaf II

奥拉夫三世　Olaf III

奥利别格·拉季鲍利奇　Ольпег Ратибович

奥利玛　Ольма

奥莉加　Ольга

奥列格·斯维亚托斯拉维奇　Олег Святославич

奥托一世　Otto I

奥谢尼　Осени

В

巴古巴尔斯　Багубарс

巴·门·鲁科里　Бася Менделевна Руколь

巴西尔二世　Basil II

巴扬　Боян

巴扬一世　Баян I

巴耶尔　Gottlieb Siegfried Bayer

拔都　Батый

拜占庭的安娜　Анна Византийская

鲍德温一世　Baudouin I

鲍德温五世　Baldwin V

鲍里斯·弗拉基米罗维奇　Борис Владимирович

鲍里斯·维亚切斯拉维奇　Борис Вячесл内ч

鲍列斯拉夫一世　Полеслав I

鲍列斯拉夫二世　Полеслав II

鲍卢什　Болуш

鲍尼亚克　Боняк

贝拉　Бела

彼得　Пётр

彼得·斯捷潘诺维奇　Пётр Степанович

庇隆　Перун

别尔久兹　Белдюзь

别连季　Беренди

波托　Poto

波兹维兹德·弗拉基米罗维奇　Позвизд Владимирович

布达　Буда

布里亚奇斯拉夫·伊兹雅斯拉维奇　Брячислав Изяславич

布鲁德　Блуд

布洛克　Александр Александрович Блок

C

参孙　Самсон

D

达尼尔·罗曼诺维奇　Данил Романович

达尼尔·扎托奇尼克　Даниил Заточник

达日博格　Дажьбог

达维德·弗谢斯拉维奇　Давид Всеславич

达维德·斯维亚托斯拉维奇　Давыд Святославич

达维德·伊戈列维奇　Давыд Игоревич

达维德四世　Давыд IV

德根尼斯　Дигенис

德米特尔　Дмитр

德沃尔尼克　Francis Dvornik

德·伊·郭辞　Дмитрий Игоревич Гоц

迪尔　Дир

多布雷尼　Добрыни

多布雷尼亚·拉古伊洛维奇　Добрыня Рагуйлович

多布雷尼亚·尼基季奇　Добрыня Никитич

多布罗涅加·弗拉基米罗夫娜　Добронега Владимировна

朵拉　Topa

F

菲奥别姆普特　Феопемпт

腓特烈一世巴巴罗萨　Frederick I Barbarossa

费·安·布鲁尼　Фёдор Антонович Бруни

费奥多西　Феодосий

费奥凡　Феофан

费奥克基斯特　Феоктист

费多尔　Фёдор

弗·多·科罗留柯　Владимир Дорофеевич Королюк

弗拉基米尔·弗谢沃洛多维奇·莫诺马赫　Владимир Всеволодович Мономах

弗拉基米尔·斯维亚托斯拉维奇　Владимир Святославич

弗拉基米尔·雅罗斯拉维奇　Владимир Ярославич

弗拉季斯拉夫一世　Владислав I

弗朗兹·阿特海姆　Franz Altheim

弗谢斯拉夫·布里亚奇斯拉维奇　Всеслав Брячиславич

弗谢沃洛德·奥列格维奇　Всеволод Олегович

弗谢沃洛德·弗拉基米罗维奇　Всеволод Владимирович

弗谢沃洛德·穆斯季斯拉维奇　Всеволод Мстиславич

弗谢沃洛德·斯维亚托斯拉维奇　Всеволод Святославич

弗谢沃洛德·雅罗斯拉维奇　Всеволод Ярославич

弗谢沃洛德·尤里耶维奇　Всеволод Юрьевич

佛玛　Фома

G

戈雷内奇　Горыныч

格奥尔基　Георгий

格尔曼　Герман

格·弗·维尔拉兹斯基　Георгий Владимирович Вернадский

格里高利　Григорий

格里亚谢尔　Горясер

格列布·弗拉基米罗维奇　Глеб Владимирович

格列布·弗谢斯拉维奇　Глеб Всеславич

格列布·斯维亚托斯拉维奇　Глеб Святославич

格列布·尤里耶维奇　Глеб Юрьевич

格列高利七世　Gregory Ⅶ

果戈里　Николай Васильевич Гоголь

H

哈拉尔德三世　Harald Ⅲ

哈罗德二世　Harold Ⅱ

赫尔曼纳里赫　Eormenric

霍尔斯　Хорс

霍里夫　Хорив

J

基里尔　Кирилл

基伊　Кий

吉达　Гита

吉塔诺帕　Китанопа

K

卡兹米尔一世　Казимир Ⅰ

康斯坦丁·弗谢沃洛多维奇　Константин Всеволодович

科克苏西　Коксусь

科罗曼　Коломан

科斯尼亚奇科　Коснячко

科扎林　Козарин

克尔奇克　Колчк

克莱门特·奥赫里德斯基　Клемент Охридский

克列门季·斯莫利亚季奇　Климентий Смолятич

克洛维　Clovis

克奇　Кчий

克坦　Кытан

克·瓦·列别捷夫　Клавдий Васильевич Лебедев

孔恰克　Кончак

库布拉特　Кубрат

库尔托克　Курток

库里麦依　Кульмей

库利亚　Куря

库曼　Куман

库努伊　Кунуй

库庞　Купан

L

拉达　Lata

拉尔夫　Ralph

拉季鲍尔　Ратибор

拉塔　Lada

拉扎里　Лазарь

莱昂　Леон

雷别季　Лыбеди

雷列耶夫　Кондратий Фёдорович Рылеев

利奥六世　Leo VI

列杰加　Редедя

留里克　Рюрик

留里克·罗斯季斯拉维奇　Рюрик Ростиславич

柳切夫斯基　Василий Осипович Ключевский

柳特·斯维涅里季奇　Лют Свенельдич

卢加　Luke

罗伯特　Robert

罗德　Род

罗格涅达　Рогнеда

罗格沃洛德　Рогволод

罗格沃洛德·弗谢斯拉维奇　Рогволод Всеславич

罗曼·穆斯季斯拉维奇　Роман Мстиславич

罗曼·斯维亚托斯拉维奇　Роман Святославич

罗曼努斯一世　Romanos Ⅰ Lekapenos

罗日尼察　Рожаница

罗斯季斯拉夫·弗拉基米罗维奇　Ростислав Владимирович

罗斯季斯拉夫·弗谢斯拉维奇　Ростислав Всеславич

罗斯季斯拉夫·弗谢沃洛多维奇　Ростислав Всеволодович

罗斯季斯拉夫·穆斯季斯拉维奇　Ростислав Мстиславич

M

马尔　Мал

马格努斯二世　Магнус Ⅱ

马克西姆　Максим

马鲁莎　Маруша

玛利亚　Мария

曼宁　Clarence A. Manning

梅弗季　Мефодий

梅斯科一世　Мышко Ⅰ

孟赫奋　Otto J. Maenchen-Helfen

米·瓦·罗蒙诺索夫　Михаил Васильевич Ломоносов

米·瓦·涅斯捷洛夫　Михаил Васильевич Нестеров

米哈伊尔　Михаил

米哈伊尔·费多罗维奇　Михаил Фёдорович

米哈伊尔·普谢尔　Михаил Пселл

米哈伊尔·尤里耶维奇　Михаил Юрьевич

米哈伊尔三世　Mikhail Ⅲ

米勒　Gerhard Friedrich Müller

米特里达梯斯六世　Mithridates Ⅵ

米·谢·格鲁舍夫斯基　Михаил Сергеевич Грушевский

摩科什　Мокошь

莫诺马辛娜　Мономахиня

穆斯季斯拉夫·弗拉基米罗维奇　Мстислав Владимирович

穆斯季斯拉夫·斯维亚托波尔契奇　Мстислав Святополчич

穆斯季斯拉夫·伊兹雅斯拉维奇　Мстислав Изяславич

N

妮·费·阿库洛娃　Нина Фёдоровна Акулова

尼·安·里姆斯基-科尔萨科夫　Николай Андреевич Римский-Корсаков

尼·彼·洛姆捷夫　Николай Петрович Ломтев

尼基弗尔　Никифор

尼基弗鲁斯三世　Nikephoros Ⅲ

尼基塔　Никита

尼·康·列里赫　Николай Константинович Рерих

尼卡拉　Никола

尼康　Никон

尼科拉　Никола

尼·谢·杰尔查文　Николай Севастьянович Державин

涅斯托尔　Нестор

P

帕尔扎尼亚　Parjanya

帕拉什卡　Парашка

帕·谢·索罗金　Павел Семёнович Сорокин

潘菲尔　Панфер

佩尔库纳斯　Perkons

佩尔库尼阿　Perkunia

佩利萨德五世　Перисад Ⅴ

普季沙　Путьша

普加塔　Путята

普列德斯拉娃·弗拉基米罗夫娜　Предслава Владимировна

普列季奇　Претич

普罗霍尔　Прохор

普罗科皮依　Прокопий

普希金　Александр Сергеевич Пушкин

Q

切涅格列帕　Ченегрепа

丘特切夫　Фёдор Иванович Тютчев

R

热尔维　Gervais de Château-du-Loir

日加塔　Лука Жидята

S

萨夫马克　Савмак

萨瓦　Сава

沙法瑞克　Pavel Jozef Safarik

沙拉蒙　Шаламон

沙鲁坎　Шарукань

圣菲夫　Святой Фив

圣弗拉西　Святой Власий

圣克莱门特　Святой Климент

圣伊利亚　Святой Илья

施廖采尔　August Ludwig (von) Schlözer

史蒂芬一世　Иштвен I святой

斯捷凡　Стефан

斯捷潘·伊万诺维奇·库奇卡　Степан Иванович Кучка

斯拉维亚塔　Славята

斯诺维德·伊泽切维奇　Сновид Изечевич

斯特里伯格　Стрибог

斯瓦罗格　Сварог

斯维涅里德　Свенельд

斯维亚托波尔克·弗拉基米罗维奇　Святополк Владимирович

斯维亚托波尔克·伊兹雅斯拉维奇　Святополк Изяславич

斯维亚托沙·达维多维奇　Святоша Давидович

斯维亚托斯拉夫·奥列格维奇　Святослав Олегович

斯维亚托斯拉夫·弗拉基米罗维奇　Святослав Владимирович

斯维亚托斯拉夫·弗谢斯拉维奇　Святослав Всеславич

斯维亚托斯拉夫·弗谢沃洛多维奇　Святослав Всеволодович

斯维亚托斯拉夫·雅罗斯拉维奇　Святослав Ярославич

斯维亚托斯拉夫·伊戈列维奇　Святослав Игоревич

苏格尔　Сугр

苏季斯拉夫·弗拉基米罗维奇　Судислав Владимирович

苏利巴里　Сурьбарь

所罗门　Соломон

索夫罗尼　Софроний

索洛维约夫　Сергей Михайлович Соловьёв

Т

塔兹　Таз

汤普森　E. A. Thompson

特鲁沃尔　Трувор

图格尔坎　Тугоркан

图加林　Тугарин

图里亚克　Туряк

托尔钦　Торчин

脱脱迷失　Тохтамыш

W

瓦·奥·克柳切夫斯基　Василий Осипович Ключевский

瓦尔拉姆　Варлаам

瓦利亚日科　Вряжко

瓦·马·马克西莫夫　Василий Максимович Максимов

瓦·瓦·舍列梅季耶夫　Василий Васильевич Шереметьев

瓦西里　Василий

瓦西里·佩列多利斯基　Василий Степанович Передольский

瓦西里科·罗斯季拉维奇　Василько Ростиславич

瓦西里科·尤里耶维奇　Василько Юрьевич

瓦·伊·苏里科夫　Василий Иванович Суриков

维莱斯　Велес

维·米·瓦斯涅佐夫　Виктор Михайлович Васнецов

维沙塔　Вышата

维舍斯拉夫·弗拉基米罗维奇　Вышеслав Владимирович

维亚切斯拉夫·弗拉基米罗维奇　Вячеслав Владимирович

维亚切斯拉夫·雅罗斯拉维奇　Вячеслав Ярославич

维亚切斯拉夫·亚罗波尔契奇　Вячеслав Яроролчич

沃尔奇·赫沃斯特　Волчий Хвост

沃洛达利·罗斯季斯拉维奇　Володарь Ростиславич

乌兰　Улан

乌莉达·斯捷潘诺夫娜　Улита Степановна

乌鲁索巴　Урусоба

X

西尔维斯特尔　Сильвестр

西玛尔克　Симаргл

西蒙一世　Симеон I

西涅乌斯　Синеус

谢克　Щек

谢·瓦·伊万诺夫　Сергей Васильевич Иванов

谢·亚·尼基金　Сергей Александрович Никитин

Y

雅科夫　Иаков

雅科夫·穆尼赫　Иаков Мних

雅空　Якун

雅罗斯拉夫·弗拉基米罗维奇　Ярослав Владимирович

雅罗斯拉夫·斯维亚托波尔契奇　Ярослав Святополчич

雅罗斯拉夫·斯维亚托斯拉维奇　Ярослав Святославич

雅罗斯拉夫·亚罗波尔契奇　Ярослав Ярополчич

亚·波·鲍罗丁　Александр Порфирьевич Бородин

亚·康·格拉祖诺夫　Александр Константинович Глазунов

亚基姆·斯捷潘诺维奇　Яким Степанович

亚里士多德　Aristoteles

亚历山大·涅夫斯基　Александр Невский

亚罗波尔克·弗拉基米罗维奇　Ярополк Владимирович

亚罗波尔克·罗斯季斯拉维奇　Ярополк Ростиславич

亚罗波尔克·斯维亚托斯拉维奇　Ярополк Святославич

亚罗波尔克·伊兹雅斯拉维奇　Ярополк Изяславич

扬·维沙季奇　Ян Вышатич

扬卡·弗谢沃洛多夫娜　Янка Всеволодовна

叶芙普拉克希娅·弗谢沃洛多夫娜　Евпраксия Всеволодовна

叶芙普拉克希娅·穆斯季斯拉沃芙娜　Евпраксия Мстиславовна

叶基姆·伊万诺维奇　Еким Иванович

叶卡捷琳娜二世　Екатерина Ⅱ

叶莲娜　Елена

叶莲娜·阿兰斯卡娅　Елена Аланская

叶莲娜·图格尔坎诺夫娜　Елена Тугоргановна

叶赛宁　Сергей Александрович Есенин

伊·阿·阿基莫夫　Иван Акимович Акимов

伊·阿·乌戈柳莫夫　Иван Афанасьевич Угрюмов

伊·彼·萨哈罗夫　Иван Петрович Сахаров

伊凡·特罗利米罗维奇　Иван Творимирович

伊凡·扎哈里依奇　Иван Захарьич

伊凡四世（雷帝）　Иван Ⅳ（Грозный）

伊戈尔·奥列格维奇　Игорь Олегович

伊戈尔·留里科维奇　Игорь Рюрикович

伊戈尔·斯维亚托斯拉维奇　Игорь Святославич

伊戈尔·雅罗斯拉维奇　Игорь Ярославич

伊拉里昂　Иларион

伊丽莎维塔·雅罗斯拉夫娜　Елизавета Ярославна

伊利亚·穆罗梅茨　Илья Муромец

伊特拉里　Итларь

伊万诺夫　Иванов

伊·西·伊扎捷维奇　Иван Сидорович Ижакевич

伊·叶·埃金克　Иван Егорович Эггинк

伊兹雅斯拉夫·安德烈耶维奇　Изяслав Андреевич

伊兹雅斯拉夫·达维多维奇　Изяслав Давидович

伊兹雅斯拉夫·弗拉基米罗维奇　Изяслав Владимирович

伊兹雅斯拉夫·穆斯季斯拉维奇　Изяслав Мстиславич

伊兹雅斯拉夫·雅罗斯拉维奇　Изяслав Ярославич

英吉格尔达　Ингигерда

英吉格尔德　Ингигерд

尤里·弗拉基米罗维奇　Юрий Владимирович

尤里·弗谢沃洛多维奇　Юрий Всеволодович

于格　Hugh

预言者奥列格　Олег Вещий

约翰一世·齐米斯西斯　John Ⅰ Tzimiskes

约瑟　Иосиф

约瑟夫·德·圭尼斯　Joseph de Guignes

Z

扎芭娃·普加季什娜　Забава Путятишна

地名译名表

（以下按拼音排序）

A

阿尔汉格尔斯克（州、市）　Архангельск

阿尔塔河　Альта

阿玛斯拉　Амасра

阿玛斯特里达　Амастрида

阿索斯山　Athos

埃及　Египет

安加尔斯克　Ангарск

安加拉河　Ангала

敖德萨（州、市）　Одесса

奥布霍夫　Обухов

奥布霍夫斯克　Обуховск

奥德河　Одра

奥地利　Австрия

奥尔沙（地区、市）　Орша

奥弗鲁奇　Овруч

奥卡河　Ока

奥廖尔（州、市）　Орёл

奥廖尔（州、市）　Орёл

奥列什耶　Олешье

奥涅加（市、河）　Онега

奥涅加湖　Онежское озеро

奥皮尔河　Опир

奥斯特尔河　Остр（Остёр）

奥泰皮亚镇　Отепя

澳大利亚　Австралия

B

巴尔干半岛　Балканский полуостров

巴拉赫那　Балахна

巴林　Балин

白岸　Белобережье

白俄罗斯　Беларусь

白海　Белое море

白湖城　Белоозеро

白维扎　Белая Вежа

保加尔城　Болгар

保加利亚　Болгария

鲍列斯波尔地区　Бориспольский район

北高加索　Северный Кавказ

北马其顿　Северная Македония

北美洲　Северная Америка

贝尔茨　Белз

彼尔姆市　Пермь

别尔哥罗德（州、市）　Белгород

别尔沃马伊斯克　Первомайск

别尔兹　Белз

别列尼察岛　Березница

别列斯季耶　Берестье

别列兹尼克　Березник

别申科维奇地区　Бешенковичский район

波多尔区　Подол

波尔塔瓦（州、市）　Полтава

波戈里纳　Погорина

波兰　Польша

波利切夫　Боричев

波罗的海　Балтийское море

波洛茨克（地区、市、河）　Полоцк

波斯尼亚　Босния

波谢米耶城　Посемье

博戈柳布沃村　Село Боголюбово

博罗维茨基山岗　Боровицкий холм

布哈拉　Бухара

布拉茨克　Братск

布拉斯拉夫地区　Браславский район

布雷涅斯克　Брынеск

布里亚西莫夫　Бряхимов

布良斯克（州、市）　Брянск

布列斯特（州、市）　Брест

布日斯克　Бужьск

布斯克　Буск

C

车里雅宾斯克（州、市）　Челябинск

D

达吉斯坦共和国　Республика Дагестан

德国　Германия

德柳茨克　Дрюцк

德柳杰捷克　Дрьютеск

德罗吉钦　Дрогичин

德米特洛夫　Дмитров

德涅斯特河　Днестр

德意志　Германия

迪斯纳河　Дисна

第聂伯河　Днепр

第聂伯罗彼得洛夫斯克（州、市）　Днепропетровск

杜宾城　Дубен

杜布诺市　Дубно

杜纳耶维茨地区　Дунаевецкий район

顿河　Дон

顿涅茨克（州、市）　Донецк

多罗布斯克湖　Долобск

多罗格布日城　Дорогобуж

多罗斯托尔要塞　Доростол

多瑙河　Дунай

F

弗拉基米尔（州、市）　Владимир

弗兰德斯　Flanders

弗鲁奇　Вручий

弗谢沃洛日　Всеволож

伏尔加格勒（州、市）　Волгоград

伏尔加河　Волга

G

戈尔塔　Голта

戈洛杰茨　Городец

戈梅利（州、市）　Волынь

哥德堡　Gothenburg

哥罗德洛　Городво

格但斯克湾　Гданьский залив

格鲁别舍夫　Грубешев

格罗德诺（州、市）　Гродно

H

哈卡西亚自治共和国　Республик Хакасия

哈萨克斯坦　Казахстан

赫尔松（州、市）　Херсон

赫梅利尼茨基（州、市）　Хмельницкий

黑海　Чёрное море

黑河　Чёрная речка

黑山　Черногория

呼罗珊　Хорасан

花剌子模　Хорезм

霍尔季察岛　Хортица

霍尔季切夫岛　Хортичев

霍尔姆（州、市）　Холм

霍拉尔河　Хорал

霍里维察山　Хоревица

J

基辅（州、市）　Киев

基洛沃格勒（州、市）　Кировоград

基维茨　Киевец

基兹利亚尔市　Кизляр

加里宁格勒　Калининград

加利奇城　Галич

加利西亚　Галиция

杰尔宾特　Дербент

杰盖伊河　Дегей

杰杰列夫河　Тетерев

捷尔诺波尔（州、市）　Тернополь

捷克　Чехия

捷列波夫利　Теребовль

捷列克河　Терек

捷斯纳河　Десна

K

喀尔巴阡山　Карпаты

喀山　Казань

卡尔戈波里（地区、市）　Каргополь

卡尔基尼茨基湾　Каркинитский залив

卡尔卡河　Калка

卡累利阿　Карелия

卡卢加（州、市）　Калуга

卡马河　Кама

卡马河畔切尔尼　Набережные Челны

卡缅卡河　Каменка

卡诺托普地区　Конотопский район

卡雅拉河　Каяла

科丁斯克　Кодинск

科尔松（赫尔松涅斯）　Корсунь（Херсонес）

科罗斯诺　Коросно

科米共和国　республик Коми

科莫夫　Комов

科佩斯城　Копысь

科泽利斯克　Козельск

克拉科夫　Краков

克拉克沙河　Колокша

克拉斯诺亚尔斯克边疆区　Красноярский край

克里木半岛　Крымский полуостров

克利亚兹玛河　Клязьма

克罗地亚　Хорватия

克洛斯滕　Коростень

刻赤海峡　Керченский пролив

库尔斯克（州、市）　Курск

库尼　Chunni

库奇科沃　Кучково

L

拉多加湖　Ладожское Озеро

拉克莫村　Ракомо

拉恰湖　Лача

拉脱维亚　Латвия

勒拿河　Лена

勒什　Рши

雷别季河　Рыбедь

里海　Каспийское море

里亚舍夫　Ряшев

立斯特文　Листвень

立陶宛　Литва

利亚沃洛村　Льялово

梁赞（州、市）　Рязань

两河流域　Месопотамия

列宁格勒州　Ленинградская область

柳巴切夫　Любачев

柳别奇　Любеч

卢布恩　Лубн

卢布林　Люблин

卢茨克市　Луцк

卢加（市、地区、河）　Луга

卢切斯克城　Луческ

罗德岛　Rhodes

罗德尼　Родни

罗夫诺（州、市）　Ровно

罗戈日斯克（地区、市）　Архангельск

罗马尼亚　Румыния

罗日尼原野　Поле на Рожни

罗斯托夫（州、市）　Ростов

洛瓦季河　Ловать

M

马格尼托哥尔斯克　Магнитогорск

马涅维奇斯克村　Маневичск

马其顿　Македония

马佐维亚　Мазовия

梅德韦季察河　Медведица

梅里尼克　Мыльник

梅塔河　Мета

摩尔多瓦　Молдова

莫吉廖夫（州、市）　Могилёв

莫洛齐纳河　Река Молочная

莫萨利斯克　Мосальск

莫斯科（州、市）　Москва

姆岑斯克　Мценск

穆罗姆　Муром

穆斯塔河　Мста

N

南布格河　Южный Буг

南布托沃　Южное Путово

尼古拉耶夫（州、市）　Николаев

涅列夫斯基　Неревский

涅列基茨山　Нередиц

涅曼河　Неман

涅米加河　Немига

涅涅茨自治区　Ненецкий автономный округ

涅瓦（河、湖）　Нева

涅扎季纳村　Нежатина

诺夫哥罗德（州、市）　Новгород

诺夫哥罗德 – 谢韦尔斯克城　Новгород-Северск

P

帕夫拉戈尼亚地区　Пафлагонская земля

帕拉什卡　Парашка

潘诺尼亚　Pannonia

庞特海　Понтийское Море

佩雷沃尔斯克　Переворск

佩列梅什利　Перемышль

佩列亚斯拉夫　Переяслав

佩列亚斯拉夫利　Переяславль

佩列亚斯拉维茨　Переяславец

佩乔拉河　Река Печора

佩切尔斯克　Печерск

皮那河　Пина

皮夏那河　Пищана

平斯克　Пинск

普季夫利　Путивль

普里皮亚季（河、市）　Припять

普利卢基（州、市）　Прилуги

普列斯拉夫　Преслав

普鲁特河　Пруд

普恰依河　Пучай

普斯科夫（州、市）　Псков

普肖尔河　Псёл

Q

恰尔托雷伊斯克城　Чарторыйск

切尔尼戈夫（州、市）　Чернигов

切尔诺贝利核电站　Чернобыльская атомная электростанция

切尔诺夫策（州、市）　Черновцы

切尔文　Червен

R

热尔季　Желди

热拉尼亚河　Желаня

日达那亚山　Жданая гора

日洛宾斯克地区　Жлобинский район

日托米尔（州、市）　Житомир

瑞士　Швейцария

S

萨尔克尔　Саркел

萨尔尼察河　Салница

萨科夫　Саков

萨拉普尔　Сарапул

萨马拉　Самара

萨曼达尔　Семендер

萨诺克　Санок

塞尔维亚　Сербия

桑多梅日　Сандомир

桑河　Сан

桑利斯　Senlis

沙尔科夫申斯克地区　Шарковщинск

沙皇格勒　Царьград

沙隆　Chalons

舍波利　Шеполь

舍克斯纳河　Шексна

圣格里乌斯河　Сангариус

圣叶尔费里岛　Святое Елферье

舒门（州、市）　Шумен

舒特湾　Суд

斯堪的纳维亚半岛　Скандинавский полуостров

斯克雷市　Сколе

斯洛伐克　Словакия

斯洛文尼亚　Словения

斯米亚季尼河　Смядынь

斯摩棱斯克（州、市）　Смоленск

斯诺维河　Снов

斯帕斯克　Спасск

斯塔罗杜勃城　Стародуб

斯特列热夫（市、湖）　Стрежев

斯特列日尼　Стрежени

斯特列申城　Стрешин

斯图格纳河　Стугна

斯托尔皮耶　Столпье

斯威亚托波尔奇城　Святополч

斯维斯洛奇河　Свислочь

苏波依河　Супой

苏达克　Судак

苏多米里河　Судомири

苏格罗夫城　Сугров

苏杰尼河　Сутень

苏拉河　Сула

苏罗日　Сурож

苏梅（州、市）　Сумы

苏泰伊斯克　Сутейск

苏兹达里　Суздаль

索尔涅奇诺沃戈尔斯克　Солнечногорск

索利卡姆斯克　Соликамск

索日查河　Сожица

索日河　Сож

Т

塔曼半岛　Таманский полуостров

特利波利　Трипольская

特列波利　Треполь

特鲁别日河　Трубеж

特鲁哈诺夫岛　Труhandовый остров

特穆塔拉坎　Тмутаракань

特维尔（州、市）　Тверь

图拉（州、市）　Тула

图里斯克　Турийск

图卢兹　Toulouse

图罗夫　Туров

图瓦自治共和国　Республика Тыва

托尔切斯克城　Торческ

托尔钦　Торчин

托莱多　Toledo

W

瓦尔代丘陵　Валдайская гряда

瓦尔伽马　Валгамаа

瓦格尔河　Вагр

瓦西里科夫　Васильков

瓦西列夫　Василев

哇　Var

外乌拉尔　Зауралье

韦尔芒杜瓦　Vermandois

维迪乔夫　Витичёв

维多比奇山丘　Выдобичи

维尔河　Вир

维菲尼亚地区　Вифинская страна

维季切夫　Витичев

维季切夫斯克山　Витичевский холм

维捷布斯克（州、市）　Витебск

维列辛　Верещин

维什戈罗德　Вышгород

维斯瓦河　Висла

维塔乔夫村　Село Витачов

文尼察（州、市）　Николаев

沃尔霍夫（州、市、河）　Волхов

沃尔斯克拉河　Ворскла

沃伦（州、市）　Волынь

沃罗涅日（州、市）　Воронеж

沃洛达乌　Володаву

沃洛格达州　Вологодская область

沃洛廷斯克　Воротынск

沃伊尼河　Воинь

乌戈罗韦斯克　Угровеск

乌果尔山　Угорская гора

乌赫尔卡河　Ухерка

乌克拉因卡　Украинка

乌克兰　Украина

乌拉尔（山、河）　Урал

乌拉尔山脉　Уральский хребет

乌拉尔斯克　Уральск

乌斯季耶城　Устье

乌斯季伊利姆斯克　Усть-Илимск

乌维季奇城　Уветичи

X

西伯利亚乌索利耶　Усолье-Сибирское

西德维纳河　Западная Двина

西利斯特拉市　Силистра

锡诺普　Sinop

下卡姆斯克　Нижнекамск

下诺夫哥罗德（州、市）　Нижний Новгород

小波兰　Малая Польша

谢卡列夫　Щекорев

谢卡维察山　Щекавица

谢米季诺夫　Семигинов

谢韦尔斯克　Северск

谢伊姆河　Сейм

新西兰　Новая Зеландия

匈牙利　Венгрия

熊头城　Медвижа глава

Y

雅库茨克　Якутск

雅罗斯拉夫　Ярослав

亚速海　Азовское море

扬卡河　Янка

叶尼塞河　Енисей

伊蒂尔　Итиль

伊尔库茨克（州、市）　Иркутск

伊尔门湖　Озеро Ильмень

伊久姆　Изюм

伊拉克利亚　Ираклия

伊斯科罗斯滕　Искоростень

伊万诺－弗兰科夫斯克州　Ивано-Франковск

伊兹鲍尔斯克　Изборск

因古列茨河　Ингулец

印度　Индия

尤里耶夫　Юрьев

尤里耶夫－波尔斯基　Юрьев-Польский

Z

扎波罗热（州、市）　Запорожье

扎列茨克村　Зарецк

扎列切斯克　Зареческ

扎鲁布　Заруб

扎斯塔夫诺夫斯基地区　Заставновский район

中国　Китай

兹德维日河　Здвиж

兹韦尼哥罗德　Звенигород

兹维日坚　Звижден

兹维日坚桥　Звижденский мост

佐罗恰河　Золоча

佐罗乔夫　Золочев

佐罗特恰河　Золотча

其他专有名词译名表

（以下按拼音排序）

A

阿迪格人　Адыги

阿兰人　Аланы

阿瓦尔汗国　Аварский каганат

阿瓦尔人　Авары

安德烈女子修道院　Андреевский женский монастырь

安东尼修道院　Антониев монастырь

安特人　Анты

《奥兰塔圣母像》　Икона Божией Матери «Оранта»

《奥莉加大公夫人见到伊戈尔大公遗体》　Княгиня Ольга встречает тело
　князя Игоря

《奥莉加大公夫人在君士坦丁堡受洗》　Крещение княгини Ольги в
　Константинополе

奥塞梯人　Осетины

《奥斯特罗米尔福音书》　Остромирово Евангелие

奥特罗克　Отроки

B

保加尔人　Богары

《鲍里斯和格列布的生平事迹》　Чтение о житии Бориса и Глеба

报喜教堂　Благовещенский собор

本都王国　Понтийское царство

别尔米亚人　Пермяне

波利安人　Поляне

《波洛韦茨人之舞》　Танец половцев

波雅尔大贵族　Боярин

博戈柳布沃宫　Боголюбовский дворец

博斯普鲁斯王国　Боспорское царство

布尔塔斯人　Буртасы

布格人　Буги

C

初级亲卫　Младшая дружна

楚德人　Чудь

从瓦良格到希腊之路　Путь из варяг в греки

D

《达尼尔修士圣地游记》　Хождение игумена Даниила в святые места

《达尼尔·扎托奇尼克箴言集和祈祷书》　«Слово» и «Моление» Даниила
　　Заточника

大窝　Большое гнездо

《德根尼斯行传》　Девгениево деяние

德里亚戈维奇人　Дряговичи

德列夫利安人　Древляне

德米特里大教堂　Дмитриевский собор

德米特里修道院　Дмитриевский монастырь

《等同于使徒的圣奥莉加大公夫人》　Святая равноапостольная княгиня
　　Ольга

洞窟修道院　Пещерные монастыри

《东斯拉夫人的居住环境》　Жилье восточных славян

都主教　Митрополит

杜列勃人　Дулебы

《对弗拉基米尔（一世）大公的纪念和赞美》　Память и похвала князю
　　русскому Владимиру

《多罗布斯克湖王公会议：莫诺马赫和斯维亚托波尔克二世会面》
　　Долобский съезд князей—свидание князя Владимира Мономаха с
　　князем Святополком

E

《"恶棍"斯维亚托波尔克》 Святополк окаянный

俄国地理学会 Русское Географическое Общество

《俄罗斯历史》 Русская история

俄罗斯阿尔汉格尔斯克造型艺术博物馆 Архангельский музей изобразительных искусств

俄罗斯艾尔米达日博物馆（圣彼得堡） Эрмитаж

俄罗斯国家博物馆（圣彼得堡） Государственный русский музей

俄罗斯国立人文大学（莫斯科） Российский государственный гуманитарный университет

俄罗斯国立宗教历史博物馆（圣彼得堡） Государственный музей истории религии

俄罗斯科斯特罗马历史 - 建筑 - 艺术庄园博物馆 Костромской государственный историко-архитектурный и художественный музей-заповедник

《俄罗斯民歌汇编》 Сказание русского народа

俄罗斯特列恰科夫画廊（莫斯科） Третьяков галерея

俄罗斯下塔吉尔造型艺术博物馆 Нижнетагильский музей изобразительных искусств

俄罗斯中央海军博物馆（圣彼得堡） Центральный военно-морской музей

二级安娜勋章 Орден Св. Анны 2-й степени

F

芬兰 - 乌戈尔民族 Финно-угорский народ

《弗拉基米尔大公受洗》 Крещение князя Владимира.

《弗拉基米尔和罗格涅达》 Владимири Рогнеда

《弗拉基米尔圣母像》 Владимирская икона Божией Матери

弗拉基米尔 - 苏兹达里公国 Владимиро-Суздальское княжество

弗拉基米尔 - 沃伦公国 Владимиро-волынское княжество

《弗拉基米尔选择宗教》 Владимир выбирает веру

G

高级亲卫 Старшая дружна

哥特人　Готы

格尔曼修道院　Германов монастырь

格拉戈尔字母　Глаголица

格里夫纳　Гривна

格里基　Гриди

《格列布王公在诺夫哥罗德市民大会击杀多神教巫师》　Князь Глеб
　　Святославович убивает волхва на новгородском вече

格瓦斯　Квас

《歌手巴扬》　Баян

《古代斯拉夫人》　Slovanske starozitnosti

古东斯拉夫文　Древневосточнославянский язык

古俄文　Древнерусский язык

《古老的罗斯城市》　Старорусский город

古斯里琴　Гусли

《国际斯拉夫研究：概念、历史与演变》　International Slavic Studies: Concepts,
　　History and Evolution

H

哈扎尔汗国　Хазарский каганат

哈扎尔人　Хазары

《海外来客》　Заморские гости

红宫　Красный дворец

桦树皮文献　Берестяные грамоты

黄金大门　Золотые ворота

霍洛普　Холоп

基辅洞窟修道院　Киево- Печерская лавра

J

《基督教徒和多神教徒》　Христиане и язычники

《基督教在罗斯大地上的早期传播》　Сказание о первоначальном
　　распространении христианства на Руси

基里尔字母　Кириллица

加利奇－沃伦公国　Галицко-Волырнское княжество

家庭教师兼管家　Кормилец

剑士　Метчики

教会斯拉夫文　Церковнославянский язык

《金发天使》　Ангел Златые волосы

金麦里人　Киммерийцы

金门　Золотые ворота

《968 年佩切涅格人围困基辅时出城求援的基辅少年》　Подвиг молодого
　　киевлянина при осаде Киева печенегами в 968 году

救世主大教堂　Спасо-Преображенский собор

军事民主制度　Военная демократия

K

卡索格人　Косоги

科里亚达节　Праздник Коляды

科米人　Коми

可汗　Каган

克里维奇人　Кривичи

克列拉人　Корела

克罗地亚人　Хорваты

库帕拉节　Праздник «Купала»

L

拉迪米奇人　Радимичи

拉多戈希节　Праздник Радогощь

《拉夫连季编年史》　Лаврентьевская летопись

《拉季维尔编年史》　Радзивилловская летопись

雷神浅滩　Перунья рень

《论教规与神恩》　Слово о Законе и благодати

罗德尼的灾难　Беда, как в Родне

罗萨蛮　Росоман

罗斯　Русь

《罗斯法》　Закон русский

《罗斯法典》　Русская правда

《罗斯基督教会章程》　Церковный устав во всей его полноте

罗斯受洗　Крещение Руси

罗斯托夫公国　Ростовское княжество

罗斯托夫－苏兹达里公国　Ростовско-Суздальское княжество

伦巴底人　Longobardi

M

马厩长　Конюх

《美国的斯拉夫研究历史》　A History of Slavic Studies in the United States

梅里亚人　Меря

米哈伊尔大天使　Архангел Михаил

米哈伊尔金顶修道院　Михайловский Златоверхий монастырь

蜜粥　Кутья

命金　Виры

命名日　Именины

摩尔多瓦人　Мордва

《莫诺马赫训诫书》　Поучение Владимира Мономаха

《莫诺马赫祈祷文》　Молитва Мономаха

《莫诺马赫条例》　Устав Владимира Всеволодовича

《莫诺马赫致奥列格的信》　Письмо Владимира Мономаха князю Олегу
　　Святославичу

《莫斯科的建城》　Основание Москвы

莫斯科国立罗蒙诺索夫大学　Московский государственный университет
　　им. Ломоносова

穆拉夫斯基之路　Муравский шлях

穆罗玛人　Мурома

《穆斯季斯拉夫·弗拉基米罗维奇和卡索格王公列杰佳的单挑》
　　Единоборство князя Мстислава Владимировича Удалого с косожским
　　князем Редедей

穆辛-普希金图书馆　Библиотека Мусина-Пушкина

S

萨尔马特人　Сарматы

萨拉凡　Сарафан

《撒克逊法典》　Саксонская правда

丧宴　Тризна

什一教堂　Десятинная Церковь

《圣鲍里斯和圣格列布》　Борис и Глеб

圣格奥尔基修道院　Георгиевская церковь

《圣母安息》　Успение Богородицы

圣母安息大教堂　Успенский собор

圣母安息节　Успение Пресвятой Богородицы

圣乔治大教堂　Георгиевский собор

圣索菲亚大教堂　Софийский собор

《圣徒鲍里斯和格列布的事迹》　Сказание о Борисе и Глебе

圣伊琳娜修道院　Ирининская церковь

市民大会　Вече

《使徒安德烈在基辅山竖起十字架》　Апостол Андрей первозванный
　　водружает крест на горах киевский

《十字路口的骑士》　Витязь на распутье

《狩猎后的莫诺马赫大公在休息》　Отдых великого князя Владимира
　　Мономаха после охоты

斯基泰人　Скиф

《斯基泰人和斯拉夫人的战斗》　Битва между скифами и славянами

斯捷凡修道院　Стефанов монастырь

斯克拉文人　Склавины

斯拉夫起源说　Славянская теория

《斯拉夫人：他们的早期历史和文明》　The Slavs: Their Early History and
　　Civilization

斯拉夫学　Славяноведение

斯拉夫学研究所　Институт славяноведения АН СССР

斯图季修道院　Студийский монастырь

《斯维亚托斯拉夫大公从多瑙河返回基辅时亲吻自己的母亲和儿子们》
　　Великий князь Святослав, целующий мать и детей своих по возвращении с

匈人　Гунны

巡行索贡　Полюдье

Y

《亚历山大大大帝升天图》　Вознесение Александра Македонского на небо

雅罗斯拉夫的奥兰塔圣母像　Икона «Ярославская Оранта»

雅特维亚格人　Ятвяги

亚斯人　Ясы

伊凡库帕拉节　Иван Купала

《伊戈尔王》　Князь Игорь

《伊戈尔王公和奥莉加的初次约会》　Первая встреча князя Игоря с Ольгой

《伊戈尔远征记》　Слово о полку Игореве

伊帕季编年史　Ипатьевская летопись

《1113 年基辅起义》　Киевское восстание 1113 года

《永恒的救世主》　Спас Нерукотворный

尤里耶夫修道院　Свято- Юрьев мужской монастырь

Z

《再见了，老伙计，我忠实的伙伴》　Прощай, мой товарищ, мой верный
　　слуга

《在王公庄园中》　Вусадьбе князя

泽梁人　Зырян

债民　Закупы

《“智者”雅罗斯拉夫在〈罗斯法典〉宣读现场》Чтение народу Русской
　　Правды в присутствии великого князя Ярослава

《中国斯拉夫研究》　Chinese Journal of Slavic Studies/Китайское
　　славяноведение

中央拉达　Украинская центральная рада

主显圣容大教堂　Святой Преображенский собор

《壮士歌》　Былины

《最后的审判》　Страшный суд

佐洛特尼克　Золотник

注　释

序　一

1. *Соловьёв С. М.*, История России с древнейших времен. Том 1. Москва, 2015, C.123-124.
2. （俄）瓦·奥·克柳切夫斯基著，张草纫、浦允南译：《俄国史教程（第一卷）》，商务印书馆，2013年，第30页。
3. *Под Гл. ред. Б. А.*, Введенский,Большой советская энциклопедия. Т. 23. Москва. Советская энциклопедия, 1953, C.546.
4. 钱穆：《中国历史研究法》，生活·读书·新知三联书店，2005年，第10页。
5. John S. Reshetar 著，殷海光译：《怎样研究苏俄》，台大出版中心，2009年，第19页。

序　二

1. 张来仪：《俄罗斯与伊斯兰世界的历史交往》，《宁夏社会科学》，2011年第2期。
2. 彭树智：《文明交往论》，陕西人民出版社，2002年，第10页。
3. 彭树智：《让世界史知识进一步走向大众》，《西北大学学报》，1998年第2期。

前　言

1. 齐嘉：《古罗斯国家起源》，陕西人民出版社，2018年，第1页。
2. *Толочко А. П.* Химера «Киевской Руси» // «Родина» 1999, № 8, C.29–33.

第一章

1. *Ключевский В. О.*, Русская история полный курс лекции Том 1,

Москва, Минск, Аст Харвест, 2002, С.9-10.

2. История России с древнейший времён до наших дней /Отв. ред. *А.Н. Боханов, Л.Е.Морозова, М.А.Рахматуллин, А.Н. Сахаров, В.А. Шестаков*, Москва: Издательство АСТ, 2017, С.10.

3. Археология СССР. Палеолит СССР / Отв. ред. П. И. Борисковский Москва: Наука, 1984, С.94-135, 162-272.

4. Археология СССР. Мезолит СССР, С.32-46, 106-125.

5. Неолит-Неолитические культуры восточной Европы / Отв. ред. В.М. Лозовского, О.В. Лозовской, А. А. Выборнова. Санкт-Петербург: ИИИМК РАН, 2015, С.84-138.

6. История России с древнейший времён до наших дней, С.20-21.

7. *Пассек Т. С., Кричевский Е. Ю.* Трипольское поселение Коломийщина (опыт реконструкции) // О докладах и полевых исследованиях института истории материальной культуры. 1946, № XII. Москва, Ленинград: Издательство Академии наук СССР. С.14-22; *Пассек Т. С.* Раннеземледельческие (трипольские) племена Поднестровья // Материалы и исследования по археологии. 1961, № 84. Москва: Издательство Академии наук СССР, С.190-200.

8. *Рыбаков Б. А.* Киевская Русь. Москва: Проспект, 2013, С.15-118.

9. Riasanovsky N.V., *A History of Russia*, New York, Oxford: Oxford University Press, 2000, p.12.

10. https://vladimirkrym.livejournal.com/5759816.html.

11. Riasanovsky N.V., *A History of Russia*, pp.12-13.

12. （美）丹尼斯·赛诺主编，蓝琪译：《剑桥早期内亚史》，商务印书馆，2021 年，第 100 页，第 101—102 页。

13. *Боханов А.Н., Морозова Л.Е., Рахматуллин М.А., Сахаров А.Н.,* Шестаков В.А., История России с древнейший времён до наших дней, Москва: Издательство АСТ, 2017, С.24-27.

14. История России с древнейший времён до наших дней, С.27-29.

15. （拜占庭）约达尼斯著，罗三洋译：《哥特史》，商务印书馆，2012 年，译者序第 v—vii 页。

16. История России с древнейший времён до наших дней, С.29-31.

17. Повесть временных лет, сост. Примеч. И ук. А.Г.Кузимина, В. В. Фомина. Вступ. ст. и перевод А. Г. Кузьмина/ Отв. Ред. О. А. Платонов. Изд. 2-е- Москва: Институт русской цивилизации, Родная страна, 2016, С.62-63.

18. 龚方震：《可萨汗国——东西方贸易的枢纽》，中国中外关系史学会编：《中外关系史论丛（第 4 辑）》，天津古籍出版社，1994 年，第 101—102 页。

19. （唐）慧超原著，张毅笺释；（唐）杜环原著，张一纯笺注：《往五天竺国传笺释经行记笺注》，中华书局，2000 年，第 12—15 页。

20. （美）丹尼斯·赛诺主编，蓝琪译：《剑桥早期内亚史》，第 254—256 页。

21. Хазары: таинственный след в русской истории/авт-сост. В. Манягин, Москва: Алгоритм: Эксмо, 2010, С.241-252, 307-328.

22. История России с древнейший времён до наших дней, С.36-37.

23. （拜占庭）约达尼斯著，罗三洋译：《哥特史》，第 29 页。

24. История России с древнейший времён до наших дней, С.33-34.

25. Повесть временных лет, Москва: Институт русской цивилизации, Родная страна, 2016, С.61-62.

26. Повесть временных лет, Москва: Институт русской цивилизации, Родная страна, 2016, С.62.

27. История России с древнейший времён до наших дней, С.38-39.

28. Повесть временных лет, Москва: Институт русской цивилизации, Родная страна, 2016. С.63-63.

29. История России с древнейший времён до наших дней, С.39-42.

30. *Громыко М. М.*, Мир русской деревни. Москва: «Молодая Гвардия», С. 323-325.

31. История России с древнейший времён до наших дней, С.50-51.

32. *Толочко П. П.*, Власть в Древней Руси. X-XIII века. Санкт-Петербург.: Алетейя, 2011, С.150-184.

33. *Седов В. В.*, Восточные славяне в VI-XIII вв. Москва: Наука, 1982, С.236-248.

34. Повесть временных лет, С.60.

35. История России с древнейший времён до наших дней, С.42-44.

36. *Ключевский В. О.*, Русская история полный курс лекции Том 1, С.112-113.

37. Повесть временных лет, Москва: Институт русской цивилизации, Родная страна, 2016, С.63-64.

38. Афанасьев А. Поэтические воззрения славян на природу. В 3 т. Т. 3. Москва: Издание К. Солдатенкова, 1869, С.471-480.

39. https://www.nur.kz/esoterics/signs/1921085-ivana-kupala-data-traditsii-i-obychaiprazdnika/?ysclid=lpybx5p3dl661260213.

40. Некрылова А. Ф. Круглый год. Русский земледельческий календарь. Москва: Правда, 1989, С.347.

41. *Громыко М. М.*, Мир русской деревни. Москва: «Молодая Гвардия». С.323-325.

第二章

1. Повесть временных лет, С.67-68.

2. Повесть временных лет, С.68.

3. F. 库蒙特（F. Cumout）编：《布鲁塞尔秘密档案》，《拜占庭编年史手稿 11376 号》（Anecdota Bruxellensia, I Chronoiques Byzantines du Manuscrit 11376），第 33 页。转引自（美）A. A. 瓦西列夫著，徐家玲译：《拜占庭帝国史》第一卷，商务印书馆，2019 年，第 431—432 页。

4. 王钺：《往年纪事译注》，甘肃民族出版社，1994 年，第 45—46 页。

5. История России с древнейший времён до наших дней, С.47-48.

6. История России с древнейший времён до наших дней, С.52.

7. История России с древнейший времён до наших дней, С.51-55.

8. Повесть временных лет, С.69-70.

9. История России с древнейший времён до наших дней, С.56.

10. Повесть временных лет, С.70-71.

11. Повесть временных лет, С.73-75.

12. Повесть временных лет, С.75-80.

13. Повесть временных лет, С.80.

14. Повесть временных лет, С.80-82.

15. Повесть временных лет, С.80-81.

16. Повесть временных лет, С.85.

17. Повесть временных лет, С.83-86.

18. Повесть временных лет, С.86-91.

19. Повесть временных лет, С.91-92.

20. *Рыбаков Б. А.*, Киевская Русь. Москва: Проспект, 2013, С.172-221.

21. История России с древнейший времён до наших дней, С.59-60; Повесть временных лет, С.92-93.

22. История России с древнейший времён до наших дней, С.61.

23. 王钺：《往年纪事译注》，第 116 页。

24. Алексей Карпов, Княгиня Ольга, Москва: Молодая гврадия, 2012, С.106.

25. Повесть временных лет, С.93-96.

26. Повесть временных лет, С.97-98.

27. Повесть временных лет, С.99.

28. История России с древнейший времён до наших дней, С.63.

29. Повесть временных лет, С.100.

30. Повесть временных лет, С.100.

31. Повесть временных лет, С.100-102.

32. Повесть временных лет, С.102-103.

33. Повесть временных лет, С.105.

34. История России с древнейший времён до наших дней, С.67.

35. Повесть временных лет, С.106-107.

36. Повесть временных лет, С.105-107.

37. Карамзин Н.М. История государства российского, Москва: Наука, 1989, С.139.

38. Соловьёв С. М. История России с древнейших времен. Т. I СПб.: Издание Высочайше утвержденного Товарищества «Общественная Польза», 1896, С.151-152; Шахматов А. А. Введение в курс истории русского языка. Ч.1. Исторический процесс образования русских племён и наречий Пг., 1916, С.76.

39. Грушевський М. Історія України-Руси. Том I. Розділ VIII. С. 4.

第三章

1. Повесть временных лет, С.107-108.

2. *Карпов А. Ю.*, Владимир Святой. Москва: Молодая Гвардия, 2015, С. 92-93.

3. Повесть временных лет, С.108-110.

4. Повесть временных лет, С.111-112.

5. Повесть временных лет, С.113-114.

6. Повесть временных лет, С.114-115.

7. Повесть временных лет, С.115-131.

8. Повесть временных лет, С.131-133.

9. *Карпов А. Ю.*, Владимир Святой. Москва: Молодая гвардия, 2004, С.71-118, 379-384.

10. Повесть временных лет, С.133-135.

11. Повесть временных лет, С.138-140.

12.. *Муравьев А. Н.*, Описание Десятинной церкви в Киеве. Киев: тип. И. и. А. Давиденко, 1872, С.3-25.

13. Повесть временных лет, С.142.

14. *Воронин Н. Н.*, Крепостные сооружения // История культуры Древней Руси. Т. 1 / Ред. Б. Д. Греков, М. И. Артамонов. Москва и Ленинград: Издательство Академии наук СССР, 1951, С.439-446.

15. Повесть временных лет, С.143-144.

16. Повесть временных лет, С.147-148.

17. Повесть временных лет, С.145-146.

18. Повесть временных лет, С.149-150

19. Riasanovsky N.V., A History of Russia, pp.35-36.

20. *Рыбаков Б. А.*, Киевская Русь. Москва: Проспект, 2013, С.255-299.

第四章

1. История России с древнсйший врсмён до наших дней, С.90.

2. Повесть временных лет, С.149-156.

3. Повесть временных лет, С.157-158.

4. Повесть временных лет, С.464.

5. Повесть временных лет, С.158-159.

6. *Карамзин Н. М.*, История государства Российского. Москва, 1991, Т.2-3. С.198.

7. *Карпов А. Ю.*, Ярослав Мудрый. Москва: Молодая гвардия, 2001, С.81-161.

8. История России с древнейший времён до наших дней, С.94.

9. Повесть временных лет, С.159-160.

10. Повесть временных лет, С.161.

11. Повесть временных лет, С.161-162.

12. Повесть временных лет, С.163-164.

13. *Карпов А. Ю.*, Ярослав Мудрый. Москва: Молодая гвардия, 2001, С, 150-260.

14. Повесть временных лет, С.163-165.

15. *Приселков М. Д.*, История русскго летописания XI-XV вв. Санкт-Петербург: Дмитрий Буланин, 1996, С. 61-64.

16. Повесть временных лет, С.167.

17. *Тихомиров М. Н.*, пособие д ля изучения русской правды, Москва: Издательство Московского университета, 1953, С.75.

18. *Диев М. Я.*, О Вире у Россиян X и XI веков // Русский Исторический Сборник. 1837, Книга 1. С.30-66.

19. История России с древнейший времён до наших дней, С.101-102.

20. *Карский Е. Ф.*, Русская Правда по древнейшему списку. Ленинград: Акад. наук СССР, 1930, С.3-22; *Толочко А. П.*, Краткая редакция Правды Руской: происхождение текста. Київ: Інститут історії України НАН України, 2009, С.9-11.

21. *Морозов Л. Е.*, Великие и неизвестные женщины Древней Руси, Москва: Издательство АСТ, 2009г, С.260-261.

22. *Баумгартен Н. А.*, Добронега Владимировна, королева польская, дочь св. Владимира // Благовест. 1930, № 2-3, С.102-109.

23. Повесть временных лет, С.166.

24. История России с древнейший времён до наших дней, С.104.

25. *Карпов А. Ю.*, Ярослав Мудрый. Москва: Молодая гвардия, 2001, С.316-385, 516-531.

26. Повесть временных лет, С.171-172.

27. *Карпов А. Ю.*, Ярослав Мудрый. Москва: Молодая гвардия, 2001, С.436-439.

28. *Карпов А. Ю.*, Ярослав Мудрый. Москва: Молодая гвардия, 2001, С.286-326, 396-457, 510-563.

29. История России с древнейший времён до наших дней, С.107.

30. *Карпов А. Ю.*, Ярослав Мудрый. Москва: Молодая гвардия, 2001, С.306 -311, 396-456, 510-558.

31. *Соболевский А. И.*, «Память и похвала» св. Владимиру и «Сказание» о св. Борисе и Глебе // Христианские чтения. 1890, Вып.1, С.791-795.

32. *Творогов О. В.*, Литература Древней Руси. Москва: Просвещение, 1981, С.3-60.

33. *Цыпин В.*, Каноническое право. Москва: Издательство Сретенского монастыря, 2009, С.226-235.

34. Повесть временных лет, С.167-171.

35. Riasanovsky N.V., *A History of Russia*, New York, Oxford: Oxford University Press, 2000, pp.50-51.

36. *Греков Б. Д.*, Киевская Русь. Ленинград: Государственное издательство политической литературы, 1953, С.158-225.

37. *Рыбаков Б. А.*, Киевская Русь. Москва: Проспект, 2013, С.313-322.

38. *Отв. ред. Б.А.*, Колчин. Город. Замок. Село, Москва: Наука, 1985, С.51-94.

39. *Арциховский А. В.*, Оружие // История культуры Древней Руси. Т.1 / Ред. Б. Д. Греков, М. И. Артамонов. Москва и Ленинград: Издательство Академии наук СССР, 1951, С.417-439.

第五章

1. Повесть временных лет, С.172.

2. Повесть временных лет, С.173-175.

3. Повесть временных лет, С.176-178.

4. Повесть временных лет, С.175-179.

5. Повесть временных лет, С.179-181.

6. Повесть временных лет, С.181-185.

7. Повесть временных лет, С.185.

8. *Алексеев С. В.*, Игорь Святославич, Москва: Молодая гвардия, 2014, С.77.

9.　Повесть временных лет, С.187-198.

10.　Повесть временных лет, С.198-201.

11.　*Рыбаков Б. А.*, Киевская Русь и русские княжества XII-XIII вв., Москва.: Наука, 1982, С.446.

12.　Повесть временных лет, С.209-210.

13.　Повесть временных лет, С.201-216.

14.　*Пушкарева Н. Л.*, Женщины Древней Руси. Москва: «Мысль», 1989, С.27-32.

15.　Повесть временных лет, С.202-203.

16.　Повесть временных лет, С.209-216.

17.　Повесть временных лет, С.231-231.

18.　Повесть временных лет, С.216

19.　Повесть временных лет, С.216-218.

20.　Повесть временных лет, С.233-236.

21.　Повесть временных лет, С.218-241.

22.　Повесть временных лет, С.241.

23.　Повесть временных лет, С.241-253.

24.　Повесть временных лет, С.253-254.

第六章

1.　Повесть временных лет, С.254-255.

2.　Повесть временных лет, С.255-256.

3.　Повесть временных лет, С.256-258.

4.　Повесть временных лет, С.258.

5.　Повесть временных лет, С.259-261.

6.　Повесть временных лет, С.427-429; История России с древнейший времён до наших дней, С.157-158.

7.　История России с древнейший времён до наших дней, С.159.

8.　Повесть временных лет, С.433-434.

9.　Повесть временных лет, С.436.

10.　Повесть временных лет, Санкт-Петербург: Наук, 1996, С.129.

11.　Повесть временных лет, С.221-233.

第七章

1. История России с древнейший времён до наших дней, С.163-164.

2. Повесть временных лет, С.270.

3. История России с древнейший времён до наших дней, С.165-167.

4. История России с древнейший времён до наших дней, С.171-173.

5. История России с древнейший времён до наших дней, С.173-176.

6. История России с древнейший времён до наших дней, С.176-180.

7. *Подвигина Н.Л.*, Очерки социально-экономической и политической истории Новгорода Великого в XII-XIII вв. Москва: Высшая школа, 1976, С.123-132.

8. Полное собрание русских летописей, Т2, Ипатьевская летопись, СанктПетербург: Типография М.А. Александрова (Надеждинская), 1908, С.339.

9. *Лихачев Д. С.*, Труды Отдела древнерусской литературы // Российская академия наук, Институт русской литературы (Пушкинский дом); - СанктПетербург: ДБ, 1934- (Акад. тип. Наука РАН). - 24-27 см.Т. 3 [Текст]. - Москва ; Ленинград : из-во Академия наук СССР, 1936, С.59-98.

10. Полное собрание русских летописей, Т2, Ипатьевская летопись, С.485.

11. *Татищев В. Н.*, История Российская, Москва., издательством АСТ, 2005, Т. 2, С.303.

12. *Ключевский В. О.*, Русская история полный курс лекции Том 1, С.306-308.

13. *Ключевский В. О.*, Сказание о чудесах Владимирской иконы Божьей матери. Санкт-Петербург: тип. В.С. Балашова, 1878, С.3-44.

14. Полное собрание русских летописей, Т2, Ипатьевская летопись, С.485.

15. *Назаренко А. В.*, Андрей Юрьевич Боголюбский // Православная энциклопедия, Москва, Церковно-научный центр «Православная энциклопедия», 2001, Т. II: «Алексий, человек Божий - Анфим Анхиальский», С.393-398.

16. История России с древнейший времён до наших дней, С.185-192.

第八章

1. *Орлов А.С., Георгиев В.А., Георгиева Н.Г., Сивохина Т.А.*, История

России, Москва: проект, 2009, С.58-59.

2. История России с древнейший времён до наших дней, С.195-196.

3. *Верещагин Е. М.*, Киреев — Конго. — М.: Большая российская энциклопедия, 2009, С.22.

4. История России с древнейший времён до наших дней, С.196-197.

5. *Рыбаков Б.О.*, Іменні написи XII ст. в Киевськом Софійському соборі «Археологія», т.I, К., 1947, С.53.

6. Повесть временных лет, С.57.

7. 史思谦：《俄罗斯〈古史纪年〉研究》，社会科学文献出版社，2020年，第1—2页。

8. （俄）佚名著，魏荒弩译:《伊戈尔远征记》，人民文学出版社，1957年，第25—26页。

9. *Нефедов Г. Ф.*, Севернорусские говоры как материал для истории // Учёныезаписки Ленинградского унта. Серия филологич. наук. Вып. 2. № 33. Ленинград, 1939, С. 258-259.

10. *Рыбаков Б. А.*, Киевская Русь. Москва: Проспект, 2013, С.512-545.

11. https://run4trip.ru/ru-sng/istoriya-i-unikalnost-zolotyx-vorot-vo-vladimire.html.

12. http://radzivilovskaya-letopis.ru/fragments.php?id=pohvala-vsevolodu-bolshoegnezdo.

13. https://anashina.com/dmitrievskij-sobor-vo-vladimire.

14. *Лазарев В. Н.*, Новгородская иконопись. Москва: Искусство, 1976, С.5-44.

15. *Рыбаков Б. А.*, Ремесло // История культуры Древней Руси. Т.1 / Ред. Б. Д. Греков, М. И. Артамонов. Москва и Ленинград: Издательство Академии наук СССР, 1951, С.118-139.

16. *Масленицын С. И.*, Ярославская иконопись. Москва: Искусство, 1983, С.9.

17. История России с древнейший времён до наших дней, С.210.

18. *Воронин Н. Н.*, Жилище // История культуры Древней Руси. Т. 1 /Ред. Б. Д. Греков, М. И. Артамонов. Москва и Ленинград: Издательство Академии наук СССР, 1951, С.226-232.

参考文献

中文专著

（拜占庭）约达尼斯著，罗三洋译：《哥特史》，商务印书馆，2012 年。

（俄）拉夫连季编，朱寰、胡敦伟译：《往年纪事》，商务印书馆，2011 年。

（俄）佚名著，魏荒弩译：《伊戈尔远征记》，人民文学出版社，1957 年。

（美）A. A. 瓦西列夫著，徐家玲译：《拜占庭帝国史》第一卷，商务印书馆，2019 年。

（美）丹尼斯·赛诺主编，蓝琪译：《剑桥早期内亚史》，商务印书馆，2021 年。

（唐）慧超原著，张毅笺释；（唐）杜环原著，张一纯笺注：《往五天竺国传笺释经行记笺注》，中华书局，2000 年。

龚方震：《可萨汗国——东西方贸易的枢纽》，中国中外关系史学会编：《中外关系史论丛（第 4 辑）》，天津古籍出版社，1994 年。

齐嘉：《古罗斯国家起源》，陕西人民出版社，2018 年。

史思谦：《俄罗斯〈古史纪年〉研究》，社会科学文献出版社，2020 年。

王钺：《往年纪事译注》，甘肃民族出版社，1994 年。

俄文与乌克兰文专著

Археология СССР. Палеолит СССР / Отв. ред. П. И. Борисовский Москва: Наука, 1984.

Арциховский А. В., Оружие // История культуры Древней Руси. Т.1 / Ред. Б. Д. Греков, М. И. Артамонов. Москва и Ленинград: Издательство Академии наук СССР, 1951.

Афанасьев А., Поэтические воззрения славян на природу. В 3 т. Т. 3.

Москва: Издание К. Солдатенкова, 1869.

Верещагин Е. М., Киреев — Конго. — Москва: Большая российская энциклопедия, 2009.

Воронин Н. Н., Крепостные сооружения // История культуры Древней Руси. Т. 1 / Ред. Б. Д. Греков, М. И. Артамонов. Москва и Ленинград: Издательство Академии наук СССР, 1951.

Город. Замок. Село, Отв. ред. Б.А. Колчин. Москва: Наука, 1985.

Греков Б. Д., Киевская Русь. Ленинград: Государственное издательство политической литературы, 1953.

Громыко М. М., Мир русской деревни. Москва: «Молодая Гвардия».

Диев М. Я., О Вире у Россиян X и XI веков // Русский Исторический Сборник. 1837, Книга 1.

История России с древнейший времён до наших дней /Отв. ред. *А.Н. Боханов, Л.Е. Морозова, М.А. Рахматуллин, А.Н. Сахаров, В.А. Шестаков*, Москва: Издательство АСТ, 2017.

Карпов А. Ю., Владимир Святой. Москва: Молодая гвардия, 2004.

Карпов А. Ю., Ярослав Мудрый. Москва: Молодая гвардия, 2001.

Карский Е. Ф., Русская Правда по древнейшему списку. Ленинград: Акад. наук СССР, 1930.

Ключевский В. О., Русская история полный курс лекции Том 1, Москва, Минск: Харвест, 2002,

Ключевский В. О., Сказание о чудесах Владимирской иконы Божьей матери. Санкт-Петербург: тип. В.С. Балашова, 1878.

Лазарев В. Н., Новгородская иконопись. Москва: Искусство, 1976.

Литвина А. Ф., Успенский Ф. Б. Выбор имени у русских князей в X-XVI вв. Династическая история сквозь призму антропонимики. М.: Индрик, 2006.

Масленицын С. И., Ярославская иконопись. Москва: Искусство, 1983.

Муравьев А. Н., Описание Десятинной церкви в Киеве. Киев: тип. И. и. А. Давиденко, 1872.

Некрылова А. Ф., Круглый год. Русский земледельческий календарь. Москва: Правда, 1989.

Неолит-Неолитические культуры восточной Европы / Отв. ред. В.М. Лозовского, О.В. Лозовской, А.А. Выборнова. Санкт-Петербург: ИИИМК РАН, 2015.

Орлов А. С., Георгиев В. А., Георгиева Н. Г., Сивохина Т. А., История России, Москва: проект, 2009.

Пассек Т. С., Кричевский Е. Ю. Трипольское поселение Коломийщина (опыт реконструкции) // О докладах и полевых исследованиях института истории материальной культуры. 1946. № XII. Москва, Ленинград: Издательство Академии наук СССР.

Пассек Т. С., Раннеземледельческие (трипольские) племена Поднестровья // Материалы и исследования по археологии. 1961, № 84, Москва: Издательство Академии наук СССР.

Повесть временных лет, Санкт-Петербург: Наук, 1996.

Повесть временных лет, сост. Примеч. И ук. А.Г. Кузимина, В.В. Фомина. Вступ. ст. и перевод А.Г. Кузьмина/ Отв. Ред. О.А. Платонов. Изд. 2-е- Москва: Институт русской цивилизации, Родная страна, 2016.

Подвигина Н. Л., Очерки социально-экономической и политической истории Новгорода Великого в XII-XIII вв. Москва: Высшая школа, 1976.

Приселков М. Д., История русского летописания XI-XV вв. Санкт-Петербург: Дмитрий Буланин, 1996.

Пушкарева Н. Л., Женщины Древней Руси. Москва: Мысль, 1989.

Рыбаков Б. А., Киевская Русь. Москва: Проспект, 2013.

Рыбаков Б. А., Ремесло // История культуры Древней Руси. Т.1 / Ред. Б. Д. Греков, М. И. Артамонов. Москва и Ленинград: Издательство Академии наук СССР, 1951.

Рыбаков Б.О., Іменні написи XII ст. в Киевськом Софійському соборі «Археологія», т.I, К., 1947.

Седов В. В., Восточные славяне в VI – XIII вв. Москва: Наука, 1982.

Творогов О. В., Литература Древней Руси. Москва: Просвещение, 1981.

Толочко А. П., Краткая редакция Правды Руской: происхождение текста. Київ: Інститут історії України НАН України, 2009.

Толочко П. П., Власть в Древней Руси. X-XIII века. Санкт-Петербург: Алетейя, 2011.

Хазары: таинственный след в русской истории/авт-сост. В. Манягин, Москва: Алгоритм: Эксмо, 2010.

Цыпин В., Каноническое право. Москва: Издательство Сретенского монастыря, 2009.

俄文论文

Баумгартен Н. А., Добронега Владимировна, королева польская, дочь св. Владимира // Благовест. 1930, № 2-3.

Борисе и Глебе // Христианские чтения. 1890, Вып. 1.

Соболевский А. И., «Память и похвала» св. Владимиру и «Сказание» о св. *Толочко А. П.*, Химера «Киевской Руси» // «Родина» 1999. № 8.

英文专著

Riasanovsky N.V., *A History of Russia*, New York, Oxford: Oxford University Press, 2000.

网络资源

https://www.nur.kz/esoterics/signs/1921085-ivana-kupala-data-traditsii-i-oby chaiprazdnika/?ysclid=lpybx5p3dl661260213.

http://radzivilovskaya-letopis.ru/fragments.php?id=pohvala-vsevolodu-bolshoe-gnezdo.

http://swarog.ru/vyrezanie-gobino-v-1071-g.

https://anashina.com/dmitrievskij-sobor-vo-vladimire.

https://run4trip.ru/ru-sng/istoriya-i-unikalnost-zolotyx-vorot-vo-vladimire. html.

后　记

　　我是 2002 年 9 月考入北京大学历史学系的，2004 年获得硕博连读资格，2009 年 7 月毕业，获史学博士学位。我的博士学位论文题目为《苏联与犹太复国主义运动》。学生时代，我所受的历史学训练主要集中于苏联史和冷战史领域，对古罗斯和帝俄史知之甚少。对于完成这样一本关于东欧中世纪史的专著，能否得到同行和读者的认可，我其实心里并没有太多底气。

　　2009 年 9 月，当我进入中山大学历史学系工作时，系里给我安排了"俄国史"的专业选修课教学任务，这门课是 2 学分 36 学时。根据课程设置，理论上我要用 36 节课从古罗斯时代一直讲到苏联解体。为了备课，我开始阅读克柳切夫斯基所著五卷本《俄国史教程》，梁赞诺夫斯基的《俄罗斯史》，王钺先生的《往年纪事译注》，朱寰、胡敦伟两位先生所译《往年纪事》中文版，以及曹维安老师所著《俄国史新论》等专业书籍。我发现自己对十月革命之前的俄国史有着极大的兴趣。开课后，我从 862 年罗斯建国开始讲起，越讲越开心，越讲越"上头"，一学期的课根本讲不到我最擅长的苏联史部分就已经结束了。没办法，我向系领导申请修改教学大纲，"俄国史"专选课只讲到 1905 年之前，另开设一门"苏联史"专选课从 1905 年革命起讲到苏联解体。几年后，随着自己阅读面的扩大和知识体量的不断增加，新版"俄国史"的课时量也已经无法满足我在课堂上的"表达欲"了。

2017年10月至2018年10月，我赴莫斯科国立罗蒙诺索夫大学历史学系访学，这一年我旁听了莫大历史系本科生和研究生的许多本国史专业课程，也阅读了大量相关的俄文文献和史料，真的是大开眼界。我深切地体会到了自己的俄国史教学和国际一流水准之间的差距，也同时感受到中国对俄罗斯的了解程度整体而言远远赶不上俄罗斯对于中国的了解。

莫斯科国立罗蒙诺索夫大学历史学系有研究中国甲骨文和先秦史的学者，莫大亚非学院和俄罗斯科学院远东研究所有不少非常优秀的中国问题研究专家，他们精通中文，又有在中国国内各大高校访学和工作的经历，而在中国国内能开出俄罗斯通史类课程的高校真的是屈指可数。

在中国史学界，苏联史和中苏关系史领域的研究相对要好于古罗斯史和帝俄史。因为，苏联史和中苏关系史作为政治话语早在20世纪五六十年代就已经进入中国，但是在研究深度和文献资料方面都有所欠缺。沈志华老师自20世纪90年代初在俄罗斯购买的大批苏联历史解密档案，在很大程度上，弥补了此前的不足，并且进一步夯实了这两个学科方向的研究基础。历史发展是有一定的延续性的，为什么俄国人会走上一条与欧洲其他国家完全不同的无产阶级专政的道路？其深层次的原因当然应该从古罗斯和帝俄时代的历史、传统、文化和宗教当中去找。而中国国内的古罗斯史和帝俄史的研究发展则相对薄弱。抛开其他因素不谈，语言问题就是很大的障碍。研究古罗斯史至少要能看得懂古俄文和教会斯拉夫文文献；研究帝俄史除了要精通俄文外，还需要精通法文，因为在19

世纪上半叶以前，俄国大多数历史档案文献都是用法语写成的，中国学者中能够同时精通这几门语言的人极其罕见，这就使我们在研究过程中很难使用第一手的史料，也就难以写出为国际学术界所认可的一流论著。迄今为止，在国际学术界，古罗斯史和帝俄史研究领域依然是俄罗斯、乌克兰、白俄罗斯三国学者和西方学者的天下。

俄罗斯是中国最大的邻国，两国拥有漫长的边界线。从地缘政治的角度来讲，对于中国而言，世界上没有任何一个国家比俄罗斯更重要，包括美国在内。俄罗斯无论是作为中国的朋友还是敌人，我们都不能忽视它。因此全方位地了解俄罗斯对于中国人而言至关重要。中国真的亟待发展一流的俄罗斯研究。

很多中国人，特别是五六十岁的中国人，都有一定的俄罗斯情节，也愿意去俄罗斯旅游，但他们中的大多数人对于俄罗斯的了解往往基于中文网络和出版物上一些非常有限的信息，而且还有相当一部分是虚假信息。举一个例子，中文网站上有一个流传甚广的故事，甚至还被人做成了视频。故事讲的是沙皇俄国奥尔洛夫家族的大卫·奥尔洛夫曾参与了女皇叶卡捷琳娜二世的政变，女皇赏赐他们家族一幅油画《春天里的耶稣》。在此后的 100 年中一共有 33 个人被这幅油画杀死。经查实，原来是女皇的仇人为了复仇，在画这幅画所使用的颜料中放了强烈的放射性物质，而不幸的奥尔洛夫家族无意间就替叶卡捷琳娜二世成了这个古老的复仇故事的牺牲品。中国人很愿意相信这个传奇故事是真实的。但是我在俄文搜索引擎 Yandex 上查不到这个故事的俄文来源，而且根据史料记载，参与女皇政变的是阿列克谢·奥尔洛夫和格列高利·奥尔洛夫兄弟，他们家族上下三代没有叫大卫·奥尔洛夫的。所以这个故事只能是中国人杜撰的。类似的事例还有很多，因此，如果想了解俄罗斯，经常接受这样虚假的信息只能适得其反。

在莫斯科访学期间，我心里萌生了为国人写一套详尽的俄罗斯通史的想法。回国之后，我和广东人民出版社万有引力书系的施勇和钱丰两位编辑聊过此事，得到了他们的大力支持。广东人民出版社决定为我立项出书。最后这套丛书被命名为"东斯拉夫文明进程"，其内容涵盖俄、乌、白这三个东斯拉夫国家的历史。第一卷即为这本《基辅罗斯：东斯拉夫文明的起源》。我从 2019 年初开始动笔，历时 5 年，到今天为止，这项工作总算是告一段落。

由于本人无法阅读古俄文和教会斯拉夫文一手文献，因此从严格意义上讲，《基辅罗斯：东斯拉夫文明的起源》并不属于学术专著，它的定位是面向大众的通史类学术科普读物。尽管如此，这本书上的内容是严谨的，我在写作过程中逐字逐句精读了现代俄语版的《往年纪事》《诺夫哥罗德第一编年史》《苏兹达里编年史》以及数十种相关俄文史料和论著，真正做到了言必有出处，本书的90% 以上的注释均来自俄文文献。

2022—2023 这两年，我除了完成正常的教学工作之外，几乎把所有的空余时间都投入这本书的写作中。有段时间真的是没日没夜地赶稿，通宵更是家常便饭。尽管很辛苦，但也很甜蜜。读书写作时，我就像是进入了另一个次元，这里没有任何烦恼和痛苦，古罗斯那些历史人物活生生地呈现在我的面前：白天我可以和古罗斯的"亚历山大大帝"斯维亚托斯拉夫一世一起在多瑙河畔策马扬鞭，晚上则可以与伊拉里昂和大安东尼促膝谈心。我还可以和莫诺马赫一起在草原纵马奔驰，指点江山。此前我对莫诺马赫的了解仅限于中文版《往年纪事》里所记载的《莫诺马赫训诫书》和《致奥列格的信》，而这段时间他在我心目中的形象逐渐丰满。闭着眼睛，我能想象到罗斯军队在与波洛韦茨人的大决战中，当莫诺马赫的大纛出现在中军时，濒临崩溃的罗斯军队士气大振，一举击溃了敌人。那一刻，莫诺马赫真能让我联想到威震大漠的大汉冠军侯霍去病。

通过写这本书，我的收获是全方位的，我第一次搞清楚了罗斯大公国分裂后各个公国的王室系谱，也了解了在东斯拉夫三族三国共同的历史上，第一个拥有沙皇头衔的并非伊凡四世，而是"智者"雅罗斯拉夫。

在《基辅罗斯：东斯拉夫文明的起源》即将付梓之际，首先我要感谢我的三位恩师沈志华老师、李丹慧老师和高毅老师。尽管这本书与冷战史和法国大革命史研究领域相去甚远，但当年是他们带我走进了学术殿堂。饮水思源，在求学和工作这20多年里，如果说我在史学研究领域有些许成就，那就离不开当年三位老师的悉心教导。

我还要感谢陕西师范大学曹维安老师、北京师范大学张建华老师和华南师范大学张来仪老师：曹维安老师是国内研究古罗斯史的前辈学者。我在写作过程中经常给他打电话请教问题，现在想来，一开始有些问题其实是挺幼稚可笑的，但曹老师会非常耐心地给我解释，帮我理清思路，提供线索。在古罗斯研究领域，我从一个外行到逐渐入门，再到最终完成这本书，曹老师对我的直接帮助是最大的。张建华老师是我当年博士论文答辩组成员，张来仪老师是我博士后论文答辩组成员，我在写作和日常生活中，也经常向二位老师请教问题，受益匪浅。此外，两位张老师还在百忙当中不辞辛劳为本书做了序，为拙作增色不少。

我要感谢南京大学吴贺老师和陕西师范大学周厚琴老师。这两位老师都可称得上是国内俄国史学界的青年才俊，她们和我算是同一辈的学者，我们认识很多年了，彼此是非常好的朋友。两位老师近期都在关注俄乌两国在教科书中停止使用"基辅罗斯"这一概念的问题，这是一个非常前沿的学术问题，我和她们就此问题进行过深入的交流，收获很大。

我要感谢莫斯科国立罗蒙诺索夫大学副博士生李东芯和莫斯科国立人文大学副博士生德米特里·郭辞：我的这本书上所使用的近百幅插图绝大部分都是俄、乌两国博物馆和画廊中收藏的世界名画，尽管绝大部分的版权保护期已过，但也有个别插图存在版权问题，李东芯同学帮我处理了这些对我而言非常棘手的问题，不仅如此，她还实地帮我拍摄了莫斯科的一些纪念碑和教堂的照片；德米特里·郭辞的专业是欧洲中世纪史，他为我提供了200多本与古罗斯相关的俄文专著（电子书），为我写作这本书提供了重要的资料基础。我戏称他为"行走的图书馆"。这些俄文专著目前我只翻阅了很少一部分，其余的日后都要细细地阅读，它们都将内化于我的知识体系当中。

我要感谢北京大学人类学硕士韦伟、广东人民出版社的特约编辑江艺鹏以及深圳福田贝赛斯双语学校的高二学生曾倏綦：韦伟小友从人类学角度给我这本书提出了至关重要的意见，如果没有她的这些意见，这本书就会带着极其严重的硬伤问世；艺鹏小友精通俄语，做事认真细致，是她不辞辛劳帮我一一核对了我在书中所引用的所有俄文原文以及注释页码；曾倏綦同学对历史，尤其是俄国苏联史非常感兴趣，他的理想是申请美国的常青藤名校。两年前，他父母请我系统地给他讲讲专业历史，一对一授课。前前后后我给他讲了一年多的课。曾倏綦小朋友的礼貌、教养和聪慧给我和我的家人都留下了极为深刻的印象。给他上课的那段时间正是我写这本书的关键时刻，曾倏綦同学实际上就成了这本书的第一个读者，他经常以一个高中生的视角和我一起讨论我的作品，并为这本书提出了许许多多宝贵的意见，甚至还把书中的某些情节译成英文编写成了英文剧本在学校的话剧团演出。

我还要感谢俄罗斯冬宫埃尔米塔日博物馆，该博物馆为我这本书无偿提供了两幅非常重要的插图。

我要感谢广东人民出版社万有引力书系的各位编辑朋友施勇、钱丰、梁欣彤、陈晔、龚文豪、张静智等。他们为编辑我这本书付出了大量的努力，提出了许多中肯意见。

我要感谢我所供职的中山大学历史学系，系领导和同事们给了我非常宽松的环境，让我无须去费心搞什么职场政治，能专心致志地来完成这本书。

为本书提供过参考意见、文献帮助和技术支持的还有吉林大学张广翔老师、杨翠红老师、许金秋老师，东北师范大学唐艳凤老师、上海交通大学范慕尤老师，北京大学许平老师、王珊老师、韩巍老师，云南大学龙秀清老师，中山大学袁丁老师、林英老师、周湘老师、江滢河老师、王媛媛老师、易素梅老师、陈喆老师、李爱丽老师、肖剑老师、肖文明老师、曾记老师、孙烨老师、王志岩老师，上海外国语大学施展老师，浙江大学朱晓罕老师，首都师范大学姚百慧老师、翟韬老师，暨南大学吴尔蓓密老师，华东师范大学谷继坤老师，广西师范大学范丽萍老师，陕西师范大学赵旭黎老师，复旦大学李振文老师，苏州科技大学齐嘉老师，山西师范大学樊百玉老师，天津师范大学刘宇方老师，新疆社会科学院李珂老师，莫斯科国立罗蒙诺索夫大学亚·亚·维尔西宁老师、阿拉·波列瓦娅老师、达吉亚娜·索洛维老师，俄罗斯科学院远东所桑金木老师以及上海读书会江泉、侯幸子、卞靖宇、丁炳兴、刘欣欣、钟涛等诸位朋友，还有莫斯科国立罗蒙诺索夫大学张雅涵，北京大学罗玥、张秀钰、李青昕，中山大学肖智斌、李嘉豪、辜丹莹、白琉璃、臧作鹏、刘哲、邵韵桦、柴晟霖、黄世峰、黄咏茵、邓毓华、安贺、巴特、叶枫、林小炀、马菲键、周晨皓、马喜桐、张悦、邓欢、陈子迅、刘梓茵、汪子福、孟寂、胡华哲、王佳润、刘俊廷、李衍衡、何启航等诸位同学，在此一并表示感谢。

我要特别感谢我妻子胡保华女士和儿子萧苇杭小朋友，在此书的写作过程中，我妻子可以完全纵容我不做家务，不管孩子，专心致志地读书写作；我儿子非常懂事，经常帮助妈妈做家务。他今年上初二，这学期的各科成绩比之前都有了大幅度的提高，这着实令人省心。也正是由于妻儿的付出，我才能在 4 年内出版了 3 部专著（包括一部俄文的学术专著）。

我还要特别感谢我在河南洛阳的几位中学时代的同窗好友申宝良、张毅飞、张丹、叶小满、章学敏、蔡伟等。我父母双亲都已经年逾七旬，身体不太好，他们不适应南方湿热的气候，所以一直不愿搬来广州与我们同住。多亏有我这几位同学悉心照料，才使得我能够安心工作。拙作能够出版，和我这些同学的鼎力帮助是分不开的。

需要感谢的人实在是太多了，一篇短短的后记难以道尽，唯望此书能够对得起大家的支持和期待。

肖　瑜

2024 年 2 月 9 日除夕夜于中山大学永芳堂